应用型本科经济管理类专业基础课精品教材

市场营销学（第2版）

主　编　李　宏　孙丽英　刘春英
副主编　代桂勇　曲科进　杨文凯　杨　敏

北京理工大学出版社
BEIJING INSTITUTE OF TECHNOLOGY PRESS

内容简介

本教材按照经典的市场营销理论进行设计安排，介绍了市场营销的基本概念和基本理论，主要包括以下内容：市场营销及市场营销学基本概念、市场营销管理、市场营销环境，市场及购买行为分析，市场调查与预测，目标市场营销战略，市场竞争战略，产品策略，定价策略，分销渠道策略，促销策略，国际市场营销，市场营销计划、组织和控制。本教材包括引导案例、正文、本章小结、关键概念、思考题、案例分析、营销实践等，旨为本科生提供一本具有系统理论体系、内容难易适中的教材，并通过设计的营销实践训练项目提高学生的实践能力，让学生理解所学理论，掌握营销技能。

本教材适合普通高等院校市场营销相关专业使用，也适合相关从业人员参考。

版权专有　侵权必究

图书在版编目（CIP）数据

市场营销学/李宏，孙丽英，刘春英主编．—2 版．—北京：北京理工大学出版社，2019.5（2021.12重印）

ISBN 978-7-5682-6969-8

Ⅰ．①市… Ⅱ．①李… ②孙… ③刘… Ⅲ．①市场营销学-高等学校-教材 Ⅳ．①F713.50

中国版本图书馆 CIP 数据核字（2019）第 074129 号

出版发行 /	北京理工大学出版社有限责任公司
社　　址 /	北京市海淀区中关村南大街 5 号
邮　　编 /	100081
电　　话 /	（010）68914775（总编室）
	（010）82562903（教材售后服务热线）
	（010）68948351（其他图书服务热线）
网　　址 /	http：//www.bitpress.com.cn
经　　销 /	全国各地新华书店
印　　刷 /	三河市天利华印刷装订有限公司
开　　本 /	787 毫米×1092 毫米　1/16
印　　张 /	20
字　　数 /	470 千字
版　　次 /	2019 年 5 月第 2 版　2021 年 12 月第 3 次印刷
定　　价 /	49.80 元

责任编辑 / 王晓莉
文案编辑 / 王晓莉
责任校对 / 周瑞红
责任印制 / 李志强

图书出现印装质量问题，请拨打售后服务热线，本社负责调换

前言

在现代市场条件下,企业的生存、发展、壮大离不开现代市场营销理论的运用。为了取得竞争优势,企业急需具有现代市场营销思维、掌握现代市场营销理论的高素质、复合型专门人才。市场营销学作为工商管理类的核心专业课程,在培养学生的现代市场营销思维、掌握市场营销核心理论和知识方面发挥着重要的作用。一本系统、全面地介绍专业理论知识且紧跟时代变化、及时体现新知识新理论的优秀教材是必不可少的!为此,我们精心组织了在市场营销理论方面有较深研究、在市场营销教学方面有丰富经验、在市场营销实践方面有较深造诣的教师团队编写了这本《市场营销学》教材,以期实现培养符合市场需要的优秀营销人才的愿望。

这本教材是在精读细研当今国内外经典营销理论著作、最新前沿研究论文的基础上,结合我国市场特色和企业的营销特色,遵循我国学生的认知规律和学习特点所精心设计的。教材遵循"科学、系统、实用、与时俱进"的编写指导思想,理论体系涵盖最新的营销理论,对相关知识进行了整合取舍,并尽量选取最新的案例资料,在每一章都设计了市场营销实践训练,提高学生的实践应用能力。

1. 系统性

全书包括十三章内容,全面系统地介绍了市场营销学的基础理论知识,体系完整,框架清晰;资料翔实,概念严谨;语言力求通俗易通,内容力求衔接得当。

2. 前沿性

本教材在理论知识的阐述中,注意吸收和反映近年来市场营销学科理论与实践的最新成果和研究动向。特别是在当今全球经济一体化下形势下,企业不可避免地要涉足国际市场营销,本书对国际市场营销理论进行了必要且详细的阐述,充分体现了学科知识的时代性和前沿性。

3. 实用性

本教材注重营销实践运用,书中精选大量最新的案例,从开篇引导案例,到正文中穿插的小链接、小资料,再到篇尾的案例分析,突出体现了学以致用的思想,使学生能结合所掌握的理论进行分析实际问题;同时每一章最后都设计了市场营销实践训练,培养学生运用理论知识解决实际问题的能力。

4. 科学性

在章节安排及知识衔接上力求科学，同时在理论及实践研究上运用定性与定量的科学方法。

本教材由山东青年政治学院李宏、孙丽英、刘春英主编，由李宏负责拟定编写大纲，组织协调并总审定稿；代桂勇、曲科进、杨文凯、杨敏任副主编。具体分工如下（按各章先后为序）：刘春英编写第一章、第十三章；杨文凯编写第二章、第十章；代桂勇编写第三章、第四章、第七章；曲科进编写第六章；孙丽英编写第五章；李宏编写第八章、第九章、第十二章；杨敏编写第十一章。

本教材适合普通本科院校及高职院校工商管理类专业学生使用，也适合成人教育及作为培训教材使用，还可供营销人员阅读。

本教材第一版在使用中得到了各院校教师及学生的好评。为了更好地满足教学和学习需求，本教材编写组广泛收集使用意见并结合编写人员建议进行修订。在修订的过程中保持原有的体例和主要内容，修改了第一版中的一些文字错误，添加了一些最新的案例和市场营销知识，使第二版教材能够更好地服务于读者。

本教材在编写过程中参考了本学科国内外的有关论著与研究成果，基于篇幅有限，不能一一详细列明，在此，向市场营销学界的师友及诸多作者致以真诚的感谢。

本教材的编写人员虽然付出了极大的努力，但是水平有限，加之出版时间紧，难免有不足之处，敬请广大读者批评指正。

编　者
2018.6

目 录

第一章 市场营销与市场营销学 …………………………………………………（1）
第一节 市场与市场营销 ………………………………………………………（2）
一、市场概念 …………………………………………………………………（2）
二、市场营销及其相关概念 …………………………………………………（5）
第二节 市场营销学的产生与发展 ……………………………………………（8）
一、市场营销学概述 …………………………………………………………（8）
二、市场营销学的产生和发展 ………………………………………………（10）
三、市场营销学在中国的传播和发展 ………………………………………（13）

第二章 市场营销管理 ……………………………………………………………（18）
第一节 市场营销管理概述 ……………………………………………………（19）
一、市场营销管理的概念 ……………………………………………………（19）
二、市场营销管理的任务 ……………………………………………………（19）
三、市场营销管理的过程 ……………………………………………………（20）
四、市场营销管理的目标 ……………………………………………………（23）
第二节 市场营销管理哲学 ……………………………………………………（29）
一、市场营销管理哲学 ………………………………………………………（29）
二、以企业为中心的观念 ……………………………………………………（29）
三、以消费者为中心的观念 …………………………………………………（30）
四、以社会整体利益为中心的观念 …………………………………………（31）
五、全方位营销 ………………………………………………………………（32）

第三章 市场营销环境 ……………………………………………………………（36）
第一节 市场营销环境概述 ……………………………………………………（37）
一、市场营销环境的含义 ……………………………………………………（37）
二、市场营销环境的特征 ……………………………………………………（38）
三、企业营销活动与市场营销环境的关系 …………………………………（38）

第二节　宏观营销环境 …… (39)
　　一、人口环境 …… (40)
　　二、经济环境 …… (41)
　　三、自然环境 …… (43)
　　四、科技环境 …… (44)
　　五、政治法律环境 …… (44)
　　六、社会文化环境 …… (45)
第三节　微观营销环境 …… (46)
　　一、企业内部环境 …… (46)
　　二、供应商 …… (47)
　　三、营销中间商 …… (47)
　　四、顾客 …… (48)
　　五、竞争者 …… (49)
　　六、社会公众 …… (50)
第四节　营销环境分析与企业对策 …… (50)
　　一、环境威胁 …… (50)
　　二、市场机会 …… (51)
　　三、环境分析综合矩阵 …… (52)

第四章　市场及购买行为分析 …… (56)
第一节　消费者市场与购买行为分析 …… (57)
　　一、消费者市场的概念及特点 …… (57)
　　二、消费者购买行为模式 …… (58)
　　三、影响消费者购买行为的因素 …… (58)
　　四、消费者购买决策过程 …… (68)
第二节　企业市场与购买行为分析 …… (73)
　　一、企业市场的概念及类型 …… (73)
　　二、企业市场的特点 …… (74)
　　三、企业购买类型 …… (75)
　　四、企业购买决策过程的参与者 …… (76)
　　五、影响企业购买的主要因素 …… (76)
　　六、企业购买决策过程 …… (77)
第三节　非营利组织市场与购买行为分析 …… (79)
　　一、非营利组织市场的概念 …… (79)
　　二、非营利组织的购买特点和方式 …… (79)
　　三、政府市场及购买行为 …… (80)

第五章　市场调查与预测 …… (84)
第一节　市场调查概述 …… (85)

一、市场调查的概念和作用 …………………………………………（85）
　　二、市场调查的内容 …………………………………………………（86）
　　三、市场调查的过程 …………………………………………………（87）
　第二节　市场调查的方式和方法 …………………………………………（89）
　　一、市场调查方式 ……………………………………………………（89）
　　二、市场调查方法 ……………………………………………………（89）
　第三节　市场预测 …………………………………………………………（92）
　　一、市场预测的概念和作用 …………………………………………（92）
　　二、市场预测的过程 …………………………………………………（93）
　　三、市场预测的内容 …………………………………………………（93）
　　四、市场预测的方法 …………………………………………………（94）

第六章　目标市场营销战略 …………………………………………（99）

　第一节　市场细分 …………………………………………………………（100）
　　一、市场细分概述 ……………………………………………………（100）
　　二、市场细分的原理和理论依据 ……………………………………（103）
　　三、市场细分的标准 …………………………………………………（105）
　　四、市场细分的原则 …………………………………………………（110）
　第二节　目标市场选择 ……………………………………………………（110）
　　一、评价细分市场 ……………………………………………………（110）
　　二、目标市场的选择模式 ……………………………………………（111）
　　三、目标市场营销战略 ………………………………………………（112）
　第三节　市场定位 …………………………………………………………（115）
　　一、市场定位的概念 …………………………………………………（115）
　　二、市场定位的方式 …………………………………………………（115）
　　三、市场定位的依据 …………………………………………………（117）
　　四、市场定位战略 ……………………………………………………（117）
　　五、市场定位的步骤 …………………………………………………（119）

第七章　市场竞争战略 ………………………………………………（124）

　第一节　竞争者分析 ………………………………………………………（125）
　　一、识别竞争者 ………………………………………………………（125）
　　二、分析竞争者 ………………………………………………………（127）
　　三、选择竞争者 ………………………………………………………（129）
　　四、决策竞争战略 ……………………………………………………（130）
　第二节　市场领导者战略 …………………………………………………（131）
　　一、扩大总需求 ………………………………………………………（131）
　　二、保护现有市场份额 ………………………………………………（132）
　　三、扩大市场份额 ……………………………………………………（133）

第三节　市场挑战者战略 (133)
　　一、确定战略目标和竞争对手 (133)
　　二、确定总体进攻战略 (134)
　　三、选择特定的进攻战略 (135)
第四节　市场跟随者与市场利基者战略 (137)
　　一、市场跟随者战略 (137)
　　二、市场利基者战略 (137)

第八章　产品策略 (142)
第一节　产品与产品分类 (143)
　　一、产品及产品整体概念 (143)
　　二、产品的分类 (145)
第二节　产品组合 (148)
　　一、产品组合及其相关概念 (148)
　　二、产品线决策 (149)
第三节　产品生命周期 (151)
　　一、产品生命周期的概念和阶段划分 (151)
　　二、产品生命周期的其他形态 (153)
　　三、产品生命周期各阶段的特点及营销策略 (154)
第四节　新产品开发 (157)
　　一、新产品的含义及类型 (157)
　　二、新产品开发的必要性 (158)
　　三、新产品开发的程序 (159)
　　四、新产品的采用与推广 (162)
第五节　品牌与商标 (163)
　　一、品牌的含义与作用 (163)
　　二、商标的含义 (167)
　　三、品牌与商标的区别 (168)
　　四、品牌的设计 (168)
　　五、制定品牌战略 (170)
第六节　包装 (173)
　　一、包装的含义、种类与作用 (173)
　　二、包装设计原则 (174)
　　三、包装策略 (175)

第九章　定价策略 (180)
第一节　影响定价的主要因素 (181)
　　一、定价目标 (181)
　　二、产品成本 (182)

三、市场需求 ·· (183)
　　四、竞争者的产品和价格 ·· (184)
　　五、政府的政策法规 ·· (184)
　第二节　产品定价的步骤与方法 ·· (184)
　　一、产品定价的步骤 ·· (184)
　　二、产品定价方法 ··· (185)
　第三节　产品定价的基本策略 ·· (190)
　　一、新产品定价策略 ·· (190)
　　二、产品组合定价策略 ··· (191)
　　三、地理定价策略 ··· (192)
　　四、心理定价策略 ··· (193)
　　五、需求差异定价策略 ··· (193)
　　六、价格折扣与折让策略 ·· (194)
　第四节　价格调整及价格变动反应 ·· (195)
　　一、企业降价与提价 ·· (195)
　　二、顾客对价格变动的反应 ··· (196)
　　三、竞争者对企业变价的反应 ·· (197)
　　四、企业对竞争者变价的反应 ·· (198)

第十章　分销渠道策略 ·· (202)
　第一节　分销渠道的功能与类型 ·· (203)
　　一、分销渠道的含义与功能 ··· (203)
　　二、分销渠道的类型 ·· (204)
　第二节　分销渠道设计与管理决策 ·· (207)
　　一、影响分销渠道设计的因素 ·· (207)
　　二、分销渠道设计 ··· (209)
　　三、分销渠道的管理 ·· (210)
　　四、渠道冲突的管理 ·· (214)
　　五、渠道策略的新发展 ··· (216)
　第三节　批发商与零售商 ··· (219)
　　一、批发和批发商 ··· (219)
　　二、零售和零售商 ··· (222)
　第四节　物流策略 ·· (224)
　　一、物流的含义与职能 ··· (224)
　　二、物流的目标 ·· (225)
　　三、物流的规划与管理 ··· (226)
　　四、物流决策 ··· (227)

第十一章　促销策略 ·· (232)
　第一节　促销与促销组合 ··· (234)

一、促销的含义与作用 ……………………………………………… (234)
　　二、促销组合策略 …………………………………………………… (235)
　第二节　广告 ……………………………………………………………… (237)
　　一、广告概述 ………………………………………………………… (237)
　　二、广告媒体 ………………………………………………………… (239)
　　三、广告的设计原则及内容 ………………………………………… (241)
　第三节　人员推销 ………………………………………………………… (243)
　　一、人员推销的概念与特点 ………………………………………… (243)
　　二、人员推销的程序、方式与策略 ………………………………… (244)
　　三、人员推销的组织管理 …………………………………………… (246)
　第四节　销售促进策略 …………………………………………………… (248)
　　一、销售促进的概念和特点 ………………………………………… (248)
　　二、销售促进的形式 ………………………………………………… (249)
　　三、销售促进的主要决策 …………………………………………… (250)
　第五节　营销公关 ………………………………………………………… (251)
　　一、营销公关的含义及任务 ………………………………………… (251)
　　二、营销公关的主要决策 …………………………………………… (252)

第十二章　国际市场营销 …………………………………………………… (256)
　第一节　国际市场营销概述 ……………………………………………… (257)
　　一、国际市场营销的概念 …………………………………………… (257)
　　二、国际市场营销与国内市场营销 ………………………………… (257)
　　三、国际市场营销与国际贸易 ……………………………………… (258)
　　四、国际市场营销的发展阶段 ……………………………………… (258)
　　五、企业国际市场营销的主要决策 ………………………………… (260)
　第二节　国际市场营销环境 ……………………………………………… (261)
　　一、国际市场营销的经济环境 ……………………………………… (261)
　　二、国际市场营销的政治法律环境 ………………………………… (263)
　　三、国际市场营销的文化环境 ……………………………………… (264)
　第三节　国际目标市场选择 ……………………………………………… (265)
　　一、国际市场细分 …………………………………………………… (266)
　　二、国际目标市场选择 ……………………………………………… (267)
　第四节　进入国际市场的方式 …………………………………………… (268)
　　一、出口 ……………………………………………………………… (268)
　　二、合同协议 ………………………………………………………… (269)
　　三、对外投资 ………………………………………………………… (270)
　　四、国际战略联盟 …………………………………………………… (271)
　第五节　国际市场营销策略 ……………………………………………… (272)
　　一、产品策略 ………………………………………………………… (272)

  二、价格策略 ………………………………………………………………（273）
  三、渠道策略 ………………………………………………………………（274）
  四、促销策略 ………………………………………………………………（275）
第十三章 市场营销计划、组织、执行与控制 …………………………（280）
 第一节 市场营销计划的制定 ………………………………………………（281）
  一、制定市场营销计划的原则 ……………………………………………（281）
  二、市场营销计划的内容 …………………………………………………（283）
 第二节 市场营销组织 ………………………………………………………（284）
  一、市场营销组织的概念 …………………………………………………（285）
  二、市场营销组织的演变 …………………………………………………（285）
  三、市场营销部门的组织形式 ……………………………………………（287）
  四、市场营销组织的设置原则 ……………………………………………（290）
 第三节 市场营销执行与控制 ………………………………………………（291）
  一、市场营销执行 …………………………………………………………（291）
  二、市场营销控制 …………………………………………………………（293）
主要参考书目及文献 ………………………………………………………（303）

第一章

市场营销与市场营销学

学习目标

1. 正确理解市场营销学中的市场概念。
2. 掌握市场营销及其相关概念。
3. 了解现代市场营销学的发展过程。
4. 明确学习市场营销学的重要性。

引导案例

奥克斯：撬动新时代

2017年3月9日，上海家博会。

被誉为"国民小猎豹"的明星郑恺现身奥克斯展厅，现场一袭黑色西服，配上不久前剃的光头，让现场粉丝们不禁诧异——这是要做"光头恺"吗？

郑恺此次出席奥克斯AYA系列发布会，是带着一个身份来的，那就是奥克斯AYA系列空调全球首席体验官。作为AYA系列的体验官，郑恺不仅对AYA系列的功能特点了如指掌，还向在场的观众推介了AYA系列。

看起来，这是一场常规的商业活动。但是，背后却是一个时代的落幕，和一个时代的开始。

上一波排浪式消费结束

空调业，乃至家电业，甚至整个消费品业，不论是快速消费品，还是耐用消费品，都面临一个时代的结束，那就是30年前开始的第一波排浪式消费落幕了。

2015年中央将中国过去30多年的消费浪潮称为模仿式排浪消费，是中国经济发展的三大引擎之一。

随着上一波排浪式消费的结束，好几代的消费者将退出市场，取而代之的是新一代消费者。这些新人对消费有着完全不同的理解,他们的消费行为有着自己的特征。这是老一代营销人最为困惑的地方。他们看不懂"80后""90后",不知道用什么工具去征服他们。

奥克斯的精品战略

早在5年前,奥克斯这家空调巨头已经意识到用现有的产品和品质,无法适应快速增长的人均GDP,一场全面互联网化接轨的品质升级势在必行。

今天大众消费者的核心诉求升级了。"80后""90后"是新一代消费者,不同于"50后""60后""70后",他们对品质有更高的要求,他们需要"更时尚、更年轻、更个性化"的产品和品牌。

因此,奥克斯在《空调成本白皮书》发布20年后,提出了"精品战略"。这个战略被奥克斯董事长郑坚江用一句话解读为:品质是基础,创新是灵魂。如果用一句大白话来解释,就是"做一台好空调"。

这意味着奥克斯这家靠着价格白皮书和各种吸引眼球的营销手段起家的空调市场破局者,在成功上位之后要主动回归产业和商业竞争的本位,那就是产品。因为在以消费者为中心的时代下,好产品就是好营销,好产品自己会走出一条路。

奥克斯近年来推出的一系列产品,拉开了对空调市场的重新定义和颠覆之路。

从强调健康的"舒睡系列"空调,一举打破家用空调的制热瓶颈的"热霸"空调,能效比达6.5的"壹系列"变频空调,到依据"苹果"设计理念研发出来的"镜界"空调,奥克斯每次都推出一个核心爆点,轮番造势,逐渐将"品质"这一关键元素,注入奥克斯的品牌灵魂。

在这些产品的宣传中是"节能""健康""时尚""人性化""高科技""极简主义"这样高大上的品质卖点,与2003年奥克斯发布《空调技术白皮书》与《空调健康红皮书》抨击业内用技术和健康炒作提价,形成了鲜明的对比。

这一对比看似矛盾,背后却是自2013年奥克斯实施转型升级以来累计10亿多元在设备、原料、研发生产、生产自动化、厂房改造、来料检验、工人薪资、产能扩张等方面的升级改造,目的只有一个:提升产品技术和品质创新能力。

这就是郑恺所描述的"明明可以靠颜值,却偏偏靠实力"。

奥克斯家电集团总裁冷泠说,AYA系列是奥克斯空调技术积累的结晶和科技创新的标杆,它不仅在外形上针对"造型"做出了诸多的创新和突破,而且在硬件创新和使用体验上解决了用户的痛点。

这便是新一代消费者的诉求:要有实力,要有颜值,还不能太贵。

这就是为什么奥克斯在几年前就提出要品牌升级。因为奥克斯很早就注意到,消费档次的中位数必将随着中国经济的发展而快速上移,未来的低端产品,都将是现在的中端水平。

第一节 市场与市场营销

一、市场概念

任何企业都与市场有着千丝万缕的联系。市场不仅是企业生产经营活动的起点和终点,也是企业生产与经营活动成功与失败的评判者。认识市场、适应市场、驾驭市场，使企业市场营销活动与市场需要结合起来，是企业市场营销活动的核心与关键。

(一) 市场的含义

人们从不同的角度来解释市场的含义。

(1) 市场是商品交换的场所，即买主和卖主进行交易的地点或地区。在这里，市场是一个地理的概念，如集市、商品批发市场等。很明显，任何一个企业都要考虑本企业的产品销往哪些地区，在何种场所销售。

(2) 市场是某一产品的所有现实和潜在购买者的总和。当人们说"中国的手机市场很大"时，显然不是指手机交易场所的大小，而是指中国的消费者对手机的需求量很大，现实和潜在的买主很多。将顾客作为市场，是从商品供给者（销售者）的角度提出来的。明确自己产品的市场有多大，由哪些消费者或用户构成，是企业制定营销战略和各项具体决策的基本出发点。所谓企业要面向市场，就是指要面向消费需求，面向自己的顾客。

(3) 市场是商品供求双方力量相互作用的总和。这一含义是从商品供求关系的角度提出来的，"买方市场""卖方市场"这些名词反映了供求双方力量的相对强度。在买方市场中，商品供大于求，买方支配着销售关系；在卖方市场中，商品供不应求，卖方就成了支配交易关系的主导方面。显然，判断市场供求双方的相对强度和变化趋势，对企业进行营销决策是十分重要的。

(4) 市场是指商品流通领域，是商品交换关系的总和。商品流通是以货币为媒介的商品交换过程，是商品交换过程连续进行的整体。在商品流通中，各种商品的市场不可分割地联系在一起，形成了有机的整体市场。这就告诉我们，任何一个商品生产经营者的买卖活动必然会与其他商品生产经营者的买卖活动发生联系。因此，任何一个企业都只能在整体市场上开展营销活动，企业的运转时时刻刻都与市场保持着输入输出的交换关系。正因为如此，市场才成为企业赖以生存、发展的空间和环境。

那么，究竟什么是市场营销学里所说的"市场"呢？

市场营销学主要研究作为卖方的企业的市场营销活动，即研究企业如何通过整体市场营销活动，适应并满足买方的需求，以实现企业的经营目标。因此，在这里我们采用了美国著名市场营销学家菲利普·科特勒关于市场的定义："市场是指产品的现实和潜在的购买者。这些购买者共同具有某一特定的、能通过交换和关系得到满足的需要或欲望。"从销售者的角度看，销售者构成了行业，购买者则构成了市场。

(二) 市场的要素

市场包含三个要素，即有某种需要的人、为满足这种需要应具备的购买能力和购买欲望。用公式表示就是：

$$市场 = 人口 + 购买力 + 购买欲望$$

1. 人口

人口是构成市场最基本的条件。凡是有人居住的地方，就有各种各样的物质和精神方面的需求，从而才可能有市场，没有人就不存在市场。

2. 购买力

购买力是消费者支付货币购买商品或劳务的能力。消费者的购买力由消费者的收入决定。有支付能力的需求才是有意义的市场。购买力水平的高低是决定市场容量大小的重要指标。

3. 购买欲望

购买欲望是指消费者产生购买行为的动机、愿望和要求，是消费者把潜在购买力变成现实购买力的首要条件。

市场的这三个因素是相互制约、缺一不可的，只有三者结合起来才能构成现实的市场，才能决定市场的规模和容量。例如，一个国家和地区人口众多，但收入很低，购买力有限，就不能构成容量很大的市场。如果购买力虽然很大，但人口很少，也不能成为很大的市场。只有人口众多，购买力很强，才能成为一个有潜力的大市场。但是，如果产品不适合需要，不能引起人们的购买欲望，对销售者来说，仍然不能成为现实的市场。所以，市场是以上三个因素的统一。市场的大小取决于有某种需要，并且拥有使别人感兴趣的资源，同时愿意以这种资源来换取其所需要的东西的人数。

小链接 1-1 **菲利普·科特勒**

菲利普·科特勒（Philip Kotler）生于 1931 年，是现代营销集大成者，被誉为"现代营销学之父""营销界的爱因斯坦"。菲利普·科特勒现任美国西北大学凯洛格管理学院 S. C. Johnson & Son 国际营销杰出教授，是美国芝加哥大学经济学硕士、麻省理工大学经济学博士、哈佛大学和芝加哥大学博士后。

科特勒教授著有世界上最畅销的市场营销教材《营销管理：分析、计划、实施和控制》，同时著有《营销法则》《营销模型》《非营利组织的战略营销》《新竞争》《高瞻远瞩》《社会营销》《营销渠道》《营销整合》《宾馆与旅游营销》《国家营销》《科特勒论营销》《打造全球生技品牌》《吸引投资者》《营销十戒》《科特勒营销新论》《企业的社会责任》《水平营销》《科特勒精选营销词典》等，并先后在世界一流杂志上发表了 100 多篇论文，有些论文还获得了最佳论文奖。

科特勒教授是美国市场营销协会设立的"杰出营销学教育工作者奖"（1985 年）的第一位获奖人，还获得过欧洲咨询与销售培训者联合会颁发的"营销卓越贡献奖"。

在 1975 年美国市场营销协会学术会员的调查中，科特勒教授当选为"营销思想领袖"。1978 年，他获得美国市场营销协会的"保罗·康沃斯奖"，以表彰他对创立市场营销学的贡献。1989 年，他获得了"查尔斯·库利奇·帕林年度营销研究奖"。1995 年，销售与营销执行国际授予他"年度营销人"的称号。

科特勒教授先后为 IBM、通用电气、AT&T、霍尼韦尔、美洲银行、默克咨询公司等企业做过营销战略与规划、营销组织和国际市场营销等方面的咨询工作。

科特勒教授曾任管理科学研究所市场营销学院主席、美国市场营销协会会长、营销科学学会理事、MAC 集团董事长、杨科洛维奇顾问委员会委员、哥白尼顾问委员会委员。他是芝加哥学院艺术系理事会理事、德鲁克基金会顾问团成员。他还是斯德哥尔摩大学、苏黎世大学、雅典经济学与商业大学、德保尔大学、克拉科夫商业与经济学院、维也纳经济与商业学院、布达佩斯经济与公共管理大学和圣多明各天主教大学的名誉博士。

科特勒教授的足迹几乎遍布了欧洲、亚洲和南美洲，在许多企业咨询和讲学，讲如何用合理的经济学和市场营销学理论来提升企业的核心竞争力。他还为多国政府提供政策建议，告诉他们如何通过发展强有力的公共机构来促进国家经济的健康发展。

二、市场营销及其相关概念

（一）市场营销的定义

市场营销在我们的生活中无处不在，不仅生产企业、批发商和零售商需要运用市场营销，而且个人和组织也需要进行市场营销。比如，律师、会计师和医生运用营销手段扩大顾客对其服务的需求。学生同样需要懂得市场营销，他们必须进行市场调研以找到应聘的最佳机遇，并向其未来雇主进行"自我营销"。

许多人把市场营销仅仅理解为推销和广告，这并不奇怪，因为我们每天都会受到电视广告、报纸广告以及推销电话的轮番轰炸。但是，"推销和广告只是市场营销的一部分，尽管推销和广告很重要，但它们只是市场营销功能中的两项功能，并且通常不是最重要的两项功能"。关于"市场营销"的定义，国内外的市场营销学者和业界各有不同。这里，我们采用了美国著名市场营销学家菲利普·科特勒的定义："市场营销是个人和群体通过创造产品和价值并同他人进行交换以获得所需所欲的一种社会和管理过程。"

根据市场营销的定义可概括出以下要点。

（1）市场营销的出发点是市场需求。

（2）市场营销的最终目标是满足需要和欲望。

（3）市场营销的核心是交换。交换过程涉及大量的工作，如卖方必须搜寻买方，找到他们的需要，设计良好的产品和服务，设定合理的价格，有效地开展促销活动以及高效率地进行存储和运输等。交换过程能否顺利进行，取决于营销者创造的产品和价值满足顾客需求的程度和交换过程的管理水平。

（4）市场营销是一个系统的社会和管理过程。它不仅包括生产、经营之前的具体经济活动，如进行市场调研、收集市场信息、分析市场机会、进行目标市场营销等，还包括销售过程的一系列具体的经济活动，如产品定价和包装、选择分销渠道、进行促销活动、提供销售服务等，同时还包括销售完成之后的售后服务、信息反馈等一系列活动。

小链接1-2　　向不穿鞋的人推销鞋

一个鞋业公司派一名推销员到东南亚某国去了解公司的鞋能否在那里找到销路。一星期后，这位推销员打电报回来说："这里的人都不穿鞋，因而这里没有鞋的市场。"

接着该鞋业公司总经理决定派市场部经理到这个国家再进行调查。一星期后，经理打电报回来说："这里的人都不穿鞋，是一个巨大的市场。"

总经理为弄清情况，再派他的市场营销副总经理去进一步考察。两星期后，营销副总来电说："这里的人都不穿鞋子，然而他们有脚疾，穿鞋对脚会有好处。无论如何，我们必须重新设计我们的鞋子，因为他们的脚比较小。首先我们必须得到部落首领的合作，同时我们必须在教育他们懂得穿鞋有益方面花一笔钱。这里的人没有什么钱，但他们种植了我未曾尝过的最甜的菠萝。我估计鞋的潜在销售量在3年以上，因而我们的一切费用包括推销菠萝给与我们有合作关系的超级连锁市场的费用，都将得到补偿。总的算起来，我们还可赚得垫付款30%的利润。我认为，我们应该毫不迟疑地去干。"

（二）市场营销的相关概念

市场营销的概念涉及以下相关概念：需要、欲望和需求；产品；效用、价值和满足；交换、交易和关系。

1. 需要、欲望和需求

人类的需要和欲望是市场营销活动的出发点。需要是指没有得到某种基本满足的感受状态，包括对食品、衣服、房屋和安全的物质需要，对友情、爱情的社会需要等。这些需要广泛存在于人类自身生理和社会之中。

欲望是指想得到基本需要的具体满足物的愿望，是个人受到不同文化及社会环境影响后所表现出来的对某种基本需要的追求。如为了满足"解决饥饿"的需要，人们会选择（追求）买面包、饼干、包子、馒头等。人类的欲望是无穷的，但是资源是有限的，人们通常希望用有限的金钱选择价值和满意程度最大的产品。当有了购买力做后盾时，人类的欲望就变成了需求。

需求是指对于有能力购买并且愿意购买某个具体产品的欲望。将需要、欲望和需求加以区分，其重要意义就在于阐明：市场营销者并不创造需要；需要早就存在于市场营销活动出现之前；市场营销者，连同社会上的其他因素，只是影响了人们的欲望，试图向人们指出何种特定产品可以满足其特定需要，进而通过使产品富有吸引力，适应消费者的支付能力且使之容易得到，来影响需求。

小链接1-3

杰出的企业都不遗余力地去了解和弄懂顾客的需要、欲望和需求。他们开展有关消费者好恶的市场调查，分析有关顾客产品、服务等方面的数据。他们还观察使用本企业产品和竞争对手产品的顾客，并训练销售人员随时注意未得到满足的顾客需要。

在这些杰出的企业中，包括最高管理机构在内的各个层次的成员都与顾客保持紧密联系。例如，沃尔玛特连锁店的行政主管们每周要花两天时间混入顾客中去光顾商店；在迪士尼世界乐园，每一位经理在其就职期间，至少要花一天的时间穿上米奇、明尼、古菲或其他角色的服装在乐园里巡视，而且每年均有一周时间要到服务的最前线去收门票、卖爆米花或者操纵供人骑乘的玩具；在摩托罗拉公司，最高主管人员会例行拜访社团顾客的办公室，以便更好地洞察他们的需要。详细了解顾客的需要、欲望和需求是规划市场营销战略的重要步骤。

2. 产品

人类用产品来满足自己的各种需要和欲望。因此，可将产品表述为"能够满足人类某种需要或欲望的任何东西"。可见，产品的概念并不仅限于实物，任何能满足需要的东西都可以被称作产品，如电视机、自行车、电影、促销策划方案等。

人们通常用产品和服务这两个词来区分实体物品和无形物品。实体产品的重要性不仅在于拥有它们，更在于使用它们来满足需求和欲望。人们购买小汽车不是为了观赏，而是因为它可以提供一种叫作交通的服务。所以，实体产品实际上是向我们传送服务的工具。

如果生产者过多地关注所提供的具体产品，而忽略了由这些产品所产生的利益，就会导致忽略"顾客购买产品是为了满足某种需要"的事实，这是相当错误的。许多销售商认为自己是在销售产品而不是在提供满足人们某种需要的解决方法。电视机制造商或许认为顾客需要的是电视机，但是顾客真正需要的是电视节目。因此，人们不是为了产品的实体而买产品，而是因为产品实体是服务的外壳，即通过购买某种产品实体能够获得自己所需要的服务。市场营销者的任务，是向市场展示产品实体中所包含的利益或服务，而不能仅限于描述产品的外形。

3. 效用、价值和满足

在对能够满足某一特定需要的一组产品进行选择时，人们所依据的标准是各种产品的效用和价值。所谓效用是指产品满足人们欲望的能力。效用实际上是一个人的自我心理感受，它来自人的主观评价。

价值是一个很复杂的概念，也是一个在经济思想中有着很长历史的概念。马克思认为，价值是人类劳动当作商品共有的社会实体的结晶，商品价值量的多少由社会必要劳动时间来决定，而"社会必要劳动时间是在现有的社会正常的生产条件下，在社会平均的劳动熟练程度和劳动强度下制造某种使用价值所需要的劳动时间"。而边际效用学派则认为，消费者根据不同产品满足其需要的能力来决定这些产品的价值，并据此选择购买效用最大的产品。

4. 交换、交易和关系

交换是指通过提供某种东西作为回报，从别人那里取得所需物品的行为。交换只是人们用来获得所需之物的众多方法中的一种，例如，饥饿的人可以用打猎、钓鱼或采集水果的方式找到食物，也可以用钱、其他东西或劳务来换取食物。

作为满足需要的一种方式，交换有许多优点，比如，人们没有必要再去掠夺他人或依赖捐赠，也没有必要掌握为自己生产每一样必需品所需要的技能。人们可以集中精力生产他们善于生产的东西，然后用它们来交换由别人生产的自己所需要的产品。因此，交换使一个社会能够生产出更多的产品。

当人们决定以交换方式来满足自己的需要或欲望时，就产生了市场营销。交换是市场营销的核心概念，而交易则是交换活动的基本单元，是市场营销的度量单位。

交易是指买卖双方价值的交换。交换是一个过程而不是一个事件，如果双方正在进行谈判，并趋于达成协议，这就意味着他们正在进行交换，一旦达成协议，就发生了交易行为。一次交易包括三个可以量度的实质内容：至少有两个有价值的事物；买卖双方所同意的条件；协议时间和地点。

事实上，与交易有关的市场营销活动，即交易市场营销。而交易市场营销只是另外一个大概念即关系市场营销的一部分。关系市场营销这个概念最先由巴巴拉·本德·杰克逊于1985年提出。他认为，关系市场营销将使企业获得较之其在交易市场营销中所得到的更多。精明的市场营销者总是试图与顾客、分销商、经销商、供应商等建立起长期的互信互利关系。这就需要以公平的价格、优质的产品、良好的服务与对方交易，同时，双方的成员之间还需加强经济、技术及社会等方面的联系与交往。双方越是增进了解和信任，便越有利于互相帮助。关系市场营销还可节省交易成本和时间，并由过去逐项逐次的谈判交易发展成为例行的程序化交易。

关系市场营销可定义为：企业与顾客、分销商、经销商、供应商等建立、保持并加强关系，通过互利交换及共同履行诺言，使有关各方实现各自的目的。企业与顾客之间的长期关系是关系市场营销的核心概念。交易市场营销能使企业获利，但企业更应着眼于长远利益，因而保持并发展与顾客的长期关系是关系市场营销的重要内容。

关系市场营销与交易市场营销存在着一定的区别。例如，在交易市场营销情况下，一般说来，除产品和企业的市场形象之外，企业很难采取其他有效措施，与顾客保持持久的关系。如果竞争者用较低的价格向顾客出售产品或服务，用类似的技术解决顾客的问题，则企业与顾客的关系就会终止。而在关系市场营销情况下，企业与顾客保持广泛、密切的联系，价格不再是最主要的竞争手段，竞争者很难破坏企业与顾客的关系。

再如，交易市场营销强调市场占有率，在任何时刻，管理人员都必须花费大量费用，吸引潜在顾客，取代不再购买本企业产品或服务的老顾客。关系市场营销则强调顾客忠诚度，保持老顾客比吸引新顾客更重要。企业的回头客比率越高，营销费用就越低。

关系市场营销将为企业带来一种独特的资产，即市场营销网络。市场营销网络是指企业及与之建立起牢固的互相信赖的商业关系的其他企业所构成的网络。在市场营销网络中，企业可以找到战略伙伴并与之联合，以获得一个更广泛、更有效的地理占有。借助该网络，企业可在全球各地市场上同时推出新产品，并减少由于产品进入市场的时间滞后而被富有进攻性的模仿者夺走市场的风险。市场营销管理也正日益由过去追求单项交易的利润最大化，转变为追求与对方互利关系的最佳化。关系市场营销的经营信条是：建立良好关系，有利可图的交易随之而来。

第二节 市场营销学的产生与发展

一、市场营销学概述

市场营销学是一门研究企业市场营销活动及其规律的应用科学，即是研究企业经营方略和生财之道，研究企业如何在激烈的市场竞争中求生存、求发展的学科。在市场经济高速发展和社会日益进步的今天，市场营销不仅已经成为企业在激烈竞争的市场环境中谋求生存和发展的管理利器，而且也在其他行业和领域中得到了广泛应用。

（一）市场营销学的学科性质

市场营销学是一门以经济科学、行为科学和现代管理理论为基础，研究以满足消费者需求为中心的企业市场营销活动及其规律的综合性应用科学。

市场营销学的学科名称是由英文 Marketing 一词而来的。市场营销学是 20 世纪初期从经济学的母体中脱胎出来成为一门独立的学科。但是，现代市场营销学不是一门经济科学，而是一门应用科学，属于管理学的范畴。

事实上，市场营销学的发展经历了一个充分吸收相关学科研究成果、博采众家之长的跨学科演变过程，它吸收了经济学、心理学、社会学、管理学、系统工程学等学科的相关研究成果，逐步形成了一门具有特定研究对象和研究方法的实用性很强的独立学科。

（二）市场营销学的研究对象和内容

作为一门独立的学科，市场营销学不仅要具有自己独立的学科体系，而且要具有与其他经济学科或管理学科不同的学科分工。但是，这门学科的研究对象是随着社会及经济的发展而变化的。早期的市场营销学，其研究对象局限于产品推销术和广告术。现代市场营销学的研究对象是以满足消费者需求为中心的企业市场营销活动过程及其规律，即研究企业如何识别、分析评价、选择和利用市场机会，从满足目标市场顾客需求出发，有计划地组织企业的整体活动，通过交换，将产品从生产者手中转向消费者手中以实现企业营销目标。

市场营销学认为企业能否在激烈竞争的市场上求得生存和发展，最终要取决于消费者或用户是否购买该企业的产品。因此，市场营销学的全部研究内容都是围绕产品适销对路、扩大市场销售为中心而展开的，并为此提供理论、思路和方法。市场营销学的核心思想是企业必须面向市场、面向顾客，必须适应不断变化的市场营销环境并及时做出正确的反应；企业要为消费者或用户提供令人满意的商品或服务，并且要用最少的费用、最快的速度将产品送达消费者或用户手中；企业应该而且只能在满足消费者或用户需求的前提下实现自己的各项目标。

从上述核心思想出发，市场营销学的研究内容大体可以归纳为三个部分：市场营销原理、市场营销实务和市场营销管理。

第一部分：市场营销原理。研究市场营销的相关概念、市场营销观念及其演变等。

第二部分：市场营销实务。研究市场营销环境、市场调研与预测、市场营销组合策略等。市场营销环境和市场调研预测着重分析影响和制约企业营销活动的各种环境因素，分析各类消费者的购买行为，进而提出企业进行市场细分和选择目标市场的理论和方法，并根据市场调查做出市场需求预测。这部分内容是市场营销学的基础，阐述了市场营销的若干基本原理和基本思路。市场营销组合策略是市场营销学的核心内容，其任务在于论述企业如何运用各种市场营销手段以实现企业的预期目标。

第三部分：市场营销管理。研究关于市场营销计划、组织和控制，着重分析企业为保证营销活动的成功而应在计划、组织、控制等方面采用的措施与方法。

总之，市场营销学研究的内容非常广泛，它以了解消费需求为起点，以满足消费需求、实现企业经营目标为终点。

（三）市场营销学的研究方法

市场营销学的研究方法很多，主要有以下几种。

1. 传统研究法

（1）产品研究法。产品研究法即对某类产品或某种产品的市场营销进行专门研究，如农产品、纺织品的市场营销，等等。这种研究方法基于不同产品的营销特性，研究的问题比较具体和深入，并由此产生了各种专业市场营销学，如服装市场营销学、农产品市场营销学等。

（2）机构研究法。机构研究法即分别研究市场营销渠道系统中各层次、各类型的机构，如生产者、代理商、批发商、零售商的市场营销活动。

（3）职能研究法。职能研究法即分析市场营销的各种职能，如购买、销售、运输、仓储、市场营销信息收集等，以及企业在执行这些市场营销职能时可能遇到的问题及其解决方法。这种研究方法有助于较为深入地剖析各个营销环节的活动，并具有适用于不同产品、不同企业的特点。因此，这种研究方法在学术界颇为流行。

2. 历史研究法

这是从发展变化过程来分析、研究市场营销问题的方法。如分析 100 多年来企业市场营销管理哲学的演变过程、市场营销的含义及其变化等，从中找出其发展变化的原因及其规律。

3. 管理研究法

管理研究法即从管理决策角度研究企业的市场营销问题。其研究思路是将企业市场营销决策分为目标市场和市场营销组合两大部分，研究企业如何根据市场营销环境的变化，结合自身资源条件，进行合理的目标市场决策和市场营销组合决策。这种研究方法将企业的市场营销决策与管理问题具体化、科学化，对市场营销学的发展和企业营销管理水平的提高具有重要作用。

4. 系统研究法

这是一种将现代系统理论和方法运用于市场营销学研究的方法。企业的市场营销管理系统是一个复杂的系统，在这个系统中，包含了许多相互影响、相互作用的因素，如企业、供应商、经销商、目标顾客、竞争者、社会公众、政府机构、大众传播媒体等。企业必须对整个市场营销系统进行协调和整合，使企业内部系统与外部系统步调一致、密切配合，从而实现企业的营销目标。

（四）市场营销学的研究意义

在当今社会主义市场经济，特别是全球经济一体化的条件下，企业如何在市场竞争中求得生存和发展，始终是摆在中国企业面前的一个重要课题。管理大师彼得·德鲁克指出，"营销是企业与众不同的、独一无二的职能"。而市场营销正是企业与市场间的桥梁，是市场竞争中的利器，谁掌握了它，谁就可以主宰市场。对于企业来说，全面系统地学习研究市场营销学，有助于树立现代营销观念，适应我国社会主义市场经济发展的需要；有助于企业制定正确的经营战略，创造竞争优势；有助于取得更好的经济效益，创造企业发展的后劲和动力；有助于企业走向国际市场，促进企业国际化经营。

二、市场营销学的产生和发展

（一）市场营销学的形成阶段

市场营销学于 20 世纪初期产生于美国，后来传播到欧洲和日本等地。现代市场营销学，是在资本主义商品经济迅速发展和市场问题日益尖锐化的过程中形成和发展起来的，形成阶段在 1900 年到 1930 年。

这一阶段由于工业革命和资本主义世界经济的迅速发展，市场处于卖方市场状态。当时各种产业用品和消费品都不愁销路，企业的工作重点在于增加产量和降低成本。随着劳动生产率的迅速提高，一些企业的产品销路出现了问题，于是，在发展生产的同时，必须把销售提到一个很重要的高度来对待。经济学界开始着手研究销售问题，美国加州大学、伊利诺斯大学和密执安大学相继正式开设了市场营销学课程。在这个阶段，市场营销学的研究对象侧重于推销和广告。

1929年至1933年的经济危机，对整个资本主义经济打击很大，资本主义世界的工业生产总值和贸易总额都大幅度下降。为适应这一形势，企业界纷纷把主要精力从生产领域转移到流通领域，注重市场调查预测，运用推销术和广告术，刺激顾客需求。这些实践活动为市场营销的研究与理论发展积累了大量资料，促进了市场营销理论和实践研究活动的大规模开展。1926年美国建立了"全美市场营销广告学协会"。这个阶段市场营销学的研究特点是对推销术和广告术的研究更为广泛和深入，研究有利于企业推销的组织机构设置；市场营销理论研究开始被广大企业界所重视。这一时期的市场营销学，其内容局限于流通领域，真正的市场营销观念尚未形成，然而，将市场营销从企业生产活动中分离出来做专门研究，无疑是一个创举。

（二）市场营销学的发展阶段

从20世纪30年代开始，主要西方国家市场明显呈现供过于求。这时，企业界广泛关心的首要问题已经不是扩大生产和降低成本，而是如何把产品销售出去。为了争夺市场、解决产品销售问题，企业家开始重视市场调查，提出了"创造需求"的口号，致力于扩大销路，并在实践中积累了丰富的资料和经验。与此同时，市场营销学科研究大规模展开。一些著名大学的教授将市场营销研究深入各个行业，运用了大量实际资料，形成了许多新的原理。如佛莱德·克拉克和韦尔法在1932年出版的《农产品市场营销》中，将农产品市场营销系统划分为集中（收购）、平衡（协调供求）和分散（化整为零销售）三个相互关联的过程，详细研究了营销者在其中执行的7种市场营销职能：集中、储存、融资、承担风险、标准化、销售和运输。拉尔夫·亚历山大等学者在1940年出版的《市场营销》一书中强调，市场营销的商品化职能包含适应顾客需要的过程，销售是"帮助或说服潜在顾客购买商品或服务的过程"。1937年，美国全国市场营销学、广告学教师协会及美国市场营销学会合并组成美国市场营销协会（AMA）。该协会在美国设立几十个分会，从事市场营销研究和营销人才的培训工作，出版市场营销专刊和市场营销调研专刊，对市场营销学的发展起了重要作用。到第二次世界大战结束，市场营销学得到了长足发展，并在企业经营实践中获得了广泛应用。但在这一阶段，营销研究主要集中在销售推广方面，应用范围基本上仍局限于商品流通领域。

（三）市场营销学的"革命"阶段

第二次世界大战后至20世纪60年代末，是市场营销学的"革命"阶段。第二次世界大战以后，市场营销学的研究进入了一个蓬勃发展的新时期，市场营销理论有了新的发展，出现了许多有价值的新概念、新理论，特别是出现了以消费者为中心的新的市场营销观念，形成了现代市场营销学。

第二次世界大战以后，随着第三次科技革命的深入，以美国为代表的西方发达国家的劳动生产率大幅度提高，资本主义生产有了较快的增长，加上这些国家推行了高工资、高福利、高消费政策,刺激了人们的购买力和购买欲望,使市场需求在量和质的方面都发生了重大变化。同时,迅速增长的生产使产品的销售又成为问题,企业之间的市场竞争也更加激烈。竞争越激烈,企业家们就越要研究如何在市场上占据有利的位置。这种状况必然推动市场营销学的研究进程。

20 世纪 50 年代中期,美国市场营销学者提出了以消费者为中心的市场营销观念,这种观念的提出被称为"市场营销学发展史上的革命"。1960 年,美国学者麦卡锡在他的《基础市场学》一书中,提出了市场营销组合的4P理论,使市场营销学成为具有纯市场导向的学科。1967 年,美国西北大学的菲利普·科特勒出版了《市场管理:分析、计划与控制》,对市场营销学原理做了精辟的阐述,该书在欧美、日本的大学中成为最普遍的教科书。在这一阶段,市场营销学研究的一个突出特点是将市场营销理论和企业经营管理的实践密切地结合在一起。

(四) 市场营销学的完善和创新阶段

从 20 世纪 70 年代至今,市场营销学的研究进入了完善和创新阶段。随着现代科学技术的进步,不同的学科相互渗透,市场营销学已经与社会学、经济学、统计学、心理学等学科紧密结合,形成一门具有很强操作性的综合性应用科学。同时,市场营销学的研究内容也更为广泛,并且进一步向纵深发展,形成了一些分支学科,如市场调研、市场预测、服务营销学、广告学、消费心理学等。更为重要的是,随着研究内容的深入,市场营销理论更加完善,提出了许多新概念、新思想,如"战略营销""全球营销""大市场营销""网络营销""关系营销""绿色营销""服务营销""定制营销""顾客满意""客户关系管理"等概念,创新概念举例(见表 1–1)。

表 1–1 市场营销学创新概念举例

年代	新概念	提出者
20 世纪 70 年代	社会市场营销	杰拉尔德·蔡尔曼 菲利普·科特勒
	定位 战略营销 服务营销	阿尔·赖斯 波士顿咨询公司 林恩·休斯塔克
20 世纪 80 年代	大市场营销 内部营销 全球营销 关系营销	菲利普·科特勒 克里斯琴·格罗路斯 西德尼·莱维 巴巴拉·本德·杰克逊
20 世纪 90 年代	网络营销 差异化营销	格斯·哈泊
	绿色营销 5R 营销	唐·E·舒尔茨

总之，市场营销学是在商品经济高度发展、生产迅速扩大、市场供求矛盾日益尖锐、市场竞争越来越激烈的情况下产生和发展起来的，它还将随着社会经济、科学技术的不断发展变化而得到进一步的充实和完善。

三、市场营销学在中国的传播和发展

现有资料表明，中国最早的市场营销学教材，是1933年丁馨伯编译并由复旦大学出版的《市场学》。中华人民共和国成立前，国内一些大学的商学院开设了市场学课程，讲授这些课程的教师主要是欧美留学归来的学者。但是，在商品经济不发达的情况下，对市场营销学的研究和运用势必受到限制。中华人民共和国成立后，从20世纪50年代到70年代末，由于我国实行了高度集中的计划经济体制，市场和商品经济在理论上遭到了否定，因此，市场营销学研究基本中断。

党的十一届三中全会以后，党中央制定了一系列改革开放的方针和政策，逐步明确了以市场为导向，建立社会主义市场经济体制的改革目标，从而为我国引进和研究市场营销学创造了有利的条件。市场营销学在我国的传播，大致经历了以下三个时期。

（一）引进与认知时期（1978—1982年）

1978年以后，市场营销学开始重新被引进到我国。在此期间，北京、上海、广州等地的学者率先从国外引进市场营销学，为这一学科的传播、研究及应用奠定了坚实的基础。从1979年起，我国少数大专院校和国家经贸主管部门开始聘请外籍教师来华讲授市场营销学。1980年，当时的国家外经贸部与国际贸易中心（ITC）合作，在北京举办了两期市场营销学培训班，邀请了美国、加拿大、法国的营销专家前来讲学。随后，由国家经委、原国家科委和教育部门出面与美国政府合作，在大连设立高级管理干部培训中心，由美国营销专家在该班讲授的市场营销学内容被整理并翻译成中文出版发行。以上活动都对市场营销理论在我国的宣传与认知起了极大的推动作用。

在此期间，我国部分高等院校相继开设了市场营销学课程，并组织编写出版了第一批市场营销学教材。

（二）传播与应用时期（1983—1994年）

这一阶段，国内继续深化经济体制改革，使得我国经济得到了快速发展，市场竞争逐渐加剧，企业界营销管理意识开始形成，全社会对市场营销管理人才出现了旺盛的需求。与此同时，市场营销学在中国得到了广泛传播，并逐步被中国的企业所运用。

1983年6月，南京成立了全国第一个市场营销学研究组织"江苏省市场调查、市场预测与经营决策研究会"。同年12月，广州成立了"广东市场营销学会"。1984年1月，为加强学术交流和教学研究，推进市场营销学的普及与发展，湖南长沙成立了"全国高等综合大学、财经院校市场学教学研究会"（1987年8月更名为"中国高等院校市场学研究会"）。该研究会汇集了全国100多所高等院校的市场营销学者，每年定期举行研讨会，对市场营销学的传播及运用做出了积极的贡献。此后几年，各种类型的市场营销学研究团体如雨后春笋纷纷成立。这些团体分别举办了各种类型的市场营销培训班、讲习班，在做好市场营销学术研究和交流的同时，还做了大量的市场营销传播工作。

在这一时期，市场营销学在高等院校的教学中也取得了较快的发展。到1988年，全国各综合大学、高等院校、中央电大、管理干部学院都把市场营销学作为经济管理专业学生的必修课，不少学校还开设了市场营销专业，有50多所大学招收了市场营销专业的硕士研究生。全国高等院校及研究机构的专家、学者、教授编写的市场营销学著作、教材等有300多种。

1991年3月，中国市场学会（CAMA）在北京成立，该学会成员包括高等院校、科研机构的学者，国家经济管理部门官员和企业经理。中国市场学会的成立，标志着市场营销学的理论、方法的普及和社会对市场营销知识的普遍重视。

（三）拓展与国际化时期（1995年以后）

这一阶段是市场营销理论研究与应用的深入拓展时期。在此期间，无论是市场营销教学研究的队伍，还是市场营销教学研究和应用的内容都有了极大扩展。一方面，全国各地的市场营销学术团体，改变了过去只有学术界、教育界人士参加的状况，大量吸收企业界人士参加，研究重点也由过去的单纯教学研究，改为结合企业的市场营销实践进行研究。并且，学术界展开了一系列营销创新研究，如以"跨世纪的中国市场营销""中国市场的特点与企业营销战略""新经济与中国市场营销""知识经济与市场营销创新"等为专题的学术研究。在这一阶段，市场营销理论与企业营销管理实际的结合更为密切，出现了一批颇有价值的营销研究成果。另一方面，市场营销理论的国际研讨活动也进一步发展，1995年6月，由中国人民大学、加拿大麦吉尔大学和康克迪亚大学联合举办的"第五届市场营销与社会发展国际会议"在北京召开，来自46个国家和地区的200多名国内外学者出席了会议。25名中国学者的论文被收入《第五届市场营销与社会发展国际会议论文集》（英文版），6名中国学者的论文荣获国际优秀论文奖。自此以后，中国市场营销学者开始全方位、大团队地登上国际舞台，与国际市场营销学术界和企业界的合作进一步加强，促进了市场营销理论在中国的进一步传播、运用和发展。

本章小结

1. 市场是指产品的现实和潜在的购买者，这些购买者共同具有某一特定的、能通过交换和关系得到满足的需要或欲望。从销售者的角度看，销售者构成了行业，购买者则构成了市场。

市场包含三个主要因素，即有某种需要的人、为满足这种需要应具备的购买能力和购买欲望，这三个因素是相互制约、缺一不可的。

2. 市场营销是个人和群体通过创造产品和价值并同他人进行交换以获得所需所欲的一种社会和管理过程。市场营销的出发点是市场需求；市场营销的核心是交换；最终目标是满足需要和欲望；市场营销是一个系统的社会和管理过程。不管大企业还是小企业，营利性企业还是非营利性组织，国内企业还是国际性企业，健全有效的市场营销对所有组织的成功来说都是至关重要的。

3. 市场营销学是一门以经济科学、行为科学和现代管理理论为基础，研究以满足消费者需求为中心的企业市场营销活动及其规律的综合性应用科学。作为一门独立的学科，市场营销学于 20 世纪初期最早产生于美国。

4. 市场营销学的发展历史，大致经历了形成阶段、发展阶段、"革命"阶段、完善和创新阶段。并且，它还将随着社会经济、科学技术的不断发展变化而得到进一步的充实和完善。

5. 现代市场营销学的主要研究内容包括市场营销管理哲学的演变、市场营销环境分析、市场分析、市场调研与预测、企业战略及规划、目标市场营销战略、市场营销组合策略、市场竞争战略、市场营销计划、组织与控制、国际市场营销等。

关键概念

市场　市场营销　市场营销学　需要　欲望　需求　交换　交易　价值　效用　满意　市场营销者

思考练习题

1. 什么是市场营销？如何正确理解市场营销的含义？
2. 为什么说推销仅仅是市场营销的职能之一，而且不是最重要的职能？
3. 结合实际，谈谈市场营销的重要性。
4. 市场营销学的研究对象和内容是什么？
5. 市场营销学的研究方法有哪些？

案例分析

《阿凡达》——一个成功营销的典范

史玉柱曾总结了成功营销三要素：好策划、好产品、好团队。影片《阿凡达》可以说一个成功营销的典范，《阿凡达》的奇迹就演绎了这三大要素。

1. 好策划

先从策划说起，《阿凡达》的策划是成功的，也是极致的。

前期的宣传：一部最牛的影片极大吊起了人们的胃口。前期的炒作无疑是成功的，极大调动了各种吸引人的元素。就导演本身，《阿凡达》就有很多可以挖的炒作点，詹姆斯·卡麦隆——电影界的票房之王，《异形2》《终结者》《真实的谎言》《泰坦尼克号》等一系列大片的创作者，在世界电影界的号召和影响是相当强的。导演的辉煌就足以吸引眼球，让人们对其力作充满期待。票房之王、《泰坦尼克号》导演沉寂 11 年的力作问世，已经吊起了人们的胃口！在宣传导演詹姆斯·卡麦隆沉寂 11 年精心打造的力作的同时，有一个信息始终被传递：当《阿凡达》的样片出来后，请了美国一批著名的导演去看，这其中也包括斯皮尔伯格，据说现场这些导演看后，纷纷感叹电影能拍到这种程度太了不起了。大导演们观影感觉经媒体传播后，老百姓更是好奇了，这个片子到底拍得有多牛啊！

与前两者相随的就是，媒体对票房一致高度看好，大胆预测票房超过10亿美元。同时，《阿凡达》在网络投放了一批片段广告，让消费者对其有了一定的接触和体验。

上市宣传：终于，《阿凡达》上映了，午夜场爆满，一票难求，准备同时上映的影片《孔子》的导演胡玫去影院暗访后，立刻将上映日期推迟。

著名导演陆川在博客中写道："中国电影应该感到羞愧，中国电影人要集体目睹的、集体服气的一次完败……"陆川的这篇博文出现在各大网站头条，将《阿凡达》热推向了高潮。

普通大众的口碑席卷而来，前段时间火热的《2012》也无法与之相比。

继续的宣传：而之后对《阿凡达》火热的宣传更是无以复加，全国人民好像都顶风冒雪前去观影，有观众特地从河北赶往北京观影。这些新闻更让《阿凡达》成为最热的影片，受到追捧。一切都火得不能再火了！

从最牛的导演开始，到最棒的评价，再到最火的观影热潮，总之这个影片太牛了，不看你就落伍了。因此你必须看！

2. 好产品

上面提到的好策划，可以用"炒作"这个词来形容，但是我们不愿意用，对《阿凡达》，我们宁愿用宣传这个词，因为它在推广一个名副其实的好产品。如果只热衷于炒作，却不练内功，繁华之后必定是泡沫，是用户的不满意。

而《阿凡达》的成功除了宣传，很大一部分是因为其本身就足够牛、足够好。

用11年打造一个产品、一部电影是什么概念？下了多少功夫，花了多少心血！

美国大师级导演索德·博格在看了《阿凡达》后说："从此，电影的历史要以《阿凡达》之前和《阿凡达》之后来形容了。"

人一生有多少个11年？詹姆斯·卡麦隆就用11年的时间，将电影技术推到了一个前所未有的高峰！在这个商业时代，在好莱坞的追求利益最大化的体制之下，一个电影导演能对电影如此孜孜以求、认真打磨本身就是奇迹，他创造出好产品也就自然水到渠成了。

陆川说："电影上映了，我坚信它会成为所有中国观众的宠儿，我相信它会击碎这块土地上关于电影所有真的、假的、制作的、炒作的、哄骗的、哄抬的纪录。"

3. 好团队

关于团队，不用多说，这是一支精兵强将的组合。

制作水准一流：顶级导演的超水准之作。

发行推广体系一流：好莱坞的发行体系，美国顶级制作公司福克斯庞大的发行网络，世界各国强势发行媒体的合力推广。

好产品是基础，好策划是助力推广，好团队让一切落实到位、执行到位！

于是，奇迹产生了！

分析讨论题：

从本案例可以发现市场营销学的哪些内容？

市场营销实践

认知与体验：市场及市场营销。

实践目的

对市场及市场营销形成感性及理性认识。

实践方案

1. 人员：5~10人组成一个小组，以小组为单位完成任务。
2. 时间：与第一章教学时间同步。
3. 内容：以某一品牌产品为例，分析它所面对的市场及所开展的市场营销活动，阐述学习市场营销学的重要意义。
4. 汇报方式：各组以PPT形式进行展示和讲解。

第二章

市场营销管理

学习目标

1. 了解市场营销管理的任务，明确市场营销管理的过程，把握市场营销管理的实质。
2. 掌握市场营销管理哲学的含义。
3. 掌握现代市场营销管理的主要内容。

引导案例

雪花啤酒成就"自然之美"

2010年2月，华润雪花啤酒（贵州）有限公司总经理侯孝海在市场调研时发现：在贵州，非现饮终端产品占据了啤酒销售80%的份额，价格基本在10～20元/包，而纸箱产品价格普遍在32元/件，在这两档价位的产品之间，缺少了一款22～28元/包的产品。华润雪花营销团队分析认为，这是一个巨大的市场机会，锁定了终端零售价25元/包的非现饮市场，并根据这一目标开展了一系列营销管理活动。

第一步给产品命名。一直以来，雪花品牌给消费者留下的是"天然""纯净""户外挑战"等印象，这与贵州近年来致力打造生态旅游大省——"多彩贵州"给消费者留下的印象相吻合，如果能找到结合点，势必激发当地消费者对本地化产品消费的自豪感。经过讨论，华润雪花决定将新产品与区域旅游景区元素结合，创造一款独特的风景旅游啤酒，以贵州景区为基调，引入本土旅游文化，促进消费，同时在行业内独辟蹊径，开展文化营销，以避开价格竞争等恶性竞争方式。最终，侯孝海拍板，新产品就叫作"自然之美"！

第二步征选酒标。2010年3月，由贵州省旅游局、贵州日报报业集团和华润雪花啤酒（贵州）有限公司共同主办的"5亿瓶雪花啤酒将印上贵州美景征集评选活动"轰轰烈烈地拉开帷幕，最终黄果树、梵净山、荔波小七孔等10个景区成为当年赢家，第一批成为"自然之美"瓶标。在标识设计中，雪花采用写意的形式将景区体现在商标上，并且将景区的图案印上雪花啤酒商标。与此同时，为了让每箱酒能拥有更多景区标签啤酒，工厂采用人工混标方式，基本达到每箱有4个不同景区或每包3个不同景区标签的啤酒。2010年4月27日，新产品在贵阳正式上市。

第三步政府联动。2010年5月1日，"自然之美"在贵州全省范围内全面铺开。由于产品从一开始就与贵州致力打造"多彩贵州"的概念紧密相连，因此其上市受到了贵州各地政府和风景旅游区的积极支持。"人们对'自然之美'的垂爱，大大超出了我们的预期。"华润雪花啤酒（贵州）有限公司市场总监崔小兵透露，上市不到一个月，"自然之美"啤酒的销量就已经超过一千多吨，比该公司的计划超出了近一倍，赢来了业界的一片喝彩。

在贵州试水成功之后，"自然之美"迅速在陕西、四川、广东、江西、云南、安徽等地铺开。事实上，"自然之美"的成功，并不是偶然的，它反映了雪花啤酒分析市场机会、掌握目标市场需求、创新营销组合的营销管理能力。

第一节 市场营销管理概述

一、市场营销管理的概念

市场营销管理是指企业为实现其目标，创造、建立并保持与目标市场之间的互利交换关系而进行的分析、计划、执行与控制过程。其管理的对象包含理念、战略、策略、产品、服务和客户。企业在开展营销活动时，一般都要设定一个在目标市场上预期要实现的交易水平，实际需求水平可能低于、等于或者高于这个预期水平。也就是说，在目标市场上，可能没有需求、需求很小，也可能超越需求或者难以满足，所以，市场营销管理的任务就是为促进企业目标的实现而调节需求的水平、时机和性质。更进一步来讲，市场营销管理的本质是需求管理。

二、市场营销管理的任务

根据需求水平、时间和性质，可以归纳出八种不同的需求状况。市场营销者要善于分析和应对各种不同的需求状况，设定不同的营销管理任务。

（一）负需求

负需求是指市场上众多消费者不喜欢、厌恶甚至花费代价回避某种产品或服务的需求状况。市场营销管理的任务是分析人们为什么不喜欢这些产品，是否可以通过重新设计产品、降低价格和更积极的促销方式来改变市场的信念和态度，把负需求变为正需求，这也称为改变市场营销。

（二）无需求

无需求是指目标市场对某种产品毫无兴趣或漠不关心的需求状况。在无需求情况下，市场营销管理的任务是刺激和创造需求，即通过有效的促销手段，把产品所能提供的利益同人们的需求及兴趣结合起来。

(三) 潜伏需求

潜伏需求是指相当一部分消费者对某种产品有强烈需求，而现有的产品或服务尚不能满足的需求状况。在这种情况下，企业市场营销管理的任务是准确地预测和衡量潜伏需求的规模，进而开发有效的产品和服务来满足这些需求，将潜伏需求变为现实需求，即开发市场营销。

(四) 下降需求

下降需求是指目标市场对某个产品或服务的需求出现了下降趋势的需求状况。在下降需求状况下，市场营销者要了解需求下降的原因，通过改变产品的特色，采用更有效的沟通方法来刺激需求，即以创造性的再营销扭转需求下降的格局，或寻求新的目标市场，通过新客户增加需求。

(五) 不规则需求

不规则需求是指某些产品或服务的需求因季节、月份、周、日、时产生波动的需求状况。如在旅游旺季时旅馆紧张和短缺，在旅游淡季时旅馆空闲。市场营销管理的任务是协调市场营销，即通过灵活的定价、大力促销及其他激励因素来改变需求时间模式，使产品或服务的供给和需求在时间上协调一致。

(六) 充分需求

充分需求是指某种产品或服务目前的需求水平和时间等于期望的需求的需求状况，这是企业最理想的一种需求状况。但是，消费者需求会不断变化，竞争日益加剧，市场的动态性决定了不可能永远如此。因此，在充分需求条件下，企业营销管理的任务是保证并不断改进产品质量，定期调查消费者满意程度，通过降低成本保持合理价格，激励经销商和销售人员增加销量，即维持市场营销。

(七) 过量需求

过量需求是指某种产品或服务的市场需求超过了企业所能供给或者愿意供给的水平的需求状况。企业营销管理的任务是降低市场营销，可以通过提高价格、合理分销产品、减少促销和服务等方式降低市场需求水平，或者设法降低盈利较少的子市场的需求水平。减缓营销的目的不是破坏需求，而是暂时降低需求水平。

(八) 有害需求

有害需求是指消费者对某些有害的产品或服务的需求，诸如烟、酒、毒品、黄色书刊等。对于有害需求，市场营销管理的任务是劝说消费者放弃这种爱好和需求，通过大幅度提价、减少可购买的机会、停止生产或通过立法禁止销售，称为反市场营销。反市场营销的目的是采取相应措施来消灭某些有害的需求，不同于降低营销。

三、市场营销管理的过程

企业的市场营销活动要充分结合市场需求的时间性和空间性特征，运用系统的战略和方法分析和评价消费者，发现目标市场，并根据目标市场的规模、特征，设计营销组合方案，使企业的产品和服务能准确满足消费者的需求，达到扩大市场、增加盈利、维持企业长远发展之目的。市场营销管理过程就是企业为实现其任务和目标而识别、分析、选择和利用市场机会的管理过程。这个过程可以具体分为如下步骤，如图2-1所示，即分析市场机会、选择目标市场、设计市场营销组合、管理市场营销活动。

图2-1 市场营销管理的过程

（一）分析市场机会

作为市场营销管理过程的第一个步骤，分析市场机会就是寻找市场上尚未得到满足的需求。企业营销人员必须进行专门的调查研究，寻找、发掘、识别市场机会，然后还要加以分析、评估，看是否适合本企业经营。因此，营销人员不但要善于发现和识别市场机会，而且还要善于分析和评估哪些只是环境机会，哪些才是适合本企业的营销机会。市场上一切未满足的需要都是环境机会，但不是任何环境机会都能成为某一企业的营销机会。

是否能成为企业的营销机会，要看它是否适合企业的目标和资源（资金、技术、设备等），是否能使企业扬长避短、发挥优势，比竞争者和可能的竞争者获得更大的超额利润。因此，企业营销人员对已发现和识别的市场机会，还要根据自己的目标和资源进行分析评估，从中选出对本企业最适合的营销机会。市场营销管理人员可以通过下列方法寻找和发现市场机会。

1. 收集市场信息

市场营销管理者可以借助大众传媒、展销会及博览会、产品订货会、经销商大会、企业营销信息系统等手段收集市场信息，调查研究消费者的需求来寻找、发现或者识别未满足的需要和新的市场机会。

2. 识别市场机会

比较实用和规范的识别市场机会的方法是利用"产品/市场发展矩阵"，用市场渗透、市场开发和产品开发的思路来挖掘和确定市场机会，如图2-2所示。

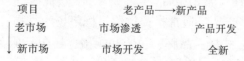

图2-2 产品/市场发展矩阵

市场营销管理人员要根据实际状况做出产品更新换代还是市场新旧淘汰的决策，以发现和识别更多的市场机会。

小链接2-1　**农夫山泉发现全新市场机会**

中国瓶装饮用水市场几乎是竞争最激烈的市场之一，每年都有不少新品牌涌现，但大部分品牌在"水战"中沉没了。唯独农夫山泉在激烈的竞争中发现了崭新的机会——农夫山泉切入市场是在市场整体处于全面价格战、低利润的时候,其推出的不是充斥市场的低档纯净水,而是含有多种营养物质和生物活性的"天然水",形成独家占有的新概念。

其实,学术界和企业界对纯净水一直存在争议,主要观点是认为纯净水在滤去水中有害物质的同时,也滤去了人体必需的微量元素,水纯化处理虽然解决了水的污染问题,但是使水的溶解力、渗透力、代谢力等指标均降低。农夫山泉通过市场调研发现,如果单为了解渴,人们对瓶装水青睐有加,因为市面上多数饮料含糖量很高,越喝越渴,有这方面感受和需求的消费者不在少数;另一个制约瓶装水销售市场容量扩大的重要因素是瓶装水的质量堪忧,媒体不断曝光自来水直接装瓶上架,使人们见到瓶装水就很容易同这些负面因素联系起来,可见重塑瓶装水健康天然的形象是突破的关键所在。为此,养生堂丢出一颗重磅炸弹,决定退出纯净水市场,全力投入农夫山泉天然水的生产销售,矛头对准纯净水厂商,设置"矿泉水"与"纯净水"的差别概念。同时,吸引全国媒体参与,将消费者关注的目光聚焦过来,借此机会,"农夫山泉"只用很低的成本就迅速将品牌打入消费者心里。

(二) 选择目标市场

市场营销管理人员要在市场调查预测的基础上,广泛分析营销环境和消费者市场、生产者市场、中间商市场和政府市场,研究不同市场的需求信息,在此基础上进行市场细分。细分目的是实现市场机会向企业机会的转化。通过细分,市场营销管理人员才能发现有潜力和吸引力的市场机会,选择那些既能够发挥企业优势,又符合企业发展目标的细分市场,作为经营的主要对象。

(三) 设计市场营销组合

所谓市场营销组合是指一整套能影响需求的企业可控因素,它们可以整合到市场营销计划中,以争取目标市场的特定反应。

尼尔·鲍敦曾将这些因素确定为12个,在1953年提出了"市场营销组合"的概念。里查德·克莱维特进一步把它们归纳为4大类,即产品、价格、促销和渠道。1960年,杰罗姆·麦卡锡又在文字上将它们表述为产品(Product)、价格(Price)、地点(Place)和促销(Promotion),即著名的"4P"营销组合。

在市场营销组合中,"产品"通常指提供给目标市场的货物、服务的集合。它不仅包括产品的效用、质量、外观、式样、品牌、包装和规格,还包括服务和保证等因素。"价格"指出售产品所追求的经济回报,内容有价目表价格、折扣、折让、支付方式、支付期限和信用条件等,所以又称为"定价(Pricing)"。"地点"通常称为"分销(Distribution)"或"渠道(Channel)",代表为使产品进入和到达目标市场,经由的路径(途径、通道、通路)和环节、场所,所组织、实施的物流活动,如仓储、运输等。"促销"则是指利用各种信息载体与目标市场进行沟通的传播活动,包括广告、人员推销、营业推广与公共关系等。

近年来,在国际市场竞争激烈、许多国家政府干预加强和贸易保护主义盛行的新形势下,市场营销学理论有了新的发展。菲利普·科特勒从1984年以来提出一个新的理论,他认为,企业能够影响自己的营销环境,而不应单纯地顺从和适应环境。因此,营销组合的

"4P"之外，还应该再加上两个"P"，即"权力（Power）"与"公共关系（Public Relations）"，成为"6P"。这就是说，要运用政治力量和公共关系的各种手段，打破国际或国内市场上的贸易壁垒，为企业的市场营销开辟道路。他把这种新的战略思想，称为"大市场营销"。

市场营销组合是企业可控因素多层次的、动态的、整体性的组合，具有可控性、动态性、复合性和整体性的特点，必须随着不可控的环境因素的变化和自身各个因素的变化，协调地组合与搭配。

（四）管理市场营销活动

市场营销管理过程的第四个步骤是管理市场营销活动，即执行和控制市场营销计划。这是整个市场营销管理过程的一个带有关键性的、极其重要的步骤。企业的各项营销活动，通常要按产品（或品牌）做出具体安排和规划，即市场营销计划。营销计划是在营销调研与分析的基础上制定的，营销计划的制定只是营销管理的开始，更重要的在于市场营销的实施与控制。营销的实施过程包括如下5个方面：制定详细的行动方案；建立合理有效的组织结构；设计相应的决策和报酬制度；开发并合理调配人力资源；建立适当的企业文化和管理风格。

为了实施营销计划，营销部门的组织必须与企业的规模和管理任务相适应，在实践中可以有多种不同的组织形式，并且应当根据客观需要随时调整。

在营销计划实施的过程中，可能出现很多意想不到的问题，需要一个控制系统来保证营销目标的实现，即营销控制。营销控制主要有年度计划控制、盈利控制和战略控制。通过这些控制系统，可及时发现计划执行中存在的问题或计划本身的问题，诊断产生问题的原因并及时反馈给有关的决策者和管理者，以便采取适当的纠正措施。

四、市场营销管理的目标

（一）顾客满意

菲利普·科特勒指出，"企业的整个经营活动要以顾客满意度为指针，要从顾客角度出发，用顾客的观点而非企业自身利益的观点来分析考虑消费者的需求"。毫无疑问，市场营销管理是要通过满足需求来让顾客满意，进而实现包括利润在内的企业目标。

1. 顾客满意

所谓顾客满意，是指顾客对一件产品满足其需要的绩效与期望进行比较所形成的感觉状态。顾客购买后是否满意，取决于其实际感受到的绩效与期望的差异。

研究表明，吸引新顾客要比维系老顾客花费更高的成本。而要有效地保持老顾客，仅仅使其满意还不够，只有使其高度满意，才能有效地培养顾客对企业和品牌的忠诚度。现代营销中，常常以顾客认知价值来衡量顾客满意程度。

2. 顾客认知价值

顾客认知价值，也称顾客感知价值或顾客让渡价值，是指企业让渡给顾客，且能让顾客感受到的实际价值，一般表现为顾客购买总价值与顾客购买总成本之间的差额（如图2-3）。顾客购买总价值是指顾客购买某一产品与服务所期望获得的一组利益，它包括产品价值、服务价值、人员价值和形象价值等。顾客购买总成本是指顾客为购买某一产品所耗费的时间、精神、体力以及所支付的货币资金等，顾客购买总成本包括货币成本、时间成本、精神成本和体力成本等，如图2-3所示。

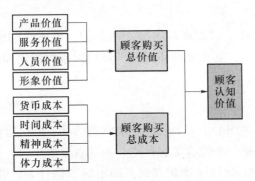

图2-3 顾客认知价值系统

（1）顾客购买总价值。顾客购买总价值包括产品价值、服务价值、人员价值、形象价值。

① 产品价值。产品价值是由产品的功能、特性、品质、品种与式样等产生的价值。它是顾客需要的中心内容，也是顾客选购产品的首要因素。一般情况下，它是决定顾客购买总价值的关键和主要因素。因此，企业要不断推出新产品，突出产品特色，增强产品适应性。

② 服务价值。服务价值是指伴随产品的出售，企业向顾客提供的各种附加服务，包括产品介绍、送货、安装、调试、维修、技术培训、产品保证等所产生的价值。优质的服务会让消费者得到更多的附加值。因此，向消费者提供更完善的服务已成为现代企业竞争的新焦点。

③ 人员价值。人员价值是指企业员工的经营思想、知识水平、业务能力、工作效益与质量、经营作风、应变能力等产生的价值。高素质的员工会为顾客创造更多的价值，从而创造更多的满意顾客。对企业而言，高度重视员工综合素质和能力的培养至关重要。

④ 形象价值。形象价值是指企业及其产品在社会公众中形成的总体形象所产生的价值，包括有形形象、行为形象、理念形象所产生的价值。形象价值是产品价值、服务价值、人员价值综合作用的反映和结果。企业应重视自身形象的塑造，为顾客带来更大的价值。

（2）顾客购买总成本。顾客购买总成本包括货币成本、时间成本、精神成本和体力成本。

① 货币成本。货币成本是构成顾客购买总成本的主要和基本因素。

② 时间成本。顾客等候购买的时间越长，花费的时间成本越大，越容易引起顾客的不满，中途放弃购买的可能性亦会增大。

③ 精神成本和体力成本。精神成本和体力成本是指顾客购买产品时，在精神、体力方面的耗费与支出。

（二）顾客忠诚

顾客忠诚是指顾客对企业的产品或服务的依恋或爱慕的感情，它主要通过顾客的情感忠诚、行为忠诚和意识忠诚表现出来。其中情感忠诚表现为顾客对企业的理念、行为和视觉形象的高度认同和满意；行为忠诚表现为顾客再次消费时对企业的产品和服务的重复购买行为；意识忠诚则表现为顾客做出的对企业的产品和服务的未来消费意向。高度顾客满意是顾客忠诚的重要条件。虽然在不同行业、不同竞争环境下，顾客满意和顾客忠诚之间的关系会有差异，但是所有市场的共同点是：随着满意度的提高，忠诚度也在提高。

1. 顾客忠诚的层次

通常可以将顾客忠诚划分成四个层次，如图2-4所示。

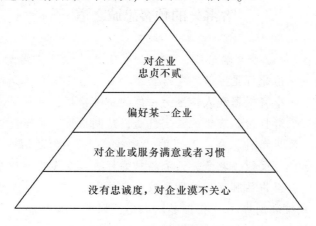

图2-4 顾客忠诚的层次

最底层是顾客对企业没有丝毫忠诚度。他们对企业漠不关心，仅凭价格、方便性等因素购买。

第二层是顾客对企业的产品或服务感到满意或者习惯。他们的购买行为受到习惯的驱使。一方面，他们没有时间和精力去选择其他企业的产品或服务。另一方面，转换企业可能会使他们付出转移成本。

第三层是顾客对某一企业产生了偏好，这种偏好是建立在与其他竞争企业相比较的基础之上的。这种偏好的产生与企业形象、企业产品和服务体现的高质量以及顾客的消费经验等因素相关，从而使顾客与企业之间有了感情联系。

最上层是顾客忠诚的最高阶段。顾客对企业的产品或服务忠贞不贰，并持有强烈的偏好与情感寄托。顾客对企业的这种高度忠诚，成为企业利润的真正源泉。

2. 顾客忠诚的战略意义

随着市场竞争的日益加剧，顾客忠诚已成为影响企业长期利润的决定性因素。以顾客忠诚为标志的市场份额，比以顾客多少来衡量的市场份额更有意义，企业管理者应将市场营销管理的重点转向提高顾客忠诚度方面，以使企业在激烈的竞争中获得关键性的竞争优势。

（1）顾客忠诚使企业获得更高的长期盈利能力。顾客忠诚有利于企业巩固现有市场和降低营销成本，从而获得更高的长期盈利能力。

① 顾客忠诚有利于企业巩固现有市场。高顾客忠诚对竞争对手来说意味着较高的进入壁垒，同时要吸引原有顾客，竞争对手必须投入大量的资金，这种努力通常要经历一个延续阶段，并且伴有特殊风险。这往往会使竞争对手望而却步，从而有效地保护了现有市场。

② 顾客忠诚有利于降低营销成本。对待忠诚顾客，企业只需经常关心老顾客的利益与需求，在售后服务等环节上做得更加出色，既无须投入巨大的初始成本，又可节约大量的交易成本和沟通成本，同时忠诚顾客的口碑效应带来高效的、低成本的营销效果。

（2）顾客忠诚使企业在竞争中得到更好的保护。顾客之所以忠诚于一个企业，不仅因为该企业能提供顾客所需要的产品，更重要的是企业能通过优质服务为顾客提供更多的附加价值。同样地，他们不大可能仅仅因为低价格的诱惑而转向新的企业。不过，当价格相差很大时，顾客也不会永远保持对企业的忠诚。

小链接2-2　　"哈雷"的顾客忠诚之道

美国有一句谚语："年轻时有辆哈雷，年老时有辆凯迪拉克，则此生了无他愿。"哈雷机车缔造的品牌崇拜神话由此可见一般。在哈雷迷心里，哈雷甚至不是摩托车，而象征了自由的精神。哈雷创造了一个将机器和人性融为一体的精神象征，并深刻地影响其目标消费群的生活方式、价值观、衣着打扮。哈雷的法宝就是，从制造第一辆车起就潜心致力于创造一种凝聚年轻一代梦想、反叛精神、奋斗意识的"摩托文化"。经过百年不断的积淀和提纯，哈雷品牌成为年轻人自由、反叛、竞争、活力精神的标志。众多哈雷机车的消费者为了表示对该品牌的忠诚不渝，甚至将品牌商标的图形纹在身体上。

1916年，哈雷·戴维逊创办了《狂热者》杂志，以此为媒介和目标对象沟通，不断倾听客户的意见，并就产品关键部位和质量改进与消费者保持互动。在加强与客户之间的紧密沟通和互动方面，最具独创性和决定意义的是在1983年，哈雷机车创立了哈雷车主俱乐部，到2001年，俱乐部全球各地的分部已达1 200个，66万位会员遍布115个国家。该俱乐部创造了一种哈雷亚文化，将消费者、摩托车和哈雷公司连接在了一起，消费者追求驾驶的乐趣和自我价值的实现通过哈雷摩托车，最终转化成为对品牌的忠诚。

（三）顾客满意和顾客忠诚的实现途径

1. 全面质量营销

企业应当将改进产品和服务的质量作为营销的头等大事，开展全面质量营销。全面质量营销是以顾客需求为先导，以提高产品和服务质量为重点，通过全过程的营销努力来提高产品质量，驱动质量绩效，以实现顾客满意目标的一种营销理念。实施全面质量营销，要求营销者不仅仅注重营销全过程的质量，实施营销全过程的质量管理（即营销全面质量管理），而且关注产品自身的质量，参与产品质量标准的制定和控制，使产品质量能符合消费者的要求。一方面要通过外部营销的质量控制，提高顾客对产品的感知质量，从而提高顾客对产品的满意度；另一方面要通过内部营销，来促进产品质量的提高。当产品质量不尽如人意时，营销者要像顾客那样对有关部门进行呼吁，表示不满，要成为顾客的保护人、看门人和代言人。实行全面质量营销是提升顾客满意、实现顾客忠诚的一个重要内容，其全面展开应以顾客为中心。

（1）企业必须将顾客的意见贯穿到整个设计、销售、配送过程中，将质量的改进建立在顾客理解的基础之上。质量工作开始于顾客的需求，结束于顾客的理解。

（2）质量不仅仅反映在产品上，还要体现在工作上，质量的保证工作要求企业全员参与。

（3）质量营销要同价值链营销联系起来，即选择高质量的供应商和经销商。

（4）质量是要不断改进的，且要有改进计划。

小链接2-3　　　　　　**全面质量营销的工具——质量屋**

1. 企业营销质量屋的构建

质量屋的左墙由影响顾客满意度的主要因素（顾客期望质量）构成，用 U_i 表示影响顾客满意度的各个一级分类指标，U_{ij} 表示隶属于一级指标的各二级指标。

质量屋的天花板由企业营销中的可控变量组成，用 V_i 表示，V_{ij} 表示组成 V_i 营销变量的业务流程。

其中，影响顾客满意度的因素的具体数目和组成情况，以及企业可控营销变量的数目和组成情况，应该根据顾客满意度调查的实际情况和各个企业的实际情况来确定，不能一概而论。

质量屋的房间为表示影响顾客满意度的主要因素与企业营销中的可控变量之间关系的关系矩阵 R_{ij}。

质量屋的屋顶为反映企业营销变量之间相关关系的相关矩阵，表示营销变量之间的相互作用、相互影响关系。

质量屋的右墙为竞争性评估，反映了在影响顾客满意度的各个因素上，顾客对本企业与企业的主要竞争对手的评价情况。

质量屋的地下室为有关专家对企业及其竞争对手的营销行为的质量评估与企业的改进计划，如图2-5所示。

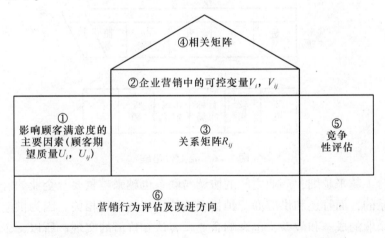

图2-5　质量屋

2. 营销质量评价指标的量化

（1）计算影响顾客满意度因素之间的相对重要性。

（2）影响顾客满意度的主要因素与企业营销中的可控变量之间关系的关系矩阵 R_{ij}。

（3）计算组成企业营销变量的各营销行为对顾客满意度的影响程度。

（4）竞争性评估。

（5）营销行为的优劣评估。

3. 调整和修正营销行为，不断提高营销质量

重新构建质量屋，计算出相关权数的目的是让企业找出自身在营销管理活动中的不足，并制定出改进计划，对之进行调整和修正，进一步提高顾客满意度，以获得更大的经济收益。

（1）企业营销行为的质量评估及分类。

（2）各类营销行为的整改方向。

优势区：继续巩固和加强这种优势，扩大产品的市场份额，提高产品的市场竞争力。修补区：集中力量对其进行改进，迅速缩小与竞争对手之间的差距。机会区：适当地提升其水平，以寻找进一步提高顾客满意度的机会。维持区：维持现状不变，在企业资源出现紧缺时，还可以适当降低这些营销行为的水平。

2. 价值链

提高顾客满意度和顾客忠诚度，必须创造出更多的顾客认知价值。企业必须对能够创造价值的各个内部系统进行合理分工和系统协调，实现内部和外部价值链的优化，逐步实现顾客利益最大化。

价值链是指企业创造价值时互不相同但又互相关联的经济活动集合。企业价值链之间的差异是企业竞争优势的一个关键来源，如图2-6所示。

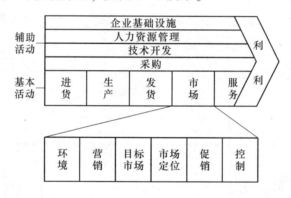

图2-6 企业价值链

由于社会分工越来越细，产业之间的协调与联系也越来越重要。企业的价值链不仅在其内部是相互联系的，而且还和供应商、销售渠道的价值链密切相关，因为供应商和销售渠道的活动影响着企业的成本和效益，也影响企业顾客认知价值的实现。所以，企业必须与其供应商及销售渠道建立密切的价值链的关系，即发展价值链营销，从而实现网络竞争优势。价值链营销是指企业提供对顾客有价值的产品或服务的一连串"价值创造活动"，从而使顾客最终从产品消费中所得到的价值是价值链中有机结合的各项活动所创造的价值的有机和。根据价值链的原理，为了追求公司整体利益最大化，要求企业内部各部门应当协调一致，但在现实生活中，企业内部的具体业务部门往往把部门利益放在第一位，而不是优先考虑公司和顾客利益的最大化。这就需要实行"核心业务流程"管理，包括：

（1）新产品实现流程。包括识别、研究、开发和成功推出新产品等活动，要求这些活动必须快速、高质量并达到成本预定控制目标。

(2)存货管理流程。包括开发和管理合理储存的所有活动,以使原材料、中间产品和制成品实现充分供给,避免库存量过大而增加成本。

(3)订单—付款流程。包括接受订单、核准销售、按时送货以及收取货款所涉及的全部活动。

(4)售后服务流程。包括送货、安装、调试、维修、技术培训以及顾客能顺利地找到本企业的适当当事人(部门),得到迅速而满意的服务、答复以及解决问题的所有活动。

第二节　市场营销管理哲学

一、市场营销管理哲学

(一)概念

市场营销是有意识的经营活动,是在一定的营销理念指导下进行的,这种营销理念被称为"市场营销管理哲学",它是指企业对其营销活动及管理的基本指导思想。它的核心是企业在开展市场营销活动的过程中,如何看待和处理企业、消费者和社会等方面利益的关系,也可以简单地称为市场营销观念、市场营销指导思想等。

(二)演变阶段

随着生产和交换日益向纵深发展,社会、经济与市场环境的变迁和企业经营经验的积累发生了深刻变化,市场营销管理哲学的基本导向也随之发生了变化,遵循由生产导向到消费者导向再到社会导向的发展轨迹,如图2-7所示。

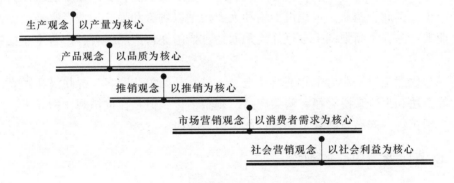

图2-7　市场营销管理哲学的演变

二、以企业为中心的观念

(一)生产观念

生产观念产生于卖方市场条件下。在19世纪末到20世纪初的资本主义工业化初期,由于物资短缺、市场供不应求,消费者只求"买得到,买得起"(Available, Affordable),生产观念在经营管理中颇为流行。

生产观念认为,消费者喜欢那些随处买得到的、价格低廉的产品。在生产观念指导下,企业经营活动以生产为中心,以提高生产效率,增加产量,降低成本为目标。

(二)产品观念

20世纪20年代,资本主义生产的能力提升,带来了相对的均衡市场,消费者对产品的要求由"量"转变为"质"。

产品观念认为,消费者喜欢那些质量优良、功能齐全、具有特色的产品。在产品导向的企业里,营销管理的中心是提高产品质量和增加产品功能。产品观念同样产生于"供不应求"的卖方市场条件下,企业不是针对消费者的需求设计和制作产品,而是过多地把注意力放在产品上。产品观念容易导致"营销近视症"(Marketing Myopia),只看到自己的产品质量好,看不到需求的差异性和市场需求的变化趋势,易产生供需矛盾,使经营陷入困境。

生产观念和产品观念都属于以生产为中心的经营思想,其区别只在于:前者注重以量取胜,后者注重以质取胜,二者都没有把市场需要放在首位。以生产为中心,而忽视了消费者的需求变化的本质,注定了该观念的终结,特别是第一次经济危机的爆发,起到了加速消亡的作用。

(三)推销观念

推销观念产生于资本主义国家经济由"卖方市场"向"买方市场"过渡的阶段。在20世纪三四十年代,由于科学技术的进步,科学管理和大规模生产,产品产量迅速增加,逐渐出现了产品饱和、供大于求的局面,卖主之间开始展开竞争。这种形势使企业感到只注重生产和产品,难以在竞争中求生存和发展,使企业开始把眼光转移到消费者身上,重视销售工作。

推销观念认为,消费者一般不会足量购买某一企业的产品,在购买中表现出一种购买惰性或抗拒心理,因此,企业必须积极推销和大力促销以刺激和唤起消费者兴趣,促使其大量购买本企业的产品,不断强调千方百计地采取各种措施兜售产品,各种广告术、推销术应运而生。

推销观念仍然是以企业为中心的营销观念,虽然开始关注顾客,寻找潜在顾客,并采用有吸引力的方法和手段来说服顾客购买产品、刺激销售,但是在推销观念指导下,其营销过程是先生产后销售,产品与需求不吻合,产生销售障碍。

三、以消费者为中心的观念

市场营销观念(Marketing Concept)形成于20世纪50年代,是在1957年由美国学者约翰·麦克金特立克等阐述的。随着第三次科学技术革命的兴起,西方各企业更加重视研究和开发,产品技术不断创新,新产品竞相上市。大量军工企业转向民品生产,使社会产品供应量迅速增加,许多产品供过于求,市场竞争进一步激化。同时,西方各国政府相继推行高福利、高工资、高消费政策,社会经济环境快速变化。消费者有较多的可支配收入和闲暇时间,对生活质量的要求提高,消费需要变得更加多样化,购买选择时更为精明,要求也更为苛刻。市场营销观念在这个时期开始盛行。

这种观念认为,企业的一切计划与策略应以消费者为中心,正确确定目标市场的需要与欲望,比竞争者更有效地满足目标市场。通常认为这是以消费者为中心的观念。

市场营销观念要求企业营销管理贯彻"顾客至上"的原则，将管理重心放在善于发现和了解目标顾客的需要，千方百计去满足这些需要，使顾客满意，从而实现企业目标。因此，企业在决定其生产、经营时，必须进行市场调研，根据市场需求及企业本身的条件，选择目标市场，组织生产经营。产品设计、生产、定价、分销和促销活动，都要以消费者需求为出发点。产品销售出去之后，还要了解消费者的意见，据以改进营销工作，最大限度地提高顾客满意。总之，市场营销观念根据"消费者主权论"，相信决定生产什么产品的主权不在于生产者，也不在于政府，而在于消费者，因而将过去"一切从企业出发"的旧观念，转变为"一切从顾客出发"的新观念，即企业的一切活动都围绕满足消费者需要来进行。

企业以消费者需求为中心，强调四大支柱：目标市场、整体营销、顾客满意、盈利率。因此，"顾客至上""顾客是上帝""顾客永远是正确的""爱你的顾客而非产品""顾客才是企业的真正主人"等口号，成为现代企业家的座右铭。

市场营销观念取代传统观念是企业经营思想上一次深刻的变革，是一次根本性的转变。新、旧观念有着根本的区别（见表2-1）。

表2-1 新、旧市场营销观念的比较

项目	传统观念	新型观念
中心	产品	市场需求
出发点	厂商自身	顾客（消费者）
目标	单一目标（利润最大化）	多重目标（需求是前提）
主要手段	单一手段	整合营销手段

虽然市场营销观念强调以消费者的需求为出发点，但企业经营活动毕竟是为了利润，导致企业的具体经营中往往置消费者利益和社会利益于不顾。自20世纪60年代以来，消费者保护运动在西方发达国家更加发展壮大。1973年美国管理学权威彼得·德鲁克说，"消费者保护运动是市场营销的耻辱"。这一切表明，市场营销观念需要补充和修正，需要一种更加完善的市场营销管理哲学。

四、以社会整体利益为中心的观念

从20世纪70年代起，全球环境发生了许多变化，如能源短缺、通货膨胀、失业人数增加、消费者保护运动盛行等，要求企业顾及消费者整体与长远利益即社会利益的呼声越来越高。西方市场营销学界提出了一系列新的观念，如人类观念（Human Concept）、理智消费观念（Intelligent Consumption Concept）、生态准则观念（Ecological Imperative Concept），其共同点是认为企业生产经营不仅要考虑消费者需要，而且要考虑消费者和整个社会的长远利益。菲利普·科特勒则认为，这类观念可统称为社会营销观念（Societal Marketing Concept）。

社会营销观念认为，企业的任务在于确定目标市场的需要、欲望和利益，比竞争者更有效地使顾客满意，同时维护消费者，增进社会福利。

社会营销观念是对市场营销观念的补充与修正。市场营销观念的中心是满足消费者的需求与愿望，进而实现企业的利润目标。但往往出现这样的现象，即当个人需求与社会公众的利益发生矛盾时，企业的营销努力可能不自觉地造成社会的损失。市场营销观念虽也强调消费者的利益，不过它认为谋求消费者的利益必须符合企业的利润目标，当二者发生冲突时，保障企业的利润要放在第一位，因为利润才是资本主义企业生产的根本目的。社会营销观念的基本观点是以实现消费者满意以及消费者和社会公众的长期福利，作为企业的根本目的与责任。理想的市场营销决策应同时考虑到消费者的需求与愿望、消费者和社会的长远利益、企业的营销效益。

五、全方位营销

21世纪的潮流和力量让商业企业有了新的观念和实践。美国营销学权威菲利普·科特勒出版的《科特勒营销新论》中提出了营销的新范式，即"全方位营销"的动态概念。他认为，互联网、全球化和超竞争，正戏剧化地重塑市场并改变企业的运作方式，而目前的问题是营销没有跟上市场的步伐，所以，传统的营销方法需要被解构、重新定义、扩展，以反映这一现实情况。全方位营销（Holistic Marketing）是指在营销方面，除了传统的销售渠道之外，还要突破空间和地域的限制，建立一种多层次的、立体的营销方式，如内外销联动、网络营销、公司团购、跨区域销售等。图2-8提供了该理论的简图和全方位营销的四个组成部分：关系营销、整合营销、内部营销和绩效营销。

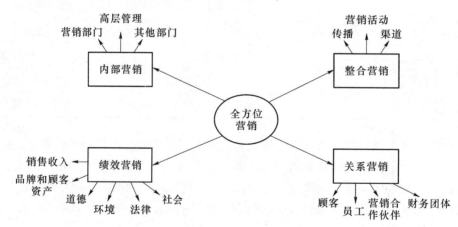

图2-8 全方位营销的组成

（一）关系营销

关系营销（Relationship Marketing）就是要与关键的利益相关者建立起彼此满意的长期关系，以赢得和维持业务，主要包括四个关键的利益相关者：顾客、员工、营销合作伙伴（渠道、供应商、分销商、经销商和代理商）、财务团体（股东、投资者和分析者）。

关系营销能帮助企业建立独特的公司资产——营销网络，有利于与合作伙伴保持良好紧密的长期合作关系，有助于品牌企业长期的营销拓展。关系营销的价值还在于维护顾客黏着度与忠诚度，将顾客细分成不同需求、不同特性的各个群体，以此进行定制化个性化营销。关系营销对于品牌企业目标消费群体的不断开拓有着很大的帮助。

（二）整合营销

整合营销（Integrated Marketing）不仅能让许多不同的营销活动传播交互价值，还能实现各项营销活动的综合效果最大化。应用整合营销传播战略，意味着所选择的各种传播方式都需要相互强化、相互补充，每一种传播方式既可以发挥自己的优势，又可以对其他传播方式的效果产生提升作用，要在每个顾客接触点上都传递一致的品牌信息。

整合各类传播、渠道及营销活动无疑能在最短时间内达成最佳的营销效果，因此成为越来越多品牌企业的标配营销策略，但值得注意的一点是，整合营销并不一定是整合越多渠道、活动越好，而是要选择与品牌信息匹配的渠道，并且不同的传播方式要能相互强化，这样才能真正整合最强、最适合的资源，起到最好的营销传播效果。

（三）内部营销

内部营销（Internal Marketing），指雇佣、培养、激励那些想要为顾客提供好的服务而且有能力这样做的员工，可以确保组织中的所有成员都坚持适当的营销准则。营销不再是一个部门的责任，而是全公司范围内所达成的共识。

内部营销的一大作用就是统一全公司上下的营销准则，对内一致之后，才能对外发力传播。内部营销强调了营销并不是企业营销部门单方面的工作内容，需要全公司上下各部门的配合支持，比如研发部要更理解顾客的潜在消费需求，客服部要更好维护顾客关系，公关部要更及时反馈外界言论等。

（四）绩效营销

绩效营销（Performance Marketing）要求了解市场营销活动和方案为企业和社会带来的财务回报和非财务回报，并从更广泛的角度考虑市场营销活动和方案对法律、道德、社会和环境等的影响。

绩效营销是指投资回报率（ROI）的评估，通过测算每次营销活动的 ROI 进行总结评估，以便完善下一次的营销活动。同时绩效营销还包含了营销活动对于社会环境的影响，主要强调企业自身社会责任对外界的影响。品牌企业不仅需要加强自身产品安全建设，打造放心产品赢得消费者的信任，同时还需开展绿色营销等措施贯彻可持续发展准则，这样才能使品牌有更为长期稳健的发展。

本章小结

1. 市场营销管理是指企业为实现其目标，创造、建立并保持与目标市场之间的互利交换关系而进行的分析、计划、执行与控制过程。

2. 现代企业应该深入研究消费者各种不同的需求状况，设定不同的营销管理任务，运用系统的战略和方法分析和评价消费者，发现目标市场，并根据目标市场的规模、特征，设计营销组合方案，使企业的产品和服务能准确满足消费者的需求，达到扩大市场、增加盈利、维持企业长远发展之目的。

3. 简而言之，市场营销管理的过程就是企业为实现其任务和目标而识别、分析、选择和利用市场机会的管理过程，其最终目的要达到顾客满意、实现顾客忠诚。伴随着市场营销管理实践的发展，企业的营销管理哲学也发生着巨大的变化，由最初的以消费者为中心的生产观念、产品观念、推销观念过渡到以消费者为中心的现代营销观念，直至当今盛行的以满足企业、消费者和社会三者利益的社会营销观念。

4. 任何一家企业都必须深刻分析市场环境和产业形势，顺应市场营销观念发展的历史趋势，吐故纳新，吸收最新的营销理念，执行恰当的营销管理。

关键概念

市场营销管理　市场营销管理过程　市场营销组合　顾客满意　顾客忠诚　市场营销管理哲学　生产观念　产品观念　推销观念　市场营销观念　社会营销观念

思考练习题

1. 企业的市场营销管理过程包括哪些步骤？
2. 分析不同的市场需求状况及其营销任务。
3. 什么叫顾客满意和顾客忠诚？如何才能达到顾客满意，实现顾客忠诚？
4. 简述新、旧两类市场营销观念的区别。
5. 市场营销管理哲学的演变经历了哪些阶段？
6. 什么是市场营销组合？正确制定营销组合方案有什么重要的意义？
7. 评价现代市场营销观念在我国企业的应用情况，提出改进的建议。

案例分析

纳爱斯的经营哲学

纳爱斯集团有限公司成立于1968年，前身是丽水化工厂，1993年年底改为股份制公司。20世纪80年代中期，在全国118家有名有姓的化工厂中，纳爱斯排名第117位。20年后，纳爱斯成为中国洗涤行业老大，2002年国内销售总额近60亿元人民币，雕牌透明皂占有超过70%的市场份额，销售收入占整个行业的66.13%，利润总额占行业的99.31%，利税总额占整个行业的83.84%。纳爱斯在无人注意的洗衣皂市场打造强势品牌，掘到第一桶金；在跨国品牌空虚的中低端洗衣粉市场，提供高质低价、具有品牌含量的产品，借助委托加工，实现低成本快速扩张，在短时间内实现生产规模、销量的飞跃；在中低端市场积蓄力量后，以独特卖点的产品寻求高端市场突围。

1993年，纳爱斯将突破点锁定在洗衣皂上。当时的洗衣皂市场地方货各自为营，根本没有全国性品牌。因为价格低廉，所以产品品质都维持在低水平上：块大、粗糙、外观蜡黄、无包装、有怪味。但肥皂却是洗衣必备，虽然香皂味道好，但去污力却比不上洗衣皂。从这个家庭主妇的无奈之中，纳爱斯挖到了品牌的金矿。雕牌超能皂从根本上改良了肥皂的品质，以其特有的蓝色与中凹造型出现，并树立了意喻去污迅捷的形象代表——大雕。通过大手笔的赠送活动，雕牌超能皂迅速进入全省千家万户，一举稳拿省内90%的市场份额，并畅销至今。紧接着雕牌透明皂又快速调整，这一次形状由大变小，一手可握，便于消费者使用，同时改良香味，皂体散发淡淡的清香，再配以中档的价位，一上市就迅速被消费者接受。针对皂类使用者大多为老人或农村居民，所以透明皂的广告就用两个农村的老年夫妇，用一种拉家常的对话，清晰地传达出雕牌透明皂的功效。两位老人和蔼可亲的邻家形象也让消费者觉得真实，拉近了消费者和产品的距离。

在20世纪90年代末期的城镇市场，以宝洁的汰渍为代表的洋品牌洗衣粉风头很劲，而一些民族老品牌如白猫等也投靠于洋品牌旗下。洋品牌以高端产品自诩，高价格、高利润，随着消费者日益成熟、逐步理性而对洋品牌的"高价游戏"不满，这时市场真空出现了：

消费者希望出现价格实惠、品质有保证，同时又有品牌含量的产品。而在洗衣粉行业，企业的规模是决定其生存的一个重要因素。因此，在建立品牌基础上，用大规模的制造能力抢夺市场、做大自己的份额，成了纳爱斯的机会。1999年，纳爱斯建成了全自动喷粉设备，这个设备全世界只有四台，纳爱斯的生产效率大大提高，就在这一年，雕牌洗衣粉一跃成为行业销量第二位，业界惊呼：狼来了！2000年，雕牌洗衣粉销量超过奇强，位居行业第一；2001年，雕牌洗衣粉销量89万吨，雄踞霸主地位，相当于所有在华跨国公司销售总量的5倍，超过国内前10家的销量总和，是第二名奇强（29万吨）的三倍。与迅速扩大的产能相呼应的是：1999年刚开始，雕牌洗衣粉的价格就降到了一箱29元，跌破了行业内30元的心理防线，价格一步到位。与此同时，雕牌洗衣粉瞄准城镇中档洗衣粉市场的空缺，一则"只选对的，不买贵的"广告，正中城镇普通居民下怀。

2003年，纳爱斯推出了"经过浸泡不用搓洗"的雕牌天然皂粉，瞄准中高端市场，定位于年轻、时尚、经济实力较强的消费者。虽然进军高端市场，与跨国品牌进行正面竞争，但纳爱斯避开了合成洗衣粉这个成熟竞争领域，对洗衣粉进行换代，第一次把洗、护功能结合起来，强调天然、健康、环保、省事、省时、省力，彰显其人性化和生态化，以适应消费者对高品质生活的追求。另一方面，由于天然皂粉脱离了对石油资源的依赖，原料的来源和成本更有可控性。根据天然皂粉的市场定位，在广告上，纳爱斯一改其爱心路线与传统洗衣妇形象，推翻了洗衣的传统概念，大打时尚牌，提倡时尚洗衣新概念。纳爱斯求变高端市场的举动，说明纳爱斯把握了消费趋势的变化，特别是把握了新生代消费群生活态度的变化，在提供了高质低价的产品后，希望能进一步给消费者提供产品的"附加价值"。

分析讨论题：
1. 纳爱斯是如何根据消费者需求的变化牢牢抓住市场，开展营销管理的？
2. 纳爱斯的市场营销管理哲学是否适合我国当前市场营销的环境？评价市场营销管理哲学对企业发展有何意义？

市场营销实践

把握市场营销管理过程。

实践目的

了解市场需求变化和企业营销之间的关联，掌握市场营销管理过程。

实践方案

1. 人员：5~10人组成一个小组，以小组为单位完成任务。
2. 时间：与第二章教学时间同步。
3. 内容：通过查阅资料或者实地走访某个企业，了解该企业一个新产品是如何根据需求变化开发出来的，对照产品上市过程理解市场营销管理的全过程。
4. 汇报方式：各组以PPT或报告的形式进行展示和讲解。

第三章

市场营销环境

学习目标

1. 理解市场营销环境的含义，了解市场营销环境的构成因素。
2. 认识营销活动与市场营销环境的动态适应关系，理解企业制定营销组合策略必须适应市场营销环境。
3. 了解宏观营销环境与微观营销环境对企业营销活动的影响。
4. 掌握分析市场机会和环境威胁的思路与方法，了解企业应对营销环境变化的对策。

引导案例

海尔：沙尘暴里寻商机

2002年3月，海尔集团开发推出了"防沙尘暴Ⅰ代"商用空调，受到我国北方地区消费者的欢迎，其销售业绩在短期内得到了大幅度提高。海尔"防沙尘暴Ⅰ代"商用空调投入市场，正值沙尘暴肆虐北方大地、消费者饱受沙尘之扰、苦不堪言之时，可谓"雪中送炭"，为消费者在有限的空间之内，筑起一道健康的防护墙。

据悉，在海尔"防沙尘暴Ⅰ代"商用空调推向市场的两周时间内，仅在北京、西安、银川、太原、天津、济南等十几个城市就卖出去了3 700多套，部分城市甚至出现了产品供不应求、消费者抢购的局面。仅凭"防沙尘暴Ⅰ代"商用空调，海尔商用空调3月份的销量便达到了去年同期的147.8%。

当多数人只看到沙尘暴的危害时，海尔却看出了商机，根据市场的变化和消费者的需求，迅速推出了对应的产品。这大概也是海尔能发展为一家知名的国际大企业的原因所在了。

市场营销环境是企业营销活动的外部因素。营销环境的变化,既可以给企业带来市场机会,也可能造成某种环境威胁,因此营销人员必须密切关注营销环境的变化,趋利避害、因势利导地开展营销活动。

第一节 市场营销环境概述

一、市场营销环境的含义

企业是社会的经济细胞,任何企业总是生存于一定的环境中,因而企业的营销活动不可能脱离周围环境而孤立地进行。按照菲利普·科特勒的观点,"企业的营销环境是由企业营销管理职能外部的因素和力量组成的,这些因素和力量影响营销管理者成功地保持和发展同其目标市场顾客交换的能力;市场营销环境就是影响企业的市场和营销活动的不可控制的参与者和影响力"。可见,市场营销环境是存在于企业营销部门外部的不可控制的因素和力量,这些因素和力量是影响企业营销活动及其目标实现的外部条件。

市场营销环境包括宏观营销环境和微观营销环境。宏观营销环境是指各类企业生存和发展的共同空间,是由一些大范围的社会约束力量或因素构成,这些因素或力量可归纳为人口、经济、政治法律、社会文化、科技、自然等六大类,有时简记为 PEST;微观营销环境是指直接影响企业营销活动的各种因素,包括企业本身、供应商、营销中间商、顾客、竞争者和社会公众。宏观营销环境和微观营销环境之间不是并列关系,而是主从关系,微观营销环境受制于宏观营销环境,微观营销环境直接影响与制约企业的营销活动,又称直接营销环境;宏观营销环境一般以微观营销环境为媒介影响和制约企业的营销活动,在特定场合,也可直接影响企业的营销活动,又称间接营销环境,如图 3-1 所示。

图 3-1 市场营销环境的组成

小链接 3-1　　市场营销环境概念认识的发展变化

在 20 世纪初,人们认为营销环境就是销售市场。到了 30 年代,才把政府、工会、竞争者等对企业有利害关系的因素看作营销环境的一部分。在 60 年代,市场营销环境的外延进一步扩大,科学技术、自然生态、社会文化被纳入重要的环境因素。进入 70 年代,随着政府对经济干预力度的加强,人们开始重视政治法律环境的研究。现代的市场营销环境变得更加广泛和复杂，如市场的全球化、经济的一体化以及贸易壁垒等。

二、市场营销环境的特征

（一）客观性

市场营销环境的客观性，首先在于它的存在是客观的，无论营销者主观上是否认识到，企业的营销活动都不可能脱离周围环境而孤立地进行。其次，营销环境的客观性还表现在，它对企业营销活动的影响具有强制性和不可控制性。一般营销部门无法摆脱和控制营销环境，特别是宏观营销环境企业难以按自身的要求和意愿随意改变它，但是企业可以主动适应和利用客观环境的变化，抓住环境提供的市场机会谋求生存和发展。

（二）动态性

市场营销环境不是静止的、一成不变的，而是一个动态系统。构成营销环境的每一因素都受许多其他因素的影响，每一因素都随着社会经济的发展而不断变化。如我国消费者的消费倾向已从追求物质的数量转向追求物质的质量及个性，这无疑对企业的营销活动产生直接的影响。当然，市场营销环境的变化有快慢、大小之分，如科技、经济等因素的变化相对快而大，对企业营销活动的影响相对较短且跳跃性大；而人口、社会文化、自然等因素的变化相对较慢、较小，对企业营销活动的影响相对较长且稳定。因此，企业的营销活动必须根据环境的变化及时调整自己的营销策略。

（三）差异性

不同的国家或地区之间，宏观营销环境之间存在着广泛的甚至是巨大的差异。不同的企业，其微观营销环境也千差万别。环境的差异性还表现在同一环境的变化对不同企业的影响也不同。例如，"互联网+"已经成为不可逆转的潮流，这一科学技术环境的变化，对传统行业中的不同企业所造成的冲击并不相同。正因为营销环境的差异性，企业为适应不同的环境及其变化，必须采取适合自己特点和针对性的营销策略。

（四）相关性

营销环境诸因素之间相互影响，相互制约，某一因素的变化会带动其他因素的相互变化，形成新的营销环境。例如，竞争者是企业重要的微观营销环境因素之一，而宏观营销环境中的政治法律因素的变动，能影响一个行业竞争者的多少，从而形成不同的竞争格局。又如，市场需求不仅受消费者收入水平、爱好以及社会文化等因素的影响，政治法律因素的变化往往也会对其产生决定性的影响。再如，各个环境因素之间有时存在矛盾，如消费者有购买轿车的需求，但汽油价格上涨和交通拥堵等状况，无疑是扩展轿车市场的制约因素。

三、企业营销活动与市场营销环境的关系

企业的营销活动总是在一定的环境中进行。市场营销环境是企业营销部门无法控制的外部因素，因此对企业的营销活动产生着极大的影响。

（一）与宏观营销环境的关系

宏观营销环境对企业营销活动有着正反两方面的影响。首先，它为企业提供了新的市场

机会，即为企业创造了新的未被满足的市场需求，从而为企业的进一步发展创造了条件；其次，宏观营销环境给企业造成了环境威胁，给企业的生存、发展造成障碍或限制，使企业处在危险中。宏观营销环境的因素是经常变化的，这些变化对某些企业可能是机会，对另一些企业则可能是威胁。对于宏观营销环境，企业主要是认识、分析和掌握其发展变化的规律，以调整企业自身行为去适应其发展和变化。

（二）与微观营销环境的关系

微观营销环境是由一系列的市场参与者构成的，微观营销环境虽然不能给企业带来市场机会或威胁，但它影响企业的营销能力或经济效益，因而也关系到企业的生存和发展。企业生存和发展的本质在于能否把自己植入与相关的市场参与者共同构成的网络，而企业改善和适应市场营销环境尤其是微观营销环境的关键就在于能否建立起高效率的市场营销网络。因此，企业的营销者也必须重视微观营销环境的因素。

综上所述，市场营销环境是企业营销部门无法控制的因素，而其又对营销活动有着极大的影响，因此，市场营销环境是企业营销活动的制约因素，企业的营销活动必须与其所处的外部和内部环境相适应。如果一个企业的营销活动同环境因素相违背，这种营销活动就很难进行下去，勉强进行也会影响企业的经济效益。例如，若企业生产的产品违背了国家的法律，就会遭到取缔；如果企业的定价超过了消费者的购买能力，产品就会滞销。所以，企业在进行营销活动时，要深入研究市场营销环境，使企业的营销活动适应环境的要求，保证企业在竞争中不断发展。

但是，企业在市场营销中决不能消极、被动地适应环境，营销管理者应采取积极、主动的态度适应市场营销环境。就宏观营销环境而言，企业可以采取一定的手段避免来自环境的威胁，有效地把握市场机会。在一定条件下，企业可运用自身的资源，积极影响和改变环境因素，创造更有利于企业营销活动的空间。菲利普·科特勒的"大市场营销"理论认为，企业要成功地进入特定市场，在策略上应协调使用经济、政治和公共关系等手段，以博得外国或地方有关方面的合作和支持，消除壁垒很高的封闭型或保护型市场存在的障碍，为企业从事营销活动创造一个宽松的外部环境。就微观营销环境而言，直接影响企业营销能力的各种参与者，事实上都是企业营销部门的利益共同体。企业内部其他部门与营销部门利益是一致的，按市场营销的双赢原则，企业营销活动的成功，也为顾客、供应商和营销中间商带来了利益，并造福于社会公众。即使是竞争者，也存在互相学习、互相促进的因素，在竞争中，有时也会采取合作行动，共同发展。

第二节 宏观营销环境

宏观营销环境是企业营销活动的重要外部环境，是对企业营销活动提供市场机会和造成环境威胁的主要力量，它引导企业营销活动的大方向。对企业而言，宏观环境因素一般是不可控制的，只能适应和加以利用。企业的宏观营销环境主要包括人口、经济、自然、科技、政治法律、社会文化六大因素，如图3-2所示。

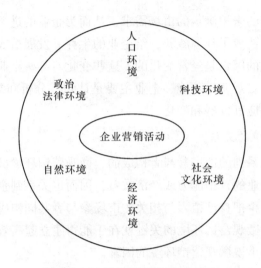

图3-2 企业的宏观营销环境因素

一、人口环境

市场是由具有购买欲望和购买能力的人所构成的,因此人口是构成市场的主要因素,人口状况是企业市场营销的主要环境因素。人口环境包括人口总量、年龄结构、性别结构、地理分布及人口流动、家庭状况等。

(一)人口总量

人口总量基本上反映了消费市场生活必需品的需求量。在其他经济等条件不变的情况下,总人口越多,市场容量就越大,企业的市场就越广阔。现在,全球人口已达到70亿,世界人口仍在高速增长,但地区发展很不平衡。人口增长最快的地方恰恰是经济欠发达地区,而发达国家人口增长多年来一直保持低水平。

人口的增长,一方面说明人们需求的增长,如果人们有足够的购买力,人口的增长就意味着市场的扩大,这给企业的产品提供了广阔的市场;另一方面,人口的增长如果超过了经济的增长,就会影响人们的购买力。同时人口的增长已经形成对各种资源的巨大压力,人均资源的短缺将制约经济的发展,导致企业产品成本的提高。如何节约资源,研制新材料、新能源代替传统原材料及能源将给企业带来新的市场机会。

(二)年龄结构

不同年龄阶段的人,有着不同的消费需求。分析一定时期内人口的年龄结构有助于企业发现市场机会。如20世纪50年代,百事可乐公司发现美国13~19岁的人口在总人口的比重很大,于是决定将青少年市场作为主要市场,制定了"新一代的可乐"市场战略,获得很大的成功。依照联合国教科文组织规定的人口年龄结构的标准,我国已经进入了老龄化国家行列。人口的老龄化问题,对社会和企业的营销活动都将产生深刻的影响。老年人口的需求,如医疗保健用品、老年公寓、食品、服装、旅游、娱乐等需求将迅速增加,构成一个巨大的潜在市场。如何开发老年人市场,有效满足"银发市场"的需求,应引起企业营销者的重视。

（三）性别结构

人口的性别构成与市场需求密切相关。男性和女性在生理、心理和社会角色上的差异决定了他们不同的消费需求，而且两者的购买习惯和行为方式也不同。由于女性具有喜欢打扮、操持家务、抚育孩子等特点，她们更喜欢购买服装、化妆品、家庭日用品及儿童用品等，男性则是烟酒、汽车等商品的购买主力人群。

（四）地理分布及人口流动

人口的地理分布不同，消费习惯和市场需求也不同。我国的农村与城市、东部与西部、南方与北方、山区与平原等有着显著的差别，这就要求企业根据不同地域的消费差别，提供不同的产品和服务。衡量人口地理分布的常用指标是人口密度，一般来说，人口密度越大，顾客越集中，营销成本越低；相反，营销成本就越高。

在市场经济条件下，出现了地区间人口的大量流动。人口流动的总趋势是从农村流向城市、从城市流向郊区、从落后地区流向发达地区。这些趋势对企业的营销产生了重要的影响：城市人口的增加使城市市场成为各个企业营销的必争之地；城市人口向郊区流动使企业销售网络布局向郊区发展；流动人口衣食住行等需求也带来许多市场机会。企业营销者应密切注意人口流动的规律，并采取相应的营销对策。

（五）家庭状况

家庭是社会的细胞，也是商品采购和消费的基本单位。家庭数量、家庭人口、家庭生命周期等因素与生活消费品的数量和结构密切相关，对企业市场营销具有很大影响。20世纪90年代以来，全球人口在迅速增长，家庭规模却逐渐呈现缩小的趋势。家庭规模小型化，一方面导致家庭总户数增加，进而引起对各类家电、家具、住房等家庭用品的需求大幅度增加；另一方面则意味着家庭结构的简单化，企业应注意这一变化趋势，开发和提供适合小型化家庭需要的产品和服务。另外，家庭生命周期状况对企业的市场营销也有重要的影响。

二、经济环境

经济环境是实现顾客需求的重要外部因素。市场不仅需要一定量的人口，而且需要一定的购买力。影响消费者购买力的经济因素主要有消费者收入与支出、消费者的储蓄与信贷、国家或地区的经济发展状况等，其中消费者收入与支出因素对营销活动的影响较为直接。

（一）消费者收入与支出

1. 消费者收入

消费者收入，是指消费者个人从各种来源所得到的货币收入。消费者的购买力来自消费者收入，但并不是全部收入都用来购买产品和服务，购买力只是收入的一部分。在研究收入对消费者需求的影响时，要注意以下几个指标的联系和区别。

（1）人均国民收入。人均国民收入是在一定时期内（通常为一年）一个国家物质生产部门的劳动者人均所创造的价值。它大体上反映一个国家的经济发展水平，也从整体上反映该国人们生活水平和消费水平。现在，我国人均国民收入已接近中等偏上收入国家平均水平，这标志着经济发展进入了一个重要阶段，消费结构向发展型、享受型升级，居民教育、医疗、旅游和娱乐等服务需求旺盛,这都预示着将会产生更多的市场机会。

(2)个人收入。个人收入是指个人从各种来源中所得的全部经济收入。从国民收入中减去企业上缴税金、企业未分配利润,大体得到个人收入。个人收入的总和除以人口总量,得到个人平均收入。个人平均收入这一指标可以衡量一个国家消费市场的大小和消费者购买力的高低。

(3)个人可支配收入。消费者收入并不全部用于购买商品。个人可支配收入是指个人收入减去直接缴纳的各项税款和非税性负担之后的余额。做了这种扣除,消费者收入才成为消费者个人可以支配的收入,可用于消费支出,也可用于储蓄,它构成实际购买力。

(4)可任意支配收入。可任意支配收入是指个人可支配收入减去用于购买生活必需品和固定支出后剩下的部分。消费者可以任意支配这部分收入,它是消费需求变化中最活跃的因素,企业应重点加以研究。这部分收入越多,人们的消费水平就越高,企业的市场机会也就越多。

2. 消费者支出模式和消费结构

消费者支出模式指消费者收入变化与各方面支出变化之间的对应关系。随着消费者收入发生变化,消费者支出模式也会发生相应变化。研究消费者支出模式的一个重要理论是德国统计学家恩斯特·恩格尔提出的"恩格尔定律":随着家庭收入的增加,用于购买食物的支出占家庭收入的比重会下降,用于住房及家庭日常支出的比重大体不变,而用于其他方面的支出,如服装、交通、娱乐、教育、卫生保健和储蓄等所占的比重将上升。食物支出占总支出的比例称为恩格尔系数,一般认为,恩格尔系数越大,生活水平越低;反之,恩格尔系数越小,生活水平越高。企业从恩格尔系数可以了解市场的消费水平、变化趋势。

小链接3-2　　　　恩格尔系数

恩格尔系数是衡量一个国家、地区、城市消费者家庭生活水平的重要参数。联合国根据恩格尔系数的大小,对世界各国的生活水平有一个划分标准,即一个国家平均家庭恩格尔系数大于60%为贫穷;50%~60%为温饱;40%~50%为小康;30%~40%属于相对富裕;20%~30%为富裕;20%以下为极其富裕。

与消费者支出模式相联系的是消费结构。消费结构指各种消费支出占总支出的比重以及各种消费支出之间的比例关系。随着我国经济的发展和人们收入水平的提高,消费结构出现了明显的变化:由生存需要(衣食为主)转向发展需要(住、行及各种社会服务)。例如,用于住房和卫生保健方面的开支大幅度增加,用于子女教育、就业培训、旅游、交通、娱乐活动的开支增加;家用电器、电话和家用电脑的普及等导致相应开支大幅度上升。

除了消费者收入以外,消费者支出模式和消费结构还受以下因素影响:家庭生命周期所处的阶段、家庭所在位置、消费品生产供应状况、城市化水平等。

(二)消费者的储蓄与信贷

消费除受收入及支出因素影响外,还受储蓄状况和信贷条件的影响。消费者的储蓄和信贷直接影响着消费者不同时期的货币持有量,从而也直接影响着消费者的购买力。

当收入一定时，储蓄数额增加意味着消费支出的减少；反之，储蓄减少，消费支出增加。储蓄作为潜在的购买力，对未来市场将产生重大影响。一定比例的储蓄是保证未来购买能力的有效手段，但如果储蓄比例过高，会导致现实的消费不足和萎缩。

消费信贷是消费者凭借个人信用提前取得商品使用权，然后按期归还贷款的消费方式。它实际上是消费者提前使用未来收入，主要形式有短期赊销、分期付款和信用卡信贷。消费信贷作为一种新的消费方式，已经成为影响消费者购买力和支出的重要因素。在发达国家，消费者信贷应用普遍，而我国信用消费起步较晚，还处于发展的初期，这在一定程度上影响了购买力的提高。

(三) 国家或地区的经济发展状况

企业的市场营销活动要受到一个国家或地区经济发展状况的影响。在经济全球化的条件下，国际经济形势也是企业营销活动的重要影响因素。

1. 经济发展阶段

经济发展阶段直接影响企业的市场营销活动。就消费品市场而言，处于经济发展水平较高阶段的国家和地区，在市场营销方面，强调产品款式、性能和特色，侧重大量广告及促销活动，产品品种竞争多于价格竞争；而处于经济发展水平较低阶段的国家和地区，则侧重于产品的功能和实用性，价格因素比产品品质更重要。就生产资料市场而言，处于经济发展水平较高阶段的国家和地区，注重资本密集型产业的发展，需要技术新、性能良好、机械化和自动化程度较高的生产设备；而处于经济发展水平较低阶段的国家和地区，则以发展劳动密集型产业为主，侧重于多用劳动力而节省资金的生产设备，以适应劳动力低廉和资金缺乏的现状。

2. 经济形势

经济形势涉及经济增长率、通货膨胀率、社会购买力等。在经济全球化的今天，国际经济形势的变化，会对每一个国家和地区产生重要的影响，如2008年的美国金融危机波及全球，也对中国经济带来了显著的负面影响。我国自改革开放以来，国内经济形势总体上处于高速发展的时期，这给中国乃至世界的企业带来了新的发展机遇。

三、自然环境

自然环境是指影响企业生产和经营的物质因素。任何企业的生产都离不开自然环境，自然环境的发展变化，既可能给企业带来威胁，也会为企业创造市场机会，所以，企业营销活动不可忽视自然环境的影响。

(一) 自然资源短缺

地球上的自然资源有三大类：第一类是无限资源，如阳光、空气等；第二类是有限但可再生资源，如森林、粮食等；第三类为不能再生的资源，如石油、煤、铁等各种矿产资源。目前第一类资源面临被污染的问题，第二类和第三类资源都面临短缺，尤其是矿产、能源、粮食、木材和淡水资源，几十年后，人类将面临全面的资源危机。对企业来说，可以有两种选择：一是科学开采与利用资源，减少浪费；二是开发新的替代资源，如太阳能、核能及各种新材料。

（二）环境污染与环境保护

环境污染日益严重，已经成为全球性的大问题。各国政府纷纷制定有关政策和法律，对环境污染问题进行控制。企业必须采取有效措施治理污染；另外，这给某些企业带来了新的机会，如研究开发不污染环境的产品、设备、包装、处理污染物的技术等。人类只有一个地球，企业营销活动必须保护环境，考虑消费者和社会的长远利益，以此来确定自己的营销方向及营销策略。

四、科技环境

科学技术是第一生产力。科学技术广泛而深刻地影响着社会经济生活、企业的经营管理及消费者的生活方式和消费需求。

（一）科学技术的发展既创造了新的市场机会，又带来了威胁

科学技术的发展，产生了许多前所未有的新产品，如数字电视、手机、数码相机等，而且产品更新换代速度越来越快。同时，随着产品的不断创新，产业交替不断产生，即新产业出现、传统产业改造、落后产业遭淘汰，如晶体管淘汰了电子管，汽车工业的发展影响了铁路的垄断地位，电视的普及冲击了电影业的繁荣。这给传统产业带来了巨大的威胁，但也为新兴产业带来了市场机会。

（二）科学技术的发展深刻地影响着企业的营销活动

科学技术的发展为市场营销管理提供了更先进的物质技术支持，例如，超市通过计算机记录每天商品的销售情况，从中了解消费者需求，以制定市场营销策略；电话、电视的普及促进了电话直销和电视直销的产生和发展；电脑和互联网的出现，使网上购物成为一种有广阔发展前景的销售方式。科学技术的发展还影响企业营销策略的制定，新材料、新工艺、新技术的应用使产品生命周期缩短，企业需要不断开发新产品以保持竞争优势；先进通信技术和多媒体传播手段使促销更具影响力；自动售货、电话订货、电视购物及网上购物等引起了分销方式的变化；科技应用使生产集约化和规模化、管理高效化，这些导致生产成本、管理费用大幅度降低，为企业制定价格策略创造了有利条件。

五、政治法律环境

政治法律环境是影响企业营销活动的重要因素。政治环境包括国家的政体、政局、政策等方面，引导着企业营销活动的方向；法律环境包括对企业及企业营销环境有影响的各种政府法律、法规等，是企业经营活动的行为准则。

（一）政治环境

政治环境主要是指企业所在国家和地区的政治形势、政府有关的方针政策以及对营销活动有影响的各种政治因素。一个政治环境稳定的国家会给企业创造一个良好的营销环境，而一个政权频繁更替的国家会给企业的投资和营销带来极大的风险。政府的方针政策是根据国家当前政治经济形势的变化而制定和调整的，往往带有扶持或抑制、扩展或控制等倾向性特点，从而直接或间接地影响着企业的营销活动。

第三章 市场营销环境

小链接 3-3

全面二孩政策

我国全面二孩政策自 2016 年 1 月 1 日开始实施。据预测,实施全面二孩政策后,每年新增人口可能达到 300 万,到 2050 年可增加约 3 000 万劳动力,在一定程度上减缓人口老龄化进程。自 2030 年开始,中国人口将进入负增长阶段。

从经济上看,实施全面二孩将直接带动住房、教育、健康、家政及日用品等方面的消费需求,刺激扩大相关领域投资,增加就业。据官方估测,新增人口进入劳动年龄后,将使经济潜在增长率提高约 0.5 个百分点。

但据人口学者分析,考虑到全国 9 000 万全面二孩的目标人群中,40 岁以上的育龄妇女占 50% 以上;再加上目前民众整体生育意愿较低,全面二孩政策对人口带来的影响可能会低于预期。有人口学者测算后发现,到 2050 年,将远远达不到增加 3 000 万劳动力的水平。而由于死亡人口逐年增加,到 2023 年,年死亡人口将超过年出生人口,中国人口将进入负增长,比官方预计的时间点提前 7 年。

(二)法律环境

法律环境是指企业所在国家和地区制定的各种法律、法规。法律是企业经营活动必须遵守的规则,为了保证本国经济的正常运行,各国都颁布了相应的经济法律和法规来制约和维护企业的活动。企业在营销过程中,要以法律、法规为准绳,并学会用法律来保护自己的合法利益。如果开展国际市场营销,企业还必须分析研究各国的法律环境,了解国际惯例,避免不必要的损失。

六、社会文化环境

社会文化主要是指一个国家或地区的民族特征、价值观念、行为方式、伦理道德、审美观念、宗教信仰、风俗习惯、教育水平等的总和,每个人都处在一定的社会文化环境中,每个人的思想和行为都打上了一定社会文化的烙印,因此企业的营销活动直接受到社会文化环境的影响。

(一)教育水平

教育水平是指消费者受教育的程度。受教育程度的高低,影响到消费者对商品功能、款式、包装和服务要求的差异性。一般来讲,教育水平高的地区,消费者对商品的鉴别力强,容易接受广告宣传和接受新产品,购买的理性程度高。因此,教育水平影响着消费者的心理和消费结构,进而影响着企业营销策略的选取。另外,企业的员工特别是营销人员受教育的程度,也对企业的市场营销活动产生一定的影响。

(二)民族及宗教信仰

许多国家的人口是由多民族构成的。不同的民族具有不同的文化背景、风俗习惯,有不同的消费观念、消费需求和购买习惯。因此,企业营销人员要注意民族市场的营销,重视开发适合各民族特性的产品。

宗教是构成社会文化的重要因素,宗教对人们消费需求和购买行为的影响很大。不同的宗教有自己独特的对节日礼仪、商品使用的要求和禁忌。某些宗教组织甚至在教徒购买决策中有决定性的影响。

（三）价值观念

价值观念是指人们对社会生活中各种事物的态度和看法。不同文化背景下，人们的价值观念往往有着很大的差异，消费者对商品的色彩、标识、式样以及促销方式都有不同的意见和态度。企业营销必须根据消费者的价值观念设计产品、提供服务。

（四）消费习俗

消费习俗是指人们在长期经济与社会活动中所形成的一种消费方式与习惯。不同的消费习俗，具有不同的商品要求。研究消费习俗，不但有利于组织好消费品的生产与销售，而且有利于正确、主动地引导健康的消费。了解目标市场消费者的禁忌、习惯、避讳等是企业进行市场营销的重要前提。

（五）消费流行

消费流行是在一定时期和范围内，大部分消费者呈现出相似或相同行为的一种消费现象。具体表现为多数消费者对某种商品或时尚同时产生兴趣，而使该商品或时尚在短时间内成为众多消费者狂热追求的对象。此时，这种商品即成为流行商品，这种消费趋势也就成为消费流行。在营销活动中，预测消费流行的趋势，对于企业驾驭流行、掌握营销的主动权、提高营销效益具有极为重要的意义。

第三节　微观营销环境

微观营销环境是指与企业关系密切，直接影响企业市场营销能力的各种参与者，包括企业本身、供应商、营销中间商、顾客、竞争者和社会公众，如图3-3所示。

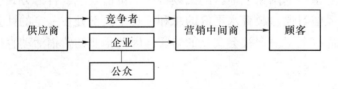

图3-3　企业的微观营销环境因素

一、企业内部环境

企业开展营销活动，必须设立某种形式的营销部门。营销部门不是孤立存在的，它要面对着企业其他职能部门以及高层管理部门。在制定营销计划时，营销部门应兼顾企业的其他部门，如最高管理层、财务、研发、采购、生产、会计等部门，所有这些相互关联的部门构成了企业内部的微观环境。

高层管理部门是企业的最高领导和决策中心，负责确定企业的任务、目标、方针政策和发展战略。营销部门应依据高层管理部门的规划来做决策，而营销计划也必须经最高管理层的同意方可实施。营销部门同样必须与企业的其他部门密切合作，以使所制定的企业市场营销计划适合具体业务部门和企业总体的实际需要和能力。一般来说,企业营销计划与各个职能部门的业务活动大都联系密切,例如,财务部门负责寻找和使用实施营销计划所需的资金;研发部门研制吸引人的产品;采购部门负责供给原材料;生产部门生产品质合格的产品;会计部门核算收入与成本,以便管理部门了解是否实现了预期目标,这些部门都对营销计划的实施产生重要影响。

二、供应商

供应商是指向企业及其竞争者提供所需资源的一切组织和个人。通常情况下,供应商给企业提供的资源主要包括原材料、劳务、设备、资金及其他附带生产资料。作为企业微观营销环境的要素之一,供应商的选择对企业营销活动具有重大的影响作用。选择供应商时,需要注意以下几个因素。

(1) 资源供应的及时性与稳定性,即资源供应的保证程度。这直接影响企业生产的正常运转,进而影响企业的营销活动。

(2) 资源供应的价格和数量。资源供应的价格和数量将直接影响企业产品的成本、价格水平、市场占有率以及企业利润的实现程度。

(3) 资源的质量水平。原材料和零部件的质量将直接影响产品的质量。

为了内部的经济效益和外部的市场竞争力,企业对供应商的选择,必须从多方面同时考察,既要考虑资源的质量和价格,又要重视供应商在运输、信用、成本、风险等方面的良好组合情况。根据不同供应商所供资源在营销活动中的重要性,企业可对为数较多的供应商进行归类,以便合理协调,抓住重点,兼顾一般。

小链接3-4　　麦当劳的供应商管理

麦当劳在与供应商业务往来时一直遵守着以下准则。
一、保持长期合作伙伴关系。麦当劳的供应商中有很多只与麦当劳一家有业务往来。
二、与供应商互助互利。
三、供应商的产品,品质第一,价格第二。
四、议价而不比价。
为符合麦当劳的要求,麦当劳的供应商都有着一套完整的产品质量保证体系,每个工序均有标准的操作程序。麦当劳的供应商对为其供货的原料供应商也严格要求。他们依据麦当劳的质量标准和国家相关卫生标准,为每一种原料建立了品质、微生物及异物卫生标准。

三、营销中间商

营销中间商主要指协助企业将产品促销、销售并分销给最终购买者的中介组织,是企业营销活动中不可缺少的中间环节。营销中间商一般包括经销商、货物储运商、营销服务机构和金融中介等。企业要达到实现、满足顾客需要的目标,离不开这些营销中间商的配合。在现代化大生产的条件下,生产和消费之间存在的空间分离、时间分离和信息分离等矛盾,只有在各类营销中间商的协助下才能有效解决这些问题。

（1）中间商，指帮助企业寻找顾客或直接与顾客交易的商业性组织。中间商包括代理中间商和商人中间商。中间商对于企业产品从生产领域流向消费领域具有极其重要的影响，中间商的销售效率、服务质量直接影响到企业的产品销售，因此，企业必须慎重选择合适的中间商。现在企业经常面对大型且不断发展的销售机构，这些机构有足够的力量操纵交易条件，因此寻找中间商与之合作并不是件容易的事。

（2）货物储运商。指协助厂商存储货物或将货物从原产地运送到目的地的专业企业。货物储运商包括仓储公司和货运公司，其中仓储公司主要储存和保护企业的产品、原材料及零部件，货运公司为企业输送生产资料或运送产品。随着社会化分工的深化，独立的货物储运商已经产生并得到巨大的发展。企业必须选择最佳的方式来储存和运送产品，并权衡成本、交货期、速度和安全等问题。

（3）营销服务机构，主要包括市场调研公司、广告代理公司、传播媒介机构和营销咨询公司等，它们帮助企业选择恰当的目标市场、对产品进行正确定位并促销产品。有些大企业可以自己承担营销服务任务，而对于多数中小企业来说，借助专业机构的服务是非常必要的。

（4）金融中介，包括银行、信贷公司、保险公司及其他机构，它们能够为交易提供金融支持或者降低商品买卖中的风险。在现代经济生活中，企业和金融机构有着不可分割的联系，如企业间的财务往来要通过银行账户进行结算；信贷来源受到限制会使企业处于困境；企业的财产和货物要通过保险公司进行保险等。这些情况都将直接影响企业的日常运转，因此，企业应该与金融机构建立良好的合作关系。

像供应商一样，营销中间商也是企业整个价值传递系统中的重要组成部分。企业应与供应商和营销中间商建立起有效的伙伴关系，保持和发展三者之间的互利合作关系，以使整个系统取得最佳业绩，更好地为顾客服务。

四、顾客

顾客是企业服务的对象，是企业经营活动的出发点和归宿。企业的一切营销活动都要以满足顾客需求为中心，因此，顾客是企业最重要的环境因素。营销者通常把企业产品的顾客群体称为市场。按照顾客类别及其购买目的，顾客可分为六类。

（1）消费者市场，由个人和家庭组成，主要为个人和家庭生活消费而购买产品和服务。

（2）生产者市场，由购买产品和服务用于生产其他产品和服务以供出售、出租从而获取利润的个人和组织组成。

（3）中间商市场，由购买产品用于转卖或出租从而获取利润的个人和组织组成。

（4）政府市场，指为了执行政府职能而购买或租用产品和服务的各级政府部门。

（5）非营利组织市场，指为了维持正常运转和履行职能而购买产品和服务的各类非营利组织所构成的市场。

（6）国际市场，由其他国家和地区的消费者、生产商、中间商和政府机构组成。

上述每一类市场都有其独特的需求特点，企业应明确其产品市场的主要类型，认真研究为之服务的不同顾客群体，针对目标市场的特点，制定适宜的营销策略。

五、竞争者

任何企业从事营销活动都必然会受到各类竞争者的影响。一个企业要想获得成功，就必须比竞争对手做得更好，让顾客更满意。从消费需求的角度划分，企业的竞争者可分为四种类型。

（1）欲望竞争者，指来自不同行业的厂商向同一消费者群体提供不同的产品和服务，以满足不同需求的竞争者。对于个人电脑生产商而言，生产彩电、空调、汽车等不同产品的厂家就是欲望竞争者。在购买力有限的情况下，如何使消费者购买更多的个人电脑而不是其他产品，就是一种竞争关系。实际上，欲望竞争者是在争夺消费者的钱包投向。

（2）需要竞争者，指向同一消费者群体提供能够满足同一种需求但产品形式不同的竞争者。如自行车、摩托车、汽车都可以用作家庭交通工具，但它们是可以相互替代的，因而构成竞争关系。

（3）行业竞争者，指制造同样或同类产品的不同企业，它们以同类但不同品种、不同规格的产品，争夺有着相同需求的消费者。如饮料行业中的可乐、纯净水、果汁饮料的制造商纷纷向消费者推销自己的产品，而形成激烈竞争。

（4）品牌竞争者，指以相近的价格向相同的顾客群体提供不同品牌的相同产品和服务的竞争者。在这四个层次的竞争中，最常见、最直接的就是品牌竞争。如软饮料市场中，有"可口可乐""百事可乐""非常可乐"等不同品牌，它们之间就是品牌竞争关系。

企业面对四种不同的竞争博弈，其竞争视野应放在哪里呢？事实上，欲望竞争过于"远视"，如娃哈哈把联想当作竞争对手，显然是不恰当的。品牌竞争又过于"短视"，如柯达公司曾经只是盯着富士争夺胶卷和相纸的市场，而忽视了数码影像的异军突起。而瞄准行业竞争并重视和关注需要竞争才是企业的竞争之道。如IBM从原来生产机械计算器的公司，发展成为大型计算机行业的佼佼者，因为没有重视个人电脑的发展，几乎被苹果公司打败。当计算机硬件价格持续下跌时，IBM把自己定位为一个服务提供商。

小链接3-5 谁，是可口可乐最大的竞争者？

在20世纪80年代，可口可乐公司处在一个失去发展空间的悲观情景中：一方面，它以35%的市场份额控制着软饮料市场，这个市场份额几乎是市场管制的最高点；另一方面，更年轻、更充满活力的百事可乐展开积极的进攻，可口可乐似乎只能防守，为一两个百分点展开惨烈的竞争。

尽管可口可乐的主管、员工很有才干，工作努力，甚至士气也很好，但是，从根本上讲他们是悲观的，他们看不到如何逃出这句话所描绘的宿命：在顶峰上唯一可能的路径就是往下。

郭思达在接任可口可乐CEO后，在高层主管会议上提出了这样的一系列问题：

"世界上44亿人口每人每天消耗的液体饮料平均是多少？"

答案是："64盎司。"（1盎司约为31克）

"那么，每人每天消费的可口可乐又是多少呢？"

"不足2盎司。"

"那么,在人们的肚子里,我们市场份额是多少?"郭思达最后问。

可口可乐的最大竞争者,不是其"同行"——百事可乐,而是水、咖啡、牛奶、茶,是所有的液体饮料。

崭新的市场竞争观念,将唤醒无可限量的市场前景:"同行"是竞争者,但未必是最大的竞争者,你与"同行"争夺的市场,也未必是最大市场。在市场竞争中,不能只盯着"同行"。"同行"的范围,不能过小。找准竞争者,就等于找到了市场。

六、社会公众

公众是指对企业实现其营销目标具有实际或潜在利益关系和影响的一切团体和个人。企业的营销活动会影响公众的利益,也会影响企业在公众心目中的形象,公众对企业的印象反过来影响企业营销活动的效果。例如,一个对周边环境造成严重污染的企业,会引起当地公众的反感、媒体的批评、政府有关部门的制裁、金融机构的惜贷等一系列连锁反应。企业公众相当广泛,依据公众与企业有无归属关系,公众可以分为内部公众和外部公众。

(1) 内部公众,主要包括企业生产一线的职工、职能部门员工以及中高层管理人员、董事会成员等。当内部公众对自己的企业感到满意的时候,他们的态度也会感染企业以外的公众。

(2) 外部公众,外部公众与内部公众相对应,是指除内部公众之外的与企业生存发展有着利益关系的全部公众,包括政府公众、媒介公众、融资公众、社团公众、地区公众、一般公众等。任何企业在社会中都不可能孤立存在,而必须与各种公众相互依赖、互存互荣地联系在一起。

公众可能并不与企业直接发生交易关系,但他们是企业寻求目标市场时的人群基础,因此,企业必须采取积极措施,如设立公共关系部门,开展公共关系工作,努力维护和发展与公众的良好关系,塑造良好的企业形象。一个企业能否正确地处理它的公众关系,是企业获得成功的先决条件之一。

第四节 营销环境分析与企业对策

任何企业的营销活动,都处于一个复杂多变的营销环境中,有些环境因素可能给企业带来新的市场机会,另一些因素则可能使企业面临严重的威胁。因此,企业必须分析研究营销环境,采取正确的应对策略,以抓住有利的市场机会,避免不利的环境威胁,在激烈的市场竞争中立于不败之地。

一、环境威胁

(一) 环境威胁的概念

环境威胁又称为市场风险,指市场营销环境中对企业营销活动不利的各种因素及其发展趋势的总和。企业面临的威胁来自多方面环境因素的变化,如可能来自国际经济形势的变化，2008年美国爆发的金融危机，给全球经济和贸易带来不利的影响；也可能来自政治法律环境的变化，如随着国内外对环境保护要求的提高，某些国家实施"绿色壁垒"，这对达不到环保标准的企业无疑是一种威胁。

（二）环境威胁分析矩阵

对环境威胁的分析，主要从两方面考虑：一是分析威胁对企业的潜在严重性，即影响程度；二是分析威胁发生的可能性，即出现概率。将两者结合在一起分析就构成了环境威胁分析矩阵，如图3-4所示。

	出现概率 大	出现概率 小
影响程度 大	Ⅰ	Ⅱ
影响程度 小	Ⅲ	Ⅳ

图3-4 环境威胁分析矩阵

图3-4所示的四个区域中，区域Ⅰ威胁的潜在严重性大，出现的可能性也大，是企业最大的环境威胁，企业必须高度重视，严密监视并及早制定应变策略；区域Ⅱ和区域Ⅲ不是企业的主要威胁，但企业也不能忽视，因为区域Ⅱ出现的可能性较小，但其潜在严重性大，区域Ⅲ对企业的影响不大，但出现的可能性很大；对区域Ⅳ的环境威胁也要加以留意，观察其发展变化。

（三）企业对策

面对环境威胁，企业应采取相应的对策，主要有以下三种。

（1）反抗。对于某些主观因素所造成的环境威胁，企业可采取一定措施，限制或扭转不利因素的发展。

（2）减轻。对于一些无法扭转的环境威胁，企业可通过调整企业战略和策略，以适应环境因素的变化，减轻环境变化造成的威胁，这是最主要的避免威胁的办法。

（3）转移。如果环境威胁危及整个行业的发展，且又无法扭转和减轻，企业就必须对当前的战略和目标等进行调整，退出或部分退出目前的经营领域，寻找新的发展机会。

二、市场机会

（一）市场机会的概念

市场机会指环境变化中所出现的对企业营销活动富有吸引力和利益空间的各种因素的总和。企业的市场机会来自尚未满足或尚未完全满足的市场需求。企业只要密切注视营销环境的变化带来的机遇，并结合企业自身的资源和能力，及时抓住市场机会，就能取得营销活动的成功。

（二）市场机会分析矩阵

评价市场机会主要有两个方面：一是考虑机会给企业带来的潜在利益，即潜在的吸引力；二是考虑机会出现的可能性，即成功的可能性。市场机会分析矩阵如图3-5所示。

	成功的可能性	
	大	小
潜在的吸引力 大	I	II
潜在的吸引力 小	III	IV

图 3-5　市场机会分析矩阵

图 3-5 所示的四个区域中，区域 I 机会的潜在利益和成功的可能性都很大，是最好的市场机会，企业必须高度重视，抓住机遇，全力发展；区域 II 和区域 III 不是企业的主要市场机会，但企业也不能忽视，区域 II 虽然成功的可能性低，但其潜在利益很大，区域 III 潜在利益小，但成功的可能性却很大；区域 IV 的市场机会，潜在利益和出现可能性都小，主要是留意它的发展变化。

（三）企业对策

市场机会转瞬即逝，纷繁复杂，企业应从以下方面进行分析和把握。

（1）环境机会和企业机会。前者是指由环境变化带来的市场机会，这种机会既可以为本企业所利用，又可以为相关行业中的其他企业所利用；后者是指与本企业的目标和任务相一致，有利于发挥企业竞争优势的市场机会。企业要善于从环境机会的分析中，发现和识别企业机会，以拓展企业的经营领域。

（2）行业机会和边缘机会。前者是指本企业经营领域内的市场机会；后者是指延伸到其他行业中去，而又与本行业交叉、结合部分的市场机会。一般来说，边缘机会的业务，进入难度要大于行业机会的业务，但行业与行业之间的边缘地带，有时会存在市场空隙，企业也可以发挥自身的优势。

（3）目前机会与未来机会。从环境变化的动态性分析，企业既要注意发现目前环境变化中的市场机会，也要预测未来可能出现的市场需求，发现和把握未来的市场机会。

三、环境分析综合矩阵

在企业实际面临的营销环境中，单纯的环境威胁和市场机会是很少的，一般情况下，营销环境是机会与威胁并存的综合环境。根据综合环境中的威胁水平和机会水平，环境分析综合矩阵如图 3-6 所示。

	威胁水平	
	低	高
机会水平 高	I 理想环境	II 冒险环境
机会水平 低	III 成熟环境	IV 困难环境

图 3-6　环境分析综合矩阵

（1）区域Ⅰ表示企业面对理想环境，即机会大和威胁水平低，利益大于风险。这是企业遇到的最好综合环境，企业必须抓住机遇，充分利用此种环境中的市场机会。

（2）区域Ⅱ表示企业面对冒险环境，即机会大，环境威胁也大，高风险和高收益共存。企业必须进行全面分析，审慎决策，降低风险，争取利益。

（3）区域Ⅲ表示企业面对成熟环境，即机会小，威胁也小。这是一种比较平稳的环境。在这种情况下，企业要按常规经营，规范管理，以维持正常运转。

（4）区域Ⅳ表示企业面对困难环境，即风险大而机会小。这是企业遇到的最坏的营销环境。企业必须努力改变不利的环境，或者果断决策，立即转移，另谋发展。

本章小结

1. 市场营销环境是存在于企业营销部门外部的不可控制的因素和力量，是影响企业营销活动及其目标实现的外部条件。

2. 市场营销环境是企业营销活动的制约因素，它的基本特征有：客观性、差异性、动态性和相关性。营销管理者应采取积极、主动的态度，能动地去适应营销环境。

3. 宏观营销环境包括人口、经济、自然、政治法律、科技和社会文化等因素。微观营销环境包括企业本身、供应商、营销中间商、顾客、竞争者和社会公众等因素。

4. 营销环境是动态的，它的发展变化既可以为企业提供新的市场机会，也能给企业造成环境威胁。营销管理者需对环境进行综合分析以评估环境威胁和市场机会的水平高低，据此采取相应的营销对策，谋取企业的生存和发展。

关键概念

市场营销环境　微观营销环境　宏观营销环境　环境威胁　市场机会

思考练习题

1. 市场营销环境有哪些特征？分析市场营销环境的意义是什么。
2. 简述微观营销环境和宏观营销环境的内容。
3. 企业的竞争对手有哪些？
4. 简述环境综合分析方法及企业对策。

案例分析

都是 PPA 惹的祸

多年前，"早一粒，晚一粒"的康泰克广告曾是国人耳熟能详的医药广告之一，康泰克因为服用频率低、治疗效果好而成为许多消费者感冒时的首选药物。可在 2000 年 11 月 17

日,国家药监局下发《关于立即停止使用和销售所有含有PPA的药品制剂的紧急通知》,并在11月30日前全面清查生产含PPA药品的厂家,一些消费者平时常用的感冒药如"康泰克""康得""感冒灵"等因为含PPA而成为禁药。

2000年中国国家药品不良反应检测中心花了几个月的时间对国内含PPA药品的临床试用情况进行统计,再结合一些药品生产厂家提交的用药安全纪录,发现部分消费者服用含PPA的药品制剂(主要是感冒药)后出现严重的不良反应,如过敏、心律失调、高血压、急性肾衰、失眠等症状;一些急于减轻体重的肥胖者(一般是年轻女性)由于盲目加大含PPA的减肥药的剂量,还出现了胸痛、恶心、呕吐和剧烈头痛等症状。这表明这类药品制剂存在不安全的问题,要紧急停药。虽然停药涉及一些常用的感冒药,会对生产厂家不利,但市面上可供选择的感冒药还有很多,对患者不会造成什么影响。

这次名列"暂停使用"名单的有15种,但大家只记住了康泰克,原因是"早一粒,晚一粒"的广告非常有名。作为向媒体广泛询问的一种回应,中美史克公司于11月20日在北京召开了记者恳谈会,总经理杨伟强先生宣读了该公司的声明,并请消费者暂停服用这两种药品,能否退货,还要依据国家药监局为此事件做的最后论断。杨伟强表示,这两种产品已经进入了停产程序,但公司并没有收到有关康泰克能引起脑中风的副反应报告。为了方便回答消费者的各种疑问,中美史克公司为此专设了一条服务热线。据分析,康泰克与康得退出的市场份额每年达6亿元。不过,杨伟强表示:"我可以丢了一个产品,但不能丢了一个企业。"

6亿元的市场对生产不含PPA感冒药的企业是天降的机会和诱惑。由于含PPA的感冒药被撤下货架,中药感冒药出现热销景象,感冒药品牌从"三国鼎立"回到了"春秋战国"时代。

三九医药集团的总经理赵新先在接受央视采访时称:三九有意在感冒药市场大展拳脚。赵新先说:"化学药物的毒害性和对人体的副作用已越来越引起人们的重视。无论在国内还是国外,中药市场前景非常被看好。"三九医药集团结合中药优势舆论,不失时机地推出广告用语"关键时刻,表现出色",颇为引人注目。

另一家中美合资企业上海施贵宝也借此机会大量推出广告,宣称自己的感冒药不含PPA。

还有一种并不特别引人注意的中药感冒药板蓝根,也在这一事件之后销量大增,供不应求。

PPA事件后,谁能引领感冒药市场主流被众多业内人士关注。经过一年多的角逐,感冒药市场重新洗牌,新的主流品牌格局已经形成。调查显示,"白加黑""感康""新康泰克""泰诺""百服宁"等品牌在消费者中的知名度居前列。

分析讨论题

1. 本案例中,中美史克公司遇到了什么危机?公司的营销环境发生了什么变化?
2. 如果你是中美史克公司的总经理,在自己的产品被禁而竞争对手大举进攻的情况下,你将采取哪些措施?

市场营销实践

认识企业的市场营销环境。

实践目的

认识企业的市场营销环境。

实践方案

1. 人员：5~10人组成一个小组，以小组为单位完成任务。
2. 时间：与第三章教学时间同步。
3. 内容：以某一现实企业为例，阐述它所处的市场营销环境，并用环境分析综合矩阵对其营销活动进行分析。
4. 汇报方式：各组以PPT或报告的形式进行展示和讲解。

第四章

市场及购买行为分析

学习目标

1. 了解消费者市场、企业市场、非营利组织市场的概念和特点。
2. 理解消费者、企业、非营利组织市场购买行为的影响因素。
3. 理解消费者购买决策过程的角色,明确消费者购买行为的类型。
4. 掌握消费者购买决策过程,明确企业在各个阶段采取的营销对策。

引导案例

"司沃琪"引领世界手表消费潮流

瑞士手表行业曾一度占领了世界上大部分的手表市场份额,但随着手表行业的竞争日趋激烈,瑞士只能立足于高价时髦的珠宝手表市场,如劳力士(Rolex)、帕捷特(Piaget)、浪琴(Longines)等。美国的天美时(Timex)推出简单、可靠、低成本的计时手表,深受追求便利型产品的顾客喜欢。中国香港地区在市场上大量推出瑞士和日本手表的廉价仿制品,消费者不用花多大成本就能享受世界名表带来的时尚潮流。

1981年,瑞士最大的手表公司ETA开始一项新计划,推出司沃琪手表(Swiss Watch)。根据该公司的调查和预测,人类社会将进入充满个性的时代,每个年轻人渴望着与他人不同,并时刻愿意在别人面前表露出自己的个性。因而司沃琪手表是专为满足那些有个性、热爱时尚和表露自我的新人类而设计的。司沃琪手表重量轻,能防水防震,属电子模拟手表,它有许多不同的表壳和表带,颜色都很鲜艳,很适合运动。

司沃琪手表在30多个国家销售,1993年公司净利润已达到4.4亿瑞士法郎,到1994年已售出1.5亿只手表。司沃琪手表的促销和推销技巧也充分显示了该产品对满足人类心理需要的深入了解。

1. 司沃琪手表每年都推出新式手表，以至于人们都焦急地期待新产品的出现。许多消费者都拥有不止一款的司沃琪手表，因为他们希望在不同的时间、场合展示给不同的人看。

2. 所有的司沃琪手表在推出 5 个月后停止生产，因此即使最便宜的手表都有收藏价值。而且公司每年分两次推出数量有限的时髦手表设计版本，可能只生产 4 万只手表，而收藏家的订单却常常达到 10 万份之多。所以会以抽签方式来决定可以购买手表的 4 万名幸运者。

3. 在里斯本博物馆，专门设有司沃琪手表陈列台，并有防弹玻璃的保护。这种设计常常给观众以强烈的刺激，觉得佩戴这种手表将得到世界时尚的认可。

市场是企业营销活动的出发点和归宿点。企业开展营销活动，不仅要认真研究营销活动的微观环境和宏观环境，还要进一步研究各类市场的特点及其购买行为，以便科学确定产品的销售对象，有针对性地制定营销策略，更好地满足目标顾客的需要。

第一节　消费者市场与购买行为分析

一、消费者市场的概念及特点

（一）消费者市场的概念

市场是由一切具有购买欲望和购买力的顾客群体组成的。按照顾客购买目的，市场可分为组织市场和消费者市场两大类。组织市场是指以某种组织为购买单位的购买者所构成的市场，购买目的是生产、销售、维持组织运转或履行组织职能；消费者市场是指个人或家庭为了生活消费而购买产品或服务的市场。消费者市场是一切市场的基础，是最终起决定作用的市场，因而又称最终产品市场。

（二）消费者市场的特点

（1）非营利性。消费者购买商品是为了获得某种使用价值，满足自身的生活消费的需要，而不是为了营利。

（2）广泛性。消费者的购买单位是个人或家庭。生活中的每一个人或家庭都是消费者市场的一员，因而消费者市场人数众多，范围广泛。

（3）非专业性。消费者对消费品的性能、特点、使用、保养和维修等往往很少有研究，缺乏专业的商品知识，因此具有非专业性的特点。

（4）层次性。消费者的需求表现出一定的层次性，一般来说，消费者总是先满足最基本的生存需要和安全需要，购买衣、食、住、行等生活必需品，而后才能视情况逐步满足较高层次的需要，购买享受型和发展型商品。

（5）多样性。消费者受到年龄、性别、职业、性格、收入、受教育程度、价值观念等多种因素的影响而具有不同的消费需求和购买行为，因而消费品花色多样、品种复杂，产品生命周期短。另外，消费品用于人们的日常生活消费，专业技术性不强，替代品较多。

（6）可诱导性。消费者每次购买的数量较少，而其消费具有日常性的特点，因此消费者就需要经常购买、反复购买，购买频率非常高。由于消费者缺乏专业的商品知识，购买时易受广告、商品的造型和包装、降价、商店的营业气氛、营销人员的宣传、相关群体等外在因素的影响，购买行为表现出很强的情感性和可诱导性。

（7）伸缩性。消费者需求受消费者收入、生活方式、商品价格和储蓄利率影响较大，消费品替代品又较多，因此消费需求在购买数量和品种选择上表现出较大的伸缩性或弹性，特别是日常非必需品的需求易受价格涨跌的影响，其伸缩性更大。

（8）流行性。消费需求不仅受消费者内在因素的影响，还受环境、时尚等外在因素的影响。时代不同，消费者的需求也会随之不同，消费者市场中的商品具有一定的流行性。

二、消费者购买行为模式

消费者购买行为指消费者为满足某种需要而发生的购买产品或服务的一切活动。怎样研究消费者的购买行为？市场营销学家归纳为以下七个方面：

① 市场由谁构成？（Who）即购买者（Occupants）。
② 消费者购买什么？（What）即购买对象（Objects）。
③ 消费者为何购买？（Why）即购买目的（Objectives）。
④ 谁参与了购买活动（Who）即购买组织（Organizations）。
⑤ 消费者何地购买？（Where）即购买地点（Outlets）。
⑥ 消费者何时购买？（When）即购买时间（Occasions）。
⑦ 消费者怎样购买？（How）即购买方式（Operations）。

由于七个英文单词的开头字母都是O，所以称为"7O"研究法。营销人员在制定消费者市场营销组合策略前，必须先从这七个方面研究消费者的行为。例如，某服装厂生产和销售牛仔裤，应该分析研究以下问题：①牛仔裤的市场由哪些人构成？②目前消费者需要什么款式的牛仔裤？③消费者为什么购买这种牛仔裤？④哪些人会参与牛仔裤的购买？⑤消费者在何处购买这种牛仔裤？⑥消费者何时购买这种牛仔裤？⑦消费者怎样购买这种牛仔裤？

研究消费者购买行为的理论中最有代表性的是刺激—反应模式，如图4-1所示。刺激—反应模式建立在黑箱理论基础上，处在中间的模块被看作是一个黑箱，营销刺激因素和外部环境刺激因素作用于消费者的意识，购买者的特征和决策过程导致了选购某种商品的决定。营销者的任务是要了解在外部刺激和购买者决策之间购买者的意识会发生什么变化。

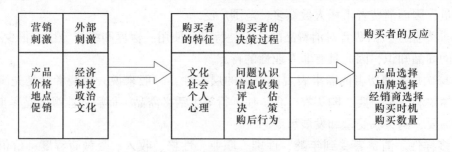

图4-1 消费者购买行为的刺激—反应模式

三、影响消费者购买行为的因素

消费者的购买行为并非消费者个人的孤立活动，它不仅受消费者本身因素的影响，而且还深受外部环境因素的影响。企业要研究消费者的行为，分析他们是如何做出购买决策的，就必须首先分析影响消费者购买行为的各种因素。

（一）文化因素

1. 文化

文化是指人类在社会实践中建立起来的价值观念、道德、信仰、理想和其他有意义的象征的综合体。在消费者行为研究中，主要关心文化对消费者行为的影响，因此，在这里文化可定义为一定社会经过学习获得的、用以指导消费者行为的信念、价值观和习惯的总和。文化是决定人类欲望和行为的基本因素，几乎存在于人类思想和行为的每一方面。每个国家都有特定的文化传统、习俗和价值观。了解特定社会环境中各种文化因素状况及其对消费者行为的影响，有助于营销人员提高消费者购买决策的分析水平和促销活动的文化适应性。

2. 亚文化

亚文化是指某一文化群体所属次级群体的成员共有的独特信念、价值观和生活习惯。每一文化都包含着能为其成员提供更为具体的认同感和社会化的较小的亚文化。处在同一亚文化群体中的成员在价值观念、爱好、行为习惯等方面呈现出更大的相似性。目前，国内外营销学者普遍接受的是按民族、宗教、种族、地理划分亚文化的分类方法，营销人员可以将亚文化群体作为市场细分的标准。

3. 社会阶层

社会阶层是指特定社会中所划分的具有相对同质性和持久性的按等级排列的社会群体。一般分为：上层、中上层、工薪阶层和下层，同一阶层内的成员具有相似的价值观、兴趣爱好和行为方式。一个人的社会阶层归属，不是仅由某一变量决定的，而是取决于职业、收入、受教育程度、价值观和居住区域等多种因素。处于不同社会阶层的消费者的经济状况、价值观念、生活方式和消费特征等存在明显差异，因而对企业、产品、品牌、大众传媒等有各自的偏好，从而导致不同的消费需要和购买行为。

（二）社会因素

1. 相关群体

相关群体又称为参照群体，是指一个人在认知、情感的形成过程和行为的实施过程中用来作为参照标准的某个人或某些人的集合。换言之，相关群体是个人在特定情况下作为行为向导而使用的群体。只要某一群人在消费行为、态度或价值观等方面存在直接或间接的相互影响，就构成一个相关群体。某种相关群体的有影响力人物称为意见领袖，他们的行为会引起群体内跟随者、崇拜者的仿效。

按照消费者是否属于群体成员以及群体吸引力划分，可将相关群体分为正相关成员群体、向往群体、拒绝群体和隔离群体，相关群体的分类如表4-1所示。

表4-1 相关群体的分类

成员 态度	成员群体	非成员群体
正相关	正相关成员群体	向往群体
负相关	拒绝群体	隔离群体

正相关成员群体指消费者属于该群体,对本群体的价值观和行为持认同或赞赏的态度;拒绝群体指消费者属于该群体,却反对该群体的价值观和行为;向往群体指消费者不属于该群体,但是认同和赞赏该群体的价值观和行为方式,渴望归属该群体,成为其成员;隔离群体指消费者不属于该群体,同时也不认同该群体的价值观和行为方式,希望回避或远离该群体。

营销人员很少力图使消费者否定或拒绝某一群体,而是诱导消费者产生成为某群体成员的愿望。相关群体对消费者行为的影响主要表现在:

(1) 信息性影响。信息性影响指相关群体的价值观和行为被消费者作为有用的信息加以参考,由此在其行为上产生影响。如消费者购买产品前征询群体其他人的意见或向独立的专家群体咨询。

(2) 规范性影响。群体规范是群体期望其成员所遵循的、不成文的活动规则或行为标准。人的主要习性是喜欢把自己和相似的人进行比较,并根据模仿比较的对象调整自己的行为。在相关群体的影响下,消费者一般通过对产品或品牌的购买和使用,使自己的消费行为与该群体的特征相一致。国外调查发现,人们在购买汽车、彩电、杂志和家具时,相关群体的影响特别显著。社会认可和接受成为消费者根据群体成员的预期塑造自己的行为或购买某种商品的回报。

(3) 价值表现的影响。群体的价值观和行为规范已经完全被个体所接受,成为个体价值观和行为规范,其主要动机可能是利用相关群体来表现自我,提升自我形象,也是对该群体忠诚的体现。

小链接4-1　　**追星族在悄悄改变**

2014年11月17日,河南农业大学出现了一个火爆的"追星"场面:84岁高龄的中国"杂交水稻之父"、中国工程院院士袁隆平在报告会被师生团团围住,火爆程度不亚于大牌演艺明星出场,报告会入场券"秒"光;报告会现场连过道上也挤满了人。

自从20世纪八九十年代台湾小虎队组合风靡,就诞生了一个新词——追星族,很多年轻人对经过精心包装的演艺明星追捧、模仿、痴迷。

思想支配行动,河南农大学子对年过八旬的袁隆平的仰慕不是心血来潮。袁隆平毕生的梦想是让所有人远离饥饿,在他还是一个乡村教师时就具有颠覆世界权威的胆识;在他名满天下时,却仍只专注于田畴,淡泊名利。一位河南农大学子说:"为什么我们如此疯狂?难道单单是仰慕袁老的科技才华和敬仰其突出成就吗?我想都不是,而是希望走近袁老这样大师级的人物,渴望其用精神和人格魅力来感召我们,指引我们前行。"

2. 家庭

家庭是最重要的相关群体。一个人从出生就生活在家庭中,家庭在个人消费习惯方面给人以种种倾向性的影响,这种影响可能终其一生。而且,家庭还是一个消费购买决策单位,家庭各成员的态度和参与决策的程度,都会影响到以家庭为消费与购买单位的商品的购买。

(1) 家庭购买决策类型。家庭购买决策有时是一种集体决策,但与组织决策不同的是具有浓厚的感情色彩。研究家庭购买决策最重要的是，要了解对于不同产品或服务的购买，家庭决策是以什么方式做出的，谁在购买决策中发挥最大的影响力。根据家庭成员在不同产品或服务购买中的影响力，家庭购买决策可分为四种类型（见表 4 - 2）。

表 4 - 2　家庭购买决策类型

妻子主导型	丈夫主导型	自主决定型	联合决定型
厨具、食品、化妆品 清洁用品、服装 室内装饰用品	汽车 家电、家具 保险	个人生活用品 家庭日常用品	子女教育 住宅购买和装修 度假

（2）家庭生命周期。家庭购买行为模式会受到家庭类型、家庭结构和家庭生命周期等因素的影响。家庭生命周期对家庭购买行为的影响不同（见表 4 - 3）。

表 4 - 3　家庭生命周期的购买行为模式

家庭生命周期	购买行为模式
单身阶段：年轻、个人生活	有较多的可自由支配收入，求新意识强，消费观念时尚，是新潮时装、电子通信产品、度假休闲的购买者
新婚阶段：正式组建家庭、无子女	有很强的购买欲望，是家庭耐用消费品、家具、娱乐、保险等的主要购买者
满巢阶段：子女在家同住	子女年幼时儿童用品购买多；子女上学后教育服务产品购买比重大；后期经济状况较好，会考虑更新住宅、耐用消费品和家具
空巢阶段：子女离家独立生活	经济状况很好，有大量的闲暇时间，比较关注健康、健身和娱乐，是医疗保健用品、旅游休闲、家政服务的主要购买者
鳏寡阶段：夫妻一方去世、家庭解体	收入锐减，对医疗、保健、社会服务需求很大

3. 角色地位

角色是指个人在群体、组织及社会中的地位和作用。一个人在一生中会参加许多群体，如家庭、班级、俱乐部及其他多种社团组织。每个人在各个群体中的位置可用角色身份来确定，并随着不同阶层和地理区域而改变，在不同的环境中扮演着不同的社会角色，塑造不同的形象，具有不同的行为。例如，某人在父母面前是儿子，在子女面前是父亲，对于妻子他是丈夫，在工作单位他又是总经理……每一种身份都对应一种地位，反映社会对他的评价和尊重程度。消费者往往结合考虑自己的身份和社会地位做出购买选择，许多产品和品牌由此成为一种身份和地位的标志或象征。因此，角色身份的不同会在很大程度上影响消费者的购买行为。

(三) 个人因素

个人因素是消费者购买决策过程最直接的影响因素，也是最容易识别的因素。影响消费者购买行为的个人因素主要有：年龄、性别、职业、受教育程度、经济状况、生活方式、生理因素、个性及自我概念等。

1. 年龄

不同年龄的消费者的兴趣、爱好和欲望都有所不同，他们购买或消费商品的种类和式样也有区别。例如，儿童是糖果和玩具的主要消费者；青少年是文体用品和时装的主要消费者；成年人是汽车、家具的主要购买者和使用者；老年人是保健用品的主要购买者和消费者。不同年龄的消费者的购买方式也各有特点，青年人的质量和品牌意识较强，容易在各种信息影响下出现冲动性购买；中老年人经验比较丰富，更重视产品的实用性和方便性，常常根据习惯和经验购买，一般不太重视广告等商业性信息。

2. 性别、职业、受教育程度

由于生理、心理和社会角色的差异，不同性别的消费者购买商品的品种、审美情趣、购买习惯方面有所不同，如订阅不同的杂志，观看不同的电视节目。职业和受教育程度不同，消费者的需求和兴趣不同，购买商品的理性程度、审美能力、购买决策过程也有所差异。如在一线城市市场上，一些最新款式的名牌时装总是标明"适合职业女性"。实践证明，个人的消费形态受其职业的影响比较大。例如，"白领丽人"会购买与其身份和工作环境相协调的服装、手袋、化妆品等，而公司经理则购买昂贵西服、俱乐部会员证和度假消费。营销人员应找出对自己产品或服务感兴趣的职业群体，并根据其职业特点制定恰当的营销组合策略。

3. 经济状况

消费者的经济状况包括消费者的可支配收入、储蓄与个人资产、举债能力和对消费与储蓄的态度。经济状况的好坏直接决定了消费者的购买力，消费者通常会在可支配收入的范围内考虑以最合理的方式安排支出，以更有效地满足自己的需求。一般说来，收入较低的消费者往往比收入较高的消费者更关注商品的价格。

营销人员虽然不能改变消费者的经济状况，但能影响消费者对消费与储蓄的态度，通过对产品的营销方案进行重新设计来增强价格的适应性。同时，销售那些对收入反应敏感的产品的企业，就应特别关注消费者的个人收入、储蓄状况及利率发展趋势。当消费者的经济状况发生变化时，企业需要及时地调整自己的营销策略。

4. 生活方式

生活方式是个人行为、兴趣、思想方面所表现出来的生活模式，简单地说，就是一个人如何生活。消费者的生活方式可以用他（她）的消费心态来表示，包括衡量消费者的 AIO 项目——活动（Action）、兴趣（Interest）与观点（Opinion）。通常，生活方式比一个人的社会阶层或个人性格更能说明问题，因为生活方式勾勒了一个人在社会上的外显行为。市场营销人员应找出其产品和各种生活方式群体之间的关系，努力使本企业的产品适应消费者不同生活方式的需要。

5. 生理因素

生理因素是指年龄、性别、体征（高矮胖瘦）、健康状况和嗜好等生理特征，生理因素决定着对产品款式、构造和细微功能的不同需求。例如，儿童和老人的服装要宽松，穿脱方便；身材高大的人要穿特大号鞋；江浙人嗜甜食，四川人嗜麻辣。

6. 个性及自我概念

个性在心理学中也称为人格，是指个人带有倾向性的、比较稳定的、本质的心理特征的总和，它是个体独有的、并与其他个体区别开来的整体特性。自我概念也称自我感觉或自我形象，是指个人对自己的能力、气质、性格等个性特征的感觉、态度和评价，换言之，即自己认为自己是怎样的一个人。消费者千差万别的购买行为往往是以他们各具特色的个性心理特征为基础的。一般说来，气质影响着消费行为活动的方式，性格决定着消费者行为活动的方式，能力标志着消费者行为活动的水平。

（四）心理因素

1. 动机

动机是人们为满足某种需要而采取行动的内在驱动力量。动机的产生必须具备内在条件和外在条件：内在条件是达到一定强度的需要；外在条件是存在满足需要的目标和诱因。研究人们行为和动机的理论有马斯洛的需要层次论、弗洛伊德的精神分析理论和赫茨伯格的双因素理论等。

（1）马斯洛的需要层次论。美国心理学家马斯洛（A. H. Maslow）从理论上把人类的行为动力进行了系统整理，提出了需要层次论。马斯洛把人类的需要归纳为五大类，如图 4-2 所示。

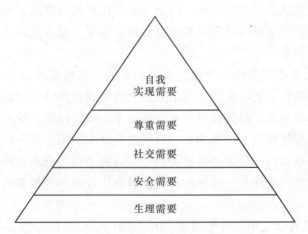

图 4-2 马斯洛需要层次图

① 生理需要：个体为维持生存而对必不可少的基本生活资料的需要，如由于饥渴、冷暖而对吃、穿、住产生的需要，是人类最基本、最原始的需要。

② 安全需要：人们保护自己的身体和精神不受伤害的需要，包括要求社会环境安全、职业稳定、生活有保障、有良好的医疗保障条件等，如多数人喜欢职业稳定、收入有保障的工作；参加各种形式的保险等。

③ 社交需要：人们希望被群体接受从而有所归属和获得爱的需要。在这种需要推动下，人们会设法增进与他人的感情交流和建立各种社会联系。消费行为必然会反映这种需要，如为了参加社交活动和取得社会承认而对得体的服装产生需要，为了获得友谊而对礼品产生需要等。

④ 尊重需要：包括自我尊重和受人尊重两方面，具体表现为渴望独立和自由、名誉和地位，受到他人的赏识和高度评价，如为了在社交活动中表现自己的能力而对教育和知识产生需要，为了表明自己的身份和地位而对某些高级消费品产生需要等。

⑤ 自我实现需要：人们对充分发挥个人才能、实现理想和抱负、获得成就的需要，这是人类的最高需要，满足这种需要的产品主要是思想产品，如教育和知识等。

前两个层次为物质方面的需要，后三个层次为心理和精神方面的需要。一般来说，只有低层次的需要得到满足之后，高层次需要才能产生。但任何一种需要并不因为较高层次需要的出现而消失，只是高层次需要产生后，低层次需要对行为的影响变小而已。越是涉及低层次的需要，人们对需要的满足方式和满足物就越明确；越是涉及高层次的需要，人们对需要的满足方式和满足物就越不确定。对于满足高层次需要的产品，企业有更多的机会创造差异化。

（2）弗洛伊德的精神分析理论。弗洛伊德是精神分析论的创立者，他把人的心理比作冰山，露在水面上的小部分为意识领域，水下的大部分为无意识领域，造成人类行为的真正心理力量大部分是无意识的，无意识由冲动、热情、被压抑的愿望和情感构成。无意识动机理论建立在三个体系基础之上，即本我、自我和超我。

① 本我。本我处于人格结构的最底层，是最原始、最隐私、最模糊而不可及的部分，由遗传的本能、冲动、欲望组成，是产生所有行为的心理动力的来源。本我不受任何理性和逻辑准则的约束，也不具有任何价值观、伦理、社会和道德的因素。机体内部和外部的刺激使机体产生高度的紧张状态，本我的唯一机能就是直接释放心理能量和降低紧张。因而本我完全按照快乐原则运转，尽可能地把紧张降低到最低限度，寻求快乐，避免痛苦，一味地满足生来就有的本能的需要。

② 自我。自我是在本我基础上分化和发展起来的，它处在本我和外部世界之间。自我是人格结构中的行政机构，把本我的冲动纳入社会认可和条件许可的范围之内。自我的主要机能是自我保存和趋利避害。自我按照现实原则行事，现实原则是推迟能量的释放，直到真正满足需要的对象被发现和产生出来为止。自我遵循现实原则，并不废除快乐原则，只是迫于现实而暂缓实行快乐原则，最终还是避苦趋乐。自我必须实行本我的意图，找出能够实现本我意图的条件，最终完成任务。健康的自我能够靠压抑或升华把本我的盲目冲动引入社会认可的轨道。

③ 超我。超我是人格结构中专管道德的司法部门，反映社会的各项准则，由理想、道德、良心等组成。超我以"自我理想"和"良心"为尺度，提示人们该做什么，不该做什么。它是对社会典范的效仿，对传统文化、价值观和社会理想的认同。它的运转是反对本我的不可接受的冲动，而不会同自我一样寻求延长或保持它们。超我追求至善之美，不考虑现实原则和快乐原则。超我也是无意识的，代表理想而不是行动。

本我、自我和超我的关系是：本我是生长进化的产物，是生理遗传的心理表现；自我是客观现实相互作用的产物，是较高级的精神活动过程；超我是社会化的产物，是文化传统的运载工具。自我由本我的一部分分离出来，代表外界要求，同时使本我和超我协调一致。

根据精神分析理论，消费者的购买行为可能是受人的无意识或潜意识的驱动，而消费者本身并不一定清楚地意识到自己真实的购买动机。例如，某人要购买一辆小汽车，自述其动机为工作代步需要；若深究一步，可能是用购买小汽车加深他人印象；再深究下去，可能是小汽车有助于显示他的社会归属。企业研究消费者购买行为应深入到无意识水平，调查无意识动机与购买情景和产品选择的关系，以刺激或抑制消费者的购买行为。

小链接4-2　　　　　　　　　速溶咖啡的尴尬

20世纪40年代后期，速溶咖啡作为一种方便的饮料刚刚进入美国市场，但让生产者和经营者始料不及的是，这种他们认为方便、省时、省力、快捷、价格也适中的新产品并不受欢迎，问津者寥寥无几。调查问及消费者不买速溶咖啡的原因时，大部分消费者的回答是不喜欢速溶咖啡的味道。但在蒙眼实验中，却没有人能说出速溶咖啡与用普通咖啡豆加工的咖啡在味道方面到底有什么不同。对这一状况生产者和经营者都感到很茫然。

美国加州大学的海尔教授认为，消费者并没有回答拒绝购买的真正原因。其实味道只是他们的一个托辞，实际上是一种潜在的心理在起抵制作用。于是，他采用了间接的角色扮演法进行深入的调查。在调查中，他首先制定了两个购物清单（见表4-4）。除咖啡外，其余项目完全相同。

表4-4　调查用的购物清单

购物单B	购物单A
汉堡牛肉饼	汉堡牛肉饼
面包	面包
胡萝卜	胡萝卜
发酵粉	发酵粉
新鲜咖啡豆	速溶咖啡
桃子罐头	桃子罐头
土豆	土豆

把两个购物单分别发给A、B两组各50名家庭主妇，要求她们描述持有该购物单的家庭主妇的个性。调查结果发现，家庭主妇认为，购买速溶咖啡的一般是懒惰、浪费、不称职的主妇，而购买新鲜咖啡豆的人被认为是勤俭、善于持家、懂得生活的人。问题真正的原因是，家庭主妇担心别人这样评价自己。接下来，企业通过成功的广告定位和宣传，很快打开了速溶咖啡的销路。

(3) 赫茨伯格的双因素理论。双因素理论又叫激励保健理论（Motivator-Hygiene Theory），是美国行为科学家弗雷德里克·赫茨伯格（Frederick Herzberg）于20世纪50年代末期创立的一项理论。

双因素理论认为引起人们工作动机的因素主要有两个：一是保健因素，二是激励因素。保健因素是指与人们的不满情绪有关的因素，如工作条件、薪酬、公司政策、管理制度以及工作保障等；激励因素是指与人们的满意情绪有关的因素，如成就感、挑战性、责任、晋升、成长、工作本身等。

保健因素的改善只能消除员工的不满，却不能使员工变得满意，所以不能激发员工的积极性；激励因素的改善能够激励员工的工作积极性、创造性和热情，从而提高劳动效率。赫茨伯格认为，不是所有的需要得到满足都能产生激励效果，只有激励因素得到满足的时候才能极大地激发员工的工作积极性；缺乏保健因素必然会引起员工的不满，但是保健因素的满足并不会产生强烈的激励作用。

赫茨伯格的双因素理论可用于分析消费者的购买行为。企业用于吸引消费者购买产品的市场营销因素可分为保健因素和激励因素。商品的基本功能或为消费者提供的基本利益与价值，可视为保健因素，这类基本的利益和价值如果不具备，就会使消费者不满，如电视机图像不清晰、衣服不保暖，会使消费者产生不满情绪，消费者肯定不购买；然而，产品为消费者提供了基本的利益和价值，也不一定能保证消费者产生满意情绪，消费者也不一定购买。要使消费者成为企业产品或服务忠诚顾客，产品还需在基本利益或价值之外提供附加价值，如品牌具有独特的形象、外观和包装具有与众不同的特点等。因为后一类因素属于激励因素，对满足消费者社会层次的需要具有直接意义。消费者只有对保健因素和激励因素都满意，才可能会购买企业的产品。一般而言，质量、性能和价格属于保健因素，品牌、情感和设计等属于激励因素。

2. 知觉

知觉是指人脑对直接作用于感觉器官的客观事物各个部分和属性的整体反映。知觉是感觉的升华，是对感觉信息加工和解释的结果。知觉具有整体性和选择性。

知觉的整体性是指尽管知觉对象由许多个别属性组成，但人们并不把知觉对象感知为若干个别的孤立的部分，而总是把它作为一个统一的整体。如消费者通常把某种商品的商标、价格、质量、款式、包装等因素联系在一起，形成对该商品的整体印象。

知觉的选择性是指人不可能对作用于感觉器官的客观事物全部清楚地感知到，也不可能对所有事物都做出反应，而总是有选择地以少数事物作为知觉的对象。知觉的选择性包括选择性注意、选择性扭曲和选择性保留。

（1）选择性注意。选择性注意指在众多信息中，人们易于接受对自己有意义的信息以及与其他信息相比有明显差别的信息。比如，一个打算购买电视机的消费者会十分留意电视机信息而对汽车信息并不在意，消费者还会注意构思新奇的广告而忽视那些平淡的广告。

（2）选择性扭曲。选择性扭曲指人们将信息加以扭曲使之符合自己原有的认识，然后加以接受，由于存在选择性扭曲，消费者所接受的信息不一定与信息的本来面貌相一致。比如，某人偏爱海信电视机，当别人向他介绍其他品牌电视机的优点时，他总是设法挑出毛病或加以贬低，以维持自己固有的"海信电视机最好"这种认识。

（3）选择性保留。选择性保留指人们易于记住与自己的态度和信念一致的信息，忘记与自己的态度和信念不一致的信息，比如，某人对自己家中使用的海信电视机非常欣赏，听到别人谈论海信电视机的优点时会记得很清楚，而当别人谈论他不欣赏的其他品牌电视机优点时则容易忘记。

知觉的选择性给营销人员的启示是，企业应当分析消费者的特点，使本企业的营销信息成为其知觉对象，形成有利于本企业的知觉过程和知觉结果。

小链接4-3　　　　　　　　　**广告和品牌记忆率**

某家电生产商在为其品牌电视机做的电视广告中用了一位漂亮模特，这一模特衣着保守。目光跟踪仪（一种可以检测人们对广告的注意程度的仪器）显示观众注视这个产品的时间相当长，72小时以后，仍有36%的观众记住了这一品牌。

与此对照的是另一个相似产品的广告，这个广告使用了一位衣着暴露的性感女郎。目光跟踪仪器显示此广告也相当引人注意，但观众只顾看那位性感模特去了，72小时以后的品牌记忆率只有9%。

3. 学习

学习是指人们在社会实践中不断积累经验，获得知识和技能的过程。消费者学习是指消费者在购买和使用商品的实践中逐步获得知识，积累经验，并根据经验调整购买行为的过程。一个人的学习是通过驱使力、刺激物、诱因、反应和强化的相互影响、相互作用而进行的。学习的模式如图4-3所示。

图4-3　学习的模式

驱使力是指存在于人体内，驱使人们产生行动的内在刺激力，即内在需要。例如，某大学生希望近期提高外语听说能力，这种提高外语听说能力的欲望就是一种驱使力，当这种驱使力被引向一种可以满足它的刺激物，比方说外语培训班时，就形成一种动机。在动机的支配下，消费者将做出参加外语培训班的反应。他何时反应，在何处反应和如何反应，常常取决于周围的一些较小的或较次要的刺激，即诱因，如同学推荐、亲属鼓励、广告等。他参加了某个品牌的外语培训班后，如果使用后感到满意，就会强化对它的反应。以后遇到同样的情况，他会做出相同的反应或推广他的反应，这是正强化。如果使用后感到失望，以后就不会做出相同的反应，而且会避免这种反应，这是负强化。没有积极的或消极的强化，一个人就没有重复或避免某种行为模式的动机。因此，营销人员需要了解本企业产品的消费者学习情况，分别就正向、负向和中性的消费者反应采取相应的营销措施。

4. 信念和态度

消费者信念是指消费者持有的关于事物的属性及其利益的知识。不同消费者对同一事物可能拥有不同的信念，而这种信念又会影响消费者的态度。一些消费者可能认为名牌产品的质量比一般产品高出很多，能够提供很大的附加利益；另一些消费者则认为，随着产品的成熟，不同企业生产的产品在品质上并不存在太大的差异，名牌产品提供的附加利益并不像人们想象的那么大。很显然，上述不同的信念会导致对名牌产品的不同态度。

消费者态度是指消费者对某一事物或观念所持有的正面或反面的认识评价、情感感受和行为倾向。态度是由认知、情感和行为倾向三要素组成的复合系统。认知是消费者对客体属性如产品质量、款式、价格和包装等的认识和评价;情感是消费者对客体的感情反应,情感往往是评价某产品的具体属性的结果,但也可能在认知出现之前产生并影响认知;行为倾向是消费者对于客体做出的特定的反应倾向,行为倾向只是一种反应倾向,并不是实际的行为。

态度一经形成,具有相对持久性、稳定性和一致性的特点。态度是行为的内在准备状态,消费者态度将影响其对产品、品牌的判断与评价,影响消费者的购买意向,进而影响购买行为。消费者对商品持积极肯定态度会推动消费者完成购买行为,而消极否定态度则会阻碍消费者的购买活动,营销人员可以通过消费者的态度来预测其行为。

四、消费者购买决策过程

消费者购买决策过程是消费者购买动机转化为购买行为的过程。在消费者购买决策过程中,消费者可能扮演不同的角色,购买行为类型也多种多样。

(一)消费者购买决策过程的角色

消费者在产品购买和使用过程中,可能扮演发起者、影响者、决策者、购买者和使用者的一种或几种角色(见表4-5)。

表4-5 消费者购买决策过程的角色

角色	行为
发起者	首先想到或提议购买某种产品或服务的人
影响者	看法或意见对最终决策具有直接或间接影响的人
决策者	最后决定整个购买意向的人
购买者	实际执行购买决策的人
使用者	直接消费或使用所购产品或服务的人

消费者以个人为单位购买时,多种角色可能同时由一个人担任;以家庭为购买单位时,多种角色往往由家庭不同成员分别担任。如某家庭要购买一台电脑,发起者可能是孩子,他认为计算机有助于查找信息资料,提高学习效率;影响者可能是爷爷,他表示赞成;决定者可能是妈妈,她认为孩子确实需要,家庭经济状况也有购买能力,在权衡利弊之后决定购买;购买者可能是爸爸,他到商店去选购、付款;使用者主要是孩子。

在以上多种角色中,营销人员最关心决策者是谁。购买者也很重要,因为他往往有权力部分更改购买决策。企业清晰地辨认消费者购买决策过程中的角色,有助于将营销活动有效地指向目标顾客,制定正确的促销策略。

(二)消费者购买行为类型

1. 按照消费者购买目标的确定程度分类

(1)完全确定型购买:消费者购买目标明确,有目的地选择商品,对符合要求的商品毫不迟疑地立即采取购买行为。

(2)半确定型购买:消费者购物之前有大致的购买目标,但是缺乏明确的具体要求。他们购买商品时注意力分散,购买指向很容易转换,往往根据现场情景临时决定,属于企业营销活动中重点服务的对象。

(3)不确定型购买:消费者购物前没有明确的购买目标,在购买现场偶尔遇到适用或感兴趣的商品就会决定购买,他们是企业潜在的顾客,需要企业主动热情地接待。

2. 按照消费者购买参与程度和品牌差异程度分类

不同消费者购买决策过程的复杂程度不同,究其原因,是受诸多因素的影响,其中最主要的是消费者的购买参与程度和品牌差异程度。同类产品不同品牌之间的差异越大,产品价格越昂贵,消费者越是缺乏产品知识和购买经验,感受到的风险越大,购买过程就越复杂,比如牙膏、火柴和计算机、轿车之间的购买复杂程度显然是不同的。阿萨尔(Assael)根据购买者的参与程度和产品品牌差异程度区分成四种购买类型(见表4-6)。

表4-6 消费者购买行为类型

品牌差异程度 \ 购买参与程度	高	低
大	复杂的购买行为	寻求多样化的购买行为
小	减少失调感的购买行为	习惯性的购买行为

(1)复杂的购买行为。如果消费者属于高度参与,并且了解现有各品牌、品种和规格之间具有显著差异,则会产生复杂的购买行为。复杂的购买行为指消费者需要经历大量的信息收集、全面的产品评估、慎重的购买决策和认真的购后评价等阶段,如笔记本电脑价格较贵,不同品牌之间差异大,某大学生想购买笔记本电脑,但不知硬盘、内存、主板、中央处理器、分辨率、Windows等为何物,对于不同品牌之间的性能、质量、价格等无法判断,贸然购买有极大的风险,因此,他要广泛收集资料,弄清很多问题,逐步建立对此产品的信念,然后转变态度,最后才会做出谨慎的购买决定。

对于复杂的购买行为,营销者应帮助消费者掌握产品知识,运用印刷媒体、电波媒体和销售人员宣传本品牌的优点,发动营业员和购买者的亲朋好友影响最终购买决定,简化购买过程。

(2)减少失调感的购买行为。如果消费者属于高度参与,但是并不认为各品牌之间有显著差异,则会产生减少失调感的购买行为。消费者并不需要广泛收集产品信息,也不会精心挑选品牌,购买过程迅速而简单,因而在购买以后会认为自己所买产品具有某些缺陷或其他同类产品有更多的优点而产生失调感,怀疑原先购买决策的正确性。地毯、房内装饰材料、服装、首饰、家具和某些家用电器等商品的购买大多属于减少失调感的购买行为。此类产品价值高,不常购买,但是消费者看不出或不认为某一价格范围内的不同品牌有什么差别,无须在不同品牌之间精心比较和选择,购买过程迅速,可能会受到与产品质量和功能无关的其他因素的影响,如因价格便宜、销售地点近而决定购买,购买之后,会因使用过程中发现产品缺陷或听到其他同类产品的优点而产生失调感。对于这类购买行为,营销者要提供完善的售后服务,通过各种途径经常提供有利于本企业和产品的信息,使顾客相信自己的购买决定是正确的。

(3) 习惯性的购买行为。如果消费者属于低度参与并认为各品牌之间没有什么显著差异，就会产生习惯性购买行为。习惯性购买行为指消费者并未深入收集信息和评估品牌，只是习惯于购买自己熟悉的品牌，在购买后可能评价也可能不评价产品。对习惯性购买行为的主要营销策略是：

① 利用价格与销售促进吸引消费者试用。由于产品本身与同类其他品牌相比难以找出独特优点以引起顾客兴趣，就只能依靠合理价格和优惠、展销、示范、赠送、有奖销售等销售促进手段吸引顾客试用。一旦顾客了解和熟悉了某产品，就可能经常购买，以至于形成购买习惯。

② 开展大量重复性广告加深消费者印象。在低度参与和品牌差异小的情况下，消费者并不主动收集品牌信息，也不评估品牌，只是被动地接收包括广告在内的各种途径传播的信息，根据这些信息所造成的对不同品牌的熟悉程度来选择。消费者选购某种品牌不一定是被广告所打动或对该品牌有忠诚感，只是熟悉而已，购买之后甚至不去评估它，因为并不介意，因此，企业必须通过大量的广告使消费者被动地接受广告信息而产生对品牌的熟悉，从而实现消费者的购买。

③ 增加购买参与程度和品牌差异。在习惯性购买行为中，消费者只购买自己熟悉的品牌而较少考虑品牌转换。如果竞争者通过技术进步和产品更新将低度参与的产品转换为高度参与并扩大与同类产品的差距，将促使消费者改变原先的习惯性购买行为，寻求新的品牌。提高参与程度的主要途径是在不重要产品中增加较为重要的功能和用途，并在价格和档次上与同类产品拉开差距。

(4) 寻求多样化的购买行为。如果消费者属于低度参与并了解现有各品牌和品种之间具有显著差异，则会产生寻求多样化的购买行为。寻求多样化的购买行为指消费者购买产品有很大的随意性，并不深入收集信息和评估比较就决定购买某一品牌，在消费时才加以评估，但是在下次购买时又转换其他品牌。转换的原因是厌倦原口味或想试新口味，是寻求产品的多样化而不一定有不满意之处。

对于寻求多样化的购买行为，市场领导者和挑战者的营销策略是不同的。市场领导者力图通过占有货架、避免脱销和提醒购买的广告来鼓励消费者形成习惯性购买行为；而挑战者则以较低的价格、折扣、赠券、免费赠送样品和强调试用新品牌的广告来鼓励消费者改变原习惯性购买行为。

(三) 消费者购买决策过程

不同的购买类型反映了消费者购买决策过程的差异性或特殊性，但是消费者的购买过程也有共同性和一般性。西方营销学者对消费者购买决策的一般过程进行了深入研究，提出若干模式，采用较多的是五阶段模式，如图 4-4 所示。

图 4-4 消费者购买决策过程五阶段模式

这个购买过程模式适用于分析复杂的购买行为，因为复杂的购买行为是最完整、最有代表性的购买类型，其他几种购买类型是复杂购买行为的简化形式。此模式表明，消费者的购买过程早在实际购买以前就已开始，并延伸到实际购买以后，这就要求营销人员注意购买过程的各个阶段而不是仅仅注意销售。

1. 问题确认

问题确认指消费者确认自己的需要是什么，需要是购买行为的起点。当消费者感觉到或意识到理想状态与现实生活有一定差距，并产生了要解决这一问题的要求时，购买决策过程就开始了。需要可由内在刺激和外界刺激唤起，或者由内外两方面因素共同引起，内在刺激是人体内的驱使力，如饥、渴、冷等；外在刺激是外界的"触发诱因"。需要被唤起后可能逐步加强，最终驱使人们采取购买行动，也可能逐步减弱以至于消失。营销人员在这个阶段的任务是：

（1）了解那些与本企业的产品有关联的实际或潜在的驱使力。在价格和质量等因素既定的条件下，一种产品如果能够满足消费者多种需要或多层次需要，就能吸引更多的购买者。

（2）了解消费者对某种产品的需求强度随着时间推移以及外界刺激而波动的规律性，以设计诱因，增强刺激，唤起消费者的需要，最终促使人们采取购买行动。

2. 信息收集

如果唤起的需要很强烈，可满足需要的商品也易于得到，消费者就会马上满足他的需要。但是多数情况下，消费者的需要并非马上就能获得满足，他必须积极寻找或收集信息，以便尽快完成从知晓到确信的心理程序，做出购买决策。消费者获取信息的来源一般有以下四种。

（1）个人来源，即家庭、朋友、邻居、同事和其他熟人所提供的信息；

（2）商业来源，即企业提供的营销信息，如广告、推销人员介绍、商品展览或陈列、商品包装和说明书等；

（3）公众来源，即社会公众传播的信息，如新闻媒介的宣传报道和消费者权益组织的有关评论等；

（4）经验来源，即通过自己参观、试验和实际使用商品得到的信息。

一般而言，消费者获得的有关商品的信息，大部分来自商业性来源，亦即营销者所能控制的来源，其次是公众来源和个人来源，经验来源的信息相对要少。然而，在消费者购买决策过程中，商业来源的信息更多地扮演传达和告知的角色，个人来源和经验来源的信息却发挥权衡和鉴定作用，所以，消费者对经验来源和个人来源的信息最为相信，然后是公众来源，最后才是商业来源的信息。营销人员在这个阶段的任务是：

（1）了解消费者获得本企业产品信息的来源以及不同信息来源对消费者的影响程度；

（2）设计营销信息传播策略，企业不仅要利用商业来源信息，还要设法利用和刺激公共来源、个人来源和经验来源信息，以加强营销信息的影响力。

3. 评价选择

消费者收集的各种有关信息，可能是重复的，甚至是互相矛盾的，因此还要进行分析、评价和比较，这是购买决策过程中的决定性环节。一般而言，消费者的评价选择涉及三个方面。

（1）产品属性。产品属性即产品所具有的能够满足消费者需求的特性，是消费者所考虑的首要问题。消费者一般将某一种产品看成一系列属性的集合，对一些熟知的产品，他们关心的属性一般是：

照相机——照片清晰度、速度、体积、价格；

电脑——信息存储量、运行速度、图像清晰度、软件适用性；

牙膏——洁齿、防治牙病、香型；

手表——准确性、款式、耐用性。

这些都是消费者感兴趣的产品属性，但消费者不一定对产品的所有属性视为同等重要，不同消费者对产品的各种性能给予的重视程度或评估标准会有所不同。营销人员应分析本企业产品应具备哪些属性，以及不同类型的消费者分别对哪些属性感兴趣，以便进行市场细分，对不同需求的消费者提供具有不同属性的产品，既满足顾客的需求，又最大限度地减少因生产不必要的属性所造成的资金、劳动力和时间耗费。

（2）品牌信念。品牌信念指消费者对某品牌产品的属性和利益所形成的认识。每一品牌都有一些属性，消费者对每一属性实际达到的标准给予评价，然后将这些评价连贯起来，构成他对该品牌优劣程度的总的看法，即他对该品牌的信念。

（3）效用要求。效用要求指消费者对某品牌每一属性的效用功能应达到何种标准的要求。消费者的需求只有通过购买才能得以满足，而他们所期望的从产品中得到的满足，是随产品每一属性的不同而变化的。品牌信念指消费者对某品牌的每一属性已达到何种水平的评价，而效用要求则表明该品牌每一属性的评价水平必须达到何种标准他才会接受。

4. 购买决策

消费者经过评估和比较后，如果对某一品牌产生好感，便会做出购买决定，但购买决定并不等于购买，真正将购买意向转为购买行动，其间还会受到两个方面的影响。

（1）他人的态度。消费者的购买意图，会因他人的态度而增强或减弱。他人态度对消费意图影响力的强度，取决于他人态度的强弱及他与消费者的关系。一般说来，他人的态度越强、与消费者的关系越密切，其影响就越大。例如丈夫想买车，而妻子坚决反对，丈夫就极有可能改变或放弃购买意图。

（2）意外的情况。消费者购买意向的形成，总是与预期收入、预期价格和期望从产品中得到的效用等因素密切相关的。但是当他采取购买行动时，发生了一些意外的情况，诸如因失业而减少收入，因产品涨价而无力购买，或者有其他更需要购买的东西等，都将使他改变或放弃原有的购买意图。

消费者的购买决策是许多项目的总选择，包括购买何种产品、什么品牌、款式如何、数量多少、何时购买、何处购买、价格多少、付款方式等。购买决策是消费者购买行为过程中的关键阶段，营销者一方面要向消费者提供更多更详细的商品信息，以便使消费者消除各种疑虑；另一方面要通过提供各种销售服务，方便消费者选购，促进消费者做出购买本企业产品的决策。

5. 购后行为

产品被购买之后就进入了购后阶段，此时，营销人员的工作并没有结束。消费者的购后行为是企业产品是否适销的一种极为重要的信息，企业应重视分析消费者的购后使用、购后评价和购后行为。

（1）购后使用。购后使用是指消费者在购买产品后，产品的具体使用情况。如果消费者使用频率很高，说明该产品有较大价值，会增强消费者对购买决策正确性的信心；如果消费者发现了产品的新用途，营销人员就应该在广告中宣传这种新用途；如果一个应该高频率使用的产品而实际使用率很低或闲置不用，甚至丢弃，说明消费者认为该产品无用或价值较低，或产生不满意，进而懊悔自己的购买决定；如果消费者把产品转卖给他人或用于交换其他物品，将会影响企业产品的销售量。

（2）购后评价。购后评价是指消费者在购买和使用产品后，基于购买前的产品期望和购买后的使用情况的比较，形成的某种满意度，作为以后类似活动的参考。这种满意度，一般表现为满意、基本满意和不满意三种情况。消费者购后评价的好坏，会影响到消费者是否重复购买，并将影响他人的购买问题，对企业信誉和形象关系极大。

（3）购后行为。消费者的购后行为，取决于消费者对产品的满意程度。消费者的满意程度，取决于消费者对产品的预期性能与产品使用中的实际性能之间的对比。如果产品购后在实际消费中符合预期的效果，则消费者感到基本满意；超过预期，则很满意。在上述情况下，消费者极可能重复购买同一产品，或者向其他消费者推荐、介绍该产品，所以满意的顾客是企业最好的广告。如果购后在实际消费中未达到预期的效果，则消费者不满意或很不满意，实际同预期的效果差距愈大，不满意的程度也就愈大。在这种情况下，消费者可能会采取以下一种或几种行为。

① 自认倒霉，以后再也不买该品牌的产品；
② 负面宣传，劝阻他人购买该产品；
③ 直接对商家或厂家提出抱怨，要求退货、调换、维修、补偿或补救；
④ 向大众传媒或消费者协会投诉；
⑤ 向政府部门反映或向法院提起诉讼，力求依靠政府和法律讨回和补偿损失。

事实证明，与消费者进行购后沟通可减少退货和取消订货的情况，如果让消费者的不满发展到向有关部门投诉或抵制产品的程度，企业将遭受更大的损失。因此，企业应当采取有效措施减少或消除消费者的购后失调感，通过加强售后服务，保持与顾客的联系，使他们从积极方面认识企业及产品，增加消费者的满意感。

第二节　企业市场与购买行为分析

一、企业市场的概念及类型

企业市场是组织市场的重要组成部分，是指工商企业为从事生产、销售等业务活动而购买产品和服务所构成的市场。企业市场包括生产者市场和中间商市场。

生产者市场又称产业市场，是指一切购买产品或服务用于制造其他产品或服务，然后销售或租赁给他人以获取利润的组织和个人。虽然和消费者一样都是由人做出购买决策并购买，但由于生产者购买商品是用于生产消费，因而生产者市场的购买行为与最终消费者的购买行为有明显区别。

中间商市场也称转卖者市场，指购买产品用于转售或租赁，以获取利润的组织和个人，包括批发商和零售商。中间商的活动应视为消费者的采购代理，而不是供应商的推销代理，所以供应商要帮助中间商成功地满足顾客的需要。

二、企业市场的特点

与消费者市场相比，企业市场有自己的特点，主要表现在以下几方面。

（1）企业市场的购买者数量比较少，地理位置相对集中，但是每次购买规模较大。

（2）派生性需求。企业对产品或服务的需求最终来源于消费者对消费品的需求，即企业市场的需求是消费者市场需求派生出来的，并且随着消费品需求的变化而变化。例如，消费者对家用小轿车的需求，引起汽车制造厂对钢材的需求。派生性需求要求企业不仅要了解直接服务对象的需求情况，而且要了解连带的消费者市场的需求动向，同时企业还可通过刺激最终消费者对产品的需求来促进自己的产品的销售。

（3）需求弹性小。企业市场对产品或服务的需求总量受价格变动的影响较小。一般规律是在需求链条上距离消费者越远的产品，价格的波动越大，需求弹性却越小。企业市场的需求在短期内特别无弹性，因为企业不可能临时改变原材料和生产方式。

（4）需求波动大。企业市场需求的波动幅度大于消费者市场需求的波动幅度。如果消费品需求增加一定百分比，为了生产出满足这一追加需求的产品，工厂的设备和原材料会以更大的百分比增长，经济学家把这一现象称为加速原理。有时消费品需求仅增加10%，下一阶段工业需求就会上升200%；消费品需求下跌10%，就可能导致工业需求全面暴跌。企业市场需求的这种波动性使得许多企业向多元化发展，以避免风险。

小链接4-4　　　　　　　　　　牛鞭效应

营销过程中的需求变异放大现象被通俗地称为"牛鞭效应"（Bullwhip Effect），指供应链上的信息流从最终客户向原始供应商端传递时候，由于无法有效地实现信息的共享，信息扭曲而逐渐放大，需求信息出现越来越大的波动。"牛鞭效应"是市场营销活动中普遍存在的高风险现象，它直接加重了供应商的供应和库存风险，甚至扰乱生产商的计划安排与营销管理秩序，导致生产、供应、营销的混乱，解决"牛鞭效应"难题是企业正常的营销管理和良好的顾客服务的必要前提。

宝洁公司在研究"尿不湿"的市场需求时发现，该产品的零售数量是相当稳定的，波动性并不大。但在调查分销中心的订货情况时，却发现波动性明显增大了，宝洁公司的分销中心是根据汇总的销售商的订货需求量向公司订货的。而进一步研究后发现，零售商则往往根据对历史销量及现实销售情况的预测来确定一个较客观的订货量，但为了保证这个订货量是及时可得的，并且能够适应顾客需求增量的变化，零售商通常会将预测订货量做一定放大后向批发商订货，批发商出于同样的考虑，也会在汇总零售商订货量的基础上再做一定的放大后向分销中心订货。这样，虽然顾客需求量并没有大的波动，但经过零售商和批发商的订货放大后，订货量就一级一级地放大了。

(5) 购买的专业化。企业对其购买的产品质量、规格、性能等方面都有计划和严格要求，对技术咨询、安装维修、零配件供应、交货期和信贷条件等要求也较高，因此，采购人员大都经过专业训练，具有丰富的专业知识，清楚地了解产品的性能、质量、规格等有关技术要求。

(6) 购买决策过程复杂。企业的购买行为都以营利为目的，基本上没有冲动性的购买。企业购买决策的过程要比消费者决策复杂得多，涉及许多复杂的技术问题和经济问题，往往需要花费很多时间，企业内很多部门和人员参与决策，通常由若干技术专家和最高管理层组成采购委员会领导采购工作。

(7) 供需双方关系密切。由于购买者数量少，人员推销就成为企业市场上的主要营销方式。在推销谈判中，供需双方需要付出较高的人力、财力和时间成本，二者的转换成本都较高，从而增强了双方的依赖性，因而企业市场上的买卖双方倾向于建立长期的业务联系。同时，由于市场竞争，卖方通常要介入顾客购买决策的各个阶段，提供完善的售前咨询、答疑和售中、售后服务，甚至为顾客提供个性化产品，这也使双方的关系更加密切。

三、企业购买类型

企业购买决策过程的复杂性取决于购买类型。企业购买类型按照供应商和所购产品可以分为四类（见表4-7）。

表4-7　企业购买类型

供应商 产品	原供应商	新供应商
原产品	直接重购	修正重购
新产品	修正重购	新购

(一) 直接重购

直接重购指企业的采购部门按照过去的订货目录和基本要求继续向原先的供应商购买产品，这是最简单的购买类型。直接重购的产品主要是原材料、零配件和劳保用品等，当库存量低于规定水平时，就要续购。采购部门对以往的所有供应商加以评估，选择感到满意的作为直接重购的供应商。被列入直接重购名单的供应商应尽力保持产品的质量和服务质量，提高采购者的满意程度。未列入名单的供应商会试图提供新产品和满意的服务，以促使采购者转移或部分转移购买，以少量订单入门，逐步争取买方扩大其采购份额。

(二) 修正重购

修正重购指企业所需要的产品、交易条件或供应商发生重大改变时，对所购产品及其价格、规格或其他交易条件重新修正后再进行购买。修正重购有可能是与原供应商就产品规格、数量、价格等交易条件重新谈判后继续交易，也有可能是就原先产品规格、价格、数量等交易条件与新的供应商达成交易。这类购买情况较为复杂，参与购买决策过程的双方人数较多，也给新供应商提供了市场机会，而对原先的供应商造成了威胁。

(三) 新购

新购指企业第一次购买某种产品。当企业增加新的生产项目或更新设备时就属于新购。新购的成本和风险较大，购买决策的参与者较多，需要收集的信息也就越多，购买过程相对较为复杂，这是最复杂的购买类型。新购对所有的供应商既是机会，又是挑战。因此，供应商要派出专门的推销小组，尽力接触企业内对购买有重大影响的人物或部门，向其提供有效的信息，帮助顾客解决疑问，并运用整合营销策略，力争获得订货。

四、企业购买决策过程的参与者

企业购买类型不同，购买决策过程的参与者也不同。直接重购时，采购部门负责人起决定作用；新购时，企业高层领导起决定作用；在确定产品的性能、质量、规格、服务等标准时，技术人员起决定作用；而在供应商选择方面，采购人员起决定作用。这说明在新购情况下，供应商应当把产品信息传递给买方的技术人员和高层领导，在买方选择供应商的阶段应当把产品信息传递给采购部门负责人。

企业购买决策的参与者涉及许多部门和人员，这些人员一起组成了采购中心。所谓采购中心，指围绕同一目标直接或间接参与采购决策并共同承担决策风险的所有个人和群体。采购中心的成员在购买决策中分别扮演着以下七种角色中的一种或几种。

(1) 发起者。发起者是指提出购买要求的人，他们可能是企业内部的使用者或其他人。

(2) 使用者。使用者是指企业内部使用这种产品或服务的成员。使用者往往对产品或服务的质量水平、工艺技术标准有发言权。

(3) 影响者。影响者是指企业内部和外部能够直接或间接影响采购决策的人员。他们协助确定产品规格和购买条件，提供方案评价的情报信息，影响采购选择。技术人员大多是重要的影响者。

(4) 决策者。决策者是指有权决定买与不买、产品选择要求和供应商的人。在采购中心全体成员提供决策信息的基础上，决定者能够最终确定产品标准和供应商选择。在一个项目采购中，项目负责人通常充当决策者这一角色。

(5) 批准者。批准者是指有权批准决定购买决策的人。

(6) 购买者。购买者指被赋予权力按照采购方案选择供应商和商谈采购条款的人员。购买者可以帮助制定产品规格，但主要任务是选择卖主和交易谈判。在重要的采购活动中，购买者会包括高层管理人员。

(7) 信息控制者。信息控制者指企业内部或外部能够控制信息流向采购中心成员的人员。如采购代理人或技术人员可以拒绝或终止某些供应商和产品的信息，接待员、电话接线员、秘书、门卫等可以阻止推销者与使用者或决策者接触。

为了实现成功销售，供应商的营销人员必须分析判断：谁是购买决策的主要参与者？他们影响哪些决策？能影响决策的程度如何？每一个决策参与者使用的评价标准是什么？

五、影响企业购买的主要因素

影响企业购买决策的主要因素可分为四大类：环境因素、组织因素、人际因素和个人因素。供应商应了解和运用这些因素，引导买方购买行为，促成交易。

(一) 环境因素

环境因素指企业无法控制的宏观环境因素，包括国家的经济前景、市场需求水平、技术发展、竞争态势、政治法律状况等。假如国家经济前景看好或国家扶持某一产业的发展，有关企业就会增加投资，增加原材料采购和库存，以备生产扩大之用。在经济滑坡时期，企业会减少甚至停止购买，此时，供应商的营销人员试图增加企业需求总量往往是徒劳的，只能通过努力保持或扩大自己的市场占有率。产销量大且担忧主要原材料短缺的企业希望购买和储存较多的原材料，因而与供应商签订长期供货合同，以保证原材料的稳定供应。

(二) 组织因素

组织因素指企业自身的有关因素，包括经营目标、战略、政策、采购程序、组织结构和制度等。供应商营销人员必须了解的问题有：企业用户的经营目标和战略是什么？为了实现这些目标和战略，他们需要什么产品？他们的采购程序是什么？有哪些人参与采购或对采购产生影响？他们的评价标准是什么？企业对采购人员有哪些政策和限制？供应商应了解和把握这些组织因素对企业购买可能产生的影响，并采取措施，加速企业购买决策过程。

(三) 人际因素

人际因素指企业内部参与购买过程的各种角色的职位、地位、态度、利益和相互关系对购买行为的影响。供应商的营销人员应当了解每个人在购买决策中扮演的角色、相互之间的关系，等等，掌握这些敏感的人际因素，有利于促成交易。

(四) 个人因素

企业市场的购买决策虽然是理性的活动，但是参加决策的仍然是一个个具体的人，与影响消费者购买行为的个人因素类似，每个人在做出决定和采取行动时，都不可避免地受到年龄、收入、所受教育、职位和个人特征的影响。

六、企业购买决策过程

从理论上说，企业用户完整的购买过程可分为八个阶段（见表4-8），但是具体过程依不同购买类型而定，直接重购和修正重购可能跳过某些阶段，新购则会完整地经历各个阶段。

表4-8 企业购买决策过程

购买阶段	购买类型		
	新购	修正重购	直接重购
认识需要	是	可能	否
说明需要	是	可能	否
明确产品规格	是	是	是
物色供应商	是	可能	否
征求供应建议书	是	可能	否
选择供应商	是	可能	否
签订合约	是	可能	否
绩效评价	是	是	是

（一）认识需要

认识需要指企业用户认识自己的需要，明确所要解决的问题。认识需要是企业用户购买决策的起点。当企业用户中有人由于内在或外在刺激的作用认识到当前某个问题或某种需要可以通过获得某一产品或服务来解决时，采购过程就开始了。内在刺激是指企业用户内部的刺激，比如，企业生产新产品需要新设备和原材料；机器发生故障，需要新零配件；已购进的产品不理想，需要更换供应商等。外在刺激指企业用户外部的刺激，如广告、商品展销会和供应商营销人员的上门推销等。供应商应充分利用各种外在刺激，使企业用户认识到自己的需要。

（二）说明需要

说明需要指通过价值分析从总体意义上确定所需产品的种类、特征和数量。标准化产品易于确定，而非标准化产品必须由采购人员和使用者、技术人员乃至高层管理人员共同协商确定。供应商营销人员应向企业用户介绍产品特性，协助买方确定需要。

（三）明确产品规格

明确产品规格指说明所购产品的品种、性能、特征、数量和服务，写出详细的技术说明书，作为采购人员的采购依据。买方会委派一个专家小组从事这项工作，卖方应通过价值分析向潜在顾客说明自己的产品和价格比其他品牌更理想。未列入买方选择范围的供应商可通过展示新工艺、新产品把直接重购转变为新购，争取打入市场的机会。

（四）物色供应商

物色供应商指企业用户的采购人员根据产品技术说明书的要求寻找最佳的供应商。如果是新购或产品价值高，企业用户为此花费的时间就会较长。企业可以通过内部信息和外部信息等各种途径，尽量寻找一些声誉好、服务周到、产品质量高的供应商。在寻找供应合作伙伴时，要立足于双方长期的利益。

（五）征求供应建议书

征求供应建议书指邀请合格的供应商提交供应建议书。对于复杂、昂贵的采购项目，企业用户会要求每一潜在供应商提出详细的书面建议，经选择淘汰后，请余下的供应商提出正式的供应建议书。供应商的营销人员必须善于调查研究、写报告和提建议，其建议书应该是营销文件而不仅仅是技术文件。

（六）选择供应商

选择供应商指企业用户根据自己的情况，分析评价供应建议书，选择比较满意的供应商。评价内容包括供应商的产品质量、性能、产量、技术、价格、信誉、服务、交货能力等。

（七）签订合约

签订合约指企业用户根据所购产品的技术说明书、需要量、交货日期、退货条件、保修、运输及结算方式等方面的内容与选定的供应商签订最后的订单。许多企业用户愿意采取长期有效合同的形式，而不是签订定期采购订单。

（八）绩效评价

产品购进后，企业采购部门应主动与使用部门联系，了解所购产品的使用情况，并以此来评估供应商合同履行情况，这将成为再采购、修改或取消与对方合作的依据。

第三节　非营利组织市场与购买行为分析

一、非营利组织市场的概念

非营利组织泛指所有不以营利为目的、不从事营利性活动的组织。非营利组织市场是组织市场的一种特殊类型，是指为了维持正常运作和履行职能而购买产品和服务的各类非营利组织所构成的市场，包括各种宗教组织、专业学会和行业协会、学校、医院、红十字会、图书馆、基金会、福利和慈善机构等。

政府市场是非营利组织市场的主要组成部分，是指为了执行政府职能而购买或租用产品和服务的各级政府和下属各部门。各国政府通过税收、财政预算掌握了一定的国民收入，形成了潜力极大的政府采购市场，已引起了企业营销者的高度重视。

二、非营利组织的购买特点和方式

（一）非营利组织的购买特点

（1）限定总额。非营利组织的采购经费是既定的，不能随意突破，比如，政府采购经费的来源主要是财政拨款，拨款不增加，采购经费就不可能增加。

（2）价格低廉。非营利组织大多数不具有宽裕的经费，在采购中要求商品价格低廉。政府采购用的是纳税人的钱，更要仔细计算，用较少的钱办较多的事。

（3）保证质量。非营利组织购买商品不是为了转售，也不是使成本最小化，而是维持组织正常运转和履行职责，所购商品的质量和性能必须保证实现这一目的。

（4）受到控制。为了使有限的资金发挥更大的效用，非营利组织采购人员受到较多的控制，只能按照规定的条件购买，缺乏自主性。

（5）程序复杂。非营利组织购买过程的参与者多，程序也较为复杂，比如，政府采购要经过许多部门签字盖章，受许多规章制度约束，准备大量的文件，填写大量的表格。

（二）非营利组织的购买方式

1. 公开招标竞购

公开招标竞购指非营利组织以向社会公开招标的方式择优购买商品和服务。一般的程序是先由非营利组织的采购机构在媒体上刊登广告或发出信函，说明要采购的商品名称、品种、规格、数量等具体要求，邀请供应商在规定的期限内投标；然后由自愿投标的供应商在规定的期限内按投标人的规定填写标书，写明可供商品的名称、品种、规格、数量、交货日期、价格等，密封后送达非营利组织采购机构；最后由非营利组织的采购机构在规定的日期开标，选择报价最低又符合要求的供应商成交。这是非营利组织普遍采用的一种购买方式。

2. 议价合约选购

议价合约选购指非营利组织采购机构和一个或几个供应商接触，经过协商谈判，最后只和其中一个符合条件的供应商签订合同,进行交易。许多大供应商取得非营利组织合同后,常常把相当一部分业务转包给一些小型企业。一般而言,这种购买方式适合项目复杂、研发费用和风险较大、竞争性较小的情况。

3. 例行选购

非营利组织对维持日常办公和组织运行所需的办公用品、易耗物品和福利性用品等商品,基本采取例行选购的方式,品种、规格、价格、付款方式等相对稳定,向熟悉的和有固定业务联系的供应商购买。

三、政府市场及购买行为

(一) 政府的购买目的

政府采购的目的不是营利,也不是满足生活需要,而是维护国家安全和社会公众的利益。具体的购买目的有:加强国防和军事力量;维持政府正常运转;稳定市场,政府有调控经济、调节供求、稳定物价的职能,常常支付大量的财政补贴以合理价格购买和储存商品;对外国的商业性、政治性或人道性援助等。

(二) 政府市场购买过程的参与者

各个国家、各级政府都设有采购组织,一般分为两大类。

(1) 行政部门的购买组织。如国务院各部、委、局;省、直辖市、自治区所属各厅、局;市、县所属的各科、局等。这些机构的采购经费主要由财政部门拨款,由各级政府采购机构的采购办公室具体经办。

(2) 军事部门的购买组织。军事部门采购的军需品包括军事装备(武器)和一般军需品(生活必需品)。在我国,国防部负责采购和分配重要军事装备,解放军总后勤部负责采购和分配一般军需品。此外,各大军区、各兵种也设立了后勤部(局),负责采购军需品。

(三) 影响政府购买行为的主要因素

政府购买行为与企业购买行为一样,也受到环境因素、组织因素、人际因素和个人因素的影响。政府购买行为的独特之处在于它受到社会公众的严密监督。

1. 受到社会公众的监督

虽然各国的政治经济制度不同,但是政府采购工作都受各方监督。主要的监督者有国家权力机关和政治协商会议、行政管理和预算办公室、新闻媒体、公众和民间团体等。

2. 受到国际国内政治形势的影响

比如,在国家安全受到威胁或出于某种原因发动对外战争时,军备开支和军需品需求就大;在和平时期,用于建设和社会福利的开支就大。

3. 受到国际国内经济形势的影响

经济疲软时期,政府会增加开支;经济高涨时期,政府则减少支出。国家经济形势不同,政府用于调控经济的支出也会随之增减。

4. 受到自然因素的影响

各类自然灾害会使政府用于救灾的资金和物资大量增加。

（四）政府购买方式

采购方式是各国管理政府采购的中心环节。合适的采购方式有助于将政府采购合同及时授予最佳供应商，使政府采购资金的花费物有所值。与其他非营利组织一样，政府采购方式有公开招标竞购、议价合约选购和例行采购三种，其中以公开招标竞购为最主要方式。对于公开招标竞购，政府要制定文件说明对所需产品的要求和对供应商能力与信誉的要求。议价合约选购方式多用于复杂的工程项目，因为这类项目往往涉及巨大的研究开发费用与风险。

本章小结

1. 按照顾客购买目的，市场可分为消费者市场和组织市场两大类。消费者市场是个人或家庭为了生活消费而购买产品或服务的市场。消费者的购买行为受到文化、社会、个人和心理等因素的影响。

2. 消费者购买行为的类型较多，根据消费者的购买参与程度和品牌差异程度，消费者购买行为可分为复杂的购买行为、减少失调感的购买行为、寻求多样化的购买行为和习惯性的购买行为四种类型。

3. 消费者购买决策的一般过程可分为问题确认、信息收集、评价选择、购买决策和购后行为等五个阶段。营销人员一方面要研究影响消费者购买行为的因素，另一方面要了解消费者在购买过程不同阶段的特点，以制定有效的营销策略，促进消费者的购买和提高购后的满意度。

4. 企业市场是组织市场的重要组成部分，是指工商企业为从事生产、销售等业务活动而购买产品和服务所构成的市场。企业市场包括生产者市场和中间商市场。

5. 企业的购买行为受到环境、组织、人际和个人等因素的影响，其购买类型可分为直接重购、修正重购和新购。新购分为认识需要、说明需要、明确产品规格、物色供应商、征求供应意见书、选择供应商、签订合约和绩效评价八个阶段。

6. 政府市场是非营利组织市场的主要组成部分，其购买行为受到社会公众、国际国内政治经济形势和自然因素的影响，其采购方式分为公开招标竞购、议价合约选购和例行选购三种类型。供应商应当分析不同市场购买者的需求特点、参与者、影响因素和购买过程等，采取相应的营销策略吸引顾客购买。

关键概念

消费者市场　企业市场　非营利组织市场　政府市场　相关群体　动机

思考练习题

1. 消费者市场有哪些特点？
2. 影响消费者行为的因素有哪些？
3. 根据消费者购买参与程度和品牌差异程度，消费者购买行为可分为几种类型？并简述它们产生的具体条件以及企业应采取的营销策略。

4. 完整的消费者购买决策过程分为几个阶段？简述企业应采取的营销策略。
5. 企业市场的特点有哪些？
6. 论述企业用户完整的购买过程。
7. 企业的购买类型有哪几种？
8. 试述影响政府购买行为的因素及政府的采购方式。

案例分析

老年人服装市场营销策略

某服装企业在为老年人提供服装时采取了以下营销策略。

1. 在广告宣传策略上，着重宣传产品的大方实用、易洗易脱、轻便、宽松；
2. 在媒体的选择上，主要是电视和报刊；
3. 在信息沟通的方式上主要是介绍、提示、理性说服，而力求避免炫耀性、夸张性广告，不邀请名人明星；
4. 在促销手段上，主要是价格折扣和展销会；
5. 在销售现场，生产厂商派出中年促销人员，为老年消费者提供热情周到的服务，为他们详细介绍商品的特点和用途，若有需要，就送货上门。
6. 在销售渠道的选择上，主要选择大商场，靠近居民区，并设立了老年专柜或老年店中店；
7. 在产品的款式、价格、面料的选择上分别以庄重、淡雅、传统为主，适当地配以福、寿等喜庆寓意的图案。以中低档价格为主，面料以轻薄、柔软为主。
8. 在老年顾客的接待上，厂家再三要求销售人员在接待过程中要不徐不疾，以介绍质量可靠、方便健康、经济实用为主，注意顾客的神色、身体语言，适可而止，不硬性推销。

某一天，在企业设立的老年服装店里来了几位消费者，从他们的动作上可以推测出这是一家子，并可能是专为老爷子来买衣服的。老爷子手拉一位十来岁的孩子，面色红润、气定神闲、怡然自得，走在前面，后面是一对中年夫妇。中年妇女转了一圈，很快就选中了一件较高档的上装，要老爷子试穿，可老爷子不愿意，理由是价格太高、款式太新，中年男子说："反正是我们出钱，你不管价钱。"可老爷子并不领情，脸色也有点难看。营业员见状，连忙说："老爷子你可真是好福气，儿孙如此孝顺，你就别难为他们了。"小男孩也摇着老人的手说："好的好的，就买这件好了。"老爷子说："小孩子懂什么好坏。"但脸上已露出了笑容。营业员见此情景，很快将衣服包好，交给了中年妇女，一家人高高兴兴地走出了店门。

经过这八个方面的努力，该企业生产的老年服装很快被老年消费者所接受，销售量快速上升，企业获得了很好的经济效益。

分析讨论题

1. 该企业采取的八个营销策略针对了老年消费者怎样的消费心理和购买行为？

2. 请用刺激—反应模式和需要层次论分析老年人的购买行为。
3. 请分析这一家人不同的购买角色和营业员的销售技巧。

市场营销实践

认识和理解消费者购买决策过程。

实践目的

认识和理解消费者的购买决策过程。

实践方案

1. 人员：5~10人组成一个小组，以小组为单位完成任务。
2. 时间：与第四章教学时间同步。
3. 内容：以小组中某人一次典型的购物为例，叙述其购买商品的决策过程，并说明企业在每一阶段应该采取的营销策略。
4. 汇报方式：各组以PPT或报告的形式进行展示和讲解。

第五章

市场调查与预测

学习目标

1. 理解市场调查的概念和作用。
2. 掌握市场调查的过程、内容和方式方法。
3. 理解市场预测的概念和作用。
4. 掌握市场预测的过程、内容和方法。

引导案例

方便面市场需求调查与预测

台商顶新公司打算进入祖国大陆方便面食品市场,但不知道市场需要的是哪一种方便面食品。顶新公司没有贸然投资,而是委托大陆市场调查机构进行方便面食品需求调查。调查分两部分,一是消费者对方便面的需求情况;二是生产者生产的品种、规格和口味情况。结果发现,消费者对方便面食品除非不得已,否则一点儿也不感兴趣,主要原因是口味差,而且食用不很方便;而生产者生产的方便面大都是低档的,调料基本上是味精、食盐和辣椒面等原料。根据这些情况,顶新公司大胆预测市场需求将是高档、注重口味、更为方便的产品,于是在天津经济开发区投资500万美元,成立了顶益食品公司,生产高档方便面食品。结果一炮而红,尤其是碗式包装,食用方便,消费者食用方便面不再是一种权宜之计,而成为快餐食品中优先选择的品种。小小的方便面硬是卖出了70亿元的销售份额。

从案例中可以看出市场调查、市场预测和经营决策的关系,即市场调查和市场预测是经营决策过程的重要阶段和组成部分,正确的经营决策离不开深入细致的市场调查和科学的市场预测。

第一节　市场调查概述

一、市场调查的概念和作用

（一）市场调查的概念

市场调查又称市场调研，是指通过对一系列与营销决策有关的资料、情报、信息的收集、筛选、分类和分析，来了解现有的和潜在的市场，并以此为依据做出正确营销决策，从而达到进入市场、占领市场并取得预期效果的目的。

（二）市场调查的作用

1. 通过市场调查，可以准确地选择目标市场

任何规模的企业，都不可能满足全体消费者对某种产品互有差异的整体需求，只能满足全体消费者中某一类或某几类特定消费者的需要。为哪一类消费者服务，是企业的一种经营选择，这种抉择就是选择目标市场。目标市场的选择，离不开市场细分，而市场细分的过程又离不开市场调查。

2. 通过市场调查，可以对产品进行正确的定位

企业选中的目标市场也许恰恰被其他企业看中，很可能存在多家企业竞争的情况。要让目标顾客对企业的产品形成特殊的偏爱，进而购买产品，必须对产品进行定位。产品定位就是从各方面为产品创造特定的市场形象，使之显示出与竞争对手的产品不同的特色。这种产品形象和特色的创造，需要通过市场调查才能实现。

3. 通过市场调查，可以生产出满足消费者需要的产品

现代市场营销观念要求从产品的整体概念上来理解产品，企业要在激烈的市场竞争中立于不败之地，必须树立产品整体概念，从核心产品、形式产品和附加产品三个层次上构思开发产品。要生产出满足消费者（或用户）需要的产品，必须进行市场调查。

4. 通过市场调查，可以正确运用定价方法，为产品制定合理的价格

企业要实现定价目标，必须正确选择定价方法。成本导向定价法是以企业产品成本为定价基础的定价方法，需求导向定价法是以消费者对产品价值的理解为定价依据的定价方法，竞争导向定价法是将竞争者的价格作为定价依据的定价方法。企业要正确运用这三种定价方法，必须进行市场调查。

5. 通过市场调查，可以使用好间接分销渠道

使用间接分销渠道，需要确定渠道的长度和宽度，即渠道中经过的中间流通环节的多少和每个环节中使用同类中间商的数目。要正确做出渠道长度和宽度的决策，就需要对一些影响因素进行调查。确定渠道的长度和宽度后，还要选择合格的中间商。要选择符合条件的中间商，必须进行市场调查。

6. 通过市场调查，可以有效运用广告促进产品销售

广告的目的是通过宣传有关商品的信息，引起消费者注意，唤起消费者兴趣，促使消费者产生购买行为。要达到广告目的，需要解决一些关键问题，如选定目标消费者、选择广告媒体、设计广告信息、构思信息传递方式、广告效果评估等。要正确解决这些问题，必须进行市场调查。

7. 通过市场调查，可以正确运用营业推广促进产品销售

营业推广的目的是通过运用各种营业推广方式，鼓励消费者和中间商购买、经销企业产品。要达到营业推广的目的，需要做出一系列决策，如确定营业推广对象、确定推广目标、选择营业推广方式、确定推广时机、确定推广期限等。要做出正确决策，必须进行市场调查。

8. 通过市场调查，有利于发挥推销的作用

推销的目的是通过推销人员直接与顾客接触、洽谈、宣传商品，促使顾客购买商品。推销的基本形式有上门推销、柜台推销和会议推销三种。要达到推销的目的，需要解决一些重要问题，如推销人员的推销观念正确与否、推销人员的推销技能是否具备、推销人员对报酬的满意程度等。要解决这些问题，必须进行市场调查。

9. 通过市场调查，可以成功地开展公共关系活动

公共关系的目的是通过开展一系列公共关系活动，在社会公众心目中树立良好形象，促进商品的销售。企业开展公共关系活动，需要解决一系列问题，如确定公关目标、确定公关对象、确定公关主题、确定活动方式和技巧、评估公关效果等。要解决好这些问题，必须进行市场调查。

二、市场调查的内容

（一）宏观环境调查

1. 人口环境调查

人口环境调查主要包括人口数量、人口分布、人口结构等调查。

2. 经济环境调查

经济环境调查主要包括消费者收入、消费者支出模式、消费结构、消费者储蓄、消费者信贷等调查。

3. 政治环境调查

政治环境调查包括国内政治环境调查和国外政治环境调查。国内政治环境是指党和政府制定的方针政策以及由此产生的各项规定、决定、条例等；国外政治环境是指目标市场国的政体、立法、行政、政党制度等以及由此产生的税收政策、价格管制、进口限制、外汇管制等。

4. 法律环境调查

法律环境调查包括国内法律环境调查和国外法律环境调查。国内法律环境是指家或地方政府所颁布的一系列法律法规，国外法律环境是指国外的法律制度和有关的国际法规、惯例和准则。

5. 社会文化环境调查

社会文化环境调查主要包括价值观念、宗教信仰、教育水平、风俗习惯、审美观念等调查。

6. 科学技术环境调查

科学技术环境调查主要包括新产品的技术现状和发展趋势、国内外新产品的发展情况等调查。

（二）微观环境调查

1. 消费者调查

消费者调查主要包括消费者的购买动机和购买行为等调查。

2. 竞争对手调查

竞争对手调查主要包括竞争对手的优势和劣势、竞争对手采用的营销战略和策略等调查。

（三）市场营销组合调查

1. 产品调查

产品调查主要包括产品实体调查、品牌形象调查、产品包装调查和产品生命周期阶段调查。

2. 价格调查

价格调查主要包括产品需求价格弹性调查、消费者价值感受调查、竞争产品价格调查和产品成本调查。

3. 分销渠道调查

分销渠道调查主要包括分销渠道类型调查和中间商调查。

4. 促销调查

促销调查主要包括商业广告调查、营业推广调查、公关调查和人员推销调查。

三、市场调查的过程

（一）调查的准备阶段

1. 确定调查课题

调查课题是市场调查所要说明或解决的市场问题。市场调查部门或调查人员可以从企业提出的大而模糊的问题中确定调查课题，也可以根据企业的营销实际需要或企业决策者关心的问题确定调查课题。企业未来的发展方向、企业生产经营中出现的困难、市场竞争等问题都是确定调查课题的依据。

2. 设计调查方案

调查方案是整个市场调查工作的行动纲领，是调查取得成功的关键步骤。调查方案包括以下内容。

（1）确定调查目的。

（2）确定调查内容和调查项目。

（3）确定调查组织方式。

（4）确定调查对象和选择调查单位。

（5）确定调查方法。

（6）设计调查问卷。

(7) 规定市场调查时间和期限。
(8) 估算调查费用。
(9) 拟定调查活动进度表。
(10) 撰写调查项目建议书。

3. 组建调查队伍

调查人员的选择、培训和使用，是组建调查队伍需要做好的工作。

（二）调查的实施阶段

这个阶段是调查工作中最费时、费力和花费最大的阶段。这个阶段的主要工作有两项。

(1) 组织调查人员采用文案调查法，收集对本次调查课题有用的间接资料；

(2) 组织调查人员抽取调查方案中已经确定的调查单位，采用调查方案中已经确定的访问调查法，系统地收集对本次调查课题有用的直接资料。

（三）调查资料的整理与分析阶段

1. 调查资料的整理

调查资料的整理就是根据调查目的，运用科学方法，对调查所得的各种原始资料进行审核、检验和分类汇总，使之系统化和条理化，从而集中、简明地反映调查对象总体情况的工作过程。

所谓调查资料的审核，是指对已经收集到的资料进行总体检验，检查其是否齐全、是否有差错，以决定是否采用此份调查资料的过程。

所谓调查资料分组，是指根据市场调查的目的、要求，按照市场现象的一定标志，把调查的有关资料分为不同类型或性质的组，从而清楚揭示市场现象的本质和特征。

2. 调查资料的分析

调查资料的分析是指对市场调查收集到的各种数据资料进行适当的处理，使其显示一定的含义，进而反映不同数据资料之间以及新数据资料与原数据资料之间的联系，并通过分析得出某些结论。

对各种数据资料的处理可以采用调查资料的列表分析技术、调查资料的数据图形分析技术、调查资料的概括技术等。

（四）调查的总结阶段

1. 撰写调查报告

一般来说，每次调查都要撰写调查报告，调查报告中有调查结果、调查结论和建议等内容，是决策者做决策时的重要依据。

2. 认定调查报告的价值

调查报告完成后，调查人员要了解调查报告的建议是否被决策者重视和采纳，采纳的程度如何，采纳后的实际效果如何。根据了解的信息，判断调查报告的价值。

3. 总结调查工作

对调查的每个阶段、每个工作环节进行总结，积累成功的经验，吸取失败的教训，为今后更好地进行市场调查打下基础。

第二节　市场调查的方式和方法

一、市场调查方式

（一）市场普查

市场普查也称市场全面调查，是对调查总体的全部单位逐个进行调查的方式。

由于调查对象可以是宏观的、中观的，也可以是微观的，因此普查也有宏观、中观和微观之分。只要对调查对象全部单位逐个进行调查，都可称为普查。

（二）抽样调查

1. 随机抽样调查

随机抽样调查是从调查总体中，按照随机原则抽取一部分单位作为样本进行调查，并且用对样本调查的结果来推断总体情况。

随机抽样调查的具体方式有单纯随机抽样、等距离抽样、分层随机抽样和分群随机抽样四种。

2. 非随机抽样

非随机抽样是指不按随机原则，而由调查者根据调查目的和要求，主观地从总体中抽选样本的抽样方式。

非随机抽样调查的主要方式有任意抽样、判断抽样和配额抽样三种。

二、市场调查方法

（一）文案调查法

1. 文案调查法的概念

文案调查法是利用企业内部和外部的现有资料，对调查内容进行分析研究的一种调查方法。现有资料主要有两种来源，即企业内部和企业外部。

内部现有资料主要来自企业的各相关职能部门，如财务部门、营销部门、统计部门、生产技术部门、档案室。

企业外部的现有资料主要来源于新闻媒体资料、政府统计资料、行业统计资料、咨询公司的情报、学术研究成果、金融机构资料和互联网。

2. 文案调查法的优点

（1）获得的信息资料比较多。

（2）信息资料的获得较为方便、容易和迅速。

（3）信息资料收集过程所花费的时间比较短，调研的费用也比较低。

（4）不受时空限制。

（5）不受调查人员和调查对象主观因素的干扰。

根据调查的实践经验，文案调查法常常作为调查的首选方式。几乎所有的调查都可始于收集现有资料，只有当现有资料不能提供足够的证据时，才进行实地调查。

3. 文案调查法的具体方法

（1）查找法。在内部查找的基础上，还需到企业外部查找。

（2）索取法。向占有信息资料的单位或个人无代价地索要。

（3）收听法。通过广播、电视、报纸、杂志、网络等，收集各种政策法规和经济信息。

（4）咨询法。向企业内部专家和外部专家征询所需的信息资料。

（5）采集法。到订货会、展览会等场合，现场采集大量企业介绍、产品介绍、产品目录等资料。

（6）互换法。用本企业的有关资料换回所需的对方资料。

（7）购买法。用一定金额购买专业咨询机构、行业协会、信息中心等出版的市场行情资料和市场分析报告。

（8）委托法。委托专业市场研究公司收集和提供企业产品营销诊断资料。

小链接 5-1　利用现有信息辅助决策

日本某公司进入美国市场前，通过查阅美国有关法律和规定得知，美国为了保护本国工业，规定美国政府收到外国公司商品报价单，一律无条件提高价格的50%。而美国法律中规定，本国商品是"一件商品，美国制造的零件所含价值必须达到这件商品价值50%以上"。

日本公司根据这些条款，思谋出一条对策：进入美国市场的产品共有20种零件，在日本生产19种零件，从美国进口1种零件，这一种零件价值最高，其价值超过50%，在日本组装后再送到美国销售，就成了美国商品，可直接与美国厂商竞争。

（二）实地调查法

1. 访问调查法

访问调查法是指将所拟调查的事项，以当面、电话或书面的形式向被调查者提出询问，以获得所需调查资料的一种调查方法，这是最常用的实地调查法。

按照调查者与被调查者的接触方式，访问调查法可分为面谈调查法、电话调查法、邮寄调查法、留置调查法、网上问卷调查法。

（1）面谈调查法。面谈调查法是指调查者与被调查者进行面对面的交谈，从而取得所需信息资料的一种方法。面谈调查法可以分为个人面谈和集体面谈两种方式。

小链接 5-2　接近被调查者的方法

1. 自然接近。在共同活动中自然地接近被调查者，之后再说明访问意图。
2. 正面接近。开门见山地直接介绍自己，并说明访问的目的和内容。
3. 求同接近。主动寻找与被调查者的共同之处，由此产生共同语言，借以接近被调查者。

4. 友好接近。以友好的态度关心被调查者，帮助其解决所面临的难题，以求顺利接近被调查者。

（2）电话调查法。电话调查法是指调查者通过电话向被调查者询问有关问题，以获取信息资料的一种调查方法。

（3）邮寄调查法。邮寄调查法是指调查者将印制好的调查问卷，通过邮局寄给被调查者，要求被调查者填写后寄回，从而获得信息资料的一种调查方法。采用这种方法的关键是提高问卷回收率。

小链接5-3　　　　国外提高问卷回收率的方法

1. 提前用明信片或电话进行提醒。
2. 邮寄后用明信片或电话跟踪提醒。
3. 物质刺激或金钱刺激。
4. 加贴邮票而不是付费打戳的信封。
5. 附贴好邮票的回信封。
6. 写好私人地址及外观漂亮的信封。
7. 信封上手写笔迹。
8. 许诺进行慈善事业。
9. 抽取奖金。
10. 真诚恳求或争取同情。
11. 表明与大学或研究所联办。
12. 提出参与者是经过事先研究选择的。

（4）留置调查法。留置调查法是指调查者将调查问卷当面交给被调查者，详细说明填写要求并留下调查问卷，请被调查者自行填写，再由调查者定期收回问卷，从而获得信息资料的一种调查方法。

（5）网上问卷调查法。网上问卷调查法包括站点法和电子邮件法。站点法是将调查问卷设计成网页形式，附加到一个或几个网站的网页上，由浏览这些站点的用户在线回答调查问题的方法；电子邮件法是通过发送电子邮件的形式将调查问卷发给一些特定的网上用户，由用户填写后以电子邮件的形式反馈给调查者的调查方法。

小链接5-4　　　　调查问卷的结构

1. 问卷的标题

问卷的标题要能反映出调查主题，对某项调查起到画龙点睛的作用。

2. 前言

为了能引起被调查者的重视和兴趣，争取被调查者的合作和支持，前言的设计非常重要。前言通常包括的内容有称呼、问候语、自我介绍,说明本项访问的内容和目的,说明受访的意义,说明本次调查对象的选定方式和对调查结果的保密保证。

3. 问题与答案

这部分是调查问卷的主体。调查者通过事实性问题、行为性问题、动机性问题和态度性问题,向被调查者收集市场信息资料。

4. 编号

5. 结束语

2. 观察调查法

观察调查法指调查人员直接或借助仪器在现场观察记录被调查者的行为、痕迹来获取信息资料的一种调查方法。

观察调查法根据不同划分标准可以分为以下四种类型。

(1) 根据观察是否要借助仪器,分为人工观察和仪器观察。

(2) 根据观察者对观察内容是否有统一设计划,分为有结构观察和无结构观察。

(3) 根据调查者是否参与到被调查者的活动中,分为参考观察和非参与观察。

(4) 根据观察的内容,分为现场观察和痕迹观察。

3. 实验调查法

实验调查法是指从影响调查对象的许多可变因素中选出一个或两个,将它们置于一定的条件下进行小规模的实验,然后对实验结果做出分析,研究是否值得大规模推广的一种调查方法。

实验调查法的常用方法有以下三种。

(1) 单一实验组前后对比实验。选择若干实验对象作为实验组,将实验对象在实验活动前后的情况进行对比,得出实验结论。

(2) 实验组与对照组对比实验。选择若干实验对象为实验组,同时选择若干与实验对象相关的调查对象为对照组;实验者只对实验组给予实验活动,对照组不给予实验活动;根据实验组与对照组的对比,得出实验结论。

(3) 实验组与对照组前后对比实验。选择若干实验对象为实验组,同时选择若干与实验对象相关的调查对象为对照组;实验者只对实验组给予实验活动,对照组不给予实验活动;将实验组前后实验结果同对照组前后实验结果进行比较,得出实验结论。

第三节 市场预测

一、市场预测的概念和作用

(一) 市场预测的概念

关于市场预测的确切定义,国内市场营销学界有多种不同的表述。

一种表述是:市场预测是指根据市场现象过去和现在的表现,应用科学的预测方法对市场现象未来的发展变化进行预计或估计,为科学决策提供依据。

另一种表述是:市场预测是指在市场调查研究的基础上,运用科学的预测方法,对市场现象未来的发展变化趋势进行分析和预见,得出符合市场现象发展变化规律的结论,为市场营销决策提供可靠依据的过程。

还有一种表述是:市场预测是指在市场调研的基础上,运用预测理论与方法,对决策者关心的变量的变化趋势和未来可能水平做出估计与测算,为决策者提供依据的过程。

(二) 市场预测的作用

市场预测在国家宏观经济管理、企业经营管理中都起着重要的作用。

(1) 通过市场预测,不仅可以预见未来一定时期内居民对各类商品的市场需求量,还可以预测居民对各种商品的具体需求,为企业确定经营方向提供依据。

(2) 通过市场预测,不仅可以预测未来一定时期内某一类商品的供求状况,还可以预见同类产品竞争对手的供货趋向,以便做出正确的营销决策。

(3) 通过市场预测,可以预测商品的未来销售情况,如商品价格、商品生命周期、市场占有率等,以便企业做出正确的营销决策。

(4) 通过市场预测,可以预测消费需求倾向的变化趋势和消费心理的变化趋势,为企业确定进入某一个行业、决定生产具体商品提供依据。

(5) 通过市场预测,可以预测与企业有关的宏观环境的变化趋势,为企业制定有针对性的适应和利用环境的措施提供依据。

二、市场预测的过程

(一) 确定市场预测目标

确定市场预测目标,就是确定预测的市场现象及预测的具体内容。

(二) 收集、整理市场预测所需资料

资料收集范围应根据预测目标来确定,预测人员在收集资料和整理资料的过程中,要力求保证资料的准确性、系统性和完整性。

(三) 选择预测方法,确定预测结果

预测某一个市场现象及预测的具体内容,需要运用一定的科学的市场预测方法来进行。如企业要预测消费者对某种商品的未来需求,就应该选择定性预测法;如企业要预测某一种商品下一年的销售量,而且拥有大量的、全面的、系统的数据资料,就可以采用定量预测法。

(四) 写出预测报告

预测报告是预测结果的文字表述,是对调研过程的总结和综合反映。预测报告一般包括题目、摘要、目的、正文、结论和建议以及附录等。

三、市场预测的内容

(一) 商品市场需求量预测

商品市场需求量即商品购买力,是指一定时期、一定市场范围内,居民和社会集团具有货币支付能力的需求。居民购买力是商品购买力的主要内容。居民商品市场需求量预测,应从以下几个方面入手。第一，收集城镇居民和农村居民的购买力资料，分别测算两种类型居民的购买力总额。第二，观察并分析研究各种收入水平的城镇居民和农村居民对各类商品的不同需求量及其需求结构，进而预测各类商品的市场需求量。第三，在市场需求总量和分类市场需求量预测的基础上，对各种商品的需求量进行预测。这种预测要尽量具体，要对各种商品的数量、品种、规格、花色、型号、款式、质量、包装、品牌及所需时间等方面进行预测。

(二) 商品市场供应量预测

商品市场供应量预测，是指对进入市场的商品资源总量及其构成和各种具体商品的市场可供量的变化趋势的预测。商品市场供应量是指在一定时期内可以投放市场以供出售的商品资源。商品资源主要来自生产部门，其次是进口，此外还有国家储备、商业部门的储存以及社会潜在物资。

(三) 商品销售情况预测

商品销售情况预测是指对商品的价格、销售量、市场生命周期和市场占有率等方面的预测。

1. 商品价格预测

商品价格预测，是在对各种影响因素预测的基础上，对商品价格的未来水平和变动趋势进行预测；同时还要说明商品价格变动的原因，分析商品价格的变动是否合理，并就商品价格变动对市场需求量的影响程度等问题进行分析预测。

2. 商品销售量预测

商品销售量预测，是在对某种商品不同时间发展变化的数值分析的基础上，对某种商品未来一定时期内的销售量进行预测。

3. 商品的市场生命周期预测

商品的市场生命周期预测，是对商品进入市场直至退出市场的全过程中所处阶段的发展变化前景做出估计。就是对某种商品所处生命周期的不同阶段可能延缓的时间以及各个阶段之间的转折点，特别是需求和销售的饱和点，做出定性、定量的推断和估计。

4. 市场占有率预测

市场占有率预测，是在对各种影响因素分析的基础上，对一定市场范围、未来某时期内，企业市场占有率变动趋向做出估计。

四、市场预测的方法

(一) 定性预测法

定性预测法又称判断分析预测法，是预测者凭借个人的经验、知识和综合分析能力，通过对有关资料的分析判断，对市场现象未来的发展变化趋势做出性质上和程度上的估计和测算。比较实用的定性预测法有以下几种。

1. 集合意见法

集合意见法是由预测组织者召集企业的主管、管理人员、业务人员，根据已收集的信息资料和个人的经验，对市场现象未来趋势提出预测意见，最后由组织者把预测意见集中起来，用平均数的方法进行数学处理，最终取得预测结果的方法。

集合意见法的预测步骤如下。

（1）根据经营管理的需要，由预测组织者向企业经理、管理科室和业务人员提出预测内容，说明预测目的。

（2）各方面人员分别提出预测意见。

（3）预测组织者将各类人员的意见综合为一个统一的预测值。

（4）对各类人员的预测值加以综合，确定企业的预测值。

2. 专家意见法

专家意见法指专家依靠自己的知识、经验和分析判断能力，对市场现象的历史信息资料进行综合分析，从而对市场现象未来的发展趋势做出判断预测。专家意法包括专家会议法和专家小组法。

专家会议法，是指邀请有关方面的专家，通过会议的形式，对市场现象的未来趋势做出判断，预测组织者综合专家们的意见，确定最后预测值的一种定性预测方法。

专家小组法又称德尔菲法，是指采用背对背的通信函询方式征询专家的预测意见，经过几轮征询，使专家预测意见趋于集中，最后做出符合市场现象未来发展趋势的预测结论。专家小组法是为了克服专家会议法的不足而产生的一种专家意见方法。

（二）定量预测法

定量预测法是根据大量的数据资料，运用统计分析和数学方法建立预测模型，描述市场现象发展过程中的规律，据此做出预测值的估计。定量预测法可以分为时间序列分析预测法和因果关系分析预测法。

1. 时间序列分析预测法

时间序列分析预测法又叫延伸法，是将产品销售量等市场现象的一组观察值，按照时间先后顺序加以排列，构成统计的时间序列，然后运用一定的数学方法找出时间序列变动规律，使其向外延伸，预计市场现象未来的发展变化趋势，确定市场预测值。时间序列分析预测法可以分为平均法和趋势延伸法。

平均法指只要市场现象的历史数据基本具备长期或季节性变化规律，即可考虑运用时间序列的平均值进行预测。平均法对时间序列的变动规律的要求并不十分严格。平均法的具体方法有简易平均法、移动平均法、指数平滑法、季节指数法等。

趋势延伸法是根据时间序列的长期变动趋势的规律，用数学方法找出能最佳拟合此变动趋势的直线或曲线模型，然后向外延伸进行预测的方法。趋势延伸法对时间序列的变动规律的要求十分严格。趋势延伸法的具体方法有直线趋势延伸法和曲线趋势法两类，曲线趋势法包括二次曲线法、三次曲线法、指数曲线法、戈珀兹曲线法等。

2. 因果关系分析预测法

因果分析预测法主要包括回归分析预测法和经济计量预测法。

回归分析预测法是指对具有相关关系的经济变量进行分析，选择一个合适的数学模型即回归方程描述变量之间的相关变化规律，并据此进行预测的一种方法。回归分析预测法是一种极为重要的因果分析预测法，它也是被企业广泛应用的一类市场预测法。

回归分析预测法分为一元回归预测法和多元回归预测法。一元回归预测法是一种常用的回归分析预测法，是对某一因变量与一个自变量之间的相关关系进行分析，建立一元回归方程作为预测模型,对市场现象进行预测的方法。它包括一元线性回归分析预测法和一元非线性回归预测法。一元线性回归分析预测法又是常用的一元回归分析预测法。

一元线性回归预测法,是指两个具有线性关系的经济变量,配合线性回归模型,根据自变量的变动来预测因变量平均发展趋势的方法。

本章小结

1. 关于市场调查和市场预测的确切定义,国内市场营销学界有多种不同的表述。
2. 企业要成功开展一系列营销活动或者要做好其中一项营销活动,都需要通过市场调查和市场预测,才能做出正确的决策。
4. 市场调查的内容比较广泛,包括宏观环境调查和微观环境调查;市场预测的内容比较具体,包括商品市场需求量预测、商品市场供应量预测和商品销售情况预测。
5. 市场调查方法分为文案调查法和实地调查法;市场预测方法分为时间序列分析预测法和因果关系分析预测法。

关键概念

市场调查　文案调查法　访问调查法　面谈调查法　邮寄调查法　留置调查法　网上问卷调查法　观察调查法　实验调查法　随机抽样调查　非随机抽样调查　市场预测　定性预测法　集合意见法　专家会议法　专家小组法　定量预测法　时间序列分析预测法　回归分析预测法

思考练习题

1. 简述市场调查的步骤。
2. 根据某一调查题目,确定需要的调查内容。
3. 市场调查的方法有哪些?
4. 市场调查的方式有哪些?
5. 定性预测法和定量预测法的种类。

案例分析

另类市场调查方法的运用

市场调查作为一种营销手段,成为许多精英企业的竞争武器,自1919年美国柯蒂斯出版公司首次运用成功,即在世界范围内迅速扩展开来。并由最初的简单收集、记录、整理、分析有关资料和数据发展成为一门包括市场环境调查、消费心理分析、市场需求调研、产品价格拟定、分销渠道与促销方法分析、竞争对手调查、投资开发可行性论证等在内的综合性学科。随着经济的发展,一些企业更是把精确而有效的市场调查作为企业经营、发展的必修课,各种手法可谓洋洋大观,高招迭出。

开设意见公司。日本企业家向来以精明著称,某家公司由日本实践技术协会开设,有员工近百人。他们与不同年龄、不同层次的消费者建立固定联系,经常请他们对各种商品提出意见,同时还刊登广告征求意见,并提供相应报酬。他们将收集到的各种意见整理分类,及时反馈给有关企业,意见公司也从中得到回报。公司的工作人员来自各个阶层,知识结构也搭配合理。

免费电话巧问。美国一家日用化学品的著名厂家,为了听取用户意见,别出心裁地推出免费电话向消费者征询意见。他们在产品包装上标明该公司及各分厂的 800 个电话号码,顾客可以随时就产品质量问题打电话反映情况,费用全部记在公司账上。公司对所来电话给予回复,并视情况奖励。仅 1995 年,该公司就接到近 25 万个顾客电话,从中得到启发而开发出的新产品的销售额近 1 亿美元,而公司的电话费支付不过 600 万美元。

研究垃圾。一般人听到后会想,此乃荒唐之举,对经营决策不会有什么影响,但著名的雪佛隆公司重金请亚利桑那大学教授威廉·雷兹对垃圾进行研究。教授每天尽可能多地收集垃圾,然后按垃圾的内容标明产品的名称、重量、数量、包装形式等,予以分类,获得有关当地食品消费情况的准确信息。用雷兹教授的话说:"垃圾绝不会说谎和弄虚作假,什么样的人就丢什么样的垃圾。"雪佛隆公司借此做出相应决策,大获全胜,而其竞争对手却始终没搞清雪佛隆公司的市场情报来源。

皱眉信息。秘鲁一家百货公司经理库克先生,提出要捕捉"皱眉信息",即当看到顾客挑选商品时,若皱眉便说明顾客不满意,售货员要主动承认商品不足之处并努力得到顾客证实。于是商场在营销方法上加以改进。库克这一招使百货公司的效益魔术般上升。

顾客的影子。找人充当顾客影子是美国一些市场调查公司的杰作,这些公司专门为各商场提供市场调查人员。当这些人接受商场聘请之后,便时刻不离顾客左右,了解顾客购买了哪些商品,停留多久,多少次会回到同一件商品面前以及为什么在挑选很长时间后还是失望地离开等情况。美国许多企业得益于这类调查,因而使经营更具针对性、更贴近消费者。

半日游逛。德国的哈夫门公司格外善于捕捉市场信息,享有"新鲜公司"之雅号。公司的经理和高级职员每天半日坐班,半日深入社会,广抓信息。一次,公司的管理部长进剧院看戏,却三心二意,而不远的一对青年男女的对话却声声入耳:"你能给我买顶有朵白花饰物的绒帽吗?我们公司的女孩们都想得到那样一顶漂亮的帽子。只有赫得公司卖过一批,可以后再也见不到了。""亲爱的,我保证给你买到。你知道吗,我们公司的同事们都在想买那种双背带背包,省力又不会使肩膀变形,你要是能为我买来,他们肯定既羡慕又嫉妒。"管理部长坐不住了,出门直奔几家商店,询问白花绒帽和双带背包的情况,店员的回答是:问的人多,可没货。管理部长连夜找来几位设计师,两周后,大白花绒帽和双带背包作为哈夫门公司特别推出的圣诞礼物摆上了柜台,生意之红火就不用说了。

经理捡纸条。在澳大利亚昆士兰州,许多远道而来的顾客,特别是生怕忘事的家庭主妇,在到商店购物前总喜欢把准备购买的商品名字写在纸条上,买完东西后则随手丢弃。一家大百货公司的采购经理注意到这一现象后,除了自己经常捡这类纸条外,还悄悄发动其他管理人员。他以此作为重要依据,编制了一套扩大经营的独家经验,结果可想而知:许多妇女从前要跑很远的路才能购买到的商品,现在到附近分店同样也能买到。

分析讨论题

1. 上述另类市场调查方法与所学习的哪几种市场调查方法有联系?

2. 分析上述另类市场调查方法的优劣。

3. 上述另类市场调查方法给企业决策者和营销人员的启发是什么。

市场营销实践

市场营销调查技能训练。

实践目的

能够根据调查课题确定调查内容和调查项目；能够根据调查目的设计调查问卷。

实践方案

1. 人员：5~10人组成一个小组，以小组为单位完成实训任务。
2. 时间：与第六章教学时间同步。
3. 内容：小组讨论决定选择相关调查项目进行调查。
4. 汇报方式：各小组通过PPT进行展示讲解。

第六章

目标市场营销战略

学习目标

1. 正确了解目标市场营销的意义、了解目标市场营销战略的理论发展。
2. 掌握目标市场营销战略和三大步骤。
3. 掌握市场细分的作用、原理、依据和标准。
4. 掌握市场定位的概念、方式和战略。

引导案例

米勒公司的市场定位

中国的香烟消费者大多知道"万宝路",但很少知道生产、经销"万宝路"香烟的公司叫菲力浦·莫里斯公司。这家公司在1970年买下了密尔瓦基的米勒啤酒公司,并运用目标市场营销战略,使米勒公司跃居该行业头把交椅。收购前的米勒公司在全美啤酒行业中排名第七,市场占有率仅为4%。菲力浦·莫里斯公司收购米勒公司后,实施了该公司曾使"万宝路"成功的营销技巧,即目标市场营销战略。首先,米勒公司在营销决策前,对市场做了认真的调查。他们发现,根据对啤酒饮用程度的不同,可将消费人群分为两类,一类是轻度饮用者,另一类是重度饮用者,重度饮用者的饮用量是轻度饮用者的8倍,且重度饮用者多数为蓝领阶层,年龄在30岁左右,爱好体育运动。于是,米勒公司果断地决定对旗下品牌"海雷夫"啤酒进行重新定位,改变原先在消费者心中的"价高质优的精品啤酒"形象,将其消费人群从原先的妇女及社会高收入者转向了"真正爱喝啤酒"的中低收入者。依据重新定位,米勒公司的新广告整体面向那些喜好运动的蓝领阶层。广告画面中出现的都是一些激动人心的场面:年轻人骑着摩托车冲下陡坡,消防队员紧张地灭火,船员们在狂风巨浪中驾驶轮船,还请来了篮球明星助阵。同时为弥补市场空缺,米勒公司推出了一种容量较小的瓶装"海雷夫"啤酒,满足那些轻度饮用者的需求。新产品上市后,市场反应热烈,很快赢得了蓝领阶层的喜爱。米勒公司乘胜追击,又进入了他们细分出来的另一个市场——低热度啤酒市场。广告宣传上反复强调"莱特"啤酒的特点:低热度,不会引起腹胀,口感与"海雷夫"啤酒一样好。同时,还对"莱特"啤酒进行了重新包装,在设计上给人以高品质、男子气概浓、夺人眼目的感觉。在强大的广告攻势下,整个美国当年的销售额就达200万箱,并在以后几年迅速上升。在占领了低档啤酒、低热度啤酒这两个细分市场后,米勒公司又进军高档啤酒这一细分市场,将原本在美国很受欢迎的德国啤酒"老温伯"买下,开始在国内生产。广告宣传中,一群西装革履的"雅皮士们"高举酒杯,说着"来喝老温伯",这一举措撼动了原先处于高档啤酒市场领导地位的"麦可龙"啤酒。在整个20世纪70年代,米勒公司的啤酒营销取得了巨大的成功。到1980年,米勒公司的市场份额已高达21%,总销售收入达26亿美元,成了啤酒市场的龙头老大,被人们称为"世纪口味的啤酒公司"。

任何一个企业都不可能面向所有的消费者生产和提供产品或者服务。现代的消费者购买习惯、需求偏好、收入水平、资源禀赋、地理位置等方面的差别,使消费者群体的需求复杂、多变但又独特、延伸。现代企业没有能力更没有必要满足所有消费者的需求,而应在市场细分的基础上选择对本企业最有吸引力、可为之提供有效服务的市场部分作为目标市场,实行目标市场营销,并在目标市场上为产品确定适当的竞争地位——正如科特勒所说:"现代战略营销的中心,可定义为 STP 市场营销:市场细分(Segmentation)、目标市场(Targeting)和市场定位(Positioning)。"

第一节　市场细分

一、市场细分概述

（一）市场细分的概念

市场细分是指根据顾客需求的特点、购买心理、购买行为等方面的明显差异,把某一产品的整体市场划分为若干个"子市场"或"亚市场"的市场分类过程。因此,分属于同一细分市场的消费者,他们的需求和欲望极为相似;分属于不同细分市场的消费者对同一产品的需求和欲望存在着明显的差别。例如,对手表的需求,有的消费者喜欢计时基本准确、价格比较便宜的手表,有的消费者喜欢计时准确、耐用且价格适中的手表,有的消费者要求计时准确、具有象征意义的名贵手表,手表市场据此可细分为三个子市场。由此可见,细分的前提就是市场需求的异质性和同质性。在被细分后的子市场与子市场之间,顾客需求、顾客特点和行为模式等明显不同,在同一子市场内,顾客要求、顾客特点和行为模式等都是相同的。

小链接6-1　　**美国钟表公司的市场细分**

美国钟表公司决定其经营方向前,仔细地考察了美国手表市场,对消费者的购买动机进行了细分。他们发现对于手表的需求，约 23% 的购买者，希望价格低廉，约 46% 的消费者购买经久耐用、质量较好的手表，还有 31% 的消费者购买可以在某些重要场合显示身份的手表。当时，美国市场上一些著名的手表公司都全力以赴地争夺第三个市场，生产价格昂贵的、强调身份的手表，并通过大百货商店、珠宝店销售。美国钟表公司分析比较这三个市场后，决定把精力集中到前两个竞争较弱的细分市场，并适应这两个消费者群的需求特点，设计开发了"天美时"手表，这款价廉物美的手表选择更贴近目标顾客的超级市场、廉价商店等零售商和批发商为分销渠道销售。正是这一成功的市场细分战略使该公司迅速获得了很高的市场占有率，成为当时世界上最大的手表公司之一。

(二) 市场细分理论的产生与发展

市场细分是目标市场营销的基础。1956 年，美国市场营销学家温德尔·史密斯结合前人的研究在《市场营销策略中的产品差异化与市场细分》中提出了市场细分概念，奠定了目标市场营销的理论基础，从而使市场营销进入一个新的阶段，即目标市场营销。从现代市场营销发展演变来看，市场细分的产生经历了三个阶段。

1. 大量营销阶段（Mass Marketing）

早在 19 世纪末 20 世纪初，即资本主义工业革命阶段，整个社会经济发展的重心和特点是强调速度和规模，市场以卖方为主导。在卖方市场条件下，企业市场营销的基本方式是大量营销，即大批量生产品种规格单一的产品，并且通过广泛、普遍的分销渠道销售产品。在这样的市场环境下，大量营销的方式使企业降低了产品的成本和价格，获得了较丰厚的利润。因此，企业自然没有必要研究市场需求，市场细分战略也不可能产生。

2. 产品差异化营销阶段（Product Different Marketing）

在 20 世纪 30 年代，发生了震撼世界的资本主义经济危机，西方企业面临产品严重过剩的情况，市场迫使企业转变经营观念，营销方式开始从大量营销向产品差异化营销转变，即向市场推出许多与竞争者产品不同的，具有不同质量、外观、性能的品种各异的产品。产品差异化营销与大量营销相比是一种进步，但是，由于企业仅仅考虑自己现有的设计、技术能力，而忽视对顾客需求的研究，缺乏明确的目标市场，产品试销的成功率依然很低。由此可见，在产品差异化营销阶段，企业仍然没有重视研究市场需求，市场细分也就仍无产生的基础和条件。

3. 目标营销阶段（Target Marketing）

20 世纪 50 年代以后，在科学技术革命的推动下，生产力水平大幅度提高，产品日新月异，生产与消费的矛盾日益尖锐，以产品差异化为中心的营销方式远远不能解决企业所面临的市场问题。于是，市场迫使企业再次转变经营观念和经营方式，由产品差异化营销转向以市场需求为导向的目标营销，即企业在研究市场和细分市场的基础上，结合自身的资源与优势，选择其中最有吸引力和最能有效地为之提供产品和服务的细分市场作为目标市场，设计与目标市场需求特点相互匹配的营销组合。于是，市场细分战略应运而生。

市场细分理论的产生，使传统营销观念发生了根本变革，在理论和实践中都产生了极大影响，被西方理论家称为"市场营销革命"。

市场细分理论产生之后经过了一个不断完善的过程。最初，人们认为把市场划分得越细，越能适应顾客需求，从而通过增强企业产品的竞争力来提高利润率。但是，20 世纪 70

年代以来，由于能源危机和整个经济的不景气，不同阶层的消费者可支配收入出现不同程度的下降，人们在购买商品时，更多地注重价值、价格和效用的比较。显然，过度细分市场必然导致企业营销成本上升而减少总收益。于是，西方企业界又出现了一种"市场同合化"的理论，主张从成本和收益的比较出发，对市场进行适度的细分。这是对过度细分的反思和矫正，它赋予了市场细分理论新的内涵，不仅使其不断发展和完善，而且也使它更加成熟，对企业市场营销具有更强的可操作性。

小链接6-2　江崎泡泡糖

日本泡泡糖市场年销售额约为740亿日元，其中大部分为"劳特"所垄断，可谓江山唯"劳特"独坐。但江崎糖业公司专门研究霸主"劳特"产品的不足，寻找市场的缝隙，结果发现"劳特"的四点不足：第一，以成年人为对象的泡泡糖市场正在扩大，而"劳特"却仍旧把重点放在儿童泡泡糖市场上；第二，"劳特"的产品主要是果味型泡泡，而现在消费者的需求正在多样化；第三，"劳特"多年来一直生产单调的条板状泡泡糖，缺乏新型式样；第四，"劳特"产品价格是110日元，顾客购买时需多掏10日元的硬币，往往感到不便。通过分析，江崎糖业公司决定以成人泡泡糖市场为目标市场，并制定了相应的市场营销策略。不久便推出功能性泡泡糖四大产品：（1）司机用泡泡糖——提神醒脑；（2）交际用泡泡糖——洁口除臭；（3）体育用泡泡糖——消除疲劳；（4）轻松性泡泡糖——改变人的不良情绪。四种产品都精心设计了包装和造型，制定了合理且方便的价格。这样，功能性泡泡糖问世后，像飓风一样席卷全日本。江崎糖业公司不仅挤进了由"劳特"独霸的泡泡糖市场，而且占领了一定的市场份额，从零猛升至25%，当年销售额达175亿日元。

（三）市场细分的作用

1. 有利于发现市场机会

通过市场细分，企业可以对每一个细分市场的购买潜力、满足程度、竞争情况等进行分析对比，探索出有利于本企业的市场机会，及时做出投产、移地等销售决策或根据本企业的生产技术条件编制新产品开拓计划，进行必要的产品技术储备，掌握产品更新换代的主动权，开拓新市场，以更好适应市场的需要。市场细分对中小企业尤为重要，与有实力的大企业相比，中小企业资源和营销能力是有限和不足的，技术水平也相对较低，缺乏竞争力。通过市场细分，可以发现哪些细分市场是大企业没有涉足或忽略的，中小企业就可以集中力量满足该市场的需求，通过市场集中的策略获得局部的竞争优势，求得生存和发展。

2. 有利于掌握目标市场的特点

市场细分把市场丰富的内部结构层层剥离开来，然后拼成一幅很详细、很有价值的平面图，有了市场细分这一工具，企业就可以清晰地看到市场的各部分。换言之，市场细分就是给企业提供了非常好的分析方法，通过不同的标准，找出各细分市场，企业可以在较大的整体市场范围内及时准确地把握多样化的市场需求，其根据特定的细分市场的开发和提供不同种类和功能的产品、采用不同的市场营销组合以满足细分市场的需求,做到有的放矢。经过市场细分的目标市场范围较小,企业有能力及时准确地捕捉到相关的信息,迅速了解消费者需求,从而采取相应的对策,增强企业的应对能力。

3. 有利于制定市场营销组合策略

市场营销组合是企业综合考虑产品、价格、渠道和促销方式等方面而制定的市场营销方案,就特定的市场而言,市场营销组合的合适与否关系到企业的生存和发展,关系到企业能不能满足既定的顾客的需求,所以,要在制定最佳的市场营销组合策略之前进行市场细分,是有肯定的依据的。

面对极其广阔的市场,任何企业都不可能满足所有的需求,而只能满足其中十分有限的部分。所以,慎重地选择自己所要满足的那部分市场,使企业的优势资源得以发挥是至关重要的。通过市场细分,企业把市场分解开来,仔细分析比较,及时发现竞争动态,避免将生产经营过度集中在某种畅销产品上,与竞争者混战。又可以选择有潜力又符合企业资源范围的理想顾客群作为目标,有的放矢地进行营销活动,集中使用人力、物力和财力,将有限的资源用在刀刃上,从而以最少的经营费用取得最大的经营成果。

4. 有利于提高企业的市场竞争能力

进行市场细分以后,在每一个细分市场,企业的劣势和优势会很明显地暴露出来,企业只要看准市场机会,发挥自己的长处,同时有效开发本企业的资源优势,就能用较少的资源取得很好的经营效果。

二、市场细分的原理和理论依据

(一) 市场细分的原理

一种产品或劳务的市场可以有不同的细分方法。市场细分的原理如图 6-1 所示。其中图 6-1 (a) 表示在进行市场细分之前的一个含有 8 个顾客的市场,假若这 8 个顾客对某种产品的需求与欲望是完全一致的,即无差异需求时,市场无须进行细分。相反,如果这 8 个顾客的需求具有不同特点,则每一种有特色的需求都可以视为一个细分市场。图 6-1 (b) 表示企业的市场营销若能有针对性地满足这 8 个顾客具有不同特色的需求,这是最为理想的状态。但这种情况对企业而言,是极其困难的,因为这需要受到许多营销因素(特别是企业预期利润目标)的制约和影响。一般情况下,营销管理人员会按照"求大同,存小异"的原则,进一步归纳这些需求。而且在现实生活中,顾客的需求与欲望也会有相似之处,图 6-1 (c)表示以购买者的收入作为划分的标准,则可分割为 4 个子市场,表示不同收入层的顾客对产品有不同的需求。若以年龄作为划分的标准,以上 8 个顾客又可以划分为另外 4 个子市场,图 6-1 (d) 表示年轻顾客和老年顾客对同一产品具有不同的偏好。假如我们以年龄和收入两个因素作为划分的标准,以上 8 个顾客又可以划分为图 6-1 (e) 中的 5 个市场:A 市场由一个 a 级收入和 a′年龄的顾客、一个 b 级收入及 b′级年龄的顾客组成;B 市场由一个 b 级收入和 a′级年龄的顾客、一个 d 级收入及 c′级年龄的顾客组成,其余依次类推。

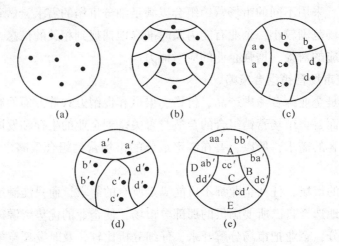

图 6-1 市场细分的原理

(二) 市场细分的理论依据

产品属性是影响顾客购买行为的重要因素，不同的顾客对不同产品属性的重视程度也不同，这种需求偏好差异的存在是市场细分的客观依据。需求偏好可以分为三种偏好模式。市场偏好模式如图 6-2 所示。

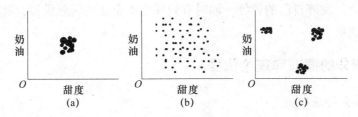

图 6-2 市场偏好模式

1. 同质偏好

如图 6-2（a）所示，市场上所有的顾客有大致相同的偏好（以某食品厂生产的奶油蛋糕为例），偏好相对集中于中央位置。即顾客对蛋糕的甜度和奶油的需求类同，这时，各品牌的产品特性必然比较集中，针对顾客需求和偏好的中心。

2. 分散偏好

如图 6-2（b）所示，分散型偏好表示，市场上的顾客对两种属性的偏好高度散布在整个市场空间，偏好极其分散。这时，进入该市场的第一品牌很可能定位于中央位置，以最大限度地迎合数量最多的顾客，因为，定位于中央位置的品牌显然可以将顾客的不满足感降到最低水平。进入该市场的第二个品牌可以定位于第一品牌附近，与其争夺份额；也可远离第一品牌，形成有鲜明特征的定位，吸引对第一品牌不满的顾客群。如果该市场潜力很大，会同时出现几个竞争品牌，定位于不同的空间，以体现与其他竞争品牌的差异。

3. 集群偏好

如图 6-2（c）所示，市场上出现几个群组的偏好，客观上形成了不同的细分市场。这时，进入市场的企业有三种选择：定位于中央，尽可能赢得所有顾客群体（无差异营销）；

定位于最大的或某一"子市场"(集中营销);定位于多个"子市场",发展数种品牌,各自定位于不同的市场部位(差异营销)。

三、市场细分的标准

(一)消费者市场细分的标准

消费者市场细分多数情况下依据人口因素、地理因素、心理因素和行为因素等四大类进行(见表6-1)。

表6-1 市场细分因素及其具体变量

人口因素	地理因素	心理因素	行为因素
①性别	①国家	①生活方式	①使用体验
②年龄	②地区	②价值观	②了解程度
③家族	③大中小城市	③职业观	③兴趣程度
④收入	④农村	④兴趣爱好	④欲望程度
⑤学历	⑤人口密度	⑤活动领域	⑤购买动机
⑥职业	⑥交通条件	⑥人生观	⑥使用频率
⑦种族	⑦距离	⑦情感	⑦利益诉求
⑧社会阶层	⑧气候	⑧性格	⑧购买时机
⑨教育	⑨其他	⑨其他	⑨购买频率
⑩其他			⑩品牌忠诚

1. 人口细分

人口细分指按照各种人口统计变量(包括年龄、婚姻、职业、性别、收入、受教育程度、家庭生命周期、国籍、民族、宗教、社会阶层等)来细分消费者市场。比如,不同年龄、受教育程度不同的消费者在价值观念、生活情趣、审美观念和消费方式等方面会有很大的差异。"二战"以后,美国的婴儿出生率迅速提高,到20世纪60年代,战后出生的一代已成长为青少年,加之美国这个时期经济繁荣,家庭可支配的收入增加,所以几乎所有定位于青少年市场的产业及产品都获得了巨大的成功,迪士尼乐园就是成功的典范。70年代后期,受美国经济不景气的影响,出生率显著下降。到80年代中期,几乎所有原来定位于婴幼儿和儿童市场的产品市场都呈现出不同程度的萧条景象,这必然使那些原来定位于儿童和青少年市场的企业重新定位或扩大经营范围,如迪士尼集团不得不改变服务对象,除了继续以青少年为对象外,还增加了成年人游乐项目,并经营酒店、高尔夫球等业务,使企业在新的市场环境下继续发展。

再以年龄、家庭人口和收入为例,看其对某产品需求的制约:某家具公司在市场调查中发现与家具销售关联最密切的人口变量有以下三项:户主年龄、家庭人口和收入水平,如图6-3所示。

图6-3以这三个变量为标准细分市场。如果依次把每一变数分为若干等级,形成了27(3×3×3)个不同的细分市场。企业在选择目标市场时,可以根据本企业的营销目标及预期利润,分别考虑各个细分市场的家庭数目、平均购买率、产品的竞争程度等因素。经过分

析研究和预测，即可比较准确地评估出每个细分市场的潜在价值。

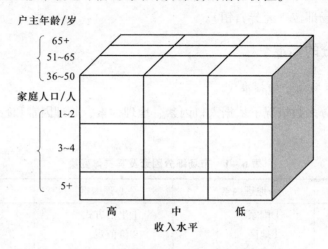

图6-3 某家具公司市场细分示意

小链接6-3　麦当劳的人口细分和地理细分

麦当劳一直非常注重市场细分，其中麦当劳对人口要素细分主要是从年龄及生命周期阶段着手，其中，将不到开车年龄的划定为少年市场，将20~40岁的年轻人界定为青年市场，还划定了老年市场。人口市场划定以后，针对不同市场的特征进行定位。例如，麦当劳以孩子为中心，把孩子作为主要消费者，十分注重培养他们的消费忠诚度。在餐厅用餐的小朋友，经常会意外获得印有麦当劳标志的气球、折纸等小礼物。在中国，还有麦当劳叔叔俱乐部，参加者为3~12岁的小朋友，定期开展活动，让小朋友更加喜爱麦当劳。在地理要素细分方面，麦当劳有美国国内和国际市场，而不管是在国内还是国外，都有各自不同的饮食习惯和文化背景。麦当劳进行地理细分，主要是分析各区域的差异。例如，麦当劳刚进入中国市场时大量传播美国文化和生活理念，并以美国式产品牛肉汉堡来征服中国人。但中国人爱吃鸡，与其他洋快餐相比，鸡肉产品也更符合中国人的口味，更容易被中国人接受。针对这一情况，麦当劳改变了原来的策略，推出了鸡肉产品。在全世界从来只卖牛肉产品的麦当劳也开始卖鸡了，这一改变正是针对地理要素所做的，也加快了麦当劳在中国市场的发展步伐。

2. 地理细分

地理细分是指按照消费者所处的地理位置、自然环境等对市场进行细分。具体变量包括国家、地区、城市、农村、地形、气候、交通运输等。

地理细分的主要理论依据是：处在不同地理位置的消费者对企业的产品各有不同的需求和偏好，他们对企业所采取的市场营销战略，对企业的产品、价格、分销渠道、广告宣传等市场营销组合各有不同的反应。例如，美国通用食品公司针对不同地区消费者偏好的差异而推出不同味道的咖啡。

市场潜量和成本费用会因市场位置不同而有所不同，企业应选择本企业能最好地为之服务的、效益较高的地理市场为目标市场。例如，北京燕京啤酒集团公司的酒厂和物资供应都集中在北京、河北地区。这家公司以这些地区为目标市场,其成本、费用较低,效益较高。

3. 心理细分

心理细分,是指按照消费者的生活方式、个性特点等心理变量来细分消费者市场。在同一人口统计群体中的人可能表现出差异极大的心理特性。尤其是在生活多样化、个性化、质比量更受重视的时代,市场不只要在性别、年龄、职业等方面加以细分,而更重要的是通过生活方式、价值观、兴趣爱好、个性、交友关系等来进行心理上的区分。

(1) 生活方式,即根据生活价值观所形成的生活行为体系或生活模式和生活方法。不同生活方式的消费者对产品有着不同的需求和兴趣爱好,消费者生活方式的改变也就会产生新的需求。这充分说明,生活方式是影响消费者的需求和欲望的一个重要因素。在现代市场营销实践中,越来越多的企业运用消费者的生活方式来细分消费者市场,并且按照生活方式不同的消费者群体来制定不同的市场营销组合。

如何测定和了解消费者的生活方式呢?有代表性的方法是"AIO测定尺度"。企业可以用"AIO测定尺度"来测量消费者的生活方式:①A/活动(Activities),如消费者的工作、业余消遣、休假、购物、体育、款待客人等活动;②I/兴趣(Interests),如消费者对家庭、服装的流行式样、食品、娱乐等的兴趣;③O/意见(Opinions),如消费者对社会、政治、经济、产品、文化教育、环境保护等问题的意见,企业可派出调查人员去访问一些消费者,详细调查消费者的各种活动、兴趣、意见,然后用电脑分析处理调查资料,从而发现生活方式不同的消费者群体,即按照生活方式来细分消费者市场。

美国一项调查将美国国民的生活方式分成9个类型:①生活操心派;②忍耐派;③归属派;④野心派;⑤自我实现派;⑥个人主义派;⑦体验派;⑧社会理念派;⑨全面平衡派。其中分布较多的是归属派,他们传统、顺应体制、精神导向强烈。

(2) 个性细分。企业还可以按照不同的个性来细分消费者市场。这些企业通过广告宣传,试图赋予其产品与某些消费者的个性相似的"品牌个性",树立"品牌形象"。

小链接6-4 福特的"个性"细分市场

在20世纪50年代末,福特汽车公司与通用汽车公司就分别强调利用其个性的差异来促销。购买福特车的顾客独立、易冲动,有男子气概,敏于变革且有自信心;购买通用雪佛莱车的顾客保守、节俭、重名望,缺乏阳刚之气,恪守中庸之道。

4. 行为细分

行为细分,是指企业按照消费者对产品的了解程度、态度、使用情况或反应等来细分消费者市场。其行为变量包括时机、利益、使用者地位、使用率、忠诚状况、消费者待购阶段和消费者对品牌的态度。

小链接6-5 个性小旅馆

在美国,有一家名叫西尔维亚·奇的小旅馆,共有20间客房,每个房间的设计都以一位世界著名作家为主题。旅客可以通过房间中的摆设联想到这个作家的知名作品的精辟句子和情节,从而引起一连串遐想。这家"作家旅馆"吸引了众多爱好读书的游客,生意十分兴隆。

(1) 时机细分。根据消费者产生需要、购买或使用产品的时机,将其区分开来。例如,由于商务、度假等活动引起了乘飞机旅行的需要,航空公司就可以专门为有某种活动需要的消费者服务。

在我国,不少公司利用春节、元宵节、中秋节、五一节等节日大做广告,借以促进产品销售;在加拿大,消费者一般在早餐时饮用橙汁,某橙汁公司向广大消费者宣传介绍在午餐或宴会上饮用橙汁,以促进橙汁销售。

(2) 利益细分。消费者往往因为不同的购买动机、追求不同的利益,购买不同的产品和品牌。以购买牙膏为例,有些消费者购买高露洁牙膏,主要是为了防治龋齿;有些消费者购买芳草牙膏,主要是为了防治口腔溃疡、牙周炎。正因为这样,企业还要按照不同的消费者购买商品时所追求的不同利益来细分消费者市场。企业可根据自己的条件,权衡利弊,选择其中一个追求某种利益的消费者群体为目标市场,设计和生产出适合目标市场需求的产品,并且用适当的广告媒体和广告语,把这种产品的信息传达给追求其利益的消费者群体。现代市场营销的实践证明,利益细分是一种行之有效的细分方法。

(3) 使用者细分。许多商品的市场可以按照使用者情况来细分,如非使用者、曾经使用者、潜在使用者、初次使用者和经常使用者等。资金雄厚、市场占有率高的大公司,一般都看重吸引潜在使用者,以扩大市场阵地;小企业资金薄弱,往往看重吸引经常使用者。当然,企业对潜在使用者和经常使用者要酌情运用不同市场营销组合及其相关措施。

(4) 使用率细分。市场也可以按产品被使用的程度,细分成少量使用者、中度使用者和大量使用者。大量使用者的人数通常只占总市场人数的一小部分,但是他们在总消费中所占的比重却很大。市场营销者通常偏好吸引对其产品或服务的大量使用者,而不是少量用户。例如,一份旅游业的研究报告指出,经常性旅客在假日旅游上比不经常的旅客更投入,更喜欢变革,更具有知识和更喜欢成为意见带头人。这些旅客常常从报刊、书籍和旅游展示会上收集旅游信息,所以旅行社应指示市场营销人员主要通过特定合伙和促销活动等把重点放在经常性旅客身上。

再以啤酒为例,调查资料显示,41%的人喝啤酒,但大量饮用者消耗了啤酒总量的87%,是少量使用者消耗量的7倍以上。显然,大多数啤酒公司会把目标定在大量啤酒饮用者身上,并有针对性地开展各种广告宣传。

(5) 忠诚度细分。企业可以按照消费者对品牌(或商店)的忠诚度来细分消费者市场。所谓品牌忠诚,是指由于价格、质量等诸多因素的吸引力,消费者对某一品牌的产品情有独钟,形成偏爱并长期地购买这一品牌产品的行为。提高品牌的忠诚度,对于一个企业生存、发展和扩大市场占有率极其重要。

品牌忠诚度可以用顾客重复购买次数、顾客购买挑选时间、顾客对价格的敏感程度等标准来衡量。

下面具体讨论消费者对品牌的忠诚度。假设有五种品牌:A、B、C、D、E,按消费者对品牌的忠诚度，将其分为四种类型。

① 坚定忠诚者：即坚持购买一种品牌的消费者。购买模式：A，A，A，A，A，A，代表了消费者对品牌 A 的专一忠诚。

② 中度忠诚者：即忠诚于两种或三种品牌的消费者。购买模式：A，A，B，B，A，B，代表了消费者对品牌 A 和品牌 B 同样忠诚。

③ 转移型忠诚者：即从偏爱一种品牌转换到偏爱另一种品牌的消费者。购买模式：A，A，A，B，B，B，反映了消费者对品牌 A 的忠诚转移到品牌 B。

④ 多变者：即对任何一种品牌都不忠诚的消费者。购买模式：A，C，E，B，D，B，反映了一个没有忠诚度的消费者是有什么品牌就买什么品牌的购买者，或是一个购买多种品牌的购买者。

每一个市场由不同数量的四种购买者组成。一个品牌忠诚者的市场是一个对品牌的坚定忠诚者在买主中占很高百分比的市场。例如，牙膏市场和啤酒市场就是具有相当多的品牌忠诚者的市场。在一个品牌忠诚者市场，企业的新产品要想获得更多的市场份额就很困难，而要进入该市场的企业也得经历一段艰难的时期。

（二）生产者市场细分的依据

相较于消费者市场细分的标准而言，生产者市场的消费者数量较大而独特，因而，除根据一般的消费者市场细分标准外，还要根据最终用户行业、用户规模、用户地理位置、其他变量等对产业市场进行细分。

1. 最终用户行业

最终用户行业就是最终使用生产资料的使用者所属的行业，最终用户行业是产业市场细分最通用的标准。最终用户行业可分为工业机械、汽车制造、交通运输、电力、采掘、冶金、建筑、电信、家电、食品、医药等。

在产业市场上，不同最终用户行业对同一类产品的使用往往不尽相同，对同类产品的需求也不同。一种最终用户行业的要求便可成为企业的一个细分市场。企业应该应用最终用户行业的细分标准，不断寻找市场机会。同是橡胶轮胎，飞机制造商和汽车制造商相比，飞机制造商对其安全性能要求要高得多；同一汽车制造商，制造赛车与一般汽车所用轮胎在耐磨性方面也有明显不同的需求，从而可以形成不同的细分市场。企业对不同的最终用户行业要相应采取不同的市场营销组合策略，从而满足不同最终用户行业的需要。

2. 用户规模

用户规模也是产业市场细分的主要标准。在产业市场上，按用户规模可细分为大量用户、中量用户、少量用户、非用户。

企业应根据用户规模，采取不同的市场营销组合策略。对于个体数量较少的大量用户，宜由销售经理负责，选择直接联系、直接销售的渠道；对于个体数量众多的少量用户，宜由指定推销员负责，通过上门推广、展销、广告等手段推销其产品。

3. 用户地理位置

由于产业市场的用户地理位置受一个国家的资源分布、地形气候分布、产业布局、社会经济环境、历史传承等因素的影响，所以，产业市场一般会形成若干个产业区。

企业可以根据用户地理位置细分市场，选择用户较为集中的地区作为目标市场，企业才能集中销售力量，便于产品运输，节省运输费用，降低生产成本。

4. 其他变量

最终用户行业、用户规模、用户地理位置是产业市场细分的三个最主要的标准。此外，在产业市场，企业还可以根据用户能力（需要很多服务、需要一些服务、需要很少服务）、用户采购标准类型（追求价格型、追求服务型、追求质量型）等变量细分市场。

四、市场细分的原则

从企业市场营销的角度看，无论消费者市场还是产业市场，并非所有的细分市场都有意义。企业选择的细分市场必须具备一定的条件。

1. 可衡量性

可衡量性表明该细分市场特征的有关数据资料必须能够加以衡量和推算。比如在电冰箱市场上，在重视产品质量的情况下，有多少人更注重价格，有多少人更重视耗电量，有多少人更注重外观，或者兼顾几种特性。当然，将这些资料进行量化是比较复杂的过程，必须运用科学的市场调研方法。

2. 可实现性

可实现性即企业所选择的目标市场是否易于进入，企业根据目前的人、财、物和技术等资源条件能否通过适当的营销组合策略占领目标市场。

3. 可盈利性

可盈利性即所选择的细分市场有足够的需求量且有一定的发展潜力，使企业赢得长期稳定的利润。应当注意的是，需求量是相对于本企业的产品而言的，并不是泛指一般的人口和购买力。

4. 可区分性

可区分性指不同的细分市场的特征可清楚地加以区分。比如女性化妆品市场可依据年龄层次和肌肤类型等变量加以区分。

第二节 目标市场选择

目标市场是指企业打算进入的细分市场，或打算满足的具有某一需求的顾客群体。市场细分的最终目的是选择和确定目标市场。目标市场选择是目标市场营销的第二个步骤。企业的一切市场营销活动，都是围绕目标市场进行的。企业面对众多的子市场首先要进行细分市场的评价，结合自身资源和目标，使用某种目标市场选择模式，选择最优的目标市场，针对所选的所有目标市场选择目标市场营销战略。

一、评价细分市场

评价细分市场，即对各细分市场在市场规模和增长率、市场结构吸引力、企业目标与资源等方面的情况进行详细评估。

1. 细分市场规模和增长率

研究细分市场是否具有适当的规模和增长率。"适当的规模"是一个相对概念，大公司可能偏好销售量很大的细分市场,对小的细分市场不感兴趣;小公司则由于实力较弱,会有意避开较大规模的细分市场。细分市场增长率是指目标市场的销售量和利润具有良好的上升趋势,然而,快速增长的市场意味着竞争者的迅速进入,从而降低企业利润。

2. 细分市场的结构吸引力

具有适当规模和成长率的细分市场,也可能缺乏盈利潜力。如果许多势均力敌的竞争者同时进入一个细分市场,或者说,在某个细分市场上已经具有多个颇具实力的竞争者,尤其是当市场趋于饱和和萎缩的时候,该细分市场的吸引力会大幅下降。细分市场的结构吸引力,一般以波特的五力量模型进行分析。

3. 细分市场与企业目标和资源的适应程度

除了上述两大因素以外,企业自身的目标和拥有的资源对细分市场选择意义重大,某些有吸引力的细分市场如果不适合企业的长期目标,企业没有在该市场获得成功的相应的营销技术等资源,该细分市场企业也不能选择。正确的方向是取得成功的前提。对于企业来说,目标市场的选择至关重要,是企业决定经营方向的大事。

小链接6-6　　索尼磁带录音机

1950年,日本索尼公司制造出第一批磁带录音机。这种录音机每台重达30公斤,定价为17万日元。尽管机器又大又重,但性能很好。盛田昭夫认为,只要制造出优质产品,订单就会雪片似的飞来。

一切准备就绪,他们拿着录音机四处示范表演。凡是看过演示的人,无不为这种奇妙的产品称好,但没有一个人愿意出钱购买,索尼公司的美梦似乎就要破灭了。这次教训把盛田的注意力引向市场。经调查发现,当时日本一个大学毕业的工薪人员月薪还不到一万日元,17万日元可是一笔惊人的数额,而且,录音机对日本人来说,还是一个新鲜事物。

一天,盛田在一家古玩店看见一位顾客正在用大把的钞票购买一个花瓶,"这个花瓶的价格比我们录音机的还要高!但录音机的实用价值显然高于花瓶,为什么就是无人购买呢?"

突然,他悟出:要卖出录音机,首先必须找到那些能够认识我们产品价值的人。他注意到,战后日本速记员和外语教师奇缺,法院人工记录不仅工作繁重而且效果不佳。于是,索尼公司向日本最高法院演示了录音机,立刻就卖出了20台。随后,索尼公司又向学校推进,使录音机成为必不可少的教学工具。就这样,索尼磁带录音机迅速开辟了市场。

二、目标市场的选择模式

企业在选择目标市场时有五种可供参考的市场选择模式,如图6-4所示。

(一) 市场集中化

市场集中化是最简单的目标市场模式,即企业只选取一个细分市场,只生产一类产品,供应某一单一的顾客群,进行集中营销。例如某服装厂商只生产儿童服装,选择市场集中化模式一般基于以下考虑:企业具备在该细分市场从事专业化经营或取胜的优势条件;限于资金能力,只能经营一个细分市场;该细分市场中没有竞争对手;准备以此为出发点,取得成功后向更多的细分市场扩展。

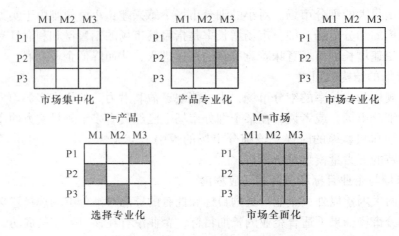

图6-4 目标市场选择的五种模式

（二）产品专业化

产品专业化是企业集中生产一种产品，并向各类顾客销售这种产品。如饮水器厂只生产一个品种，同时向家庭、机关、学校、银行、餐厅、招待所等各类用户销售。产品专业化模式的优点是企业专注于某一种或一类产品的生产，有利于形成和发展生产和技术上的优势，在该领域树立形象。其局限性是当该领域被一种全新的技术与产品所代替时，产品销售量有大幅度下降的危险。

（三）市场专业化

市场专业化是企业专门经营满足某一顾客群体需要的各种产品。比如某工程机械公司专门向建筑业用户供应推土机、打桩机、起重机、水泥搅拌机等建筑工程中所需要的机械设备。市场专业化经营的产品类型众多，能有效地分散经营风险。但由于集中于某一类顾客，当这类顾客的需求下降时，企业也会遇到收益下降的风险。

（四）选择专业化

选择专业化是企业选取若干个具有良好的盈利潜力和结构吸引力，且符合企业的目标和资源的细分市场作为目标市场，其中每个细分市场与其他细分市场之间较少联系。其优点是可以有效地分散经营风险，即使某个细分市场盈利情况不佳，仍可在其他细分市场取得盈利。采用选择专业化模式的企业应具有较强资源和营销实力。

（五）市场全面化

市场全面化是企业生产多种产品去满足各种顾客群体的需要。一般来说，只有实力雄厚的大型企业选用这种模式，才能收到良好效果。例如美国IBM公司在全球计算机市场、丰田汽车公司在全球汽车市场等都采取市场全面化的战略。

三、目标市场营销战略

（一）目标市场营销战略的类型

有三种不同的目标市场营销战略供企业选择，分别是无差异性营销战略、差异性营销战略、集中性营销战略。目标市场营销战略的类型如图6-5所示。

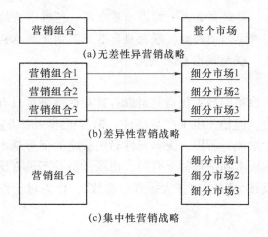

图 6-5　目标市场营销战略

1. 无差异性营销战略

无差异性营销战略就是企业不考虑细分市场的差异性，把整体市场作一个大的目标市场，对所有的消费者只提供一种产品，采用单一市场营销组合的目标市场策略，如图 6-5（a）所示。

采用无差异性营销战略的最大优点是成本的经济性。大批量的生产销售，必然降低单位产品成本；无差异的广告宣传可以减少促销费用；不进行市场细分，也相应减少了市场调研、产品研制与开发，以及制定多种市场营销战略、战术方案等带来的成本开支。

但是，无差异性营销战略对市场上绝大多数产品是不适宜的，因为消费者的需求偏好具有极其复杂的层次，某种产品或品牌能够受到市场的普遍欢迎的情况是很少的。即便一时能赢得某一市场，如果竞争企业都如此仿照，就会造成市场上某个局部竞争非常激烈，而其他部分的需求却没有得到满足。因此，在现代市场营销实践中，无差异性营销战略只有少数企业才采用，而且对于一个企业来说，一般也不宜长期采用。

小链接 6-7　可口可乐的早期目标市场策略

在相当长的一段时间内，可口可乐公司因拥有世界性的专利，仅生产一种口味、一种规格和形状的瓶装可口可乐，连广告词也只有一种，这就是无差异性市场战略，期望凭借一种产品来满足所有消费者对饮料的需求。

2. 差异性营销战略

差异性市场营销战略是把整体市场划分为若干需求与愿望大致相同的细分市场，然后根据企业的资源及营销实力选择部分细分市场作为目标市场，并为各目标市场制定不同的市场营销组合策略，如图 6-5（b）所示。

小链接 6-8　联想电脑的市场战略

联想电脑针对不同需求的消费者市场推出了不同类型的电脑，针对学生爱玩游戏也追求时尚的特点，联想推出 Y 系列电脑，性能出色、外观时尚；针对商务人士联想推出 V 系列商务本、U系列便携带本,满足商务人士对办公要求高、经常出差的特点;针对想要购置第二台电脑的家庭一般都用来上网的特点,联想推出S系列的上网本;针对一般家庭想要购置电脑但是经费不足的特点,联想推出G系列电脑。

采用差异性市场营销战略的最大优点是可以有针对性地满足具有不同特征的顾客群的需求,提高产品的竞争能力。但是,由于产品品种、销售渠道、广告宣传的扩大化与多样化,市场营销费用也会大幅度增加。所以,无差异性营销战略的优势基本上成为差异性市场战略的劣势,同时,该战略在成本和销售额上升时,市场效益并不具有保证。因此,企业在市场营销中有时需要进行"反细分"或"扩大顾客的基数",作为对于差异性营销战略的完善和补充。

3. 集中性营销战略

集中性营销战略是在将整体市场分割为若干细分市场后,只选择其中某一细分市场作为目标市场,如图6-5(c)所示。其指导思想是把企业的人、财、物集中用于某一个或几个小型市场,不求在较多的细分市场上都获得较小的市场份额,而要求在少数较小的市场上得到较大的市场份额。

这种战略也称为"弥隙"战略,即弥补市场空隙的意思,适合资源稀少的小企业。小企业如果与大企业硬性抗衡,弊多于利,必须学会寻找对自己有利的微观生存环境。用"生态学"的理论说,必须找到一个其他生物不会占领、不会与之竞争,而自己却有适应本能的微观生存环境。也就是说,如果小企业能避开大企业竞争激烈的市场部位,选择一两个能够发挥自己技术、资源优势的小市场,往往容易成功。由于目标集中,可以大大节省营销费用和增加盈利;又由于生产、销售渠道和促销的专业化,能够更好地满足这部分特定消费者的需求,企业易于取得优越的市场地位。

这一战略的不足是经营者承担风险较大,如果目标市场的需求情况突然发生变化,目标消费者的兴趣突然转移(这种情况多发生于时髦商品)或是市场上出现了更强有力的竞争对手,企业就可能陷入困境。

小链接6-9 ## 皮鞋公司的目标市场战略

有一家小规模的制鞋公司,在皮鞋市场上的竞争力较弱。通过市场调查和细分后,了解到皮鞋市场上有各种不同的皮革制成的皮鞋,但有很多消费者喜欢在家穿轻便舒适的皮便鞋,该公司决定以此消费者群体作为目标市场,集中企业的一切资源,专门生产这种皮便鞋,从而在竞争激烈的皮革制品市场上站住了脚,获得了很大的经济效益。

(二)选择目标市场营销战略应考虑的因素

1. 企业能力

企业能力是指企业在生产、技术、销售、管理和资金等方面力量的总和。如果企业力量雄厚,且市场营销管理能力较强,即可选择差异性营销战略或无差异性营销战略。如果企业能力有限,则适合选择集中性营销战略。

2. 产品同质性

同质性产品主要表现在一些未经加工的初级产品上，如水力、电力、石油等，虽然产品在品质上或多或少存在差异，但用户一般不加区分或难以区分。因此，同质性产品竞争主要表现在价格和提供的服务条件上，该类产品适于采用无差异性营销战略。而对服装、家用电器、食品等异质性需求产品，可根据企业资源力量，采用差异性营销战略或集中性营销战略。

3. 产品所处的生命周期阶段

新产品上市往往以较单一的产品探测市场需求，产品价格和销售渠道基本上单一化。因此，新产品在引入阶段可采用无差异性营销战略。而待产品进入成长或成熟阶段，市场竞争加剧，同类产品增加，再用无差异经营就难以奏效，所以成长阶段改为差异性营销战略或集中性营销战略效果更好。

4. 市场的类同性

如果顾客的需求、偏好较为接近，对市场营销刺激的反应差异不大，可采用无差异性营销战略；否则，应采用差异性营销战略或集中性营销战略。

5. 竞争者战略

如果竞争对手采用无差异性营销战略，企业选择差异性营销战略或集中性营销战略有利于开拓市场，提高产品竞争能力；如果竞争者已采用差异性营销战略，则不应以无差异性营销战略与其竞争，可以选择对等的或更深层次的细分或集中化营销战略。

第三节　市场定位

一、市场定位的概念

最早的定位概念是杰克·特劳特（Jack Trout）和艾尔·里斯（AL Rise）于 1972 年在《广告时代》杂志上发表的《定位时代》一文中提出的，定位最初的起点是研讨广告传播策略问题。菲利普·科特勒在倡导大市场营销观念时整合了定位观念，使市场定位成为企业竞争取胜的重要战略之一。

市场定位，也称产品定位或竞争性定位，是根据竞争者现有产品在细分市场上所处的地位和顾客对产品某些属性的重视程度，塑造出本企业产品与众不同的鲜明个性或形象并传递给目标顾客，使该产品在细分市场上占有强有力的竞争位置，也就是说，市场定位是塑造一种产品在细分市场的位置。产品的特色或个性可以从产品实体上表现出来，如形状、成分、构造、性能等；也可以从消费者心理上反映出来，如豪华、朴素、时髦、典雅等；还可以表现为价格水平、质量水准等。

企业在市场定位过程中，一方面要了解竞争者的产品的市场地位，另一方面要研究目标顾客对该产品的各种属性的重视程度，然后选定本企业产品的特色和独特形象，从而完成产品的市场定位。

二、市场定位的方式

市场定位作为一种竞争战略，显示了一种产品或一家企业同类似的产品或企业之间的竞争关系。定位方式不同,竞争态势也不同,下面分析三种主要定位方式。

(一) 迎头定位

这是一种与市场上占支配地位,即最强的企业"对着干"的定位方式。通常,最强的企业占领的是规模最大或利润最丰厚的市场,一旦以自己的优势打败竞争者,就可以获得巨大的回报。显然,这样做的风险也非常高,在多变的市场上,远大计划很可能早早夭折。打算迎头定位的企业首先应该清醒地评估自己的实力。

(二) 避强定位

这是一种避开强有力的竞争对手,选择市场尚未满足的需求属性的定位方式。其优点在于能够迅速在市场上站稳脚跟,并能在用户心目中迅速树立起形象。由于这种定位方式市场风险小,成功率较高,常常为多数企业所采用。

小链接6-11 **古井贡酒降度降价**

古井贡酒是中国的八大名酒之一。在1988年名酒名烟价格放开后,古井贡酒厂居安思危,果断地撤出了名酒大战,转而寻找新的市场,努力发现新的市场机会。他们对名酒市场进行了细分,最后分为国外市场、集团购买、高收入家庭、平民百姓。这四个子市场中,国外市场对中国名酒消费量很少;集团购买和高收入家庭对名酒的要求已经得到满足;只有平民百姓对名酒的要求没有得到满足。古井贡酒厂决定开发适合平民百姓要求的名酒。那么,平民百姓对名酒的确切要求是什么呢?是适当的低价,但低价又与名酒不太相符。怎样才能把低价与名酒统一在一起?方法之一是降低酒的度数,即所谓"降度降价"。于是古井贡酒将65度古井贡酒降到55度,同时价格下降60%,使这款产品"古井特曲"成为中档名酒,投放市场后十分走俏。古井贡酒厂因此成为当年同行业中唯一没有亏损、滑坡的企业,并且净赚了1 000多万元。

(三) 重新定位

重新定位通常是指对销路少、市场反应差的产品进行二次定位,即企业变动产品特色,改变目标顾客对其原有的印象,使目标顾客对其产品新形象有一个重新认识过程。重新定位旨在摆脱困境,重新获得增长和活力,即使未陷入困境,经常评估客户兴趣点的变化,也有利于发现扩大销售范围的机会。

企业产品在市场上的定位即使很恰当,但在出现下列情况时也需考虑重新定位,一是竞争者推出的产品市场定位在本企业产品的附近,侵占了本企业品牌的部分市场,使本企业品牌的市场占有率有所下降;二是消费者偏好发生变化,从喜欢本企业某品牌转移到喜爱竞争对手的品牌。

小链接6-11 **宜家再定位**

没有永远的定位,用户需求变化时,往往是进行重新定位的最好时机之一。宜家以高档时尚的形象进入中国市场,然而随着中国家居市场的逐渐开放和发展,消费者在悄悄地发生着变化,那些既想要高格调又付不起高价格的年轻人也经常光顾宜家。这时,宜家没有坚持原有的高端定位,而是重新定位自己的目标顾客,锁定那些家庭月平均收入3 350元以上的工薪阶层,并针对其消费能力对在中国销售的1 000种商品进行降价销售,最大降幅达到65%。宜家希望借此回到其在欧美取得极大成功的"家居便利店"定位,扭转其在中国市场销售量逐年递减的趋势。

三、市场定位的依据

(一) 属性和利益

企业可以根据产品本身的属性以及消费者由此获得的利益进行定位,如大众汽车给人的感觉是豪华、气派;丰田汽车让人觉得经济、可靠;沃尔沃汽车给人耐用的感觉。

(二) 用途和使用场合

企业可以根据产品所具有的用途和使用场合进行定位。如通过"今年过节不收礼,收礼还收脑白金"的广告,将脑白金定位为过节送礼、孝顺爸妈的礼品。

(三) 价格和质量

一般产品价格和质量是紧密联系的,价高的产品质量也高,价低的产品质量也低。这种价格和质量定位即把产品定位于某一品质与价格阶层。如香奈儿5号被定位为一种品质极佳、价格极高的香水。

(四) 利益

根据产品具有的满足顾客某种需求所得到的利益、解决问题的程度来对产品进行定位,可分为功能性利益、情感性利益和自我表现利益。如中华牙膏定位为"超洁爽口"。

(五) 使用者

用目标使用群来为产品定位。如苹果电脑把其电脑和软件描述为图像设计师的最佳伴侣。

(六) 多重定位

一种综合定位方式。如太阳神营养液为从各方面为企业和产品创造一定的特色,树立一定的市场形象,采用了多重定位的方式:它是一种天然生物剂,这属于质量定位;可以与各种佐餐和饮用均相宜,这属于用途定位;适用于儿童、青少年及成年人,这属于使用者定位。

四、市场定位战略

(一) 产品差别化战略

产品差别化战略是从产品质量、产品款式等方面实现差别。寻求产品特征是产品差别化战略经常使用的手段。在全球通信产品市场上,摩托罗拉、诺基亚、西门子等全球化竞争对手,通过实行强有力的技术领先战略,在手机、IP电话等领域不断地为自己的产品注入新的特性，走在市场的前列，吸引顾客，赢得竞争优势。实践证明，某些产业特别是高新技术产业，哪个企业掌握了最尖端的技术，率先推出具有创新特征的产品，就能够发展成为十分有效的竞争优势。

产品质量是指产品的有效性、耐用性和可靠程度等。譬如，A 品牌的止痛片比 B 品牌疗效更高，副作用更小，顾客通常会选择 A 品牌。但是，这里又带来新的问题，是否质量、价格、利润三者完全呈正比例关系呢？一项研究表明：产品质量与投资报酬之间存在着高度相关的关系，即高质量产品的盈利率高于低质量和一般质量的产品，但质量超过一定的限度时，顾客需求开始递减。显然，顾客认为过高的质量，需要支付超出其质量需求的额外的价值（即使在没有让顾客付出相应价格的情况下可能也是如此）。

产品款式是产品差别化的一个有效工具，对汽车、服装、房屋等产品尤为重要。日本汽车行业中流传着这样一句话："丰田的安装，本田的外形，日产的价格，三菱的发动机。"这句话道出了日本四家主要汽车公司的核心专长。

（二）服务差别化战略

服务差别化战略是向目标市场提供与竞争者不同的优质服务。企业的竞争力越能体现在顾客服务水平上，市场差别化就越容易实现。如果企业把服务要素融入产品的支撑体系，就可以在许多领域建立"进入障碍"。因为服务差别化战略能够提高顾客总价值，保持牢固的顾客关系，从而击败竞争对手。

服务战略在各种市场状况下都有驰骋的天地，尤其在饱和的市场上。对于技术精密产品，如汽车、计算机、复印机等更为有效。

强调服务战略并没有贬低技术质量战略的重要作用。如果产品或服务中的技术占据了价值的主要部分，则技术质量战略是行之有效的。但是，竞争者之间技术差别越小，这种战略作用的空间也越小。一旦众多的厂商掌握了相似的技术，技术领先就难在市场上有所作为。

（三）人员差别化战略

人员差别化战略是通过聘用和培训比竞争者更为优秀的人员以获取差别优势。实践早已证明，市场竞争归根到底是人才的竞争。

小链接 6-12　　日航的人员差异化战略

日本航空公司多年来一直在"北京—东京—夏威夷"这条航线上与美国最大的航空公司"联航"和韩国的"韩航"展开激烈的竞争。"联航"的规模实力与硬件设备几乎无与伦比，"韩航"的价格比"联航"低 30%，而日航则以整合的优良服务，贯穿入关、空中和出关的全过程，赢得各国旅客的赞美，凡乘过此航线的旅客，很难再选择其他航空公司。日航优良服务的根基在于他们有一支训练有素的员工队伍，从机长到空中小姐都是高素质的人才。

受过良好训练的员工应具有以下基本的素质和能力：具有产品知识和技能；礼貌，友好对待顾客，尊重和善于体谅他人；诚实，使人感到坦诚和可以信赖；可靠，有强烈的责任心,并准确无误地完成工作;反应敏锐,对顾客的要求和困难能迅速做出反应;善于交流,尽力了解顾客,并将有关信息准确地传达给顾客。

(四) 形象差别化战略

形象差别化战略是在产品的核心部分与竞争者雷同的情况下塑造不同的产品形象以获取差别优势。为企业或产品成功地塑造形象,需要具有创造性的思维和设计,需要持续不断地利用企业所能利用的所有传播工具。具有创意的标志融入某一文化的气氛,也是实现形象差别化的重要途径。"麦当劳"的金色模型"M"标志,与其独特文化气氛相融合,使人们无论在美国纽约,还是日本东京或中国北京,只要一见到这个标志,马上会联想到麦当劳舒适宽敞的店堂、优质的服务和新鲜可口的汉堡薯条。

小链接6-13　　宝洁公司洗衣粉的差别化

宝洁公司有九种品牌的洗衣粉:汰渍(Tide)、奇尔(Cheer)、格尼(Gain)、达诗(Dash)、波德(Bold)、卓夫特(Dreft)、象牙雪(IvorySnow)、奥克多(Oxydol)和时代(Eea)。宝洁公司通过市场调研,发现了九个细分市场,为了满足不同细分市场的不同顾客的要求,公司针对不同消费者的需求设计了九种不同的品牌。

汰渍,洗涤能力强,去污彻底,广告词:"汰渍一用,污垢全无。"
奇尔,具有很强的洗涤和护色能力,能使家庭服装显得更干净、更明亮、更鲜艳。
奥克多,含有漂白剂,可使白色衣服更洁白,所以"无须漂白剂,只需奥克多"。
格尼,定位为令衣服干净清新,广告词是"如同太阳让人振奋"。
波德,加入了织物的柔软剂,广告语是"清洁织物,柔软衣物,并能控制静电"。
象牙雪,纯度达到99.44%,这种肥皂碱性温和,适合洗涤婴儿尿布和衣服。
卓夫特,用于洗涤婴儿尿布,但是含有天然清洁剂,令人相信它的清洁能力。
达诗,宝洁公司的价值产品,有效地去除污垢,最明显的就是价格低。
时代,广告词是"天生的去污剂,能够清除难洗的污点,在整个洗涤过程中效果良好"。

五、市场定位的步骤

市场定位的关键是企业要设法在自己的产品上找出比竞争者更具有竞争优势的特性。竞争优势一般有两种基本类型,一是价格竞争优势,即在同样的条件下比竞争者定出更低的价格。这就要求企业采取一切努力,力求降低单位成本。二是偏好竞争优势,即能提供确定的特色来满足顾客的特定偏好。这就要求企业采取一切努力在产品特色上下功夫。因此,企业市场定位的全过程可以通过三大步骤来完成,即确认本企业潜在的竞争优势、准确地选择相对竞争优势和明确显示其独特的竞争优势。

(一) 分析本企业潜在的竞争优势

这一步骤的中心任务是要回答三大问题:一是竞争对手的产品定位如何;二是目标市场

上足够数量的顾客欲望满足程度如何以及还需要什么;三是针对竞争者的市场定位和潜在顾客的真正需要的利益,要求企业应该和能够做什么。要回答这三个问题,企业市场营销人员必须通过一切调研手段,系统地设计、搜索、分析并报告有关上述问题的资料和研究结果。通过回答上述三个问题,企业可从中把握和确定自己的潜在竞争优势。

(二) 准确地选择核心竞争优势

相对竞争优势表明企业能够胜过竞争者的能力,这种能力既可以是现有的,也可以是潜在的。准确地选择相对竞争优势就是一个企业各方面实力与竞争者的实力相比较的过程。比较的指标应是一个完整的体系,只有这样,才能准确地选择相对竞争优势。通常的方法是分析、比较企业与竞争者在下列七个方面究竟哪些是强项、哪些是弱项。

(1) 经营管理方面,主要考察领导能力、决策水平、计划能力、组织能力以及个人应变能力等指标。

(2) 技术开发方面,主要分析技术资源(如专利、技术诀窍等)、技术手段、技术人员能力和资金来源是否充足等指标。

(3) 采购方面,主要分析采购方法、存储及运输系统、供应商合作以及采购人员能力等指标。

(4) 生产方面,主要分析生产能力、技术装备、生产过程控制以及职工素质等指标。

(5) 市场营销方面,主要分析销售能力、分销网络、市场研究、服务与销售战略、广告、资金来源是否充足以及市场营销人员的能力等指标。

(6) 财务方面,主要考察长期资金和短期资金的来源及资金成本、支付能力、现金流量以及财务制度与人员素质等指标。

(7) 产品方面,主要考察可利用的特色、价格、质量、支付条件、包装、服务、市场占有率、信誉等指标。

通过对上述指标体系的分析与比较,企业可选出最适合的优势项目。

(三) 制定发挥核心竞争优势的策略

这一步骤的主要任务是:企业通过一系列的宣传促销活动,使其独特的竞争优势准确地传播给潜在顾客,并在顾客心目中留下深刻印象。为此,企业首先应使目标顾客了解、知道、熟悉、认同、喜欢和偏爱本企业的市场定位,在顾客心目中建立与该定位相一致的形象。其次,企业通过保持对目标顾客的了解、稳定目标顾客的态度和加深目标顾客的感情等努力来巩固与市场相一致的形象。最后,企业应注意目标顾客对其市场定位理解出现的偏差,或企业市场定位宣传上失误而造成的目标顾客模糊、混乱和误会,及时纠正与市场定位不一致的形象。

本章小结

1. 企业必须注重战略的选择和规划,并根据企业的内外部环境处理好战略计划管理和市场营销管理之间的关系。这要求企业必须重视对市场的分析和判断,站在全局看战略,站在局部做市场,真正理解和掌握不同消费者群体的需求并去满足,从而使企业真正步入一个良好的业务前景。

2. 企业实施目标市场营销过程，包括：市场细分战略、目标市场选择战略、市场定位战略。

3. 市场细分依据为消费者需求的差异性。细分有利于发现机会、掌握目标市场和制定营销组合。细分的标准主要有：人口、地理、心理和行为。

4. 目标市场的选择有五种方式（市场集中化、产品专业化、市场专业化、选择专业化、市场全面化）和三大战略（无差异性营销战略、差异性营销战略和集中性营销战略）。

5. 市场定位的三种方式分别为迎头定位、避强定位和重新定位。市场定位的战略有产品差别化战略、服务差别化战略、人员差别化战略和形象差别化战略。

关键概念

市场细分　目标市场　市场定位　无差异性营销战略　差异性营销战略　集中性营销战略

思考练习题

1. 什么是市场细分？市场细分的重要作用在哪里？
2. 简述市场细分的程序。
3. 简述目标市场营销战略的三种模式与优缺点。
4. 什么叫市场定位？市场定位有哪些方式？
5. 简述市场定位的步骤。
6. 谈谈我国小企业如何应用市场定位战略。

案例分析

万宝路的转变

20世纪20年代的美国，被称为"迷惘的时代"。经过第一次世界大战的冲击，许多青年都认为受到了战争的创伤，只有拼命享乐才能将这种创伤冲淡。他们或在爵士乐的包围中尖声大叫，或沉浸在香烟的烟雾缭绕当中。无论男女，嘴上都会异常悠闲雅致地衔着一支香烟。妇女们愈加注意自己的红唇，她们抱怨白色的香烟嘴常沾染了她们的唇膏。于是"万宝路"问世了。英文"Marlboro"其实是"Man Always Remember Lovely Because Of Romantic Only"的缩写，意为"男人们总是忘不了女人的爱"，其广告口号是"像五月的天气一样温和"，用意在于当女性烟民的"红颜知己"。

为了表示对女烟民的关怀，运营方菲利普·莫里斯公司把"万宝路"香烟的烟嘴染成红色，以期迎合广大爱美女士的需求，从而打开销路。然而几个星期过去，几个月过去，几年过去了，莫里斯公司期待的销售热潮始终没有出现。

"万宝路"从1924年问世，到20世纪50年代，始终默默无闻。其广告口号"像五月的天气一样温和"显得过于文雅，是对妇女身上原有的脂粉气的附和，致使广大男性烟民对其望而却步。这样的一种广告定位虽然突出了自己的品牌个性，也提出了对某一类消费者

（这里是妇女）特殊的偏爱，却为未来的发展设置了障碍，导致产品的消费者范围难以扩大。女性对烟的嗜好远不及对服装的热情，而且一旦她们变成贤妻良母，更不鼓励自己的女儿抽烟！香烟是一种特殊商品，必须形成坚固的消费群，重复消费的次数越多，消费群给制造商带来的销售收入就越大。而女性往往由于其爱美之心，担心过度抽烟会使牙变黄、面色受到影响，在抽烟时会较男性烟民要节制得多。"万宝路"的命运在上述原因的作用下渐趋黯淡。在20世纪30年代，"万宝路"同其他消费品一起，度过由于经济危机带来的"大萧条岁月"，这时品牌的名字鲜为人知。第二次世界大战爆发以后，香烟过滤嘴出现，这个过滤嘴可以承诺消费者使有害的尼古丁进入不了身体，烟民们可以放心大胆地抽自己喜欢的香烟。菲利普·莫里斯公司也忙着给"万宝路"配上过滤嘴，希望以此获得转机。然而令人失望的是，烟民对"万宝路"的反应始终很冷淡。

抱着心存不甘的心情，菲利普·莫里斯公司开始考虑重塑形象。公司邀请李奥·贝纳广告公司为"万宝路"做广告策划，以期打出"万宝路"的名气销路。"让我们忘掉那个脂粉香艳的女子香烟，重新创造一个富有男子汉气概的举世闻名的'万宝路'香烟！"李奥·贝纳广告公司的创始人对一筹莫展的求援者说。一个崭新大胆的改造"万宝路"香烟形象的计划产生了。产品品质不变，包装采用当时首创的平开式盒盖技术，并将名称的标准字（Marlboro）尖角化，使之更富有男性的刚强，并以红色作为外盒主要色调。

广告的重大变化是："万宝路"的广告不再以妇女为主要对象，而是用硬铮铮的男子汉。在广告中强调"万宝路"的男子气概，以吸引所有爱好追求这种气概的顾客。菲利普公司开始用马车夫、潜水员、农夫等做具有男子汉气概的广告男主角，这个理想中的男子汉最后集中到美国牛仔这个形象上：一个目光深沉、皮肤粗糙、浑身散发着粗犷、豪气的男子汉，在广告中将袖管高高卷起，露出多毛的手臂，手指夹着一支"万宝路"香烟。这种洗尽女人脂粉味的广告于1954年问世，它给"万宝路"带来巨大的财富。两年间，"万宝路"销售量提高了3倍，一跃成为全美第10大香烟品牌，1968年其市场占有率上升到全美第二位。

现在，"万宝路"每年在世界上销售香烟3 000亿支，用5 000架波音707飞机才能装完。世界上每抽掉4支烟，其中就有一支是"万宝路"。是什么使名不见经传的"万宝路"变得如此令人青睐了呢？1987年美国金融权威杂志《富比世》专栏作家布洛尼克与助手们调查了1 546个"万宝路"爱好者。调查表明：许多被调查者明白无误地说他喜欢这个牌子是因为它的味道好、烟味浓烈，感到身心非常愉快。可是布洛尼克却怀疑真正使人着迷的不是"万宝路"与其他香烟之间微乎其微的味道上的差异，而是"万宝路"广告烟民们所带来的感觉上的优越感。布洛尼克做了个试验，他向每个自称热爱"万宝路"味道的烟民们以半价优惠提供"万宝路"香烟，这些香烟虽然外表看不出牌号，但厂方可以证明这些香烟确为真货，并保证质量同商店出售的"万宝路"香烟一样，结果只有21%的人愿意购买。布洛尼克解释这种现象说："烟民们真正需要的是'万宝路'包装带给他们的满足感，虽然简装的'万宝路'口味质量同正规包装的'万宝路'一样，但不能给烟民带来这种满足感。"调查中，布洛尼克还注意到这些"万宝路"爱好者每天要将所抽的"万宝路"烟从口袋拿出20~25次。"万宝路"的包装广告所赋予"万宝路"的形象已经像服装、首饰等装饰物一样成为人际交往的一个相关标志，而"万宝路"的真正口味在很大程度上仅仅是这种产品所创造的美国牛仔形象的一种附加因素。这才是人们真正购买"万宝路"的动机。

从"万宝路"两种风格的广告戏剧性的效果转变中，我们可以看到广告的魔力。正是广告塑造了产品形象，增添了产品的价值。采用集中性营销策略，重新定位目标市场，使"万宝路"成长为当今世界第一品牌。

分析讨论题
1. "万宝路"原来的市场定位存在什么问题？
2. "万宝路"的重新定位为何能够成功？

市场营销实践

目标市场营销战略训练。

实践目的

了解企业目标市场营销的重要性，熟悉市场细分、目标市场选择、市场定位的步骤。

实践方案

1. 人员：5~10人组成一个小组，以小组为单位完成任务。
2. 时间：与本章教学时间同步。
3. 内容：

（1）以小组为单位，选择身边的某一产品，从市场细分、目标市场选择和市场定位分析其目标市场营销战略。

（2）假设一名毕业生准备在学校附近开一个餐馆，选你做他的营销顾问，请利用所学的目标市场营销理论寻找他的客户，并实施产品定位策略。

4. 汇报方式：各组以PPT或报告的形式进行展示和讲解。

第七章

市场竞争战略

学习目标

1. 了解如何正确识别竞争者。
2. 掌握竞争者分析的步骤，明确如何确定竞争对象和竞争战略。
3. 掌握市场领导者、市场挑战者、市场跟随者及市场利基者的竞争战略。

引导案例

豆浆机市场竞争战

九阳公司开发了全新的豆浆机市场，成为豆浆机行业的领导者。但美的等竞争者接踵而至、步步紧逼，让九阳公司不得不应对一场攻防战。

美的投下巨资强势进入豆浆机市场，采取"无网打干豆"的差异化策略，在央视黄金时段打出了"豆浆机换代了"的广告，亮出"免泡豆""无网设计"和"不锈钢材料"3大产品卖点对消费者进行劝服，并以一句"豆浆机选美的"作为广告的结尾。为了说明干豆比泡豆好，美的公司拿出了某大学的测试数据：泡豆营养流失量是干豆的11倍；泡豆6小时，菌落总数是干豆的170倍等。

消费者是否应该更换豆浆机另当别论，美的此次展开的豆浆机市场竞争十分明显，即利用产品升级换代之机，意图把最大竞争品牌九阳拉下马。作为豆浆机行业中的领导者，九阳迅速通过一系列的广告活动做出回应。

针对美的"豆浆机换代"的说法，九阳公司在央视黄金时段宣传"专注豆浆机某某年"，树立"豆浆机的开创者和领导者"的形象，引发消费者"豆浆机就是九阳"的联想；针对"干豆比泡豆好"的说法，九阳公司在尚未推出同类产品的情况下，以豆浆发展史说明"中国正宗豆浆是需要泡豆的"来予以正面回击；接着又针对美的豆浆机的"无网"展开反击,提出"拒绝简易,提倡精磨",用新技术"五谷精磨器""X型旋风精磨刀"等反击美的的"锰合金旋风研磨刀头";针对美的的价格战,推出低价产品,试图拉低美的的品牌地位。

九阳公司与美的公司围绕豆浆机市场展开了一系列的进攻与防御战,胜负仍是未知数。

竞争是市场经济的基本特性。在激烈的市场竞争中开展营销活动,企业必须认真分析研究竞争者的动向和市场竞争的态势,明确自己在竞争中的市场地位,据此制定科学的竞争战略,以求得生存和发展。

第一节 竞争者分析

一、识别竞争者

识别竞争对手看起来似乎是企业的一项简单任务。但是,企业的竞争者范围是极其广泛的,如果不能正确地识别,就会患上"竞争者近视症",企业更有可能"葬送"在潜在竞争对手而不是现有竞争对手的手里。企业应当有长远的眼光,从行业竞争和市场需求的角度识别竞争对手。

(一)行业竞争观念

行业,是指一组向某一顾客群体提供一种或一类密切替代产品的相互竞争的企业群。任何一个企业总是属于某一行业,企业的获利能力和水平不仅仅取决于企业自身的因素,更重要的是取决于其所处行业的结构特征。掌握了行业的结构特征,有助于企业更好地分析竞争对手,制定正确的市场竞争战略。

1. 销售商数量及产品差异程度

按照销售商数量和产品差异程度,行业结构可以分为完全垄断、完全寡头垄断、不完全寡头垄断、完全竞争和垄断竞争五种类型(见表7-1)。

表7-1 行业结构类型

产品	销售商		
	一个	少数	许多
无差别	完全垄断	完全寡头垄断	完全竞争
有差别		不完全寡头垄断	垄断竞争

(1)完全垄断。完全垄断指在一定地理范围内某一行业只有一家企业供应产品或服务的行业结构。在此情况下,这家垄断企业提供了整个行业所需要的全部产量,其生产的产品没有任何替代品,即产品的需求弹性为零。因此,从理论上讲,企业可以自由决定产品的供给数量和价格。在现实的经济生活中,绝对符合完全垄断条件的市场几乎是不存在的,即使有这样一些行业,也是相对于一定的时间和空间范围而言的。

(2)完全寡头垄断。寡头垄断是指某一行业内少数几家大企业提供的产品或服务占据绝大部分市场并相互竞争的行业结构。它分为完全寡头垄断和不完全寡头垄断。完全寡头垄断也称无差别寡头垄断，指某一行业内少数几家大企业提供的产品或服务占据绝大部分市场，并且顾客认为各企业的产品没有差别，对不同品牌的产品无特殊偏好。西方国家的钢铁、铝、轮胎、石油等行业多为完全寡头垄断。在这种情况下，寡头垄断企业变动产品价格，会引起竞争者的强烈反应。寡头企业之间的相互牵制，导致每一企业只能按照行业的现行价格水平定价，不能随意变动，竞争的手段主要是改善管理、降低成本、增加服务。

（3）不完全寡头垄断。不完全寡头垄断也称差别寡头垄断，是指某一行业内少数几家大企业提供的产品或服务占据绝大部分市场，并且顾客认为各企业的产品在质量、性能、款式或服务等方面存在差异，对某些品牌形成特殊偏好，其他品牌不能代替。西方国家的汽车、飞机、计算机等行业多为不完全寡头垄断，顾客愿意以高于同类产品的价格购买自己所喜爱的品牌。在这种情况下，寡头垄断企业对自己的产品具有垄断性，可以制定较高的价格以增加利润。寡头企业之间竞争的焦点不是价格，而是产品的特色。

（4）完全竞争。完全竞争指某一行业内有许多企业且相互之间的产品没有差别。完全竞争大多存在于均质产品市场，如大多数农产品。在这种情况下，没有一家企业能够影响和控制商品市场的价格水平，所有企业都只能是市场价格的接受者，买卖双方也只能按照供求关系确定的现行市场价格来进行交易。企业竞争的焦点是降低成本、增加服务，并争取通过产品开发来扩大与竞争品牌的差别，或通过广告塑造产品形象，使顾客在心理上产生差别。

（5）垄断竞争。垄断竞争指某一行业内有许多企业，但相互之间的产品在质量、性能、款式和服务等方面有差别，顾客对某些品牌有特殊偏好，企业之间以产品的差异性吸引顾客，开展竞争。在这种情况下，企业竞争的焦点是扩大本企业品牌和竞争品牌的差异，突出特色，更好地满足目标市场的需求以获得溢价。但是，各差异产品之间又具有良好的替代性，这就使得每一品牌产品都会受到类似产品的竞争。因此，产品的差异化既造成了企业在一定程度上的垄断性，又导致了一定程度的竞争性，此种行业内既有竞争因素又有垄断因素。在现实生活中，垄断竞争是一种普遍存在的行业结构，尤其在日用消费品市场、零售业和服务行业中广泛存在。

2. 进入、流动、退出障碍

一般而言，如果某个行业具有高度的利润吸引力，那么其他企业就会设法进入。但是进入一个行业会遇到许多的障碍，主要有缺乏足够的资本、未实现规模经济、无专利和许可证、无场地、原料供应不充分、难以找到愿意合作的分销商、产品的市场信誉不易建立，等等。其中一些障碍是行业本身固有的，另外一些障碍是先期进入并已垄断市场的企业单独或联合设置的，以维护其市场地位和利益。即便企业进入了某一行业，在向更有吸引力的细分市场流动时，也会遇到流动障碍。各个行业的进入与流动障碍不同，某个行业的进入与流动障碍高，先期进入的企业就能够取得高于正常水平的利润率；某个行业的进入与流动障碍低，其他企业就会进入，使该行业的平均利润率降低。

如果某个行业利润水平低下甚至亏损，已进入企业就会主动退出，并将人力、物力和财力转向更有吸引力的行业。但是退出一个行业也会遇到退出障碍，主要有对顾客、债权人或雇员的法律和道义上的义务、政府限制、过分专业化或设备陈旧造成的资产利用价值低、未发现更有利的市场机会、高度的纵向一体化、感情障碍等。即使不完全退出该行业，仅仅是缩小经营规模，也会遇到收缩障碍。如果行业的退出障碍较高，企业只要能够收回可变成本和部分固定成本，就会在行业内维持经营，加剧了行业的竞争。同时，退出障碍的高低也会影响企业进入行业的决策，高退出障碍会削弱企业进入的动机。

3. 成本结构

在每个行业里从事业务经营所需的成本及成本结构不同，比如，轧钢业所需成本大，而化妆品业所需成本小，轧钢业所需的制造和原材料成本大，而化妆品业所需的分销和促销成本大。企业应把注意力放在最大成本上，在不影响业务发展的前提下减少这些成本。轧钢厂将主要成本用于建立现代化的工厂比用于广告宣传更有利，化妆品制造商将主要成本用于建立广泛的分销渠道和广告宣传可能比投入生产更有利。

4. 纵向一体化

在许多行业中，实行前向或后向一体化有利于取得竞争优势。汽车公司可以将汽车轮胎制造、汽车玻璃制造、汽车制造和汽车专卖店都作为自己的经营范围。实现纵向一体化的企业可以降低成本，控制增值流，还能在各个细分市场中控制价格和成本，在税收最低处获取利润，使无法实现纵向一体化的企业处于劣势。其缺点是价值链中的部分环节缺少灵活性，维持成本较高。

5. 全球化经营

有些行业局限于地方经营，如理发、影院等；有些行业则适宜发展为全球经营，如飞机、电脑、电视机、石油等，可称为全球性行业。在全球性行业从事业务经营，必须开展以全球为基础的竞争，以实现规模经济和赶上最先进的技术。

（二）市场竞争观念

除了从行业角度外，我们也可以把竞争者看作是一些力求满足相同顾客需要或服务于同一顾客群的公司。例如：摩托车生产商通常把其他摩托车生产商看作竞争对手，但从顾客需求的角度看，顾客真正需要的是"解决交通问题"，这种需要可由电动车、公交车、汽车等予以满足。从顾客需求的角度划分，企业的竞争者可分为品牌竞争者、行业竞争者、需要竞争者、欲望竞争者。企业应当有战略的眼光，从顾客需求的角度识别竞争者。

企业的现实竞争者和潜在竞争者的范围是极其广泛的。仅仅看到现实竞争者而看不到潜在竞争者，就会患"竞争者近视症"。竞争者，不仅来自本行业，如可口可乐与百事可乐互为竞争对手，而且行业外的企业有可能也是企业潜在的竞争者，实际上潜在竞争者往往比现实竞争者威胁更大，如"白猫"洗衣粉的最大威胁不是宝洁公司或联合利华公司的产品，而是正在研制的不需要洗衣粉的超声波洗衣机。企业必须明确各种各样的竞争者以及对自身的威胁程度。总之，市场竞争观念开阔了企业的视野，使其看到还存在着更多的、实际的和潜在的竞争者。

二、分析竞争者

在识别了主要的竞争者之后，企业就要分析竞争者的战略、目标、优劣势和对市场竞争的反应。

（一）分析竞争者的战略

在确定了谁是竞争者之后，企业要判断竞争者的战略。竞争对手会采取什么样的竞争战略，可以通过迈克尔·波特的成本领先、差异化和集中三种基本竞争战略来判断。企业通常采取上述竞争战略中的某一个类型。实力雄厚的企业既可能采用低成本战略，也可能采取差异化战略，不过企业最关心的是那些处在同一行业采用同一战略群体的企业，他们是最直接的竞争者。

战略群体是指在某特定行业内推行相同战略的一组企业。战略的差别表现在目标市场、产品档次、性能、技术水平、销售范围等方面。区分战略群体有助于认识以下三个问题：

第一，不同战略群体的进入与流动障碍不同。比如，某企业在产品质量、声誉和纵向一体化方面缺乏优势，则进入低价格、中等成本的战略群体较为容易，而进入高价格、高质量、低成本的战略群体则较为困难。

第二，同一战略群体内的竞争最为激烈。处于同一战略群体的企业在目标市场、产品类型、质量、功能、价格、分销渠道和促销策略等方面差别不大，任一企业的竞争都会受到其他企业的高度关注，并在必要时做出强烈反应。

第三，不同战略群体之间存在现实或潜在的竞争。不同战略群体的顾客会交叉，每个战略群体都试图扩大自己的市场，涉足其他战略群体的领地，在企业实力相当和流动障碍小的情况下尤其如此。

(二) 分析竞争者的目标

利润最大化是竞争者追求的最终目标，但每个企业对短期利润目标和长期利润目标的偏重不同，对利润满意程度存在差异。有的企业追求利润"最大"目标，不达最大，绝不罢休；有的企业追求利润"满意"目标，达到预期水平就不再付出更多努力。每个竞争者都有侧重点不同的目标组合，如获利能力、市场占有率、现金流量、低成本、技术和服务领先等。竞争者的目标由多种因素确定，包括企业的规模、历史、经营管理状况、经济状况等。

分析竞争者的战略目标，可以了解它对目前市场地位和利润水平的满意程度，从而推断出竞争者对不同竞争行为的反应。如，一个以"低成本领先"为目标的企业，会对竞争企业在制造技术突破方面做出强烈反应，而对竞争企业加大广告投入反应平淡。

(三) 分析竞争者的优势与劣势

企业需要评估竞争者的资源和能力，以判断竞争者是否能执行和实现其制定的战略目标，以及对市场竞争的反应程度。企业评估竞争者的实力，可以发现竞争者的优势和劣势，对竞争者的优势，企业可以学习、模仿和改进，力争超过竞争者；对竞争者的劣势，企业可以发起攻击，削弱其市场地位。企业需要收集过去几年中关于竞争者的情报和数据，如销售额、市场份额、毛利率、投资收益、现金流量、顾客评价等，实事求是地对竞争者做出评估。

(四) 判断竞争者的反应类型

竞争者的战略、目标和实力决定了其对降价、促销、新产品开发等市场竞争行为的反应。另外，企业还需了解竞争者的企业文化、过去的竞争行为等，这些因素也影响到竞争者的反应。竞争者常见的反应类型有以下四种。

1. 从容型竞争者

从容型竞争者指对某些特定的攻击行为没有迅速反应或强烈反应的竞争者。可能原因是：认为顾客忠诚度高，不会转移购买；认为该攻击行为不会产生大的效果；缺乏做出反应所需的条件等。

2. 选择型竞争者

选择型竞争者指只对某些类型的攻击做出反应，而对其他类型的攻击无动于衷的竞争者。比如，对降价行为做出针锋相对的回击，而对增加广告费用则不予理会。了解竞争者会在哪些方面做出反应，有利于企业选择最为可行的攻击类型。

3. 凶猛型竞争者

凶猛型竞争者指对所有的攻击行为都做出迅速而强烈反应的竞争者。这类竞争者意在警告其他企业最好停止任何攻击。如美国宝洁公司就是这样的竞争者，一旦受到挑战立即发起猛烈的全面反击，因此，同行企业都避免与其直接交锋。

4. 随机型竞争者

随机型竞争者指对竞争的反应具有随机性，有无反应和反应强弱无法根据其以往的情况加以预测的竞争者。许多小公司属于此类竞争者。

三、选择竞争者

（一）通过顾客价值分析，确定企业的相对优劣势

在攻击竞争者之前，企业必须明确自己的相对优劣势。顾客价值分析用来揭示本企业与竞争者相比所具有的优势和劣势，主要步骤有：识别顾客价值的主要属性；评价不同属性的重要性；调查顾客对本企业产品属性和竞争者产品属性的评价；研究特定细分市场的顾客对本企业产品每一属性的评价并与竞争者进行比较；检测顾客对产品属性评价的变化。

（二）选择不同类型的竞争者进行应对

了解竞争者以后，企业要确定与谁展开最有力的竞争。企业要攻击的竞争者主要有下列三类。

1. 强竞争者和弱竞争者

攻击弱竞争者在提高市场占有率的每个百分点方面所耗费的资金和时间较少，但竞争能力提高和利润增加也较少。攻击强竞争者可以提高自己的生产、管理和促销能力，更大幅度地扩大市场占有率和利润水平。

2. 近竞争者与远竞争者

多数企业重视同极度相似的竞争者对抗并力图摧毁对方，但是竞争胜利可能招来更难对付的竞争者。如美国博士伦公司在20世纪70年代后期，积极与其他软性隐形眼镜生产商对抗并且取得了巨大的胜利，这导致了弱小竞争者将其资产出售给露华浓、强生等较大公司，结果博士伦公司遇到了更强大的竞争者。

3. "好"竞争者与"坏"竞争者

"好"竞争者的特点是：遵守行业规则，对行业增长潜力的设想切合实际，按照成本合理定价，喜爱健全的行业，把自己限制在行业的某一部分或某一细分市场中，提高差异化，接受为其市场份额和利润规定大致的界限。"坏"竞争者的特点是：违反行业规则，企图靠花钱而不是靠努力去扩大市场份额，敢于冒大风险，生产能力过剩仍然继续投资，总之，他

们打破了行业平衡。

企业应支持"好"竞争者,攻击"坏"竞争者。更重要的是,竞争者的存在会给企业带来一些战略利益,如增加总需求、导致产品更多的差别、分摊市场开发成本、服务于吸引力较小的细分市场等。

小链接 7-1

3Q 大战

腾讯QQ和奇虎360是2010年左右国内最大的两个客户端软件。腾讯以QQ为基础,向各个方面发展,以其强大的市场占有率、强大的客户群体、几乎人手一号的资源,不断发展吞噬着互联网各个领域。奇虎360是以安全闻名的企业,其360安全卫士永久免费的策略,在很短的时间占有了绝大部分安全市场份额,也成为继腾讯之后第二大客户端软件。两家公司为了各自的利益,展开了前所未有的互联网之战。

2010年中秋节期间,QQ软件管理和QQ医生自动升级为QQ电脑管家,涵盖了云查杀木马、系统漏洞修补、安全防护、系统维护和软件管理等功能,而这也是360安全卫士的主流功能。腾讯公司这一做法让奇虎360感到强烈的不安。

9月27日,360发布直接针对QQ的隐私保护器工具,宣称其能实时监测曝光QQ的行为,并提示用户"某聊天软件"在未经用户许可的情况下偷窥用户个人隐私文件和数据。这引起了网民对QQ客户端的担忧和恐慌。

10月14日,针对360隐私保护器曝光QQ偷窥用户隐私事件,腾讯公司正式起诉奇虎360。双方在舆论上和技术上的混战随即展开,业内称为"3Q大战"。战争在2010年11月3日晚达到高潮,腾讯发布公告:在装有360软件的电脑上停止运行QQ软件。此举在整个社会掀起轩然大波,质疑声、同情声、谴责声铺天盖地,而腾讯也向社会多次辩解自己的反击迫于无奈,自己已被奇虎360逼到生死边缘。这是两家公司一系列争执中,腾讯方面最激烈的行动。业内认为,腾讯这招是逼迫用户二选一。

此后,工信部等三部委发文严厉谴责"3Q大战",认为其罔顾消费者权益。在政府部门介入之后,腾讯公司与奇虎360停战兼容,战事最终以双方向社会公众的"道歉"了结。

四、决策竞争战略

企业的市场竞争战略会随着时间、地点、竞争者状况、自身条件和市场环境等因素的不同而变化。然而,万变不离其宗,某些基本战略原则是不会改变的,企业决策者必须把握这些不变的基本战略去适应环境的变化。这些基本战略有创新制胜、优质制胜、廉价制胜、技术制胜、服务制胜、速度制胜和宣传制胜等。

企业在密切注意竞争者的同时不应忽视对顾客的关注,不能单纯强调竞争者导向而损害更为重要的顾客导向。竞争者导向的企业以竞争者为中心,其行为基本上受竞争者的动向支配,企业花大量时间逐个跟踪竞争者的行动并迅速做出反应。顾客导向的企业以顾客需求为中心,企业能够更好地识别新的市场机会,确定目标市场,根据自身条件做出科学的市场营销决策。在现代营销中,企业营销战略的制定必须在竞争者导向和顾客导向中寻求平衡。

第二节　市场领导者战略

在同一目标市场中，市场份额决定着企业的市场地位，市场地位决定着企业所采取的竞争战略。根据在目标市场中所处的地位，企业可分为市场领导者、市场挑战者、市场跟随者和市场利基者。

市场领导者是指占有最大的市场份额，在价格变化、新产品开发、分销渠道建设和促销策略等方面对本行业其他企业起着领导作用的企业。市场领导者是竞争对手有意挑战、模仿或躲避的目标，市场领导者往往会成为众矢之的。要击退其他企业的挑战，保持第一的市场地位，市场领导者有三种可供选择的竞争战略：扩大总需求、保护现有市场份额、扩大市场份额。

一、扩大总需求

市场领导者占有的市场份额最大，在市场总需求扩大时收益也最多，所以扩大产品的总需求量是市场领导者首先考虑的竞争战略。

(一) 寻找和开发新用户

(1) 转变未使用者，即说服尚未使用本行业产品的顾客，把潜在顾客转变成现实顾客。

(2) 进入新的细分市场，企业在原细分市场的需求饱和后可设法进入新的细分市场，说服新细分市场的顾客使用本产品，扩大产品的使用范围。如婴儿食品的需求量有限，企业可宣传产品营养价值，成年人食用更能有助于健康，争取进入成年人市场。

(3) 地理扩展，指寻找尚未使用本产品的地区，开发新的地理市场。如由本地市场转向外地市场，城市市场转向农村市场，国内市场转向国际市场。

(二) 开辟新用途

开辟新用途指发现并推广产品的新用法和新用途，以扩大市场对产品的需求。这不仅适用于工业品，也适用于日用消费品。美国杜邦公司的产品尼龙就是一个典型的例子，最初，尼龙是用来制造降落伞的，然后又成为长筒袜的主要原料，接着成为衬衫的主要原料，这时，人们以为尼龙已到了产品的成熟期，孰料经过杜邦公司的不断研究和开发，尼龙又进入汽车制造业，成为轮胎、坐垫的原料。

(三) 增加使用量

(1) 提高使用频率。企业应设法使顾客更频繁地使用产品。例如，果汁营销者应说服人们不仅在待客时才饮用果汁，平时也要饮用果汁以增加维生素。

(2) 增加每次使用量。例如，宝洁公司提醒顾客，每次洗发时，洗发剂涂抹、冲洗两次比只用一次效果更好；调味品制造商将调味品瓶盖上的小孔略微扩大，销售量就明显增加。

(3) 增加使用场合。彩电制造商宣传在卧室和客厅等房间分别摆放电视机的好处，如观看方便、避免家庭成员之间收看的冲突等，打破原先只买一台的习惯和"节俭"思维，使有条件的家庭乐于购买两台以上的电视机。

二、保护现有市场份额

作为市场领导者，在扩大产品的总需求时，还要努力保护自己的现有业务，以免受到竞争对手的攻击。而在每一个市场领导者的周围，总是存在着一些意图侵入其市场领域的竞争者。因此，市场领导者必须采取适当的防御措施，以保护现有的市场份额。

（一）阵地防御

阵地防御指围绕企业目前的主要产品和业务建立牢固的防线，根据竞争者在产品、价格、渠道和促销方面可能采取的进攻策略而制定自己的防御性营销战略，并在竞争者发起进攻时坚守原有的产品和业务阵地。阵地防御是防御的基本形式，是静态的防御，在许多情况下是有效的、必要的，但是单纯依赖这种防御则是一种"市场营销近视症"。当年亨利·福特固守 T 型车的阵地就惨遭失败，使得年盈利 10 亿美元的公司险些破产。海尔集团没有局限于赖以起家的冰箱市场，而是积极从事多元化经营，开发了空调、彩电、洗衣机、计算机、手机、微波炉等一系列产品，成为我国家电行业的著名品牌。

（二）侧翼防御

侧翼防御指企业在自己主阵地的侧翼建立辅助阵地以保卫自己的周边和前沿，并在必要时作为反攻基地。企业应努力填充相关产品或服务的空白点，不让进攻者从侧面有可乘之机。超级市场在食品和日用品市场占统治地位，但是在食品方面受到以快捷、方便为特征的快餐业的蚕食，在日用品方面受到以廉价为特征的折扣店的攻击。为此，超级市场提供广泛的、货源充足的冷冻食品和即食食品以抵御快餐业的蚕食，推广廉价的无品牌商品并在城郊和居民区开设新店以击退折扣店的进攻。

（三）以攻为守

以攻为守指在竞争对手尚未构成严重威胁或向本企业采取进攻行动前抢先发起攻击以削弱或挫败竞争对手。这是一种先发制人的防御，企业应正确地判断何时发起攻击效果最佳，以免贻误战机。有的企业在竞争对手的市场份额接近于某一水平而危及自己的市场地位时发起进攻，有的企业在竞争对手推出新产品或重大促销活动前抢先发动进攻，如推出自己的新产品、宣布新产品开发计划或开展大张旗鼓的促销活动，压倒竞争对手。企业先发制人的方式多种多样，如运用游击战，展开全面进攻或持续性的正面攻击，打心理战等。

（四）反击防御

反击防御指市场领导者受到竞争者攻击后采取反击措施。市场领导者受到攻击后，一般要向竞争对手做出反击以示回应。要注意选择反击的时机，可以迅速反应，也可以延迟反击。反击战略可以选择正面攻击，采取与对手相同的竞争手段，迎击对手的进攻；或者攻击侧翼，选择对手的薄弱环节加以攻击；或者实施钳形攻击，同时实施正面攻击和侧翼攻击等。

（五）运动防御

运动防御指市场领导者不仅要固守现有的产品和业务，还要扩展到某些有潜力的新领域，以作为将来防守和进攻的中心。企业运动防御一般是扩展到和现有业务相关的领域中。

(六) 收缩防御

收缩防御指企业主动从实力较弱的领域撤出，将力量集中于实力较强的领域。当企业无法坚守所有的市场领域，并且由于力量过于分散而降低资源效益的时候，可采取这种策略。其优点是在关键领域集中优势力量，增强竞争力。

三、扩大市场份额

在现有的市场规模下，调整营销组合策略，夺取竞争者的市场，以扩大自己的市场份额，是市场领导者保持主导地位的竞争战略之一。企业扩大市场份额的策略主要有产品创新、质量策略、多品牌策略、广告和销售促进等。一般而言，如果单位产品价格不降低且经营成本不增加，企业利润会随着市场份额的扩大而提高。但是，切不可认为市场份额提高就会自动增加利润，还应考虑以下三个因素。

(一) 经营成本

实证研究表明，提高市场份额与增加利润往往存在倒 U 型关系。当市场份额持续提高而未超出某一限度时，企业利润会随着市场份额的提高而增加；当市场份额超过某一限度仍然继续提高时，经营成本的增加速度就大于利润的增加速度，企业利润会随着市场份额的提高而减少，主要原因是用于提高市场份额的费用大大增加了。

(二) 营销组合策略

如果企业实施了错误的营销组合，如过分降低产品价格，过高支出公关费、广告费、渠道拓展费、销售员和营业员奖励费等促销费用，承诺过多的服务项目导致服务费用大量增加等，则市场份额的提高反而会造成利润下降。

(三) 反垄断法

为了保护自由竞争，防止出现市场垄断，许多国家法律规定，当某一企业的市场份额超过某一限度时，就要受到法律制裁甚至肢解。这种风险的上升会削弱企业追求市场份额的吸引力。

第三节 市场挑战者战略

市场挑战者指在行业中占据第二位及以后位次，有能力对市场领导者和其他竞争者采取攻击行动，希望夺取市场领导者地位的企业。处于市场挑战者地位的企业，一般都具有相当大的规模和实力，在竞争策略上有较大的主动性，它们随时可以向市场领导者或其他企业发起进攻。但是，盲目地进攻是愚蠢的甚至是有害的，要使自己的攻击获得成功，市场挑战者首先必须确定自己的战略目标和进攻的对象，然后选择合适的挑战战略。

一、确定战略目标和竞争对手

大多数市场挑战者的战略是进攻，即向市场领导者或其他竞争者挑战，目标是夺取它们的市场份额，增加自己的市场份额和利润。市场挑战者的战略目标与所要攻击的竞争对手直接相关。

（一）攻击市场领导者

这种战略风险大，潜在收益也大，吸引力也很大。当市场领导者在其目标市场的服务效果较差而令顾客不满，或对某个较大的细分市场未给予足够关注的时候，采用这一战略带来的利益更为显著。

（二）攻击规模相仿但经营不佳、资金紧张的企业

对与自己实力相当的企业，市场挑战者可选择其中经营不佳、资金困难者作为进攻对象，设法夺取它们的市场份额。

（三）攻击地方性小企业

攻击地方性小企业，市场挑战者可采取夺取其顾客、吞并等策略，以达到攻击目标。

二、确定总体进攻战略

（一）正面进攻

正面进攻是集中全力向对手的主要市场阵地发起攻击，进攻的是对手的强项而不是弱项。比如，以更好的产品、更低的价格、更大规模的广告攻击对手的拳头产品。决定正面进攻胜负的是"实力原则"，即拥有较大资源的一方将取得胜利。所以，进攻者需要比对手拥有更强的实力和持久力，才能采取这种战略。

降低价格是一种有效的正面进攻策略，如果让顾客相信进攻者的产品与竞争对手的产品相同而价格更低，这种进攻就会取得成功。要使降价竞争得以持久并且不损伤自己的元气，就必须大量投资于降低生产成本的研究。如果防守者具有某些防守优势，如在某市场上有较高的声誉、广泛的销售网络、牢固的客户关系等，则实力原则不一定奏效，资源上略占优势的一方不一定取得胜利。

（二）侧翼进攻

侧翼进攻是寻找和攻击对手的弱点，以己之长，攻人之短。寻找对手弱点的主要方法是分析对手在各类产品和各个细分市场上的实力和绩效，把对手实力薄弱或绩效不佳或尚未覆盖而又有潜力的产品和市场作为攻击点和突破口。

（1）地理性侧翼进攻。分析地理市场，选择对手忽略或绩效较差的产品和区域加以攻击。如一些大企业易于忽略中小城市和乡村，进攻者可在那里发展业务。

（2）细分性侧翼进攻。分析其余各类细分市场，按照收入水平、年龄、性别、购买动机、产品用途和使用率等因素辨认细分市场并认真研究，选择对手尚未重视或尚未覆盖的细分市场作为攻击的目标。

侧翼进攻使各企业业务更加完整地覆盖了各细分市场，进攻者较易收到成效，并且避免了攻守双方为争夺同一市场而造成两败俱伤的局面。侧翼进攻符合"发现需要满足它"的现代市场营销观念，成功的概率高于正面进攻，是一种有效的、经济的竞争战略，特别适用于资源较少的攻击者。

（三）包抄进攻

包抄进攻是在多个领域同时发起攻击以夺取对手的市场。比如向市场提供竞争对手所能

提供的一切产品和服务,并且更加质优价廉,同时配合大规模的促销。其适用条件是:

(1) 通过市场细分未发现竞争对手忽视或尚未覆盖的细分市场,补缺空档不存在,无法采用侧翼进攻;

(2) 本企业与竞争对手相比拥有绝对的资源优势,制定了周密可行的作战方案,相信包抄进攻能够摧毁对手的防线和抵抗意志。

(四) 迂回进攻

迂回进攻是避开竞争对手的现有业务领域和现有市场,进攻对手尚未涉足的业务领域和市场,以壮大自己的实力,这是最间接的进攻战略。实行这种战略主要有三种方法。

(1) 多元化地经营与竞争对手现有业务无关联的产品。

(2) 用现有产品进入新的地区市场。

(3) 用竞争对手尚未涉足的高新技术制造的产品取代现有产品。

(五) 游击进攻

如果挑战者企业规模暂时较小、实力较弱,可以采用游击进攻战略。根据自己的力量,针对竞争对手不同的侧面,向对手的有关领域发起小规模的、断断续续的进攻,逐渐削弱竞争对手,使自己最终夺取永久性的市场领域。游击进攻适用于小企业攻击大企业。

游击进攻的主要方法是在某一局部市场上有选择、有限度地降价,开展短促的密集促销,与中间商联合行动等。游击进攻能够有效地骚扰对手、消耗对手、牵制对手、误导对手、瓦解对手的士气、打乱对手的战略部署而己方不冒太大的风险,适用条件是对方的损耗将大于己方。采取游击进攻要选择少数几次主要进攻还是一连串小型进攻,通常认为,一连串的小型进攻能够形成累积性的冲击,效果更好。

三、选择特定的进攻战略

(一) 价格折扣战略

市场挑战者用较低的价格,向消费者提供与竞争者的产品相差无几的产品。富士公司曾采用此战略攻击柯达公司。富士相纸的质量与柯达相当,但定价却低10%,结果富士侵占了柯达的市场地盘。为了实现价格折扣战略,必须满足三个条件:第一,市场挑战者必须说服顾客,使他们相信产品和服务与市场领导者相同;第二,购买者对价格是敏感的,他们愿意用较低的价格买同样质量的产品;第三,市场领导者不愿降价。

(二) 廉价品战略

用低价向市场提供质量一般或低质产品,这一战略在于吸引只对价格感兴趣的顾客。廉价品战略的前提条件是市场规模要足够大。

(三) 声望产品战略

市场挑战者可以推出高质量、高价格的产品来吸引追求声望、显示身份的消费者。如奔驰汽车胜过卡迪拉克汽车就是因为在美国市场提供高质、高价汽车。

(四) 产品扩散战略

市场挑战者可以靠推出更多的产品品种给消费者以更多的选择,来同市场领导者竞争。

如和路雪食品公司推出高中低档冰激凌来冲击新大陆食品公司的领先地位。

（五）产品创新战略

市场挑战者用新产品来冲击领先者。拍立得和施乐公司的成功建立在不断在照相机和复印机上开发出创新产品的基础上。

（六）改进服务

市场挑战者可针对顾客的需要，为顾客提供更多更好的服务来吸引消费者。

（七）分销创新战略

市场挑战者可以发现和建立一条不同于市场领导者的新渠道。雅芳公司通过上门推销的销售方式与同行竞争，最终成为著名的化妆品公司。

（八）低成本战略

市场挑战者在生产上采取更有效的技术和设备以及有效的管理来降低产品成本，并定出低价与市场领导者争夺市场。日本厂商常以此战略同世界著名厂商争夺国际市场。

（九）密集促销战略

市场挑战者通过增加广告和促销费用，向市场领导者进攻。如统一方便面发起向康师傅方便面的进攻，即通过增加广告费用，做竞争性广告和有奖销售等活动展开。

小链接 7-2　　方太不争第一，甘当老二

许多企业热衷于把自己定位于行业"龙头"、集团"航母"、销量"第一"，而国内厨具知名品牌方太前董事长茅理翔却说："方太不争第一，甘当老二。"

茅理翔认为，老大老二均是行业的首领，何必一定要去争老大呢？更何况第一也好，第二也罢，关键在于谁是强势品牌，能永远立于不败之地。

方太定位于"老二"有助于减少浮躁情绪，稳下心来精耕细作。关于这一点，茅理翔说，也可能有人会讥笑：你没能力拔头筹，故自圆其说，这是懦夫哲学。而茅理翔的理解是：当第一太累了，会成为众矢之的，天天战战兢兢怕掉下来。事实上，当老二也不是件简单的事；而甘当老二，更难能可贵。现在有很多大企业，扩张太快，几年后就倒下去了。有的图个盛名，内部是千疮百孔，不堪一击；有的是泡沫，有风吹草动，就会破灭。所以，关键还得保持内功，才能成为真正的长寿企业。

甘当老二，也是一种策略。老大最怕有人超过他，往往不惜一切手段打击和扼制，不叫老二跟上来；老三、老四也往往首先把目标对准老二，以便把他拉下来自己取代之。所以老二的日子是很不好过的。这时，如果你表个态，不争第一，甚至还要同情第一，保护第一，老大就可能不恨你，不防你，你就可以保存精力，卧薪尝胆。

甘当第二，还有一个理由。方太的市场定位是中高档，而中高消费阶层不可能占大多数，市场份额相对比较小。所以方太要老老实实甘当老二，扎扎实实打造顶尖品牌。能长久当老二，就是一个成功者、胜利者。

第四节 市场跟随者与市场利基者战略

一、市场跟随者战略

市场跟随者是指在产品、技术、价格、渠道和促销等大多数营销策略上模仿或跟随市场领导者的企业。它们的经营哲学是，市场领导者会对任何威胁做出强烈反应，如果一个企业不能在产品创新或分销方面取得重大突破，从而不能对市场领导者形成致命打击，那么，它最好倾向于跟随市场领导者，而不是向其挑战。

在很多情况下，市场跟随者可让市场领导者、市场挑战者承担新产品开发、信息收集和市场开发所需的大量经费，自己坐享其成，从事产品仿造或改良，减少支出和降低风险，并避免向市场领导者挑战可能带来的重大损失。当然，市场跟随者也应制定有利于自身发展而不会引起竞争者报复的战略。

（一）紧密跟随者

紧密跟随者是指在各个细分市场和产品、价格、广告等营销组合策略方面模仿市场领导者，完全不进行任何创新的企业。由于它们是利用市场领导者的投资和营销组合策略去开拓市场，自己跟在后面分一杯羹，故完全依赖市场领导者而生存。有些紧密跟随者甚至发展成为"伪造者"，专门制造赝品，国内外许多著名企业都受到赝品的困扰，应寻找行之有效的打击办法。

（二）距离跟随者

距离跟随者是指在基本方面如产品类型、款式上模仿市场领导者，但是在包装、广告和价格上又保持一定差异的企业。如果模仿者不对市场领导者发起挑战，领导者也不会介意。在钢铁、肥料和化工等产品同质性强的行业，距离跟随战略使用最为普遍。不同企业的产品相同，服务相近，不易实行差异化战略，价格敏感性高，随时可能爆发价格大战。但是利用价格战攫取短期市场份额会遭到同行的报复，因此，各企业常常效仿市场领导者，采取较为一致的产品、价格、服务和促销战略，市场份额保持着高度的稳定性。

（三）选择跟随者

市场跟随者根据自身的情况，在一些方面紧跟市场领导者，在另一些方面又自行其是，坚持创新。比如，主动地服务于某一目标市场，有效地研究和开发等，尽量在其他企业想不到或做不到的地方去争取一席之地。它们会有选择地改进市场领导者的产品、服务和营销策略，避免与市场领导者正面交锋，选择其他市场销售产品。选择跟随者通过改进并在其他市场壮大实力后，有可能成长为市场挑战者。

虽然市场跟随者不冒风险，利润也相当可观，但是存在明显缺陷。研究表明，市场份额处于第二、第三和以后位次的企业与第一位的企业在投资回报率方面有较大的差距。

二、市场利基者战略

（一）利基市场及特征

规模较小或大企业不感兴趣的细分市场称为利基市场。理想的利基市场具备以下特征。

(1) 对主要的市场竞争者不具有吸引力,或者大部分市场竞争者不屑一顾。
(2) 具备一定的规模和购买力,企业能够盈利。
(3) 具备一定的发展潜力。
(4) 本企业具备向这一市场提供优质产品和服务的资源和能力。
(5) 本企业在顾客中建立了良好的声誉,能够抵御竞争者的入侵。

(二) 市场利基者的概念

对于小企业来讲,不做市场跟随者的另一个选择,就是成为市场利基者。市场利基者是指专门为规模较小或大企业不感兴趣的细分市场提供产品和服务的企业。市场利基者的竞争实力较弱,但并不追随市场主流趋势,而是利用自身的特长寻找市场上大多数企业所忽略或不愿意进入的市场,作为自己的目标市场。市场利基者的作用是拾遗补阙,见缝插针,虽然在整体市场上仅占有很小的市场份额,但是比其他企业更充分地了解和满足某一细分市场的需求,能够通过提供高附加值而获得较高利润和快速增长。

(三) 市场利基者竞争战略选择

市场利基者的战略关键在于实现专业化、精细化营销。由于营销目标和营销力量相对集中,产品高度差异化,市场利基者具有其他企业无法轻易仿效的特殊的竞争优势。市场利基者专业化的途径主要有:

(1) 最终用户专业化:专门为某一类型的最终用户提供服务。
(2) 垂直专业化:专门为处于生产和分销的某些层次的用户提供服务。
(3) 顾客规模专业化:专门为某一规模的顾客群体服务。
(4) 特殊顾客专业化:专门向一个或几个主要客户销售产品。
(5) 地理市场专业化:只在某一地点、地区或范围内经营业务。
(6) 产品或产品线专业化:只经营某一种产品或某一类产品线。
(7) 产品特色专业化:专门经营某一类产品或特色产品。
(8) 客户订单专业化:专门按客户订单生产特制产品。
(9) 质量—价格专业化:只选择低档或高档的市场经营。
(10) 服务专业化:提供一种或数种其他企业所没有的服务。
(11) 销售渠道专业化:只为某类销售渠道提供服务。

市场利基者是弱小者,面临的主要风险是:当竞争者入侵或目标市场的消费习惯有变化时,可能陷入绝境。因此,市场利基者的主要任务有创造利基市场、扩大利基市场和保护利基市场。企业要不断地创造多种利基市场,而不是坚持单一利基市场。如果能够在多种利基市场上发展,企业就分散了风险,增加了生存的机会。

本章小结

1. 企业的竞争者,不仅有行业内现实的竞争者,而且还有潜在的竞争者。因此,企业要从行业结构和市场需求的角度识别竞争者。

2. 企业要在激烈的市场竞争中取得营销活动的成功,必须对竞争者进行分析,以此制定一个有效的竞争战略。竞争者分析一般分为四步:识别竞争者、分析竞争者、选择竞争者、决策竞争战略。

3. 市场领导者占有的市场份额最大，要保持市场第一位的优势，必须从扩大总需求、保护现有市场份额和扩大市场份额等战略入手。

4. 市场挑战者要夺取市场领导者的地位，可选择正面进攻、侧翼进攻、包抄进攻、迂回进攻和游击进攻等战略向市场领导者发起挑战。

5. 市场跟随者指在产品、技术、价格、渠道和促销等大多数营销战略上模仿或跟随市场领导者的企业，可选择紧密跟随、距离跟随和选择跟随。

6. 市场利基者的战略是选择规模较小或大企业不感兴趣的细分市场作为自己的目标市场，其作用是拾遗补阙，见缝插针。补缺的关键是专业化。

关键概念

行业　市场领导者　市场挑战者　市场跟随者　市场利基者

思考练习题

1. 根据销售商数量和产品的差异程度如何划分行业结构类型？
2. 企业如何识别竞争者？
3. 企业如何分析市场竞争者？
4. 试述市场领导者的竞争战略。
5. 试述市场挑战者的竞争战略。
6. 市场跟随者可分为哪些类型？理想的利基市场具备哪些特征？

案例分析

空中客车挑战波音

体积最大客机

美国的"波音747"是一代"客机之王"，"空客380"是欧洲航空制造业向美国同行挑战的新巨人。"空客380"是目前最大客机，可以搭载555名乘客，比"波音747"多载150人。

制造"空客380"的过程并非一帆风顺，最大的难题是飞机重量。为了从这个560吨的庞然大物身上再减掉几公斤，多国工程师组成的设计队伍日思夜想。这听起来有点夸张，但只有丢掉这几公斤"赘肉"，"空客380"的飞行表现才能达到他们理想的标准。

制造"空客380"是一场筹码昂贵的赌博。空客公司为此花费了110亿美元，其中三分之一是欧洲纳税人的钱，因此只能成功，不能失败。然而，面对"9·11事件"、伊拉克战争和全球经济增长迟滞打击下的航空市场，"空客380"要想取得成功，颇为不易。

空客公司首席执行官诺埃尔·福雅尔是负责把对"空客380"的高度期望变成现实的人。作为一个把110亿美元押在一架从未试飞过的飞机上的生意人，福雅尔很放松。他说：

"任何大的计划都存在一定程度的风险。但是我知道'空客380'一定能飞起来,因为我信任正在工作的这支队伍。"

挑战"波音747"

波音公司在大型飞机市场上一直居于垄断地位。据估计,每售出一架波音747,该公司就赚3 000万至4 000万美元。高额利润使它在航空市场的任何竞争中有回旋能力。这对空客公司来说也是发展的巨大障碍。是否要制造与"波音747"相竞争的飞机曾经成为空中客车公司内部最大的争论。

福雅尔说,他的第一个任务就是考察"空客380"是否具有商业价值。经过缜密思考,他认为,要想为市场提供全方位的飞机制造服务,空客公司不可避免地要生产大型飞机,只有这样才能与波音公司抗衡。

双方的激烈竞争在新设计飞机的载客量问题上尤为突显。福雅尔说:"我们一开始想生产520座至620座的一系列飞机,但是波音想生产更大的620座至720座。目前我们主要是挑战400座的'波音747',而他们也想保住市场地位。"

在传统上创新

新一代"客机之王"的"空客380"还是采用传统设计,只是机身比"波音747"短粗一些。这使"空客380"可以使用世界上绝大多数国际机场的跑道和候机楼接口。

"空客380"的内部也采用传统的上两层客舱、最下层行李舱的设计。与"波音747"不同的是,它的最上层全部设计为客舱,可以容纳近200人,而"波音747"的最上层只有一部分用于客舱,只能容纳几十人。"空客380"的头部有一个较大的楼梯连接上下三层机舱,尾部有一个较小的楼梯。上层客舱除了豪华头等舱和公务舱座位之外,还设计了酒吧和休闲室。下层客舱则设计了"机舱免税商品部",乘客买东西可以直接看实物而不用翻商品介绍画册。

有人对"空客380"的乘客疏散能力提出了质疑:乘客在紧急情况下是不是很难迅速逃离飞机?"空中客车"公司做出反应:"这种新型飞机是在最先进技术与多年制造经验的基础上设计出来的。"为了保证乘客能够及时疏散,工程师设计了16个紧急出口,6个在上层客舱,10个在下层客舱。这种上下层均有单独出口的设计,使人们在紧急情况下无须依赖楼梯上下,加快了疏散速度。

尽管售价预计高达2.75亿美元,一些航空公司仍很看好这款新的大型飞机。因为它的飞行距离长,载客多,无疑更经济实惠,特别适合跨越太平洋的远距离客运。但是"空客380"的前景到底怎样,还有待进一步经受市场检验。在波音飞机长期占据市场优势的条件下,"空客380"成了欧洲人战胜美国飞机制造业的新希望。

销售前景乐观

2005年1月18日,"空客A380"正式亮相法国,从而结束了"波音747"在大型客机市场30年的垄断地位。

空中客车公司有关人士介绍,"A380"每月至少可生产4架,正式交付航空公司使用后将投入全球60多个机场运营。

据了解,"空客A380"目前已接到来自13个航空公司的139份订单。A380客机每架的售价在2.63亿至2.86亿美元,正常载客数为555人。如果对内部结构稍加修改,载客数可增加至840人。该客机还可用于民航货运,比如,美国联合包裹公司(UPS)已向空客订购了 10 架大型 A380 运输机,用于空中货运。

据介绍,"空客 A380"的航程达到 15 000 公里,足够由纽约飞到罗马中途不加油再飞回纽约。由于实施了双层设计,每位乘客的成本比普通客机减少了两成左右,只要能够达到 58% 的上座率,航空公司就能实现收支平衡。

分析讨论题

1. "空客 380"挑战"波音 747"能成功吗?
2. 空中客车公司挑战波音公司的战略是什么?
3. 你从本案例中得到什么启示?

市场营销实践

认识市场竞争战略。

实践目的

充分认识市场竞争战略。

实践方案

1. 人员:5~10 人组成一个小组,以小组为单位完成任务。
2. 时间:与第七章教学时间同步。
3. 内容:从现实市场中找出占据市场领导者、市场挑战者、市场跟随者和市场利基者地位的企业,分别阐述它们采取的市场竞争战略。
4. 汇报方式:各组以 PPT 或报告的形式进行展示和讲解。

第八章

产品策略

学习目标

1. 理解市场营销学意义上的产品概念。
2. 掌握产品生命周期各阶段的特点及营销策略。
3. 了解产品组合策略。
4. 明确新产品开发对企业的意义。
5. 掌握品牌及包装策略。

引导案例

伊莱克斯引领家电创新

自1919年创立以来,伊莱克斯凭借"想你所想"的品牌理念、以消费者需求为核心的创新机制以及九十年来家用电器研发制造的经验,一直处于全球家电设计和创新领域的领导地位。现在,伊莱克斯不仅已成为全球最大的厨房、清洁以及户外用途家电制造商之一,拥有最齐全的冰箱、厨房电器、洗衣干衣机、空调、小家电和专业电器六大白色家电产品线,同时也一直致力于家电创新,引领家电新潮流,旨在以贴心设计为消费者带来全方位、更领先的家电使用体验。近期,伊莱克斯全球设计团提出又一创新理念:未来家电将兼具餐桌与客厅的功能,满足烹饪需求的同时,为人们提供更多娱乐和社交的机会。于是,一件令人耳目一新的伊莱克斯概念性家用电器产品——既能制冷又能烹饪的Volare应运而生了。

Volare,厨房中的最佳帮手

《变形金刚2》的画面还在脑海清晰可忆:擎天柱的刚气正义,大黄蜂的贴心深情⋯⋯有没有想过自己家中也拥有一台"变形金刚"?伊莱克斯最新概念产品Volare就可以实现你的梦想。Volare的创新让你很难用传统家用电器来定义它,毫不夸张地说,它可以是厨房中无所不能的百变帮手——静置时宛若一件厨房艺术装饰品，却可瞬间功能百变，兼具制冷和烹饪；颜色亦可随温度而变化，触摸式操作简便而直观。这样一件百变厨房电器，必定能带给消费者厨房电器新体验。其实像伊莱克斯所开发的所有创新产品一样，Volare 的设计灵感完全是来源于消费者的需求：厨房日益成为社交、互动和娱乐的重要场所，现代消费者对厨房电器在时间和空间以及使用灵活性方面都有了更高的要求——它必须巧妙美观而方便，并且不会占用更多的空间。出于这些考虑，Volare 被设计者赋予了艺术和实用主义结合的使命。

Volare 功能百变：当天气炎热，你需要一杯冷饮时，Volare 可以为你制冰；清晨起床想要喝一杯热咖啡，轻轻一按就能享受到浓郁的咖啡香；更奇妙的是，当你需要做饭时，Volare 又可以瞬间变身为一个电磁炉供你烹饪。一台紧凑而流畅设计的 Volare 融合了如此多的功能，不仅节省了厨房面积，也节省了花在家务上的时间，这样的便利让你即使身处厨房中，也能兼顾与家人朋友的娱乐和会谈，轻松拥有现代和便捷的烹饪体验。

Volare 外形百变：随着功能的不同选择，Volare 的形状也会随之改变，当你需要做饭时，只需展开 Volare，它即变身为一个电磁炉。此外，使用过程中，Volare 的颜色也会随温度的改变而发生变化，通过观察它的颜色你就能轻松判断烹饪处于哪个阶段，使用过程变得更直观，省心省力。

Volare 的艺术性：更为奇妙的是，融汇多元功能、操作简便的 Volare 从外观上来看，就好像一件隐藏在厨房中的艺术品。在没有使用时，厨房照射灯的光线使它看起来熠熠生辉。它还有多种颜色可供选择。这样，厨房也俨然成为艺术品的收藏和展示场所。

回顾伊莱克斯的历史，像 Volare 这样具有革命性的创新产品比比皆是，许多个"第一"让伊莱克斯一直处于家电设计和创新领域的领导地位。伊莱克斯坚持将"想你所想"的创新理念贯穿于每一项产品的设计中，不断向全球消费者推出品质卓越的产品。

在现代市场竞争激烈的情况下，企业要想在市场上占据优势地位，必须开发出顾客需要的产品、提供顾客满意的服务。顾客的需求是在不断变化的，企业要及时把握顾客需求的变化及趋势，调整改变已有产品策略，适时开发出适宜的产品，有时甚至要进行创新，引领顾客需求，从而在市场上占据优势地位。案例中的伊莱克斯就是在这种产品理念指导下，不断向全球消费者推出品质卓越的产品，从而使其处于家电设计和创新领域的领导地位。

产品策略是市场营销组合策略的基础，企业产品策略的好坏直接关系到营销组合策略中其他策略的成败，企业必须制定正确的产品策略。

第一节 产品与产品分类

一、产品及产品整体概念

研究产品策略，必须明确产品的概念。市场营销学中产品的概念具有极其广泛的外延和深刻的内涵。根据菲利普·科特勒的观点，产品是能够提供给市场以满足需要和欲望的任何东西，包括实体商品、服务、经验、事件、地点、财产、组织、信息和创意等。

由此概念可知，在现代市场营销理念指导下，对产品的理解应该超越传统有形产品的界限，从整个产品本质和顾客对产品的全面要求的角度来认识，以便更好地进行产品创新和营销创新，这就必须把握产品的整体概念。

营销学界对产品整体概念的认识长期以来停留在三个层次上，即核心产品、基础产品和附加产品。菲利普·科特勒等扩展成五个层次，如图8-1所示，现在，五个层次的产品整体概念得到了普遍认同。

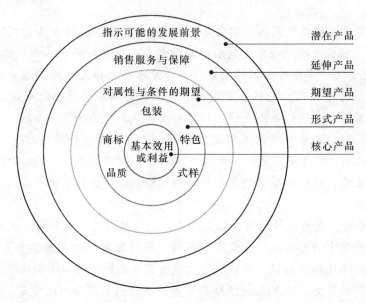

图8-1　产品整体概念的五个层次

（一）核心产品

核心产品是指产品向顾客提供的最基本的效用或利益，是顾客在购买某种产品时所追求的最本质的东西，是产品整体概念中最基本、最主要的东西。如顾客购买洗衣机，并不是为了买到洗衣机上的电机、洗衣缸体、涡轮、开关等，而是为了买到其洗衣、烘干衣物省时省力的功效和利益。

（二）形式产品

形式产品也称基本产品，是核心产品的载体和表现形式，即产品出现在市场上的实体和面貌。形式产品由五个特征构成，即品质、式样、特色、商标及包装。由于产品的基本效用必须通过特定形式才能实现，因而企业在设计产品时，既要着眼于顾客所追求的核心利益，又要注重核心利益借以实现的形式。

（三）期望产品

期望产品是指购买者在购买该产品时期望得到的与产品密切相关的一整套属性和条件。例如，旅馆的客人期望得到干净的床位、清洁卫生的毛巾、安静的环境、便利的交通、方便的饮食等。消费者对期望产品的评价往往以行业的平均质量水平为依据，当普遍公认的期望产品得不到满足时，将直接影响消费者对产品的满意度、购后评价及重购率。

(四) 延伸产品

延伸产品指伴随着产品销售向消费者提供的各种附加服务和利益,包括提供贷款、免费送货、安装、保证、使用指导、质量保证、维修等售前售后服务,延伸产品把一个公司的产品与其他公司区别开来。一个企业如果善于开发适当的附加产品,就有可能更有效地进行竞争。

如 IBM 认识到顾客购买产品的需要实际上形成一个系统,所以在企业内部形成了所谓"系统销售"的概念,即向顾客提供计算机以及有关的一整套附加产品,包括指导、软件程序、软件编制、快速修理、保证等,而不仅仅是一台计算机。

(五) 潜在产品

潜在产品是指现有产品包括所有附加产品在内的,可能发展成为未来最终产品的潜在状态的产品。潜在产品指出了现有产品未来可能的演变趋势和前景,以及可能给顾客带来的价值和利益。它可能是由顾客新的需求决定的,也可能是由技术进步决定的。例如,未来技术的发展使我们有可能会通过网络来操控家中的电器设备。

小链接 8-1

认识产品整体概念的重要意义在于:

第一,它体现了以顾客为中心的现代营销理念。以顾客基本利益为核心,有利于营销者更好地发现顾客的需求并努力满足它。

第二,它把产品整体概念扩展为多个层次,有利于营销者理解认识各层次产品的状况,通过不断改进,获取差异化优势。

第三,谋求产品在五个层次上的最佳组合,以树立别具一格的品牌形象,突出其独特优势。

二、产品的分类

企业必须根据不同的产品制定不同的营销策略,通过对产品进行分类研究,有助于帮助企业根据产品特点和购买者购买习惯制定适当的营销策略。产品分类的标准较多,在此介绍常用的三种。

(一) 有形产品和服务

根据有形与否,产品可以分为有形产品和服务。

1. 有形产品

有形产品是指企业提供的能够满足顾客某种需求、看得见摸得着的实体产品。

2. 服务

服务是指为出售而提供的活动或利益等。服务是无形的、不可分的、易变的、不可储存的,顾客一般要求企业提供更多的质量控制、信用能力和适用性。随着社会经济的发展,服务越来越显示出其重要性。服务市场的营销管理应特别注意加强服务的质量管理,提供多样化服务产品，注重信誉和提供良好的售后服务，以便吸引更多的顾客。

(二) 耐用品和非耐用品

这种分类主要是对有形产品进行的划分，根据有形产品的耐用程度，可以把实体产品分为耐用品和非耐用品。

1. 耐用品

耐用品是有形的实体产品，能多次使用、寿命较长、价值较高，如空调、汽车、音响、计算机等。顾客购买这类产品时，决策较为谨慎。生产这类商品的企业，要注重技术创新，提高产品质量，提供多种服务和保证，如维修、送货服务及分期付款等。

2. 非耐用品

非耐用品也是有形的实体产品，但使用时间短、顾客需经常购买，如牙膏、食盐、洗发水、啤酒和食品等。这些产品单位价值较低，消费很快，购买较为频繁，随时购买，使用量大，因而企业必须广设零售网点，以方便顾客的购买。企业还应薄利多销，并大力做广告，以吸引顾客试用并建立品牌偏好，进而形成习惯性购买行为，扩大企业产品的销售。

(三) 消费品和工业品

一般情况下，我们可以根据购买、使用产品的顾客类型和购买用途，将产品分成两大类：消费品和工业品。消费品是指由最终消费者购买并用于个人消费的产品，工业品是指用户为用于产业生产获取工业利润而购买的产品。

1. 消费品分类

根据消费者的购买习惯分类，消费品可分为便利品、选购品、特殊品和非渴求品。

(1) 便利品。便利品指消费者经常购买，或希望在需要时能随时购买到的产品，即价格较低，消费者在购买时不需要花费太多的精力和时间比较品牌、价格的产品和服务，如报纸、口香糖等。便利品可进一步分成日用品、冲动品和急需品。

日用品主要是指价值较低，消费者经常使用、频繁购买的产品。消费者在购买该类产品时很少考虑如何选择，而主要是根据以往的经验就近购买自己所熟悉的品牌。对于此类产品的销售，企业为满足消费者的购买习惯，应广设销售网点，以方便购买。

冲动品主要是指事先不在购买计划之内，消费者因一时冲动而临时决定购买的产品，如打折的饰品、旅游时购买的纪念品等。此类产品在销售时，企业应将其摆放在容易引起消费者注意的位置。

急需品主要是指在特殊情况下，消费者急需购买的产品。如遇雨时购买雨伞，停电时购买蜡烛。急需品的"地点效用"和"时间效用"十分重要，一旦顾客需要就能迅速购买。

(2) 选购品。选购品指价格比便利品要贵，消费者在购买过程中，愿意花较多时间对商品的样式、品质、适用性、价格和耐用性等进行仔细挑选比较以后才购买的产品，如家用电器、服装和鞋帽等。选购品又可分为同质选购品和异质选购品。

同质选购品是指质地相同或相近的产品，如不同品牌的电视机。消费者在选购此类产品时最关注的是价格。对于此类产品的销售，企业采取的较合适的手段就是低价促销。

异质选购品是指在外观和性能上都有较大差别的产品，如服装等。消费者在选购此类产品时，会根据自己的喜好进行挑选。因此，企业在对异质选购品进行销售时，需要提供大量的花色、品种，以满足不同偏好消费者的需要，同时企业要有优秀的专业销售人员，随时为顾客提供咨询和服务。

（3）特殊品。特殊品是指具有特殊效益、特定品牌或独具特色，对消费者具有特殊意义、特别价值，消费者愿意特别花费精力或代价认定其品牌而购买的产品，如品牌服装、名车、名酒、具有收藏价值的艺术品、特殊邮票、钱币和结婚戒指等。消费者在购买前对这些商品有了一定的认识，偏爱特定的厂牌和商标，不愿接受代用品。这些产品对大多数消费者而言，他们并非普遍需要，但对于某些消费者来说，其一般愿意做出特殊的购买努力。经销商也不必考虑销售网点分布是否方便购买，因为消费者愿意远道寻购，但经销商要让可能的购买者知道购买地点。

（4）非渴求品。非渴求品是指消费者目前尚不知道，或者虽然知道却没有兴趣购买的产品，例如刚上市的新产品、各种保险、百科全书等。非渴求品的性质决定了企业必须加强广告、人员推销等刺激性较强的促销措施，使消费者对这些物品有所了解，产生兴趣，千方百计吸引潜在顾客，扩大销售。菲利普·科特勒认为："一些最复杂的人员推销技巧，就是在推销非渴求商品的竞争中发展起来的。"

2. 工业品分类

工业品根据进入生产过程的程度以及它们的相对成本，可以分为材料和部件、资本项目、供应品和服务。

（1）材料和部件。材料和部件是指完全进入生产过程并转化为产成品的一类产品，包括原材料、半制成品及部件。原材料包括农产品（棉花、稻谷、蔬菜等）及天然产品（金属、石油、矿石等）；半制成品及部件是需进一步加工的构成材料（铁、棉纱、水泥等）和可以直接成为最终产品一部分的构成部件（如小发动机、轮胎、铸件等）。上述各类产品的销售方式有所差异，农产品需进行集中、分级、储存运输和销售服务，其易腐性和季节性的特点，决定了要采取特殊的营销措施。构成材料与构成部件通常具有标准化的性质，价格和供应商的可信性是影响购买的最重要因素。

（2）资本项目。资本项目是辅助购买者生产和运营，实体不形成最终产品，价值通过折旧、摊销的方式部分转移到最终产品中的那些工业品，包括装备和附属设备。装备包括建筑物（厂房、办公室、库房等）和固定设备（机床、大型计算机系统等）。这类产品的销售特点是，售前需要经过长时期的谈判，制造商需要一支一流的销售队伍，设计各种规格的产品并提供售后服务项目。附属设备包括易于搬动的轻型制造设备、工具和办公设备。这种设备不会成为最终产品的组成部分，它们在生产过程中仅仅起辅助作用，这一市场的地理位置较为分散，用户众多、订购数量少，质量、特色、价格和服务是用户选购时所主要考虑的因素，因此促销时人员推销比广告重要得多。

（3）供应品和服务。供应品和服务是指维持企业生产经营活动所必需的，但并不构成最终产品的一类项目，其价值较低、消耗较快。供应品包括作业辅助品（润滑油、办公文具和纸张等）和维修辅助品，这些供应品购买简单，主要为例行性的重复采购，价格因素和服务就成了影响购买的重要因素。服务包括维护和维修服务以及商务咨询服务（培训、策划等)，各类服务通常采用订立合同的形式确定。

第二节 产品组合

一、产品组合及其相关概念

在现代市场经济条件下,企业为了满足目标市场的多种需要,同时增加利润并分散风险,往往经营多种产品,形成产品组合。

(一) 产品组合、产品线和产品项目

(1) 产品组合。产品组合是指某一企业提供给市场的全部产品线和产品项目的组合或搭配,即企业的业务经营范围。

(2) 产品线。产品线又称产品大类,是指一组密切相关的产品,这些产品功能相似,可以销售给同类顾客群,或者经由相同的渠道销售,或者属于同一价格范畴等。

(3) 产品项目。产品项目是指在同一产品线中各种不同品种、规格、型号、质量和价格的特定产品,产品项目是构成产品线的基本元素。通常,每一产品线中包括多个产品项目,如宝洁洗发护发产品线包括了海飞丝、飘柔、潘婷等多个产品项目。

(二) 产品组合的宽度、长度、深度和关联度

(1) 产品组合的宽度又称产品组合的广度,是指一个企业生产经营的产品系列的多少,即拥有产品线的数目。如果一家企业拥有牙膏、肥皂、洗涤剂、除臭剂四条产品线,则其产品组合的宽度为4。产品线越多,则产品组合宽度越宽,反之亦然。产品组合的宽度说明了企业的经营范围、跨行业经营的程度。增加产品组合的宽度,可以充分发挥企业的生产能力,使企业的资源得到充分利用,提高经营效益。

(2) 产品组合的长度是指一个企业的产品组合中全部产品线中所包含的产品项目总数。以产品项目的总数除以产品线的数目,可得出产品组合的平均长度。

(3) 产品组合的深度是指产品项目有多少个品种。多者为深,少者为浅。

(4) 产品组合的关联度指企业各条产品线在最终用途、生产条件、分销渠道或其他方面的相互联系的密切程度。产品组合的相近程度越大,其相关度也越高;反之,则越低。例如企业生产牙膏、肥皂、洗涤剂、除臭剂,则产品组合的关联度较大;若这个企业同时又生产服装和儿童玩具,那么,这种产品组合的关联度就很小。

一般而言,实行多元化经营的企业,因同时涉及几个不相关联的行业,各产品之间相互关联的程度较为松散;而实行专业化经营的企业,各产品之间相互关联的程度则较为密切。

(三) 分析产品组合的意义

企业产品组合的宽度、长度、深度和关联度不同,就构成不同的产品组合。产品组合状况直接关系到企业销售额和利润水平。分析企业产品组合,具体而言就是分析产品组合的宽度、长度、深度及关联度的现状、相互结合运作及发展态势,以便做出对产品组合的优化调整。

(1) 增加产品组合的宽度,即增加产品线的数目,有利于拓展企业的生产和经营范围,实行多元化经营战略,可以更好地发挥企业潜在的技术、资源及信息等方面的优势,提高经

济效益,还有利于分散企业的投资风险。如一些电冰箱厂利用自己的制冷技术和设备开发空调产品,既满足了市场的需要又增加了企业的效益。

(2)增加产品组合的深度和长度,在同一产品线上增加更多花色、品种、规格、型号、款式的产品,可以使企业产品更加丰富多彩,满足更广泛的市场需求,提升产品线的专业化程度,占领同类产品更多的细分市场,增强行业竞争力。

(3)加强产品组合的关联度,可以强化企业各条产品线之间的相互支持,协同满足消费者,有利于资源共享,降低成本,使企业在某一特定的市场领域内增强竞争力和市场地位,赢得良好的企业声誉。

企业在进行产品组合时,必须遵循两个原则:一是有利于促进销售;二是有利于增加企业的总利润。

二、产品线决策

(一)产品线分析

企业产品经理需要知道产品线上的每一个产品项目的销售额和利润,以决定哪些项目需要发展、维持、收益或放弃;他们还要了解每种产品的市场轮廓。

1. 销售额和利润

企业产品组合的短期决策,常常应用销售额与利润分析,来决定产品项目的取舍。假设某企业某一产品线包括四个产品项目,其销售额和利润状况如表 8–1 所示。

表 8–1 某企业某一产品线销售额和利润状况　　　　　　　万元

产品项目 项目	A	B	C	D	合计
销售额	100	300	400	1 000	1 800
利润	30	30	−100	150	110
销售利润率	30%	10%	−25%	15%	6.1%

产品 A 销售利润率高,说明很有潜力,应该通过各种营销策略提高它的销售量,增加产品组合的利润;产品 B 的销量与利润均较低,应该提高;产品 C 亏损严重,它是整个产品线的"累赘",因为正是它拖了整条产品线的利润贡献,企业产品经理可以考虑撤销这个产品项目;产品 D 销量与利润均较好,是产品组合中的主打产品,应维持其现有状况,并努力通过各项营销策略促使其销量和利润率提高。

2. 产品项目市场地位分析

产品项目市场地位分析是指将产品线中各产品项目与竞争者的同类产品做对比分析,全面衡量各产品项目的市场地位。

(二)产品线延伸策略

企业的生产线具有不断延长的趋势,可以通过产品线延伸的方法增加产品线的长度。每一个企业生产经营的产品都有其特定的市场定位,产品线延伸是指部分或全部地改变企业原有产品线的市场定位。也就是说，突破原有的市场定位，使其超出目前范围。产品线延伸的原因在于企业开辟新的市场，吸引更多的消费者，占领更大的市场份额，或是为了满足现有顾客需求的变化。产品线延伸策略主要有向下延伸、向上延伸和双向延伸三种不同的实现方式。

1. 向下延伸

向下延伸指原来定位于高档产品市场的企业，在原有的产品线内增加低档产品项目。实行这一决策的企业需要具备以下条件。

（1）利用高档产品的声誉，吸引购买力水平较低的顾客，使其慕名购买此产品线中的廉价产品。

（2）高档产品销售增长缓慢，企业的资源设备没有得到充分利用，为赢得更多的顾客，将产品线向下延伸。

（3）企业最初进入高档产品市场的目的是建立厂牌信誉，然后再进入中、低档市场，以扩大市场占有率和销售增长率。

（4）补充企业的产品线空白，以填补市场空缺或防止新的竞争者进入。

实行这种策略也有一定的风险：可能会削弱本企业高档商品的竞争力，因为企业资源总是有限的，分散资源不利于保持企业原有的竞争力；企业原有的经销商可能不愿意销售低档产品；可能会影响原有产品的市场形象，尤其是名牌产品。

小链接8-2　派克笔的产品延伸策略

早年，美国的派克钢笔质优价贵，是身份和地位的标志，许多上层人物都喜欢带一支派克笔。然而，1982年公司新总经理上任后，为抢占中低档笔市场，向下延伸推出了价格低廉的平民派克笔，生产每支仅3美元的低档笔，结果不但没有顺利打入低档平民笔市场，其高贵的品牌形象也受到损害，高档笔市场的份额萎缩，其市场占有率大幅度下降，销售额只及竞争对手克罗斯公司的一半。盲目向下延伸品牌，毁坏了派克在消费者心目中的高贵形象，而竞争对手则利用这一机会进入了高档笔市场。究其原因是派克笔高贵的品质品牌形象被延伸产品平民笔稀释了不少，派克笔真正的顾客需要的是原汁原味的高端品牌形象。

2. 向上延伸

向上延伸指原来定位于低档产品市场的企业，在原有的产品线内增加高档产品项目。一般来讲，向上延伸可以有效地提升品牌资产价值，改善品牌形象，这种策略通常适用于以下几种情况。

（1）高档产品市场具有较大的潜在成长率和较高的利润率。

（2）企业的技术设备和营销能力已具备进入高档产品市场的条件。

（3）企业要重新进行产品线定位。

这一策略的实施企业同样要面临一些风险：高档产品市场中原有生产企业会设置障碍阻止企业进入；由于企业长期生产低档产品，潜在顾客对其高档产品的信任程度可能会比较低，影响高档产品在该市场销售；改变产品在消费者心目中的地位是相当困难的，因而需要通过大量的营销努力，经过一段时间才能奏效；原有产品的销售渠道可能缺乏高档产品的销售经验和技能，因而企业必须培训或物色新的有经验的销售人员。

3. 双向延伸

双向延伸指原定位于中档市场的产品，在掌握了市场优势以后，将产品项目逐渐向高档和低档两个方面延伸。这种策略在一定条件下有助于扩大市场占有率，加强企业的市场地位，获取更多利润。但双向延伸策略在具体的实施中有相当大的难度，需要企业具有足够的实力。

（三）产品线现代化

产品线现代化强调企业把现代科学技术应用于生产经营过程，并不断改进产品线，使之符合现代顾客需求的发展要求。

一家公司的机床如果还是20世纪50年代的老设备，就会使该公司败在产品线较为新式的竞争者手下。问题是产品线是要逐渐现代化，还是一下子现代化？渐进的方法可以节省资金，但也容易被竞争者发现和模仿；快速实现产品线现代化，可以快速产生市场效果，并对竞争者形成威胁，但需要在较短的时间内投入大量的资金。

（四）产品线特色化和产品线削减

企业的产品经理可以在产品线中选择一个或几个产品项目进行特色化。比如某电视机厂宣传出售一种价格特低的彩色电视机，以此吸引顾客；另外，这个厂家也可以通过高端类产品项目进行特色化，以提高产品线的等级。

企业的产品线经理必须定期检查产品项目，研究削减问题，可以通过销售额和成本的分析，来识别市场表现不佳的项目。一家化学公司将其产品从217种削减为93种，留下来的这93种产品的销售额是最大的，对利润贡献也最大，并且具有极为长远的发展潜力。产品线削减的另一种情况是公司缺乏生产能力。

第三节　产品生命周期

产品生命周期是现代市场营销理论中的一个非常重要的概念，是研究产品竞争状况动态变化的重要工具。运用产品生命周期，能使企业从整体上把握产品在市场上的动态变化规律，能够获取制定市场营销决策的重要信息。

一、产品生命周期的概念和阶段划分

（一）概念

任何一种产品在市场上的销售情况和获利能力都不是固定不变的，而是随着时间的推移发生着变化。这种变化和生物的生命历程一样，也经历了诞生、成长、成熟和衰亡的过程，所以称为产品生命周期。产品生命周期是指某产品从进入市场到被市场淘汰退出市场的全部运动过程。

（二）阶段

大多数学者把典型产品生命周期描绘成一条成正态分布的曲线，如图8-2所示。它是以统计规律为基础的理论研究成果。根据产品销售量和利润的变化,产品生命周期分为四个阶段。

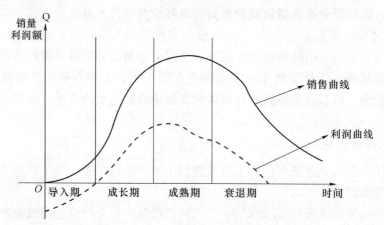

图8-2 产品生命周期曲线

(1) 导入期,又称投入期。导入期是指产品刚导入市场时,销售缓慢成长的时期。在这一阶段,因为产品导入市场所支付的巨额费用,利润几乎不存在。

(2) 成长期,产品被市场迅速接受和利润大量增加的时期。

(3) 成熟期,目标市场上绝大多数的顾客已经购买了这种产品,销售量已接近极限,增长率减缓。为了对抗竞争,维护市场份额,投入的营销费用需增加,导致利润稳定或趋于下降。

(4) 衰退期,当目标顾客的需求开始发生转移,或出现新的替代品时,这种产品的销售量和利润不断下降。

(三) 正确理解产品生命周期

1. 与产品使用寿命相区别

产品生命周期与产品使用寿命,是两个完全不同的概念。产品生命周期指的是产品的市场寿命。它是从产品的市场销售额和利润额的变化来进行分析判断的,反映的是产品的销售状况及获利能力在时间上的变化规律,受国家国民经济、政治法律、技术进步、市场竞争、供求状况和顾客偏好等多种因素的影响,因而是无形的、抽象的。

产品使用寿命则是指产品在消费过程中,实体磨损或消耗所持续的时间,即产品的耐用程度。它是由产品材质、使用及养护程度等因素决定的,是有形的、具体的。产品的使用寿命短,并不等于其生命周期就短;反之,使用寿命长的,其生命周期也未必就长。比如,像名烟、名酒、老字号食品等,它们的使用寿命在一次或几次的消费过程中就结束了;但作为商品,它们源源不断地被生产出来,并一直为消费者接受。显然,它们仍然处于产品生命周期的成熟阶段。

2. 产品种类、形式、品牌生命周期

产品生命周期概念能够用于分析一个产品种类(如酒)、一种产品形式(如白酒)或一个品牌(如茅台)。

(1) 产品种类具有最长的生命周期。很多产品种类如酒、食盐、汽车等的产品成熟阶段可以无限期地持续下去,因为它们与人口变化规律高度相关。

(2) 产品形式比产品种类更能准确体现标准的产品生命周期，是我们主要的研究对象。

(3) 产品品牌显示了最短的产品生命周期。有些品牌投入市场后很快被淘汰，而有些品牌在经历了大浪淘沙般的市场洗礼后却存活下来，并且经久不衰。

二、产品生命周期的其他形态

产品生命周期是一种理论抽象，在现实经济生活中，并非所有产品的生命历程都完全符合这种理论的正态分布形式。西方营销学者通过研究确定了6~17种不同的产品生命周期形态，下面简要介绍三种常见的产品生命周期形态，如图8-3所示。

（一）"成长-衰退-成熟"形态

图8-3（a）显示了"成长-衰退-成熟"的形态，这类产品在首次进入市场时销售量增长迅速，然后跌落到非常稳定的水平。这个水平得以维持是因为不断有晚期采用者首次购买该产品和早期采用者更新产品。

（二）循环-再循环形态

图8-3（b）所示的是"循环-再循环"形态，常用来说明新药品的销售。制药公司积极促销其新药品，从而产生了第一个循环；然后销售量下降，于是公司发动第二次促销活动，这就产生了规模和持续时间较小的再循环。

（三）扇形形态

图8-3（c）所示的是"扇形"产品生命周期，它是基于发现了新的产品特征、用途和用户，而使其生命延长。

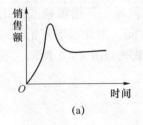
(a)
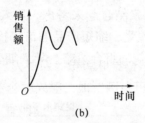
(b)
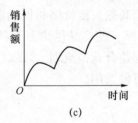
(c)

图8-3 三种产品生命周期形态

小链接8-3　　　　　**"短命"的科技产品**

惠普在2011年2月9日宣布要生产一款TouchPad平板电脑，该产品也在7月1日正式出货。但是惠普8月18日宣布放弃WebOS设备运营，惠普CEO李艾科（Léo Apotheker）表示："平板电脑效应确实存在，但是TouchPad销量并未达到我们预期。"

微软两款Kin手机由夏普代工生产，运行Verizon无线网络，采用下滑式键盘、触摸屏，内置大量功能，不支持第三方应用。Kin手机在2010年5月6日上市，终结于2010年6月30日。微软称，他们决定专注于Windows Phone 7手机，并将Kin团队整合进Windows Phone 7团队中，Kin手机不再按计划于秋季面向欧洲出货。

三、产品生命周期各阶段的特点及营销策略

(一) 导入期

导入期也称介绍期或投入期,也就是产品首次投入市场后的最初销售阶段。

1. 导入期的主要特点

产品刚进入市场,顾客或用户对产品了解甚少,大部分顾客不愿意改变既定的购买模式;产量和销量都小,技术尚不稳定不成熟,产品生产成本高;分销网络还没有全面、有效地建立起来;企业为迅速打开产品销路需进行大量的促销活动,促销费用和其他营销费用高;因为销售额低,而生产成本和销售费用高,因此企业亏损或利润低;生产企业少甚至是独家生产,一般没有同行竞争。

2. 导入期市场营销的重点

(1) 在导入期,市场营销的重点不是取得多少利润,而是如何大力促销,通过高水平的促销努力来帮助潜在消费者增进对新产品的了解,引导他们试用其产品;获得中间商分销其产品。

(2) 在导入期,产品推广和销售的重点对象应是目标市场中的那些率先购买者和早期购买者,即具有超前意识、革新精神、愿意最早接受新事物且收入比较高的消费者群体。

3. 导入期的市场营销策略

新产品上市,由于顾客对它还不熟悉,销售量增长缓慢,在此阶段,主要考虑促销和价格两个因素。为了建立新产品的知名度,需要大力促销,为了支付高额促销费用,产品的定价需要高些。把价格和促销两个因素结合起来考虑,导入期的阶段,营销策略要突出一个"快"字,使产品尽快为消费者所接受,缩短产品的市场投入时间。为此市场营销管理者应该做好整合营销策划,采取行之有效的组合策略。导入期营销策略如图 8-4 所示,有四种策略可供选用。

图 8-4 导入期营销策略

(1) 快速撇脂策略,即双高策略,也就是企业以高价格和高促销费用推出新产品。成功采用这一策略,不仅可以使企业在短期内获得较高利润,尽快回收新产品开发的巨额投资,而且可以使其迅速占领市场。但需要具备以下条件:一是市场有较大的需求潜力;二是目标顾客求新心理强,愿意付出高价;三是企业面临潜在的竞争者,需要尽快树立名牌形象。

(2) 缓慢撇脂策略,是企业以高价格和低促销费用推出新产品。这一策略可以降低成本,为企业带来更多的利润。但需要有相应的条件:一是市场竞争威胁不大;二是市场上大

多数用户对该产品没有过多的疑虑并且愿意接受高价。

（3）快速渗透策略，是企业以低价格和高促销费用将产品推向市场。采取这种策略，目的是在导入期以最快的速度赢得市场占有率，薄利多销，以便在以后的时期获得较多的利润。实施这一策略的条件：一是该产品市场容量很大；二是潜在顾客对该产品不了解，且对价格十分敏感；三是市场的潜在竞争较为激烈；四是产品的单位生产成本会随生产规模和销量的扩大而迅速下降。

（4）缓慢渗透策略，即双低策略，也就是企业以低价格和低促销费用推出新产品。实施这一策略，不仅可以使企业扩大产品销售，而且可以实现更多的盈利。但需要具备以下条件：一是市场容量较大；二是潜在顾客对该产品了解，并且对价格十分敏感；三是市场的潜在竞争较为激烈。

（二）成长期

成长期是该产品在市场上迅速为消费者所接受，销售量稳步上升的阶段。

1. 成长期的主要特点

产品处于成长期，消费者对产品已经比较熟悉，消费习惯已形成，销量迅速增加，利润迅速提高；随着销量的增大，企业生产规模也逐步扩大，单位产品生产成本下降，产品设计和工艺已基本定型，产品成本显著下降；为了适应竞争或维持市场的继续成长，需要保持或稍微增加促销费用，但单位产品的促销费用大幅度下降；有利的市场前景吸引了大批竞争者加入，市场竞争加剧，使同类产品供给量增加，市场价格下降；已建立起较稳定的分销渠道，并继续扩大。

2. 成长期市场营销的重点

针对这一时期的特点，市场营销的重点就是突出一个"好"字，应大力组织生产，继续致力于扩大市场，提高市场占有率，尽可能地延长产品的成长阶段。

3. 成长期的市场营销策略

（1）改善产品品质。在保持或提高产品质量的基础上，努力增加产品的款式、花色、型号和功能，以提高产品的竞争能力。

（2）改变促销的重点。企业要适时开展第二轮广告攻势，广告宣传促销的重点要从介绍产品、提高产品知名度转移到建立企业产品形象、突出产品特色、建立消费者的品牌偏好上，从而维系老顾客，吸引新顾客。

（3）巩固和发展分销渠道。在巩固现有渠道的基础上，增加新的分销渠道，扩大商业网点，开拓新的市场。

（4）适当地降低价格。这一阶段成本呈下降趋势，降价可使产品增强竞争力。可选择适当的时机，适当地降低价格，激发那些对价格较敏感的消费者产生购买动机和采取购买行为。

（三）成熟期

成熟期是指大多数消费者已经接受该项产品，销售量达到高峰，市场销售额缓慢增长或下降的阶段。

1. 成熟期的主要特点

产品销售逐步达到最高峰，并逐渐出现下降的趋势，利润也从最高点开始下滑，但上升和下降速度缓慢；绝大多数属于现有顾客的重复购买，只有少数迟缓购买者进入市场；生产成本逐步降到最低点，但销售费用不断增加；市场上竞争者增多，竞争非常激烈，甚至达到"白热化"程度，各种品牌、各种款式的同类产品不断出现。

菲利普·科特勒根据成熟期产品销售量的变化情况，把成熟期分为三个阶段。第一阶段为"成长中的成熟期"，此时各销售渠道基本呈饱和状态，但总销售额继续缓慢增长，这是由于有少数新消费者进入该市场，但大部分仍属原有顾客重复购买。第二阶段为"稳定中的成熟期"，此时市场已经饱和，消费水平平稳，大多数潜在的消费者已试用过该产品，未来的购买只受重复需求和人口增长的影响。第三阶段为"衰退中的成熟期"，此时销售水平显著下降，原有用户的兴趣已开始转向其他产品和替代品；全行业产品出现过剩，竞争加剧，销售增长率下降，一些缺乏竞争能力的企业将逐渐被淘汰；竞争者之间各有自己特定的目标顾客，市场份额变动不大，突破比较困难。

2. 成熟期市场营销重点

在成熟期，市场营销的重点应放在延长产品生命周期、保持市场占有率上。

3. 成熟期的市场营销策略

（1）市场改良，即通过发现产品的新用途或改良促销方式等来开发新市场，寻找新用户，以使产品销量得以扩大。例如强生公司将婴儿爽身粉、婴儿润肤露等婴儿护肤用品扩展到母亲市场，成功地做大了市场"蛋糕"。

（2）产品改良，即以产品自身的改变来满足顾客的不同需求，从而吸引他们。产品整体概念的任何一个变量的改变都可以视为产品改良，如产品品质改进、性能改进、式样改进、包装的改进和服务的改进等。

（3）其他市场营销组合因素改良，即改变价格、渠道和促销等。例如，以购买折扣、运费补贴、付款延期等方法来降价让利；扩大分销渠道，增设销售网点；调整促销组合，变换广告，加强人员推销，强化公共关系等。"多管"齐下，渗透市场，扩大影响，争取更多的顾客。

（四）衰退期

衰退期是产品销售额急剧下降，逐渐被新产品取代而退出市场的阶段。

1. 衰退期的主要特点

产品销量由成熟期的缓慢下降变为迅速下降；消费者的兴趣和消费习惯完全发生转变或持币待购，转向新产品或期待新产品上市；销售利润大幅度下降，降到微利甚至负利，不少企业由于无利可图被迫退出市场；生产能力过剩，市场竞争突出地表现为价格竞争，价格不断被迫下跌，已降至最低水平。

2. 衰退期的市场营销策略

在产品生命周期的衰退期，消费者需求偏好发生变化；或者由于替代品出现，生产过剩，销售额、利润下降，还造成了企业许多其他损失：如营销者管理费用、经营费用增加；影响企业形象和新产品的开发；破坏市场组合的协调，削弱企业在未来市场上的竞争能力等。因此，企业市场营销的目标应是选择有利时机尽快予以淘汰，在这个阶段，企业营销策略应突出一个"转"字，具体策略如下。

（1）继续策略。继续策略是继续沿用过去的策略，仍按照现在的细分市场，使用相同的价格、渠道和促销方式，直到其产品完全退出市场。采用这种策略的企业，它的产品仍有盈利，在市场上竞争力较强，并且企业仍有其他处于成熟期的产品。

（2）集中策略。集中策略是把企业的资源集中使用在销售最佳的产品品种、最有利的细分市场、最有效的分销渠道和最适合的促销方式上，以其优势赢得尽可能多的利润。

（3）收缩策略。收缩策略是企业尽量减少各方面如厂房设备、维修服务等方面的投入，大幅度降低促销水平，尽量减少市场营销费用，以增加目前的利润，通常作为停产前的过渡策略。

（4）放弃策略。放弃策略是对于衰退比较迅速的产品，应当机立断，放弃经营，转向其他产品。可以采取完全放弃的形式，如把产品完全转移出去或立即停止生产；也可以采取逐步放弃的方式，使其所占用的资源逐步转向其他产品。

第四节　新产品开发

一、新产品的含义及类型

（一）新产品的含义

市场营销学中的新产品概念不是从纯技术的角度理解的，其内容要广泛得多。从企业的角度来说，凡是相对于原有产品在结构、功能、性能、材质、技术基础或原理、生产制造工艺等方面产生差异，或者由某个或某群营销者初次在另一市场上进行营销的产品，都可以称为营销学意义上的新产品。

（二）新产品的类型

每一家企业都必须开发新产品，新产品是企业生存发展的源泉。为了保持或提高企业产品的销售量，企业需要向顾客不断提供他们所需要的新产品。一家公司可以通过收购或新产品开发来获得新产品。收购途径有三种形式，企业可以购买另一家企业并获得其所拥有的产品；也可以从其他企业购买许可权，或购买特许经营权。

新产品的开发可采取三种方式：一是企业自己投资，组织研发人员开发新产品；二是通过委托研究机构或专门的新产品开发公司来为企业开发特定的新产品；三是企业与研究机构合作开发新产品。

新产品可分为六种基本类型。

（1）新问世的产品。这同科学技术开发意义上的新产品完全一致，是指应用新原理、新结构、新技术和新材料制造的前所未有的产品。它能够开创一个全新的市场。

（2）新产品线。新产品线是企业首次生产的产品。

（3）现有产品线的增补品。现有生产线的增补品是企业在已建立的产品线上增补的新产品（如新规格、新尺寸、新口味等）。

（4）现有产品的改进更新。对现有产品性能进行改进或注入较多的新价值所形成的新产品，并替代现有产品。

（5）现有产品进入新市场。虽然是现有产品，但是定位于新市场，这也形成了新进入市场的新产品。

(6) 成本减少的产品。成本减少的产品是以较低成本提供相似性能的新产品。

所有新产品中只有很少一部分真正属于新问世的产品。由于它们对公司和市场来说都是新的，因此，这些产品包含了非常高的成本和风险，但是一旦开发成功，也会给企业带来巨大的机会和利益。

小链接 8-4　　　　新产品失败的原因

1. 市场/营销失败
- 潜在市场规模小
- 产品差异不明显
- 定位差
- 误解顾客需要

2. 财务失败
- 投资回报率低

3. 时机失败
- 市场进入迟
- "太"早——市场还没有准备好

4. 技术失败
- 产品无效
- 设计差

5. 组织失败
- 不适应组织文化
- 缺乏组织支持

6. 环境失败
- 政府法规
- 微观经济因素

二、新产品开发的必要性

(一) 产品生命周期要求企业不断开发新产品

由于产品生命周期的客观存在，任何企业要靠一成不变的老产品在市场上生存和发展下去，都是不可能的，必须持续不断地开发新产品。如果企业不开发新产品，则当产品走向衰落时，企业也会走向衰落。相反，企业如果能不断开发新产品，就可以在原有产品退出市场时利用新产品占领新市场。一般而言，当一种产品投放市场时，企业就应当着手设计新产品，使自身在任何时期都有不同的产品处在市场周期的各个阶段，从而保证企业利润的稳定增长。

（二）消费需求的变化引导企业通过开发新产品来满足

现代消费需求越来越复杂并且多样化，消费者收入的增加以及消费者对展现个性的商品追求，使得企业必须通过不断了解消费者需求的变化来开发与之相适应的新产品。

（三）科学技术的发展推动企业不断开发新产品

科技的进步有利于企业改进、完善或者淘汰旧有的产品，生产出性能更优越、功能更多的新产品，以适应市场的需求。新的科学技术成果为企业的新产品开发提供了条件。

（四）市场竞争的加剧迫使企业不断开发新产品

现代市场上企业间的竞争日趋激烈，企业只有不断创新、开发新产品，才能在市场上占据领先地位，增强活力。在市场竞争中，没有任何一种产品能保证企业有永久优势。企业不断地推出新产品，可以提高其在市场上的信誉和地位，提高竞争力，并扩大市场份额。

三、新产品开发的程序

新产品开发是企业在激烈的技术竞争中赖以生存和发展的命脉，是实现"生产一代、试制一代、研究一代和构思一代"的产品升级换代宗旨的重要阶段，在企业产品发展方向、产品优势、开拓新市场和提高经济效益等方面起着决定性的作用。为了提高新产品开发的成功率，必须遵循科学的新产品开发管理程序。不同行业的生产条件与产品项目不同，管理程序也有所差异，一般来说，企业的新产品开发基本上都要经过以下阶段，即创意产生、创意筛选、产品概念的形成与测试、初拟营销规划、商业分析、新产品试制、市场试销和商业性投放。新产品开发的程序如图8-5所示。

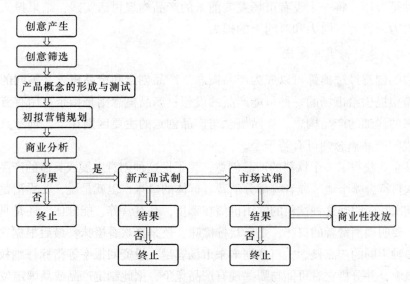

图8-5 新产品开发的程序

（一）创意产生

企业在开发新产品的时候不能依赖于偶有所得或无穷尽的搜索，必须审慎地定义新产品开发战略，有目的地引导新产品创意形成。最高管理层应确定要着重研究的产品与市场范围,并指出新产品开发的目标。他们还应该阐明对开发创新产品、改进现行产品和仿造竞争产品应做出多大的努力。新产品创意的来源有很多。

(1) 顾客需求和欲望是寻找新产品创意的合乎逻辑的起点。

(2) 成功的企业建立了公司的文化,以鼓励每一个员工寻找关于改进企业生产、产品和服务的新创意。

(3) 企业通过对竞争者产品和服务的监测,也能发现新创意。

(4) 最高管理层是新产品创意的主要来源。

(5) 新产品创意的其他各种来源有发明家、专利代理人、大学和商业性的实验室、行业顾问、广告代理商、营销研究公司和工业出版物。

由于创意来自许多渠道,各种创意受到注意的机会就取决于企业对新产品开发负有责任的组织机构。该机构的工作人员必须积极、有序地接纳各种创意,使有价值的创意进入开发程序。

(二) 创意筛选

并不是所有的创意都有开发的价值,企业必须对创意进行筛选,目的是尽可能早地发现和放弃错误的创意,否则会给企业带来巨大损失。筛选创意时要考虑以下因素。

(1) 产品创意的目标市场和市场规模、竞争情况、市场风险、发展趋势及市场潜力。

(2) 产品创意是否与企业目标、企业市场营销目标有关。

(3) 开发和研究这一创意有关的必要资源,如原材料、资金、分销商、开发能力等,是否具有可获性。

在筛选过程中,要注意避免两种失误:一种是误舍,将一些具有开发前景的产品创意筛选舍去;一种是误用,将一个没有市场发展前景的产品构想付诸实践,结果投入市场后遭到失败,造成人力、物力、财力和时间上的损失。

(三) 产品概念的形成与测试

有吸引力的创意经过提炼可以成为产品概念。产品创意和产品概念是不同的,产品创意是企业本身希望提供给市场的一种可能产品的设想;产品概念则是指企业用有意义的消费者术语表达出来的详细的产品构思。产品概念与产品创意的主要区别在于,创意只有一个,而由创意所形成的产品概念则可有若干个。

例如,某企业获得了一个饮料的产品创意,为了把这种创意发展成具体的产品概念,首先要分析这种饮料符合哪个地区或者哪部分消费者群体的口味,也就是说,要弄清楚这种饮料的目标市场;其次,应明确这种饮料的饮用价值在哪里,是有营养、能健体,还是具有某种特殊功效;再次,要明确消费者的口味,是喜欢柠檬味,还是喜欢香橙味?最后根据这些问题,企业可以得到多种不同的产品概念,再依据未来市场容量、投资回报率等指标仔细权衡,选出最适合的产品概念,并分析它有可能与哪些现有产品竞争,据此制定产品或品牌定位策略。

产品概念确定后,需对它进行测试,以了解顾客的反应。所谓测试,即是企业将所得的产品概念和选定的合适的目标消费者一起测试,然后收集消费者的反应。

在测试时,产品概念可以用符号或实体形式来展示。在这阶段,用文字或图形描述就足够了,但是,概念测试与最后的产品形状越近似,概念测试的可靠性越高。今天的计算机辅助设计和制造程序已能够帮助企业在计算机上设计各种实体产品（如小的仪器或玩具），然后制成塑料模型，让预期的消费者观察这些模型，并要求他们评论。

某些企业也应用虚拟现实程序来测试产品概念。虚拟现实程序应用计算机和感觉设备（如特殊手套和眼镜等）来模拟真实。如，某企业开发了一种名为模拟商店的调研工具，即用光盘虚拟现实方法来营造一种店铺环境，调研人员可以测试消费者对产品定位、店铺陈列和包装设计等因素的反应。

（四）初拟营销规划

对经过测试的产品概念，企业要制定一个初步的营销规划，这个营销规划将在以后的阶段中被不断完善发展。营销规划一般应描述目标市场的规模、市场的结构、消费者的购买行为、产品的市场定位，对前期的销售量、市场占有率、利润率的预测等；描述该产品的预期价格、分销策略及第一年的营销预算；描述预期的长期销售额和利润目标，以及不同时期的市场营销组合策略等。

（五）商业分析

商业分析是指分析新产品的预计销售量、成本和利润估计情况，以了解其是否符合企业的目标。

（1）销售额的估计。通过对类似产品过去的销售情况及目标市场情况做深入考察，估计最大和最小销售量。在估算时，既要考虑新产品的性质，还要考虑竞争对销售额的影响。

（2）成本和利润估计。产品成本和利润均与销售量有很大关系，根据量、本、利之间的关系，可用以下公式测算利润：

$$R_t = (P_t - C_t) \times Q_t - F_t - M_t$$

式中，R_t 为 t 年的利润额，P_t 为 t 年的平均价格，C_t 为 t 年的单位变动成本，Q_t 为 t 年的销售量，F_t 为 t 年的固定成本，M_t 为 t 年的市场营销费用。

（六）新产品试制

到目前这个阶段为止，新产品只是一段语言描述、一张图纸或一个非常原始的模型，必须把通过了商业分析的产品概念移至研究开发部或工程部，把它发展成实体产品。产品开发阶段相比起前面的阶段需要的投资要大得多。在本阶段要解决的问题是，产品构思是否能够转化为在技术上和商业上可行的产品。如果失败了，除了能获得一些经验和信息之外，先前的所有投资都将付诸东流。

（七）市场试销

试制品经过测试合格后，就可以将产品连同市场营销方案投入到市场环境中试销。新产品试销既能帮助企业了解市场的销售情况，又能检测产品包装、价格、数量、广告的效果，还能发现产品性能的不足之处，为产品正式投入市场打好基础，为企业是否大批量生产该产品提供决策依据。新产品市场试销的主要决策涉及：

（1）试销地点的选择。一般来说，应该选择收入居于中等水平、具有代表性的地区作为试销地点。如果选择城市，选择 3~4 个比较适合。

（2）试销时间的长短。试销时间应从产品特征、竞争者情况和试销费用来考虑，如是重复购买的产品，至少要试销一两个购买周期。

在试销过程中，企业要注意收集有关资料，包括在有竞争的情况下，新产品试销情况及销售趋势如何，同时与原定目标相比较，调整决策；哪一类顾客购买新产品，反应如何；顾客对产品质量、品牌、包装还有哪些不满意；新产品的试用率和重购率为多少。

（3）试销所需要的费用开支。

（4）试销的营销策略以及试销成功后应进一步采取的战略行动。

市场试销需要耗费较多的投资，而且试销时间如果太长，还容易让竞争对手抢占先机。并非所有的新产品都需要试销，当产品的成本很低，企业对新产品非常有信心，或由比较简单的产品线扩展而来或是模仿竞争者的产品而生产时，企业可以不进行或只进行少量的试销就批量上市。但是，投资很大的产品或企业对产品或营销方案信心并非很足时，就必须进行时间较长的试销。

（八）商业性投放

新产品经试销获得成功后，便可批量生产，正式推向市场，实现新产品的商业化。这一阶段是新产品开发的最后一个阶段，也意味着产品寿命周期的开始。此阶段，正确选择投放时间、投放地区、目标市场和营销策略就成为上市成功的关键。

四、新产品的采用与推广

（一）顾客采用过程的五个阶段

（1）知晓阶段：顾客对该产品有所察觉，但缺少关于它的信息。

（2）兴趣阶段：顾客受到一些激发，开始寻找该创新产品的信息。

（3）评价阶段：顾客考虑使用该创新产品是否明智。

（4）试用阶段：顾客小规模地试用该创新产品，以确定先前对其价值的评价。

（5）采用阶段：顾客决定全面、经常使用该创新产品。

通过这一系列的采用过程分析，新产品的营销人员了解如何使顾客成为真正的创新产品使用者。如一个电动洗碗机制造商可能发现，许多酒店停留在感兴趣的阶段而不进入试用阶段，是因为害怕洗碗机靠不住和需要大量的投资费用，但是，如果实行每月只要付出少量费用就可以试用的办法，这些顾客就愿意使用电动洗碗机。

（二）创新特征对新产品采用率的影响

有的产品几乎一投入市场立即就大受欢迎，而有些产品需要经过很长一段时间才会被接受。在对创新采用率的影响中，以下五个特征显得特别重要。

（1）创新的相对优点：优于现行产品的程度。

（2）创新的一致性：创新产品与目标市场的消费习惯以及人们的产品价值观相吻合。

（3）创新的复杂性：了解和使用新产品的相对困难程度。

（4）创新产品的可试用性：新产品在有限制的基础上可能被试用的程度。

（5）创新的传播性：新产品的使用结果能被观察到或向其他人转述的程度。

（三）消费者对新产品的反应差异与市场扩散

（1）创新采用者：也称"消费先驱"。这类消费者通常富有个性，勇于革新冒险，性格活跃，消费行为比较标新立异，容易接受新观念，经济宽裕，受教育水平高，易受广告等促销手段的影响，是企业投放新产品时极好的目标。

（2）早期采用者：一般是年轻、富于探索的消费者。他们对新事物比较敏感并有较强的适应性，经济状况良好，对早期采用新产品有自豪感。这类消费者对广告及其他的渠道传播的新产品信息很少有成见，促销媒体对他们有较大的影响力，但与创新者比较，持较为谨慎的态度。

（3）早期大众：这部分消费者一般较少保守思想，接受过一定的教育，有较好的工作环境和固定的收入；对社会中有影响的人物，特别是自己所崇拜的"舆论领袖"的消费行为具有较强的模仿心理；不甘落后于潮流，但受特定的经济地位所限，购买高档产品时持非常谨慎的态度。他们经常是在征询了早期采用者的意见之后才采纳新产品。研究他们的心理状态、消费习惯，对提高产品的市场份额具有很重要的意义。

（4）晚期大众：指较晚地跟上消费潮流的消费者。他们的工作岗位、受教育水平及收入状况往往比早期大众略差，对新事物、新环境多持怀疑态度或观望态度，往往在产品成熟阶段才加入购买。

（5）落伍者：这类消费者受传统思想束缚很深，思想非常保守，怀疑任何变化，对新事物、新变化多持反对态度，固守传统消费行为方式，在产品进入成熟期后期甚至衰退期才能接受。

新产品的整个扩散过程，从创新采用者到落伍者，形成完整的"正态分布曲线"，将其与产品生命周期联系起来，进行综合分析，可以清楚地看到，两者之间具有很强的关联性。从另一个角度看，产品生命周期的变化取决于顾客对产品的态度，反映顾客购买产品的规律。因此，研究产品开发和企业营销策略，不仅要考虑到产品生命周期，还要结合顾客的使用情况进行分析。

小链接8-5　　　　　　　　　　"眠之夜"磁带

人人都讨厌听废话，可谁会相信，在日本竟有一种内容全是废话的录音磁带出售，且非常畅销。这种名叫"眠之夜"的磁带是向失眠者提供的，上面录着"一只羊过去了，两只羊过去了……"，一直到"一千只羊过去了"。随着电子合成器的伴奏，这种单调的话语每隔五秒钟就出现一次，使听者渐渐地浸浴在"倦怠"感之中。这项产品一反治失眠症吃安眠药、用电刺激等常规的思路，几乎未花宣传费用就成了畅销产品，原因是"它可以使失眠者听着入睡，且没有副作用"。这种"创新求异"的产品由东芝依艾姆公司生产，售价为每盒700日元。

第五节　品牌与商标

一、品牌的含义与作用

（一）品牌的含义

美国营销协会将品牌定义为"一种名称、名词、标记、符号或设计，或者这些要素的组合，其目的是借以识别某个销售者或某些销售者提供的产品或服务，并使之与竞争对手的产品和服务区别开来"。品牌是一个集合概念，包括品牌名称和品牌标志两部分。品牌名称是指品牌中可以用语言称呼的部分，如奔驰、奥迪等；品牌标志是指品牌中可以被认出、易于记忆但不能用言语称呼的部分，通常由图案、符号或特殊颜色等构成，如三叉星圆环和相连着的四环分别是奔驰和奥迪的品牌标志。

品牌就其实质来说，代表着销售者（卖者）对交付给买者的产品特征、利益和服务的一贯性的承诺。久负盛名的品牌就是优良品质的保证。不仅如此，品牌还是一个更为复杂的符号，蕴含着丰富的市场信息。为了深刻揭示品牌的含义，可以从以下六个方面透视。

（1）属性：品牌代表着特定的商品属性，这是品牌最基本的含义。例如，梅赛德斯表现出昂贵、优良制造、工艺精良、耐用、高声誉。

（2）利益：品牌不仅代表着一系列的属性，而且体现着某种特定的利益，顾客购买商品实质是购买某种利益，这就需要属性转化为功能性或情感性利益。

（3）价值：品牌还体现了该制造商的某些价值感。例如奔驰代表着高绩效、安全、声望等。品牌的价值感客观要求企业营销者必须分辨出对这些价值感兴趣的购买者群体。

（4）文化：品牌还附着特定的文化。从奔驰汽车给人们带来的利益等方面来看，奔驰品牌蕴含着"有组织、高效率和高品质"的文化。

（5）个性：品牌也反映一定的个性。如果品牌是一个人、一种动物或一个物体，那么不同的品牌会使人产生不同的品牌个性联想。

（6）用户：品牌暗示了购买或使用产品的消费者类型。

根据六个层次的品牌含义，营销企业的品牌决策必须着重于深层次。人们常犯的错误是只注重品牌属性而忽视其他。实际上，购买者更重视品牌利益而不是品牌属性，而且竞争者很容易模仿或复制这些属性。另外，现有的属性还会随着时间的推移、技术的进步而变得毫无价值。品牌最持久的含义是其价值、文化和个性，这三个属性构成了品牌的基础，揭示了品牌间差异的实质。

(二) 品牌的作用

（一）品牌对营销者的作用

1. 品牌有助于促进产品销售，树立企业形象

由于品牌是产品的代表，品牌为企业进行广告宣传和促销活动提供了明确具体的对象。借助品牌，消费者了解了品牌标定下的商品，也记住了企业名称；借助品牌，即使产品不断进行更新换代，消费者也会在其对品牌信任的驱动下产生新的购买欲望；在信任品牌的同时，企业的社会形象、市场信誉得以确立并随品牌忠诚度的提高而提高。

2. 品牌是质量和信誉的保证，有利于企业约束不良行为

企业设计品牌、创立品牌、培养品牌的目的是希望此品牌能变为名牌，于是在产品质量上下功夫，在售后服务上做努力。同时品牌代表企业，那么企业从长远发展的角度必须在产品质量上下功夫，特别是名牌产品、名牌企业，品牌就代表了一类产品的质量档次，代表了企业的信誉。比如"海尔"作为家电品牌，会让人联想到海尔家电的高质量、海尔的优质售后服务及海尔人为消费者用户着想的动人画面。另外，在品牌建设的过程中，品牌对使用者的行为起到了监督和约束作用。

3. 品牌是企业竞争的武器，有利于保护企业的合法权益

树品牌、创名牌是企业在市场竞争的条件下逐渐形成的共识，企业希望通过品牌吸引消费者，通过品牌形成品牌追随，通过品牌扩展市场。品牌的创立、名牌的形成正好能帮助企业实现上述目的，使品牌成为企业有力的竞争武器。品牌特别是名牌的出现，使消费者形成了一定程度的忠诚度、信任度、追随度，由此使企业在与对手竞争中拥有了较强后盾。注册后的品牌能够排除他人未经许可利用或仿制产品，从而能很好地保护所有人的利益。

4. 品牌有助于扩大产品组合

品牌还可以利用其市场扩展的能力，带动企业进入新市场；带动新产品进入市场；品牌可以利用其资本运营的能力，通过一定的形式如特许经营、合同管理等形式进行企业的扩张。总之，品牌作为市场竞争的武器常常带来意想不到的效果。

5. 品牌可以超越产品的生命周期，是企业的一种无形资产

由于需求的变更和竞争的推动，除了少数产品，绝大多数产品不会长久地被消费者接受。一般而言，产品都有一个生命周期，最终会被市场淘汰。但是品牌却不同，它有可能超越产品的生命周期。一个品牌一旦拥有广大的忠诚顾客，其领导地位就可以经久不变，即使其产品已历经改良和替换。波士顿咨询集团研究了30大类产品中的市场领先品牌，发现"在1929年的30个领袖品牌中有27个在1988年依然勇居市场第一。在这些经典品牌中有象牙香皂、坎贝尔汤和金牌面粉"。像我们熟悉的一些著名品牌，也都有悠久的历史，如吉列（始于1895年）、万宝路（始于1924年）、可口可乐（始于1886年）、雀巢（始于1938年）。同样，我国的不少老字号在今天的市场竞争中依然有着品牌优势，如同仁堂等。

由此可知，品牌的概念比产品本身要广泛得多。品牌可以随着市场变换加以调整，只要能跟得上市场变化和消费进步，通过改进或创新产品以及保持品牌个性始终如一，可长期延续下去。也正是因为可以超越产品的生命周期，品牌从开始的依附在产品身上慢慢地发展到与具体产品相对独立开来，并可使消费者长期积累对它的认同和偏好，从而成为一种无形资产。而且，品牌本身也可以作为商品参与市场交易。

小链接8-6　BrandZ™ 2016年全球最具价值品牌百强排行榜

《2016年BrandZ™全球最具价值品牌百强榜》公布，全球100个最具价值品牌的品牌价值远远领先于其他品牌，百强的总价值上升3%，至3.4万亿美元。2016年，中国品牌表现极为亮眼。

这份榜单由WPP集团旗下调研机构华通明略（Millward Brown）编制，品牌价值是根据收入和盈利能力等财务数据，结合消费者品牌认知调查计算的。

谷歌以2 291.98亿美元的品牌价值重新超越苹果成为百强第一。

排在前10强的分别是：谷歌、苹果、微软、亚马逊、AT&T、Facebook、Visa、Verizon、麦当劳、IBM。

零售品牌进入百强榜的有亚马逊、阿里巴巴、家得宝、沃尔玛、宜家、好市多、劳氏、阿尔迪、CVS、eBay和京东。

近年来,零售行业的品牌势力起伏较大。前两名都是在线零售巨头,亚马逊的品牌价值惊人地增长了59%,至990亿美元,排名第7位,取代中国的在线零售商阿里巴巴成为零售行业品牌价值排名第一的品牌。紧随其后的零售品牌阿里巴巴在百强榜中排名第18位,品牌价值下跌26%,至493亿美元。

同时,中国电商品牌京东首次进入百强榜,品牌价值同比增长37%,至105亿美元,排名第99位。此外,排名第76位的美国零售公司劳氏和排名第88位的美国最大的药品零售商CVS,也是百强榜新晋成员。

快餐品牌进入百强榜的有麦当劳、星巴克、赛百味和肯德基。

连锁快餐巨头麦当劳以886.54亿美元的品牌价值在百强榜排名第9位(排名和去年一样,品牌价值则增长9%),蝉联快餐行业的第一名。

星巴克的品牌价值增长尤为引人瞩目,飙升49%,排名上升8位成为百强榜上的第21名。

服饰品牌进入百强榜的有耐克、Zara和H&M。

啤酒品牌进入百强榜的有百威啤酒、百威淡啤和喜力啤酒。

个人护理品牌进入百强榜的有巴黎欧莱雅、高露洁和吉列。

另外,百强榜上有三个行业的品牌各只有一家上榜,分别是全球第一大烟草公司Philip Morris旗下的烟草品牌万宝路(第12名)、宝洁旗下的婴儿护理品牌帮宝适(第37名),以及拥有"国酒"之称的中国白酒第一品牌茅台(第93位)。

在全球最具价值品牌百强榜上,有15个中国品牌上榜,比去年多一个,较10年前大有增加,当时中国移动(China Mobile)是唯一上榜的中国品牌。中国品牌上榜主要是挤掉了欧洲企业,这表明,经济实力正向东方转移。

中国科技集团华为(Huawei)在榜单上表现亮眼,从2015年的排名第70位上升到第50位,华通明略认为这得益于中国的消费者都倾向于购买国产货,帮助推升了华为的品牌价值。

华为(Huawei)已从苹果(Apple)和三星(Samsung)手中夺取市场份额。目前,华为的品牌价值增长22%,至190亿美元,其排名上升20个位次,至第50位。

中国品牌近年来发展迅猛,特别是科技行业,以腾讯(Tencent)、中国移动(China Mobile)和阿里巴巴(Alibaba)为首的亚洲10强品牌的品牌价值达3 600亿美元,仅比欧洲大陆和英国10强品牌的品牌价值总和低10%。(本案例写于2016.6)

(二)品牌对消费者的作用

1. 品牌的首要作用是方便消费者进行产品选择,缩短消费者的购买决策过程

选择知名的品牌,对于消费者而言无疑是一种省事、可靠又减少风险的方法。尤其在大众消费品领域,同类产品可供消费者选择的品牌一般都有十几个,乃至几十个。面对如此众多的商品和提供服务者,消费者是无法通过比较产品服务本身来做出准确判断的。这时,在消费者的购买决策过程中就出现了对产品的"感觉风险"(即认为可能产生不良后果的心理风险)。这种"感觉风险"的大小取决于产品的价值高低,产品性能的不确定性以及消费者的自信心等因素。消费者为了回避风险,往往偏爱拥有知名品牌的产品,以坚定购买的信心。而品牌在消费者心目中是产品的标志，代表着产品的品质和特色，同时还是企业的代号，意味着企业的经营特长和管理水准。因此，品牌缩短了消费者的购买决策过程，例如有的人购买汽车时倾向于奔驰、沃尔沃、桑塔纳，每种品牌汽车代表了不同的产品特性、不同的文化背景、不同的设计理念、不同的心理目标，消费者便可根据自身的需要，依据产品特性进行选择。

2. 品牌有助于维护消费者权益

品牌是消费者识别生产者的标志，所以，有了品牌之后，从企业的角度来看，企业为了维护自身的形象会恪守商业道德，竭尽能力为消费者服务；另外，也有利于消费者在自身权益遭到损害时，运用法律的手段维护自己的权益。

3. 品牌促使企业不断改进和发明新的产品，使消费者的需求得到满足

由于品牌代表着企业交付给消费者的一系列利益的总和，为了满足变化多样的市场环境和市场需求，为了企业能够更好地生存和发展，为了企业能够打造强势品牌，企业要不断开发适合市场需求的产品，从而使消费者需求得到很好的满足，提高消费者的利益。

小链接 8-7　　强势品牌的营销优势

1. 对产品性能的感知提高。
2. 更高的忠诚度。
3. 更不易受到竞争性营销活动的影响。
4. 更不易受到营销危机的影响。
5. 更高的利润率。
6. 涨价时顾客反应的弹性更小。
7. 降价时顾客反应的弹性更大。
8. 更强有力的商务合作和支持。
9. 营销传播效果增强。
10. 有机会进行特许经营。
11. 有机会进一步延伸品牌。

二、商标的含义

商标是一个法律名词，是经过注册登记受到法律保护的品牌。在市场经济下，商标依其知名度和信誉，具有不同的价值，是企业的一项无形资产，产权可以买卖。商标所有人对其所注册商标享有商标专用权。商标专用权具有如下法律特征。

（1）独占性，又称专有性或垄断性，是指商标注册人对其注册商标享有独占使用权。

（2）时效性，指商标专用权的有效期限。在有效期限之内，商标专用权受法律保护，超过有效期限不进行续展手续，就不再受到法律的保护。各国的商标法，一般都规定了对商标专用权的保护期限，有的国家规定的长些，有的国家规定的短些，多则二十年，少则七年，大多数是十年。我国商标法规定的商标专用权的有效期为十年。

(3) 地域性，指商标专用权的保护受地域范围的限制。商标专用权仅在商标注册国享受法律保护，非注册国没有保护的义务。在我国注册的商标要在其他国家获得商标专用权并受到法律保护，就必须分别在这些国家进行注册，或者通过《马德里协定》等国际知识产权条约在协定的成员国申请领土延伸。

(4) 财产性，商标专用权是一种无形财产权。商标专用权的整体是智力成果，凝聚了权利人的心血和劳动。智力成果不同于有形的物质财富，虽然需要借助一定的载体表现，但载体本身并无太大的经济价值，体现巨大经济价值的只能是载体所蕴含的智力成果。比如"可口可乐"商标、"全聚德"商标等，其商标的载体可乐、烤鸭等不是具有昂贵价值的东西，但其商标本身却是具有极高的经济价值，"可口可乐"商标经评估，其价值达到七百多亿美元，而"全聚德"作为中国的民族品牌2005年的评估价值为106.34亿元人民币。通过商标价值评估，这些商标可以作为无形资产，成为企业出资额的一部分。

(5) 类别性，国家工商行政管理总局商标局依照商标注册申请人提交的《商标注册申请书》中核定的类别和商品（服务）项目名称进行审查和核准。注册商标的保护范围仅限于所核准的类别和项目，以世界知识产权组织提供的《商标注册商品和服务国际分类》为基础，国家商标局制定的《类似商品和服务区分表》将商品和服务总共分为45个大类，在相同或近似的类别及商品（服务）项目中只允许一个商标权利人拥有相同或近似的商标，在不相同和近似的类别中允许不同权利人享有相同或近似的商标。如，甲在第25类中的服装项目上注册"霓裳"商标，乙仍可以"霓裳"作为商标注册在第16类中的纸制品上。

三、品牌与商标的区别

品牌与商标是极易混淆的一对概念，两者既有联系，又有区别。两个概念有时可以等同替代，有时却不能混淆使用。品牌与商标都是用来识别不同生产经营者的不同种类、不同品质产品的商业名称及其标志，尽管如此，品牌与商标的外延并不相同，它们是有严格区别的。

(1) 品牌是市场概念，是产品和服务在市场上通行的牌子，强调与产品及其相关的质量、服务等之间的关系，是企业给予消费者的一种承诺。而商标属于法律范畴，是法律概念，是已获得专用权并受法律保护的品牌。

(2) 在品牌中，凡不属于商标的部分，都是没有专用权的。

(3) 商标可以为企业独占而不使用，不使用的商标，是有意义的，甚至在营销中是一个重要的品牌战略。而不使用的品牌，没有任何意义，也不存在。

(4) 品牌是按企业的设计创意要求设计和创造的，所以从简单到复杂都有；而商标则要受国家商标登记注册机关的商标登记注册办法相应规定的制约，不允许过于复杂。

四、品牌的设计

一个品牌通常由三部分展现出来：一是品牌名称，二是字体图案，三是色彩组合。企业一旦决定使用自己的品牌，就要对品牌进行命名和设计。

（一）品牌命名的原则

(1) 易于发音、识别和记忆。

（2）独特新颖，寓意深刻。好的品牌要有独特的风格，不要盲目模仿他人的品牌，更不要与其他品牌雷同，独特的品牌便于记忆和识别。

（3）体现企业或产品特色。品牌设计不是凭空创造的，要与企业或产品的风格相匹配。品牌名称不允许直接用来表达产品性能、状态、质地，但是，好的品牌名称可以与产品本身有某种联系，能暗示有关产品的某些优点。

（4）遵守法律，不违反社会道德和风俗习惯。一旦选择不慎，所用品牌便可能触犯目标市场所在国家或地区的法律，违反当地社会道德准则或风俗习惯，使企业蒙受不必要的损失。

（二）品牌命名的思路

（1）产品效用。依据产品的主要性能、功能或作用命名，使消费者可迅速理解产品效用，且便于联想和记忆，如三九胃泰、咳立停等。

（2）地名及名胜古迹。这样的品牌能直接显示产品的产地和地方特色。如长城（葡萄酒）、黄山（香烟）、青岛（啤酒）等，使消费者一看便知产品的产地，但要选择众所周知的、有特色的地名来命名。

（3）厂商字号。以商号为品牌，可以扩大企业影响，提高企业声誉。如我国历史上的"张小泉"剪刀、"同仁堂"中草药等。但所用商号必须具有传统特色，并为广大消费者所熟悉，才能起到既宣传产品，又宣传企业的作用。

（4）词汇。以词汇作为品牌时，企业应选择寓意深刻、音韵动听的词汇或创造无特殊意义，但可作为市场传播的语义符号的词汇作为品牌，如"凤凰"牌自行车。

（5）动植物。以稀贵动植物、名花、名草为品牌，能使人产生许多美好的联想，并能提高产品身价。熊猫、雪莲使人感觉珍奇，孔雀、水仙等使人想到光彩夺目的意境，给人以深刻印象。

（6）神话、传说和传奇故事。从神话、传说和传奇故事中提炼出来的品牌很容易使人联想到某段历史或传说，激发消费者的兴趣，如"阿诗玛"香烟。

（7）数字。如英国的"555"香烟。

（8）外文译名。如"迪奥"由"Dior"翻译而来。

（三）品牌设计的要求

品牌不仅要有好的名字，还要有好的造型和色彩，并与产品相映生辉、相得益彰。品牌标志的设计要求主要表现在以下方面。

（1）独特性。品牌是企业形象的典型概括，反映企业个性和风格。好的品牌标志应该与众不同，能反映产品个性特色，这样才能给消费者以强烈的印象。

（2）通俗性。品牌标志设计要讲究通俗易懂，容易让消费者理解其含义，能用一句话或一个词来概括。

（3）简洁性。品牌的重要作用是有助于识别商品，为此，要使人们见到后，在短时间内留下深刻的印象，起到广告宣传的作用，就必须简洁明了，一目了然。在语言上，文字要精练，要易于拼读、辨认、记忆，并朗朗上口、悦耳动听；画面要色彩匀称，图案清晰，线条流畅，和谐悦目。"美加净""佳洁士"，其品牌简洁易懂，被誉为商品品牌的文字佳作。

（4）帮助传达品牌的象征意义。一个品牌拥有者，在为产品或公司设计品牌标志时，一般希望通过该标志向消费者传达某种含义，以便让消费者尽早了解该品牌是从事何种行业的公司，是什么类别的产品，或具有什么样的属性、特点。因此，在标志设计时，就要运用适当的符号来传达设计者希望传达的信息。

五、制定品牌战略

（一）品牌建立的决策：打造品牌还是贴牌生产

品牌建立决策是指是否为一个产品制定品牌名称。如今，品牌化的发展迅速，几乎没有哪一种产品没有使用品牌。但是在我国和其他的一些发展中国家，企业成长的初期过程中仍常常面临是否建立自己企业品牌的抉择。特别是对于一些中小企业，在建立和成长初期到底"是追求品牌还是追求销量""做品牌还是做代工 OEM（Original Equipment Manufacturer）"，是非常重要的决策。

不主张中小公司建立品牌的原因有：

（1）企业建立和成长初期，面临生存压力，没有足够的资源去建立品牌。

（2）一些市场对品牌知识产权的保护欠缺，品牌在市场上受假冒伪劣商品侵害，会给企业带来严重损失，有时甚至会威胁到企业生存。

（3）现实中不建品牌而做代工 OEM 的公司有的利润可观、风险较小。

因此，企业是否打造自己的品牌，需要考虑以下因素：

（1）企业发展的阶段。

（2）市场环境是否有利于知识产权的保护。

（3）企业的价值观是否立足于长远发展和追求卓越。

（二）品牌归属决策

企业如果确定使用品牌，那么就要确定品牌归谁所有、由谁负责，即品牌归属问题。企业通常有三种做法：一是制造商品牌策略；二是中间商品牌策略；三是混合品牌策略。

1. 制造商品牌

制造商品牌是指制造商为自己生产制造的产品设计的品牌，是由制造商推出，并且用自己的品牌标定产品，进行销售，制造商是该品牌的所有者。像我们非常熟悉的一些品牌，如可口可乐、柯达、IBM 等都是制造商品牌。虽然现在很多 IT 行业的公司将产品的零部件生产甚至所有的制造活动外包，但这些公司仍是该品牌的所有者，并且负责对该品牌进行管理。

2. 中间商品牌

所谓中间商品牌就是批发商或零售商开发并使用的自有品牌。一般而言，中间商品牌策略的使用者基本上是实力雄厚的大型零售商。在西方国家里，中间商品牌已成为制造商品牌的强有力竞争对手，大有取而代之的趋势。美国的西尔斯公司经销的商品有 90% 都标有自己的品牌。在我国的品牌中，绝大部分是制造商品牌，中间商品牌较少。

3. 混合品牌

混合品牌是指企业对部分产品使用自己的品牌，另外一部分产品使用中间商的品牌，采用这种方式既可以扩大销路、释放能量，又可以保持本企业的优势。

企业选择品牌归属问题,要综合考虑各方面的因素,全面分析收益损失,最关键的是要看中间商和制造商在整个供应链上谁占据主导优势,拥有更好的市场信誉和市场营销的能力。

(三) 品牌名称决策

做出了是否建立自己的品牌决策之后,企业还必须决定使用什么品牌名称。企业通常可以选择四种常规战略。

1. 个别品牌名称

个别品牌名称是指企业对自己生产的各种产品分别采用不同的品牌。该战略的一个主要优势在于将企业的整体声誉与具体产品的成败区分开来,即使某种产品失败或者看起来品质较为低廉,也不会损害企业的形象。企业通常在同一产品类别中对不同质量、档次的产品使用不同的品牌。该战略的缺点是为每一种品牌进行广告宣传的费用大;同时品牌过于繁多,也不利于企业整体形象的塑造。

2. 统一家族品牌名称

统一家族品牌名称是指企业所有的产品都统一使用一个品牌名称。该战略的优势是省掉了给新产品确定名称的费用,同时也不必为提高品牌名称知名度而支付高昂的广告费,开发成本相对较低。此外,如果制造商的声誉良好,新产品会很快为市场所接受,取得销售的成功。该战略的不足之处也很明显,要求企业所有产品的质量档次相差不多,否则就会影响高品质产品的形象,同时一旦某一种产品出现市场问题,就会影响到整个企业的形象和企业全体产品的销售。

3. 针对不同类别产品分别使用独立的家族品牌名称

如果企业的业务范围较广,生产各种截然不同的产品,则不适合使用统一家族品牌名称,可以为每一类产品分别建立自己的家族品牌。这样,同一类别的产品实行同一品牌名称,不同类别的产品之间实行个别品牌名称,以兼收统一品牌和个别品牌的益处。

4. 企业名称加个体产品名称

不同的产品分别使用不同的品牌,但每个品牌之前冠以企业名称。企业名称说明产品的出处,个体产品名称则显示产品的个性。

(四) 联合品牌与成分品牌化

联合品牌又称双重品牌或者品牌包,是指将两个或者更多的知名的已有品牌组成一个联合产品和/或以某种形式共同营销。联合品牌可以是同一公司联合品牌,如通用磨坊公司的特里克斯(Trix)/约波兰特(Yoplait)牌酸奶所做的宣传;也可以是合作商联合品牌,如花旗银行AA advantage信用卡,同时冠以花旗银行和美国航空的品牌;还有一种多持有人合作品牌,例如托利金德(Taligent)是苹果公司、IBM公司和摩托罗拉公司技术联盟下的品牌。

成分品牌化是联合品牌的一种特殊形式,是指为其他品牌产品必须使用的物料、元件或零件建立品牌。许多制造商生产的零部件(如马达或计算机芯片)在进入最终品牌产品后,往往会失去自己独立的识别标志。这些制造商希望自己的品牌能够成为最终产品的一个有特色的组成部分。比如英特尔面向消费者的品牌宣传活动使许多个人计算机购买者只购买

"内置英特尔"的计算机,最终使许多个人计算机制造商不得不放弃其他供应商而只购买英特尔公司的计算机芯片。

小链接 8-8　联合品牌 COSCO-GEOBY

"好孩子"在进入美国市场之初,由于缺乏主流渠道的支持,而且美国儿童用品市场是一个成熟的市场,竞争对手多,很难建立起品牌的知名度,从而难以打开销售局面。美国本土的 COSCO 公司因产品竞争力下降,正在寻求合作以收复市场份额;而且它拥有丰富的渠道资源。"好孩子"抓住这一契机,在保护品牌资源的理念下,双方结成战略联盟关系,以联合品牌的办法为 COSCO 公司贴牌生产。于是联合品牌"COSCO-GEOBY"进入了主流美国市场,3 年后达到行业销量第一。

（五）品牌延伸策略

品牌延伸是指企业利用其成功品牌的声誉来推出改良产品或新产品的决策。如娃哈哈集团在成功推出"娃哈哈"果奶后,又利用这一品牌名称推出了"娃哈哈"纯净水、"娃哈哈"八宝粥、"娃哈哈"营养液、"娃哈哈"童装等多个系列产品,扩大了品牌的市场份额,提高了品牌的市场覆盖面,大大增强了企业的竞争实力。

1. 品牌延伸的优势

（1）提高新产品成功的机会。在品牌延伸方式下,消费者可以根据自己原有的对母品牌的了解,来推测新产品的性能,形成对新产品的期望。如果母品牌具有较高的知名度与美誉度,就可以通过这种品牌延伸形成正面预期,加速对新产品的接受过程;对于新产品的市场推广来说,延伸品在品牌宣传上投入少,同时又可以带来潜在的消费需求增长,所以经销商也愿意对延伸品进行推广。总体来讲,知名品牌的延伸可以降低企业推出新产品失败的风险。

（2）可以降低新产品的市场导入费用。企业用某一强劲的品牌使产品很快获得认知,便可节省包括使消费者熟悉品牌在内的所有广告费。

（3）有助于完整地阐明品牌的含义及其核心价值,同时还可以通过新产品的加入重新引起顾客对品牌的兴趣和好感,拓宽市场范围,令母品牌受益。一次成功的品牌延伸可能还会成为进一步延伸的基础。

2. 品牌延伸的劣势

（1）出现"品牌稀释"效应。"品牌稀释"是指消费者不再将一个品牌与某种产品或高度类似的产品联系在一起,并开始遗忘该品牌。比如吉百利（Cadbury）将自己的品牌与土豆泥、奶粉、汤和饮料等主流食品联系在一起,从而面临令其品牌失去作为巧克力和糖果品牌的具体含义的风险。

（2）品牌延伸失败会使消费者失去对原品牌产品的信任。如果新产品质量性能等不能令用户满意,就可能影响到消费者购买用同一品牌命名的其他产品的态度。

（3）品牌延伸可能只是从原品牌抢走销售额,即"同室操戈",使原品牌产品更加虚弱。

（4）零售厂商只有有限的货架空间,而每一条新的产品线都会提出额外的货架需求。

零售商们可能不愿意接受该品牌的延伸产品,或只把原先分给该品牌的货架划出一部分给这些新产品,这样显然侵害到了原品牌产品的利益。

(六) 品牌再定位策略

某一个品牌在市场上的最初定位即使很好,随着时间推移也有可能需要重新定位。这主要是因为以下情况发生了变化。

(1) 竞争者推出一个品牌,把它定位于本企业的品牌旁边,侵占了本企业品牌的一部分市场,使本企业品牌的市场占有率下降。这种情况要求企业进行品牌重新定位。

(2) 有些消费者的偏好发生了变化,他们原来喜欢本企业的品牌,现在喜欢其他企业的品牌,因而市场对本企业的品牌需求减少。这种情况变化也要求企业进行品牌重新定位。

企业在制定品牌重新定位策略时,要全面考虑两方面的因素。一方面,要全面考虑把自己的品牌从一个市场部分转移到另一个市场部分的成本费用。通常,重新定位的距离越远,费用越高。另一方面,还要考虑把自己的品牌定在新的位置上能获得多少收入。

第六节 包装

包装被称为产品"无声的推销员",尤其是对中小企业而言,包装显得尤为重要,因为这些企业往往没有太多宣传预算。当消费者面对一个新产品时,包装的作用就会凸显出来。根据跨国公司的调查数据显示,在消费终端,有63%的消费者是根据商品的包装和装潢做出购买决策的;而到超级市场购买的家庭主妇,受精美的包装和装潢的吸引,其消费量往往超过她们原先预计的45%。由此可见,有商品"第一印象"之称的包装在市场中越来越发挥着不可忽视的作用。

一、包装的含义、种类与作用

(一) 包装的含义

包装属于产品整体概念中的形式产品,是产品的又一重要组成部分。产品只有包装好后,生产过程才算结束。包装有两层含义:一是指产品的容器和外部包扎,即包装器材;二是指对某一品牌商品设计并制作容器或包装物的一系列活动过程。在实际工作中,二者往往紧密联系,不可分离,故统称为包装。其构成要素有:

(1) 商标、品牌,是包装中最主要的构成要素,应在包装整体上占据突出位置。

(2) 形状,是包装中必不可少的组合要素,有利于储运、陈列及销售。

(3) 色彩,是包装中最具刺激销售作用的构成要素。突出商品特性的色彩组合,不仅能够加强品牌特征,而且对顾客有强烈的感召力。

(4) 图案,在包装中其作用如同广告中的画面,其重要性、不可或缺性不言而喻。

(5) 材料,包装材料的选择影响包装成本,也影响市场竞争力。开发和选用新型材料是包装设计中的一项重要工作。

(6) 标签,含有大量商品信息:印有包装内容和产品所含主要成分、品牌标志、产品质量等级、生产厂家、生产日期、有效期和使用方法等。

（二）包装的种类

包装一般可以分为以下三个层次。

（1）运输包装，也叫外包装或大包装，主要用于保护产品品质安全和数量完整，便于储运和识别，如装运香烟的纸板箱等。

（2）中层包装，是保护内包装的包装物，如每条香烟的包装、装入一定数量牙膏的纸盒等。

（3）销售包装，即零售包装，也叫内包装或小包装，实际上是产品的直接容器或包装物，如牙膏的软管、酒类的瓶子、香烟的小纸盒（20支/盒）等。内包装不仅要保护商品，更重要的是要美化和宣传商品，便于陈列，吸引顾客，方便消费者认识、选购、携带和使用。

（三）包装的作用

包装的作用主要表现在以下四个方面：

（1）保护商品和美化商品。包装可以保护商品免受日晒、风吹、雨淋、灰尘沾染等自然因素的侵袭，防止挥发、渗漏、溶化、碰撞、挤压、散失以及盗窃等损失，也可以装扮、美化商品，使商品更具吸引力或商业价值。

（2）方便流通。包装给流通环节贮、运、调、销带来方便，如装卸、盘点、码垛、发货、收货、转运、销售计数等。

（3）促进销售。包装能够吸引顾客注意力，给顾客良好的第一印象，激发顾客的购买欲望，也可以与竞争对手的产品明显区别开来。产品在超市的货架上出现时，精美的包装能起到积极的作用，形成一个非常好的总体印象。比如化妆品类合适的包装可以极大地促进其销售。

（4）增加盈利。装潢精美、设计独特的包装可以提升产品档次，增加附加价值，从而使企业在销售过程中通过较高的价格获得更多的利润。例如中秋节包装精美的月饼就可以比普通包装高几倍甚至几十倍的价格出售。

二、包装设计原则

包装不仅具有保护产品的功能，还具有积极的促销作用。从营销角度，包装设计时应该遵循以下的原则。

（1）安全。安全是产品包装最基础的作用，也是包装设计的最基本原则之一。在包装活动中，容器和材料的选择必须适合产品的物理、化学和生物性能，以保证产品不发生变质和损坏。

（2）包装的造型要美观大方，图案生动，文字清晰。包装要起到促销的作用，首先要能引起消费者的注意，因为只有引起消费者注意的商品才有被购买的可能。

包装要使用新颖别致的造型、鲜艳夺目的色彩、美观精巧的图案、独具特色的材质，能得到醒目的效果，使消费者一看见就产生强烈的兴趣。比如酒瓶造型，常规一般以圆柱体为主，有的酒瓶运用模仿造型，设计成复杂的锚形或人体形，在圆柱体造型的酒瓶中，会显得非常突出、美观。

色彩美是人最容易感受的,有的市场学者甚至认为色彩是决定销售的第一要素,他们在长期的市场调查中发现,有的颜色作为产品的包装,会惊人地使产品滞销,灰色便是其中之一。这是因为灰色难以使人心动,自然难以产生购买的冲动。

包装的图案要以衬托品牌商标为主,充分显示品牌商标的特征,使消费者能立即识别某厂的产品,特别是名牌产品与名牌商店,包装上醒目的商标可以立即起到招徕消费者的作用。

(3) 包装必须与产品的质量、价值及市场定位相一致。例如便利品的包装不适合太精美,而一些贵重物品、艺术品和化妆品的包装,一定要衬托出其高贵的气质。

(4) 包装的造型和结构应考虑使用、保管和携带方便。提供便利是包装的重要作用,不仅要为消费者提供便利,还要为分销商和零售商提供便利。包装的形式要多样化,单位包装的大小要适宜,轻重要适当,既要保证密封性,又要容易开启。在某些情况下,可以采取单件、套件包装等不同的包装形式。

(5) 尊重消费者的宗教信仰和习惯。社会文化直接影响着消费者对包装的认可和感知,所以,在营销中要充分考虑当地消费者的宗教信仰和习惯,不能选择明显和宗教有冲突的包装,否则会伤害到消费者的宗教感情,甚至产生难以估量的后果。

(6) 符合法律规定,兼顾社会利益。包装设计作为市场营销的重要组成部分,在实践中必须严格依法行事。应当按照法律要求规定在包装上标明企业的名称和地址;对食品和化妆品等应标明生产日期和保质期;包装设计还应当兼顾社会利益,努力减轻社会负担,节约社会资源,禁止使用有害包装材料,实施绿色包装策略。

三、包装策略

(一) 相似包装策略

相似包装策略指某一企业生产的各种产品在包装物上都采用相同或相近的图案、色彩等共同特征,使消费者通过类似的包装联想起同一企业的商品,这种包装方式可以节省设计、制作费用。但相似包装只能适用于质量相同的产品,对于品种差异大、质量水平悬殊的产品不宜使用。

(二) 差异包装策略

差异包装策略是企业依据产品的不同档次、用途、营销对象等采用不同的包装。如高档商品的包装要显得名贵精致,中档商品的包装可稍微简略朴素;儿童商品可用动物或卡通人物形象,老人使用的商品则可简易实用。

(三) 配套包装策略

配套包装策略指按人们消费习惯或特殊需要,将多种相关的商品组合装在同一包装物中。如把茶壶、茶杯、茶盘、茶碟放在一起进行包装,便于顾客配套购买,以一物带多物,增加销售;可带动新产品上市,满足特殊的心理需要。

(四) 再使用包装策略

再使用包装策略指在包装设计时,使包装物不但能包装商品,而且在商品用完后还能移作他用,以此给予消费者额外的利益。此类包装策略增加了包装的用途,可以刺激消费者的购买欲望,扩大销售。

(五) 附赠品包装策略

附赠品包装策略指利用包装内附赠物品或给顾客各种奖励,吸引顾客购买和重复购买,形式多种多样。如我国出口的"芭蕾珍珠膏",每个包装盒附赠珍珠一枚,顾客购买50盒即可串条美丽的珍珠项链,这使珍珠膏在国际市场十分畅销。

(六) 改变包装策略

改变包装策略指为克服现有包装的缺点,为吸引新顾客废弃旧式包装,采用新式包装,或为适应市场而修改现有包装。改变包装可等同于产品创新,促进销售;采用新的包装材料、形式、技术,显示现有产品特点,体现消费潮流,节省包装成本。

本章小结

1. 市场营销学中的产品不是一般意义上的产品,凡是能够满足消费者需求,使其获得利益的一切有形的、无形的、物质的、精神的各种要素都属于产品的范畴,产品的五个层次分别是核心产品、形式产品、期望产品、延伸产品和潜在产品。

2. 产品组合是指一个企业在一定时期内生产经营的所有产品线和产品项目的组合或搭配,即企业的业务经营范围。产品组合因素包括宽度、长度、深度、关联度。

3. 产品生命周期是指产品从进入市场到被市场淘汰所经历的全过程。产品生命周期一般以产品销量和利润的变化为标志分为四个阶段:导入期、成长期、成熟期、衰退期。企业可以根据这四个阶段不同的特征制定相应的市场营销策略。

4. 新产品是一个广义的概念,是指在某个目标市场上首次出现的或者是企业首次向市场提供、能满足某种消费需求的产品,既指绝对新产品,又指相对新产品。只要产品整体概念中任何一部分具有创新、变革和改变,都可理解为一种新产品。新产品开发阶段要经历创意产生、创意筛选、产品概念的形成和测试、商业分析、新产品试制、市场试销、商业性投放。

5. 品牌是一个名称、术语、标记、符号或图案设计或者这些要素的不同组合,用以识别某个或某群销售者的产品或服务,使之与竞争对手的产品或服务相区别。

6. 包装是"无声的推销员",分为三个层次,即运输包装、中层包装、销售包装。常见的包装策略有:相似包装策略、差异包装策略、配套包装策略、再使用包装策略、附赠品包装策略和改变包装策略。

关键概念

产品　产品组合　产品线　产品生命周期　新产品　品牌　商标　包装

思考练习题

1. 如何理解整体产品概念?整体产品概念对企业营销有何指导意义?

2. 何谓产品组合?产品组合的宽度、长度、深度和关联度对企业营销活动的意义是什么?
3. 产品线决策包括哪些内容?
4. 什么是产品的生命周期?试分析产品生命周期各阶段的特点与营销策略。
5. 新产品包括哪几种类型?其开发过程包括哪几个阶段?
6. 如何认知品牌?品牌与商标有何区别?
7. 如何制定品牌决策?
8. 包装的作用是什么?可供企业选择的包装策略有哪几种?

案例分析

新产品新市场 携程突围进行时

"只靠机票和酒店预订业务,携程无法做成世界级的旅游运营企业。"在携程首席执行官范敏看来,想成为世界级企业,仅凭一直支撑着携程的看家本领——机票和酒店预订业务是远远不够的。年报显示,2008 年携程总营业收入为人民币 15 亿元,较去年同期增长 24%,但其中高达 89% 的营业收入集中在机票和酒店预订业务上。面对代理业务的增长瓶颈,携程部署全新战局——将原有产品推向新市场的同时,为现有市场开发新产品。但是,即便是这样的突围之举,也是要经历市场严苛检验的,而且新的危机已经出现——盟友强烈的直销冲动、垂直搜索带来的行业肉搏、老牌劲旅的层层围困。如果说 10 年前的携程是"入侵者",那么今天的携程则更像是一个"被入侵者"。

传统业务圈新地

"携程是干什么的?""预订酒店、机票的。""订哪些地方的?""北京、上海、广州、深圳。"酒店、机票预订纵然可以为携程创造价值,但商业模式简单、门槛较低、易于被他人模仿,进而转化成竞争对手。而来自航空业和酒店业的压力,更是给携程的机票、酒店预订业务急急地踩了一脚刹车。范敏深知,单凭这两条腿已经远远不能支撑携程长久的发展了,但舍弃带来无尽辉煌的业务,又是万万不能。于是,旧酒换新瓶的招数应运而生——把传统优势项目推到新的市场。

2008 年 8 月,一个低星级非连锁酒店的跨区域联盟——星程酒店联盟正式启动。范敏的用意很明显——介入酒店管理领域,与部分单体二星、三星酒店合作,输出管理协助运营,统一通过携程网等渠道推广,以收取联盟"品牌维护费"的方式获益。"携程投资星程,不会在短期内增加营收,但从长远看将有所助益。"根据摩根士丹利分析师季卫东的分析,携程超过 70% 的业务收入来自商旅客户,这些客人预订的多为三星级以上酒店。也就是说,携程保持利润增长的关键,是要扩大中低档酒店的利润。但星程酒店联盟并不如想象的那么一帆风顺。酒店愿意加入,但谁也不愿意承担过大的风险。不过携程早已经洞察到这个问题。星程内部人士表示,目前星程的合作是开放式的,除了携程之外,它还和 12580、芒果网等渠道有合作。与此同时，携程还将业务推向了三四线市场，试图把品牌带进"犄角旮旯"。"酒店发展到现在，一定会经历一线转到二线、二线转到三线、高星级转到低星级的过程。"在熟悉携程的业内人士看来，扩展三四线城市的策略是正确的，但需要面临的问题却不容忽视。最直接的问题就是三四线城市长期采用旅行社带客人的模式，对互联网模式的应用相对较少。携程能否在三四级市场上有所斩获，很大程度上取决于这些城市内酒店对互联网、信息化认可度的高低。

现有市场推新品

　　酒店尚且知道不能将鸡蛋放进一个篮子里，范敏又何尝不明白其中的道理？传统优势出现弱化，进行挽救是必需的，但更重要的，则是开发新产品。为此，比成立星程酒店联盟更早，范敏就动了让携程"四条腿"走路的念头。范敏坦言，相比酒店预订、机票预订，度假业务和商旅管理业务的市场潜力更大，复杂程度和进入门槛更高，对资源、技术、人才、服务体系、资金要求也更高，"从长远来看，蓬勃发展的度假和商旅管理业务将是重要支柱。"度假业务打破了酒店、机票业务只提供单一服务的传统模式，把预订机票、预订酒店、代办签证、租车等度假旅行的方方面面全部囊括在一起。对于电子商务平台而言，这一点是至关重要的，毕竟附加产品越多，其发挥的空间也就越大。但携程的度假业务面临的尴尬是，与传统旅行社相比，认知度仍然不够高，在线预定度假的习惯还需要进一步培养。

　　不少人担心：在全球人民捂紧钱袋过日子时，度假能有多大的市场？这一点范敏同样想到了。于是，在教人花钱的同时，还不忘替人省钱。2006年，曾被雪藏四年的商旅管理重出江湖，如今已成为携程增长的第四极。"上市之初，携程就有了谋求商旅业务的发展规划。因为商旅业务的利润率高达20%～30%，远高于预订和观光旅游百分之几的利润率。"在携程负责商旅管理业务的副总裁庄宇翔看来，经济越是不好，就越能凸显商旅管理的价值。"越是经济不景气，各大企业越是缩减差旅成本，这就要求有专业的商旅服务来为其有效节流。通过我们的管理，客户一般会有25%的节省。"

　　事实上，介入这个市场并非易事。携程首先要面对的是美国运通这个巨头，所幸，美国运通在中国还有些"水土不服"，携程也刚好趁乱杀出了自己的路。"后来我们发现，美国运通在这里，是为了完善在全球的布局，这里只是一个服务的点。"庄宇翔发现，当时的市场，所有参与者都在简单地操作全球协议，把所有在中国地区的全球客户接过来，进行整合，并没有把整块蛋糕做大，美国运通的中国战略给携程留下了很大的发展空间，"既然他们是把中国地区的那些全球的客户服务好，那我们就要把本土企业服务好。"找到新的市场并发挥本土优势，成就了今天携程的商旅管理。如今，携程已拥有300多家商旅管理客户，既有500强公司、宝钢等大型国企，又有山东省旅游局这样的政府机构。商旅管理成为携程突围的一大利器。

分析讨论题

1. 从营销学意义上的产品整体概念来分析携程的产品。
2. 携程是如何进行新产品开发的？分析其新产品开发策略。

市场营销实践

产品组合策略分析。

实践目的

熟悉产品组合、产品组合策略的内容,了解企业的产品组合策略的运用。

实践方案

1. 人员:5~10人组成一个小组,以小组为单位完成任务。
2. 时间:与第八章教学时间同步。
3. 内容:以某一具体企业为例,运用产品组合策略分析它的产品组合现状。
4. 汇报方式:各组以PPT或报告的形式进行展示和讲解。

第九章

定价策略

学习目标

1. 掌握影响企业定价的各种因素。
2. 了解企业定价的步骤,掌握企业定价的基本方法。
3. 掌握企业常用的定价策略。
4. 明确企业变动价格时顾客和竞争者的反应及如何应对竞争者的变价行动。

引导案例

ZARA 和 H&M 的价格策略

ZARA 和 H&M 两家公司在价格上都采取低价策略。ZARA 的目标消费群是收入较高并有着较高学历的年轻人,主要为 25~35 岁的顾客层,H&M 将目标消费群定为 15~30 岁的年轻人。这一类的购买群体具备对时尚的高度敏感度并具备一定消费能力,但并不具备经常消费高档奢侈品牌的能力,两家公司频繁更新的时尚低价产品正好可以满足这类人的需求。但是,因两家公司采取了不同的供应链策略,所以虽同为低价,却仍然存在着明显的差异。

ZARA 为确保其"少量、多款、平价"的商品以"极速"方式送达客户手中,将大部分生产放在欧洲。在西班牙,ZARA 拥有 22 家工厂,其 50% 的产品通过自己的工厂生产,50% 的产品由 400 家供应商完成。这些供应商有 70% 位于欧洲,其他则分布在亚洲。这样的地理位置是为了保持其供应链的响应速度,却在一定程度上增加了其物流成本。为确保商品传递的迅速,ZARA 还坚持以空运方式进行商品的运输,也使其成本进一步提升。

与 ZARA 不同。H&M 在供应链的构建上更看重成本的因素,公司产品的制造环节被完全外包给分布在亚、欧、非洲及南美的约 700 家制造商(大部分在孟加拉国、中国、土耳其)。公司根据其销售产品的差异,采用了双供应链策略:①管控欧洲生产的快速反应供应链,大约一半的前沿时尚产品在接近欧洲市场的国家(主要是土耳其)制造,此类商品需要较短的交货周期(最短3~4周),以便及时根据销售反馈做出调整;②管控亚洲生产的高效供应链,另一半的基本款产品时尚风险较小,交货周期可以相对延长(最长6个月),为保证低价和质量,则安排在低成本的亚洲国家(主要是中国、孟加拉国等国)制造。通过以上供应链的调整和安排,H&M 在价格上可以采取比 ZARA 更低一层的策略。

据统计,H&M 的时装价位比 ZARA 低出 30%~50%。在价格折扣方面,两家公司也都采用少折扣策略。因两家公司的产品都是"少量、多款",消费者如不在第一时间购买,就存在着再也买不到的风险,往往无法等到季末或岁末打折就会迅速购买。正是利用了消费者的这种心理,两家公司的货物上柜后几乎都能在短时间内销售一空,只会剩下少量不受欢迎的产品留在季末或岁末打折。在这方面 ZARA 的成绩尤为突出,ZARA 的打折商品数量平均约占它所有产品总数量的 18%,大约只有竞争者的一半。以 H&M 经营状况最好的 2001 年为例,ZARA 平均打折商品占 7%,H&M 则为 13%。

价格是市场营销组合中一个十分敏感而又难以控制的因素,直接关系着市场对产品的接受程度,影响着市场需求和企业利润,涉及生产者、经营者、消费者等方面的利益。虽然在现代市场上非价格因素日益受到重视,但由于顾客用最低的成本购买最大价值产品的追求一直没有改变,价格始终是一种非常重要的竞争手段。企业必须采取合适的定价策略,才能既为顾客接受,又为企业增加利润。定价策略是企业市场营销组合策略中非常重要的组成部分。

第一节 影响定价的主要因素

影响企业定价的因素很多,有企业内部因素,也有企业外部因素;有主观的因素,也有客观的因素。概括起来,影响定价的因素可分为定价目标、产品成本、市场需求、竞争者的产品和价格、政府的政策法规等。

一、定价目标

定价目标就是产品的价格实现以后,要求达到的具体目的。企业的定价目标是为贯彻市场营销战略服务的,因而是一个微观与宏观结合、短期与长期结合、利润与非利润结合的多目标组合,各种目标之间存在着相互渗透的关系。企业在进行定价以前,必须先拟定定价目标,以便根据定价目标正确选择定价方法和定价策略。不同的企业,可能有不同的定价目标,即使是同一个企业在不同的时期,由于主客观因素的变化,定价目标也不尽相同。企业应权衡各个目标的依据及利弊,慎加选择。

(一)维持企业生存

维持企业生存是一个短期目标。企业对产品定价时,只要产品的价格能够弥补变动成本和一部分固定成本,企业就可以继续生存下去。一般在以下情况下实施这种定价策略。

(1)企业生产能力过剩。

(2)企业面对剧烈的市场竞争。

(3) 顾客需求偏好突然发生变化。

这种定价目标只是一种权宜之计,一旦企业状况好转,就必须及时进行调整。

(二) 当期利润最大化

当企业的产品在市场上处于绝对有利地位或有专卖权时,企业往往采取当期利润最大化的定价目标。企业估计不同价格下的需求和成本,然后选择能够实现当期利润最大化、现金流最大化或者投资回报率最高的价格。但是,实现这个目标可能会牺牲企业的长期发展目标,而且这种方法往往会忽略其他营销组合变量、竞争对手反应和法律对价格的约束等问题。这种定价目标也是一种特殊时期的短期目标,一般企业也不会轻易采用。

(三) 市场份额最大化

对于企业而言,市场份额的大小具有相当重要的意义,尤其是对于生命周期较长、市场竞争较为激烈的产品,获得较大的市场份额,就可以取得对市场的控制权,长久地收回利润。采取这种定价目标的条件:

(1) 市场对价格高度敏感,低价能刺激需求的迅速增长。
(2) 生产与分销的单位成本会随着生产经验的积累而下降。
(3) 低价能够挤出部分竞争对手。

(四) 产品质量最优化

采用这种定价目标的企业,一般是在消费者中已享有一定声誉的企业。为了维护和提高企业产品的质量和信誉,企业的产品必须有一个较高的价格,这样一方面可以通过高价格带来较高的利润,使自身有足够的资金来保持产品质量的领先地位;另一方面,高价格本身就是产品质量、信誉的一种表现。

(五) 应付和防止竞争

随着市场竞争的加剧,应付和防止竞争作为一种定价目标已被越来越多的企业所采用。有两种情况:一是实力雄厚的大企业,为防止竞争者进入自己的目标市场,采取定低价的策略;二是为了缓和竞争,稳定市场,企业采取随行就市的价格,保住既有顾客或者避免政府干预。

二、产品成本

产品成本是营销定价的基础,是商品价格的最低经济界限。一般来说,商品价格必须能补偿产品生产及市场营销活动中的所有支出,并补偿企业为经营该产品所承担的风险支出。尽管在营销活动中,有些企业在特殊时期采取了低于成本的定价,但这种定价是不能长期维持的,而且很可能被视为倾销行为。

研究成本因素,应区别以下成本概念。

(1) 固定成本。固定成本是企业组织在一定规模内生产经营所支付的固定的费用,即在短期内不会随产量的变动而发生变动的成本,如固定资产折旧、管理人员工资等开支。企业固定成本与具体产品的销售量不直接发生联系,它是通过分摊的形式计入单位产品价格中的。

(2) 变动成本。变动成本是随着产品种类及数量的变化而相应变动的成本费用,主要包括用于原材料、燃料、运输、储存等方面的支出，以及生产工人工资、直接市场营销费用等。单位产品的平均变动成本会直接计入产品价格中，因此，它对产品价格有直接影响。

（3）总成本。总成本即全部固定成本与变动成本之和。当产品产量为零时，总成本等于固定成本。

（4）平均固定成本。平均固定成本是指单位产品所包含的固定成本费用的平均分摊额，即固定成本费用与产量之比。

（5）平均变动成本。平均变动成本是指单位产品中所包含的变动成本费用平均分摊额，即总变动成本费用与总产量之比。它在生产初期水平较高，其后随产量的增加呈递减趋势，但达到某一限度后，会由于报酬递减率的作用转而上升。

（6）平均总成本。平均总成本即总成本费用与总产量之比，即单位产品的平均成本费用。

（7）边际成本。边际成本是每增加单位产品产量而引起总成本变动的数值。在一定产量上，最后增加的那个产品所花费的成本，引起总成本的增量，这个增量即边际成本。企业可根据边际成本等于边际收益的原则，以寻求利润最大的均衡产量；同时，按边际成本制定产品价格，能使社会资源得到合理利用。

三、市场需求

市场需求是影响企业定价的最重要的外部因素，规定了产品价格的最高限度（上限）。也就是说，产品价格不能高到无人购买；当然也不能低到供不应求，市场脱销。因此，企业给产品定价不但要考虑营销目标、生产成本、营销费用等因素，而且必须考虑市场供求状况和需求弹性。

（一）需求与供给的关系

一般情况下，市场价格以市场供给和需求的关系为转移，供求规律是一切商品经济的客观规律，即商品供过于求时价格下降，供不应求时价格上涨。

（二）消费者对产品价格与价值的感受

最终评定价格是否合理的是顾客，因此企业在定价时必须考虑顾客对产品价格和价值的感受及其对购买决策的影响。顾客在选购时，通常要将产品价格同产品的价值（顾客所感受的价值）相比较，消费者只有在感到值得购买时才会决定购买。因此，应了解顾客对产品价值是如何感受的。产品价值可分为实际价值和顾客个人所感受的价值，二者并不总是一致的。有些产品不能只根据其实际价值和成本来定价，而必须考虑市场需求的强度和顾客心理因素。而了解顾客的心理，在很大程度上要依靠营销者的经验和智慧来做出决策。

（三）需求的价格弹性

企业营销者必须知道需求对于价格变动是如何反映的，或者说弹性是多少。例如，如果价格在小范围内变动时需求几乎保持不动，则称需求在该价格点上无弹性。假如随着价格的微小变动，需求量变化很大，则称需求具有弹性。影响需求的价格弹性主要有以下四个因素。

（1）产品与生活关系的密切程度。凡是与生活密切的必需品，如柴、米、油、盐，价格对其需求量的影响小，即需求的价格弹性较小；反之，需求的价格弹性就大。

(2) 产品本身的独特性和知名度。越是独具特色和知名度高的名牌产品，消费者对价格越不敏感，需求弹性越小；反之，则需求弹性大。

(3) 替代品和竞争产品种类。凡替代品和竞争产品少的产品，需求弹性小；反之，弹性就大。

(4) 产品质量和币值的影响。凡消费者认为价格变动是产品质量变动或币值升降的必然结果，需求弹性小；反之，弹性大。

由于不同产品的需求价格弹性不同，企业在定价时对弹性大的产品可用降价来刺激需求，扩大销售，对需求弹性小的产品，当市场需求强劲时，则可适当提价以增加收益。

四、竞争者的产品和价格

企业必须采取适当方式，了解竞争者所提供的产品质量和价格。企业获得这方面的信息后，就可以与竞争产品比质比价，更准确地制定本企业产品价格。如果二者质量大体一致，则二者价格也应大体一样，否则本企业产品可能卖不出去；如果本企业产品质量较高，则产品价格也可以定得较高；如果本企业产品质量较低，那么，产品价格就应定得低一些。

企业还应看到，竞争者可能随机应变，针对企业的产品价格而调整其价格；也可能不调整价格，而调整市场营销组合的其他变量，与企业争夺顾客。当然，对竞争者价格的变动，企业也要及时掌握有关信息，并及时做出反应，采取相应的策略。

五、政府的政策法规

价格在社会主义市场经济条件下是关系到国家、企业和个人三者之间的物质利益的大事，牵涉到各行各业和千家万户，与人民生活和国家的安定团结息息相关，因此，国家在自觉运用价值规律的基础上，通过制定物价工作方针和各项政策、法规，对价格进行管理、调控或干预，或利用生产、税收、金融、海关等手段间接地控制价格。因而，国家有关方针政策对市场价格的形成有着重要的影响。

企业定价，除了受以上几项因素影响外，还受到货币价值、货币流通量、国家市场竞争和国家价格变动等因素的影响。企业在制定价格时，必须综合地、充分地研究影响价格的多种因素，以制定最合理的价格。

第二节 产品定价的步骤与方法

把握影响企业定价的各种因素，是企业进行价格决策的必要条件。而产品价格的确定，往往必须借助于科学的、行之有效的定价方法，遵循一定的程序和步骤。

一、产品定价的步骤

一般来说，制定产品的价格要经过以下六个步骤，如图 9-1 所示。

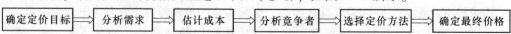

图 9-1 产品定价的步骤

（一）确定定价目标

企业定价目标的确定要依据企业的营销目标，定价目标是营销目标的具体表现。通过定价可以实现企业不同的定价目标，如前述的维持企业生存、当期利润最大化、市场份额最大化、产品质量最优化或者应付和防止竞争等。

（二）分析需求

每一种价格都将导致不同水平的需求，并且由此对营销目标产生不同的效果。一般来说，需求量和价格是呈反比的关系，即价格越高，需求越低；而价格越低，需求越高。对需求的分析主要是了解消费者的价格敏感度、估计需求曲线、分析需求价格弹性。

（三）估计成本

需求决定了企业制定价格的最高限度，成本则决定了最低价格。企业在制定价格时，应当考虑生产、分销和销售该产品的所有成本，以及企业经过努力和承担风险后应得到的公允报酬。

（四）分析竞争者

在由市场需求和成本所决定的可能价格的范围内，竞争者的成本、价格和可能的价格反应也能帮助企业制定价格。企业应该考虑最相近的竞争者的价格，根据企业与竞争者产品的比较确定价格。同时还要认识到竞争者对价格也会做出调整。

（五）选择定价方法

在充分考虑了以上因素之后，企业要选择正确的定价方法。

（六）确定最终价格

定价策略是企业制定价格的谋略和技巧。在正确的定价方法和巧妙的定价策略结合下，企业最终制定出既能为顾客接受又能为企业带来利润的价格。

二、产品定价方法

在制定价格时，企业需要考虑三个方面，首先，成本是最低价格；其次，竞争对手和替代品的价格提供了制定价格的参考点；最后，消费者对产品独特属性的需求和评价，决定了产品的最高价格。企业在制定产品价格时，必须综合考虑这三个方面。下面我们具体研究这三种导向下的六种定价方法：成本导向下的成本加成定价法、目标收益定价法；需求导向下的感知价值定价法、需求差异定价法；竞争导向下的现行水准定价法和投标定价法。

（一）成本加成定价法

所谓成本加成定价，是指按照单位成本加上一定百分比的加成来制定产品销售价格。加成的含义就是一定比率的利润。所以，成本加成定价公式为：

$$P = C(1 + R)$$

式中，P 为单位产品售价，C 为单位产品成本，R 为成本加成率。

例如，某衬衫厂生产某品牌的衬衫，其单位成本为 120 元/件，加成率为 50%，则每件衬衫的单价为 $120 \times (1 + 50\%) = 180$（元）。

成本加成定价法的关键是确定加成率。为此企业需综合考虑市场供求状况及行业的平均利润水平等。实际中各个企业的成本水平是有差异的,因此,当各企业产品的市场售价大致相同时,成本低的企业就能够获得较高的利润,并且在价格竞争时也会有更大的回旋空间。

1. 成本加成定价法的优势

成本加成定价法之所以被广泛采用,主要是由于:

(1) 成本的不确定性一般比需求少,将价格盯住单位成本,可以大大简化企业定价程序,而不必根据瞬息万变的需求情况做调整。

(2) 只要行业中所有企业都采取这种定价方法,则价格在成本与加成相似的情况下也大致相似,价格竞争因此减至最低限度。

(3) 许多人感到成本加成定价法对买方和卖方来讲都比较公平,当买方需求加大时,卖方不会趁机谋取超额利润,同时又可以获得公平的投资报酬。

2. 成本加成定价法的不足

这种方法也有局限性,首先,其定价所依据的成本是个别成本,而不是社会成本或行业成本,因此,制定的价格可能与市场价格有一定偏离,且难以反映市场供求和竞争状况;其次,该方法没有考虑市场需求和竞争因素的影响,因而是卖方市场的产物;最后,加成率是一个估计值,缺乏科学性,由此计算出来的价格不一定为消费者所接受,更谈不上市场竞争力。但基于其优点,很多企业即使不用这种方法定价,也会将用此法制定的价格作为参考。

成本加成定价法通常适用于供求稳定且基本平衡的市场。

(二) 目标收益定价法

目标收益定价法又叫投资收益率定价法,是根据企业的投资总额、预期销量和投资回收期等因素来确定价格的方法。其计算步骤如下:

(1) 确定目标收益率。
$$目标收益率 = 1/投资回收期$$

(2) 确定单位产品目标利润额。
$$单位产品目标利润额 = (总投资额 \times 目标收益率)/预期销量$$

(3) 计算单位产品价格。
$$单位产品价格 = 企业固定成本/预期销量 + 单位变动成本 + 单位目标利润额$$

例:某电视机厂总投资额为 800 万元,投资回收期为 5 年,预计该企业年产销电视机 2 000 台,总固定成本 600 万元,每台电视机的变动成本为 1 000 元,则每台电视机的单价应为多少?

解:第一步,确定企业投资的目标收益率:
$$目标收益率 = 1/投资回收期 = 1/5 \times 100\% = 20\%$$

第二步,确定单位产品目标利润额:
$$单位产品目标利润额 = (总投资额 \times 目标收益率)/预期销量$$
$$= (8\,000\,000 \times 20\%)/2\,000 = 800(元)$$

第三步,确定单位产品价格:
$$单位产品价格 = 企业固定成本/预期销量 + 单位变动成本 + 单位目标利润额$$
$$= 6\,000\,000/2\,000 + 1\,000 + 800 = 4\,800(元)$$

则该企业生产的电视机单价应为 4 800 元/台。

目标收益定价法也是一种生产者导向的产物,没有考虑市场需求和竞争的因素;此外,该方法先确定产品销量,再计算产品价格的做法完全颠倒了价格与销量的因果关系,把销量看成价格的决定因素,在实际上很难行得通。尤其是对于那些需求的价格弹性较大的产品,用这种方法制定出来的价格,无法保证销量的必然实现,那么,预期的投资回收期、目标收益等也就只能成为空话。

目标收益定价法一般适用于需求比较稳定的大型制造业,供不应求且价格弹性小的商品,市场占有率高、具有垄断性的商品,以及大型的公用事业、劳务工程和服务项目等,在科学预测价格、销量、成本和利润四要素的基础上,目标收益定价法不失为一种有效的定价方法。

(三) 感知价值定价法

越来越多的企业把价格建立在顾客对产品的感知价值的基础上,企业必须传递价值主张所承诺的价值,顾客也必须认识到这些价值。企业利用营销组合中的非价格变量,如广告、公共关系等,在购买者心目中建立和增强感知价值。

感知价值是由很多因素形成的,如买方对产品性能的印象、渠道的可交付性、保修质量、消费者支持以及供应商声誉和可信度等软性指标。此外,每位潜在顾客对上述各因素会赋予不同的权重,其结果是有些人是价格型买者,有些人是价值型买者,还有些人则是忠诚型买者。对于这三个群体,企业需要制定不同的战略。对于价格型买者,企业需要提供简易型产品和较少的服务;对于价值型买者,企业必须不断创造新的价值并积极重申其价值;对于忠诚型买者,企业必须重视培养关系,增进与顾客的联系。

感知价值定价法的关键是传递比竞争对手更多的价值,并展现给潜在购买者。最基本的是,企业需要研究顾客价值的驱动因素并了解顾客的决策制定过程。企业可以通过管理判断、相似产品价值评价、焦点小组访谈、调查、试验、历史数据分析和相关分析等方法来确定产品的价值。

例如,杜邦公司向顾客传授有关其高级聚乙烯树脂的真实价值的知识,除了宣传用这种树脂制成的管子能够增加5%的强度外,还对安装和维修地下灌溉管线的成本进行了详细的对比分析。真正的节省在于降低了从地下挖出管道进行更换所需的人工成本和对于庄稼的损害所造成的成本。杜邦的定价尽管高于同类产品的7%,其销售额依然非常高。

小链接9-1　　卡特皮拉工程机械公司的产品定价

美国的卡特皮拉工程机械公司,采用感知价值定价法为其产品定价。该公司所产的拖拉机定价24 000美元,虽然竞争者的类似产品只定价20 000美元,但卡特皮拉公司却得到了更大的销售量。为什么顾客愿意多支付4 000美元来购买该公司的产品呢?卡特皮拉公司通过广告等方式让顾客认同了产品:

拖拉机具有与竞争产品相同的价值:20 000美元;

该公司产品的使用寿命比竞争产品长,其所值价值:3 000美元;

该公司产品可靠性较好,在买主中享有较高的信赖度,其所值价值:2 000美元;

该公司产品比竞争者提供的服务更优良,其所值价值:2 000美元;

该公司有较长的零件保用期,其所值价值:2 000美元。

所以从顾客的感知价值来说,该公司的产品总价值应为29 000美元,其销售价格为24 000美元,让顾客觉得不是比竞争者产品贵4 000美元,而是比应有价值便宜5 000美元。

(四) 需求差异定价法

需求差异定价法是指以不同时间、地点、产品及不同消费者的消费需求强度差异,制定不同产品价格的方法。这种定价方法,使同一商品在同一市场上制定两个或两个以上的价格,企业的定价最大限度地符合市场需求,促进产品销售,从而有利于企业获得最佳经济效益。需求差异定价法通常有以下四种形式。

(1) 因地点而异。企业根据产品的不同空间位置来确定价格。如剧场中不同的位置,票价会有很大差异。

(2) 因时间而异。企业根据消费者在季节、日期上的需求差异来制定价格。如旅游景点的门票分为淡季票价和旺季票价;季节性较强的商品(如羽绒服),在夏季和冬季价格有明显的差异。

(3) 因用途而异。同一种产品有时会有不同的用途和不同的使用量,因而在价格上也会有所区别。如工业用水、工业用电的价格与普通的居民用水、用电的价格有较大的差异。

(4) 因人而异。同一种产品对不同的人实行不同的价格。如同一产品对老顾客和新顾客、普通顾客和VIP顾客的价格会有差异。

企业如要采用需求差异定价法,应满足以下条件。

第一,市场必须能够细分,且不同的细分市场显示出不同的需求强度。

第二,要确定该细分市场的竞争者不会以较低的价格进行竞争。

第三,要能防止低价细分市场的买方向高价细分市场转售产品。

第四,该价差不会引起顾客的反感。

第五,企业的这种定价方法不违背有关法律法规。

(五) 现行水准定价法

现行水准定价是指企业主要基于竞争对手的价格来制定价格。企业的价格可能与其主要竞争对手的价格相同,也可能高于或低于竞争对手的价格。在下述情况下,企业往往采取这种定价方法:难以估算成本;企业打算与同行和平共处;如果另行定价,很难了解购买者和竞争者对本企业价格的反应。

不论是完全竞争的市场,还是寡头垄断竞争的市场,现行水准定价都是同质产品市场惯用的定价方法。

在完全竞争的市场上,销售同类产品的各个企业在定价时实际上没有多少选择余地,只能按照行业的现行价格来定价。某企业如果把价格定得高于时价,产品就卖不出去;反之,如果把价格定得低于时价,也会遭到降价竞销。

在寡头竞争的条件下,企业也倾向于和竞争对手要价相同。这是因为,在这种条件下市场上只有少数几家大公司,彼此十分了解,购买者对市场行情也很熟悉,因此,如果各大公司的价格稍有差异,顾客就会转向价格较低的企业。按照现行价格水平,在寡头竞争的需求曲线上有一个转折点。如果某企业将价格定得高于这个转折点，需求就会相应减少，因为其他公司不会随之提价（需求缺乏弹性）；相反，如果某公司将其价格定得低于这个转折点，需求也不会相应增加，因为其他企业也可能降价（需求有弹性）。总之，当需求富有弹性时，一个寡头企业不能通过提价而获利；当需求缺乏弹性时，一个寡头企业也不能通过降价而获利。

现行水准定价法并不意味着在任何情况下，都和竞争者的价格相同。在异质产品市场上，企业有较大的自由度决定其价格。产品差异化使购买者对价格差异不甚敏感。企业相对于竞争者总要确定自己的适当位置，或充当高价企业角色，或充当中价企业角色，或充当低价企业角色。总之，企业总要在定价方面有别于竞争者，其产品策略及市场营销方案也应尽量与之相适应，以应对竞争者可能的价格竞争。

（六）投标定价法

许多大宗产品、成套设备和建筑工程项目的买卖和承包以及征召生产经营协作单位、出租出售小型企业等，往往采用发包人招标、承包人投标的方式来选择承包者，确定最终承包价格。

例如，政府采购机构在报刊上登广告或发出函件，说明拟采购商品的品种、规格、数量等具体要求，邀请供应商在规定的期限内投标。政府采购机构在规定的日期内开标，选择报价最低的、最有利的供应商成交，签订采购合同。某供货企业如果想做这笔生意，就要在规定的期限内填写标单，上面填明可供应商品的名称、品种、规格、价格、数量、交货日期等，密封送给招标人（即政府采购机构），这叫作投标。这种价格是供货企业根据对竞争者的报价的估计制定的，而不是按照供货企业自己的成本费用或市场需求来制定的。供货企业的目的在于赢得合同，所以它的报价应低于竞争对手的报价，这种定价方法叫作投标定价法。

企业确定投标定价是以取得承包合同，又能得到尽可能大的利润为目标的。但是这两个方面是有矛盾的，一方面，为了中标，报价必须低于竞争者；另一方面，企业不能将其报价定得低于成本，这样即使取得合同也将失去意义。如果企业报价远远高出成本，虽然潜在利润增加了，却减少了赢得合同的机会。

小链接9-2 **计算期望利润确定投标价格**

实际上，企业常通过计算期望利润的办法，来确定投标价格。所谓期望利润，即某一投标价格所能取得的利润与估计中标的可能性的乘积，期望利润最大的投标价格，就是企业最佳的投标报价。现假定有一投标项目，某企业估算各种投标价格时的期望利润（见表9-1）。

表9-1 某企业各种投标价格时的期望利润

企业的投标价格 /万元	企业利润 /万元	报价的中标可能性 /%	期望利润 /万元
950	10	81	8.1
1 000	60	36	21.6
1 050	110	9	9.9
1 100	160	1	1.6

期望利润最高为21.6万元，所以企业应报的投标价格为1 000万元。

第三节 产品定价的基本策略

在市场营销活动中,不仅要掌握制定价格的方法,还要研究各种定价策略。在激烈的竞争中,企业通过分析成本、需求、竞争等因素确定产品的基本价格,然后运用各种定价策略和价格调整策略,使价格和市场营销组合中的其他因素更好地结合,促进和扩大销售,提高企业的整体效益。

一、新产品定价策略

新产品的价格影响产品投入市场的效果。如果定价得当,就可能使产品顺利进入市场,打开销路;如果定价不当,就很有可能遭遇失败。因此,为新产品定价一定要谨慎。常用的新产品定价策略有以下三种。

(一)撇脂定价策略

撇脂定价意味提取精华,快速取得利润。这是一种高价策略,是指在产品上市初期,价格定得较高,利用消费者求新、求奇的心理动机和竞争对手较少的有利条件,在短期内获得尽可能多的利润,尽快收回垫付资金,以后随着产量的扩大、成本的下降、竞争对手的增多,再逐步降低价格。

采用撇脂定价策略,必须具备两个基本条件:一是产品必须新颖,具有较明显的质量、性能优势,并且有较大的市场需求量;二是产品必须具有特色,在短期内竞争者无法仿制或推出类似产品。

这种策略的优点是:能够尽快收回新产品投资成本,并在短期内获益;掌握降低价格的主动权;以高价树立优质产品形象。缺点是:高价限制用户购买,不利于开拓市场;高利润富有吸引力,使竞争者迅速介入;掩盖企业管理缺陷,不利于降低成本;价格远高于价值,在某种程度上损害了消费者利益,易招致公众反对和消费者抵制,甚至会被当作暴利来加以取缔,诱发公共关系问题。因此,采用此策略时,企业对市场需求要求有较准确的预测。

(二)渗透定价策略

渗透总价策略是一种低价策略,即在新产品上市之初将产品价格定得较低,从而吸引大量的消费者,迅速扩大市场占有率。利用渗透定价的前提条件:首先是新产品的需求价格弹性较大;其次是新产品存在着规模经济效益。日本精工手表即是在具备这样两个条件的基础上,采用渗透定价策略,以低价在国际市场上与瑞士手表角逐,最终夺取了瑞士手表的大部分市场份额。

这种策略的优点是:有利于吸引顾客,增强产品的竞争能力,有效限制竞争者介入;能迅速打开产品销路,占领市场。缺点是:投资回收期长,降价回旋余地小,在产品生命周期和需求弹性预测不准的条件下,具有一定的风险性。

(三)满意定价策略

满意定价策略又称温和定价策略,这是一种中价策略。既不利用产品的高价格来获取高额利润,也不实施低价格制约竞争者进而占领市场,而是将价格定在介于高价和低价之间,力求使买卖双方均感满意。满意定价策略既可避免撇脂定价因价高而带来的市场风险，又可消除渗透定价因价低而引起的企业生产经营困难，因而既能使企业获取适当的平均利润，又能兼顾消费者利益。这种策略不会引起竞争者对抗；可适当延长产品生命周期；风险小，正常情况下，盈利目标可按期实现。但是此策略比较保守，不适合需求复杂多变和竞争激烈的市场环境。该策略适用于需求价格弹性较小的日用生活必需品和主要的生产资料。

二、产品组合定价策略

针对产品组合进行营销时，必须修订产品定价的逻辑。在这种情况下，企业要寻找一组使整个产品组合获得最大利润的价格。产品组合定价是困难的，因为不同产品的需求和成本互相作用，而且受到不同程度的竞争的影响。

（一）产品线定价法

通常企业开发出来的是系列产品，而不是单一产品。当企业生产的系列产品存在需求和成本的内在联系时，为了充分发挥这种内在关联性的积极效应，需要采用产品线定价策略。一般而言，企业首先要确定出产品线中最低价格的产品，使其充当吸引消费者购买的角色，然后再确定某种产品的价格为最高价格，使其代表企业的品牌质量，并实现企业盈利的目的；其他产品分别依据它在产品线中的角色不同而制定不同的价格。例如，男士服装店可能经营三种价格档次的男士衬衫：180元、280元和380元。顾客会从三个价格点上，联系到高、中、低三种质量水平，即使三种价格同时提高，男士可能仍然会按自己偏爱的价格点购买。营销者的任务就是确定认知质量差别，促使价格合理化。

（二）选择品定价

许多企业在提供主要产品的同时，还会提供与主产品密切相关但又可独立使用的产品。如汽车用户可订购电子开窗控制器、扫雾器和减光器等。但是对于选择品的定价，公司必须确定价格中应当包括哪些，又有哪些可作为选择对象。选择品定价有两种主要策略：一是将选择品的价格定得较高，使其成为企业盈利的一个来源；二是将选择品价格定得较低或免费提供，以此招徕顾客。

（三）补充产品定价

有些产品需要附属或补充品配合才能使用，如剃须刀架与刀片、照相机与胶卷、打印机与墨盒或色带。许多制造商喜欢为主产品（如打印机）制定较低价格，给附属品（如墨盒、色带）制定较高价格。但是，补充品定价过高，也会出现问题。

（四）两部分定价法

许多服务型企业使用两部分定价法，即价格由一定的固定费用加上可变的使用费用组成。例如，固定电话使用者每月需要支付一定的最低费用，再加上优惠条件之外打电话的费用。这种定价方法需要确定对基本服务和可变服务分别收取多少费用。一般来说，固定费用应足够低，以便吸引消费者，而利润可以通过收取较高的使用费来弥补。

（五）副产品定价法

在生产加工肉类、石油产品和其他化工产品的过程中，经常有副产品。如果副产品价值很低，处理费用昂贵，就会影响到主要产品的定价。企业确定的主要产品价格必须能够弥补副产品的处理费用。如果副产品对某一消费者有价值，能带来收入，主要产品的价格在必要的时候可定低一些，以提高企业产品的竞争力。

（六）产品束定价法

产品束定价法是指销售者将一些在使用上密切相关、功能上互补或者有其他方面联系的一组产品捆绑在一起，形成一个产品束，然后制定一个价格。在组合捆绑方式下，销售者同时提供产品束和单个产品，但是产品束的价格低于产品单独销售时的定价。由于顾客可能并不打算购买产品束中所有的产品，所以产品束提供的优惠必须足够大，才能起到刺激购买的作用。这种定价策略主要是为了吸引顾客购买某些并不特别想买的商品，甚至可以以畅带滞，减少库存积压。

三、地理定价策略

在现代市场条件下，由于市场的扩展及运输储存能力的提高，许多企业的产品在不同地区或国家销售，这就需要根据地理因素的不同采取相应的价格策略。

（一）生产地定价

生产地定价就是顾客（买方）按照厂价购买某种产品，企业（卖方）负责将这种产品运到产地某种运输工具（如卡车、火车、船舶、飞机等）上交货。交货后从产地到目的地的一切风险和费用概由顾客承担。在对外贸易中，这种价格被称为"离岸价格"。这种定价虽然使企业承担的风险较小，但对企业也有不利之处，即远地顾客可能不愿购买这个企业的产品，转而购买其附近企业的产品。

（二）统一交货定价

所谓统一交货定价，就是企业卖给不同地区顾客，按照相同的厂价加相同的运费（按平均运费计算）定价。不同地区的顾客不论远近，实行一个价格。这种定价又叫邮资定价。

（三）分区定价

分区定价介于前面两者之间。企业把整个市场（或某些地区）分为若干价格区，卖给不同价格区顾客的产品分别制定不同的地区价格。距离较远的价格区定价较高，较近的价格区定价较低，同一价格区范围实行统一价格。采用分区定价存在的问题：即使在同一价格区，也有的顾客距离企业较近，有的距离企业较远，前者会感觉不合算；处在两个相邻价格区边界上的顾客，相距不远，但要按不同价格购买同一产品。

（四）基点定价

所谓基点定价，是企业选定某些城市作为定价基点，然后按一定的厂价加从基点城市到顾客所在地的运费定价，而不管货物实际是从哪个城市起运。有些企业为了提高灵活性，选定多个基点城市，按照离顾客最近的基点计算运费。顾客可在任何基点购买，企业也可将产品推向较远市场，有利于市场扩展。

（五）运费免收定价

有些企业为了快速进入某一区域市场，愿意负担部分或全部运费，虽然这种定价策略在短期内减少了企业的销售利润,但是从长远来看,对于提高企业市场占有率会发挥明显的促进作用,而且,随着销售量提升,企业的平均成本就会降低,可以抵偿这些费用开支。运费免收定价可使企业加深市场渗透,并在竞争日益激烈的市场上站住脚。

四、心理定价策略

(一) 声望定价

声望定价指企业利用顾客仰慕名品名店声望的心理采用的一种定价方法。因名品、名店使顾客产生了信任感,一般是故意把价格定成整数或高价,基本上不影响销售。质量不易鉴别的商品定价适宜采用此法,因为顾客有崇尚名牌的心理,往往以价格判断质量,认为高价代表高质量。

在现代社会,消费高价位的商品往往被认为是财富、身份和地位的象征。因此,对于非生活必需品及具有民族特色的手工产品,应采取声望定价的策略,强调产品品牌的知名度、质量的上乘,包装的精美、豪华及给消费者精神上的高度满足。

(二) 尾数定价

所谓尾数定价,是指利用消费者数字认知的某种心理,尽可能在价格数字上不进位,而保留零头,使消费者产生价格低廉和卖主经过认真的成本核算才定价的感觉,从而使消费者对企业产品及其定价产生信任感。

(三) 招徕定价

所谓招徕定价,是指零售商利用部分消费者求廉或好奇的心理,特意将某几种商品的价格定得非常高或非常低,以吸引消费者,从而带动其他商品销售的定价策略。

招徕定价运用得较多的是将少数产品价格定得较低,吸引顾客在购买"便宜货"的同时,购买其他价格比较正常的商品。在实践中,也有故意定高价以吸引顾客。珠海九洲城里出售 30 000 元一只的打火机,引起人们的兴趣,许多人都去看这只"昂贵"的打火机。结果发现这只高价打火机样子极其平常,当然无人问津,但这只打火机边上 30 元一只的打火机却销路大畅。

值得企业注意的是,用于招徕的降价品,应该与低劣、过时的商品明显地区别开来。招徕定价的降价品必须是品种新、质量优的适销产品,而不能是处理品。否则,不仅达不到招徕顾客的目的,反而可能使企业声誉受到影响。

五、需求差异定价策略

所谓需求差异定价又叫差别定价,是指企业按照两种或两种以上不反映成本费用比例差异的价格销售产品或服务。卖主可能会为不同类型的买主设立不同的价格。

(一) 需求差异定价的主要形式

(1) 顾客需求差异定价。企业按照不同的价格把同一种产品或服务卖给不同的顾客。例如,公园、博物馆的门票对某些顾客群(学生、军人、残疾人等)给予优惠价;有些企业对新老顾客实行不同的价格等。这种定价又称价格歧视,在有些国家受到法律限制。

(2) 产品形式需求差异定价。企业对相同质量和成本而不同花色、不同品种、不同款式的产品定不同价格。例如，不同款式的手表、不同花色的布料等，都可定不同的价格。国外有的商人把同一种香水装在形状新奇的瓶子里，就将价格提高 1~2 倍。这主要是依据市场对该产品的需求情况而定的。

（3）产品部位需求差异定价。企业对处于不同位置的产品或服务分别制定不同的价格，即使这些产品或服务的成本费用没有任何差异。例如，剧院里虽然不同座位的成本费用都是一样的，但不同座位的票价不一样；火车卧铺因位置差异，上、中、下铺票价不一样；同一头牛不同部位的肉，其售价也不相同。这是因为人们对产品或服务的偏好有所不同。

（4）销售时间需求差异定价。企业对不同季节、不同时期甚至不同钟点的产品或服务分别制定不同的价格。例如，旅游业在淡旺季定价不同；IC 卡电话在不同时间收费不同；KTV 包间费在下午和晚上定价也不同。

（5）渠道定价。根据不同的终端销售渠道制定不同的价格。可口可乐依据是在高级餐厅、快餐店还是在自动售卖机购买而有不同的价格。

小链接 9-3　　　　　分段定价

意大利蒙玛公司以"无积压商品"闻名，其秘诀之一就是对时装销售实行分段定价。它规定新时装上市，以 3 天为一轮，凡一套时装以定价卖出，每隔一轮按原价削价 10%，以此类推，那么到 10 轮（一个月）之后，蒙玛公司的时装价就削到了原价的 35% 左右。这时售出的时装，就是成本价。时装上市一个月，价格已跌到 1/3，谁还不来买？所以一卖即空。蒙玛公司最后结算，赚的钱比其他时装公司多，又没有积货的损失。

（二）需求差异定价的适用条件

（1）市场可以细分，而且各个细分市场必须表现出不同的需求程度。

（2）以较低价格购买的顾客，没有可能以较高价格把产品转卖。

（3）竞争者不可能在企业以较高价格销售的市场上低价竞销。

（4）细分市场和控制市场的成本费用，不应超过因实行需求差异定价而得到的额外收入，否则得不偿失。

（5）需求差异定价不会引起顾客反感，以至于放弃购买。

（6）需求差异定价的形式不违法。

六、价格折扣与折让策略

（一）数量折扣

数量折扣是企业给大量购买某种产品的顾客的一种优惠，以鼓励大量购买。大量购买能使企业降低生产、销售、储运、记账等环节的成本费用。例如，顾客购买某商品 100 单位以下，每单位 10 元；购买 100 单位以上，每单位 9 元。数量折扣分为累计数量折扣和非累计数量折扣两种形式。

（1）累计数量折扣。对一定时期内，累计购买数额超过规定量的给予价格优惠，这种价格折扣的目的是与客户保持长期稳定的业务关系。

（2）非累计数量折扣。对一次购买达到规定数量或金额标准的给予价格优惠，这种价格折扣的目的是鼓励买方增大每份订单的购买量，便于卖方组织大批量销售。

（二）现金折扣

现金折扣是企业对及时付清货款的顾客的一种减价优惠。最典型的例子是"2/10，net 30"即顾客在30天内必须付清货款，但如果在成交后10天内付清货款，则给予2%的现金折扣。

（三）季节折扣

季节折扣是企业向那些购买淡季商品或服务的顾客提供的一种降价优惠。例如，羽绒服制造商在夏季给消费者以季节折扣，鼓励消费者提前购买；酒店、航空公司等在旅游淡季给顾客以季节折扣。

（四）功能折扣

功能折扣又叫贸易折扣，通常是制造商因渠道中的成员发挥的特定功能所给予的折扣，这些功能包括推销、储存、服务等。制造商必须向同一渠道的成员提供相同的功能性折扣。

（五）价格折让

价格折让是为了促使经销商参与某个特殊活动而设计的额外优惠政策。包括两种形式：抵换折让和促销折让。抵换折让是指在购买新产品时，把旧的产品交回厂商换取新产品的减价；促销折让则是针对愿意配合企业做产品促销活动的经销商所给予的一种价格折让或酬劳。

第四节　价格调整及价格变动反应

一、企业降价与提价

（一）企业降价

有三种情况可能导致企业考虑采取降价措施。

（1）生产能力过剩，企业需要扩大业务，但又不能通过加强销售力度或其他方法完成，在这种情况下，企业就需要考虑降价。

（2）在强大竞争压力下，企业市场占有率下降。例如，美国的汽车、照相机、钟表等，曾经由于日本竞争者的产品质量较高、价格较低，丧失了一些市场。在这种情况下，美国一些公司不得不降价竞销。在国内市场上，1996年彩电行业的降价风潮也说明了类似问题，当时，长虹降价高达30%，TCL曾试图以保持原有价格、提高产品质量、加大宣传力度、扩大与竞争者的差异来应对，但因产品价格弹性较强未能奏效，为保持市场占有率，TCL被迫采取降价策略。

（3）企业有时为争取通过低成本在市场上占据支配地位，也会发动降价。企业要么是最初的成本费用比竞争者低，要么是希望通过降价来扩大市场份额从而降低成本。

在实践中，有实力的企业先降价，往往能给弱小竞争者以致命打击。例如，格兰仕一直信奉"价格是最高级的竞争手段"，其价格目标十分明确，就是消灭散兵游勇。每当其规模上一台阶，就要打一次价格战。当其生产规模达 125 万台时，它立即把出厂价定在 80 万台的企业成本以下；达到 400 万台时，又把出厂价调到规模 200 万台的企业成本线以下；生产能力达 1 200 万台时，它又再次调低价格，出厂价定在 500 万台的企业成本线以下。这使微波炉行业的"成本壁垒"站到了"技术壁垒"之前，让很多年产几万台、几十万台的家电企业对"微波炉生意"失去兴趣，甚至连海尔、荣事达这样的大集团在这种价格策略面前也显得一筹莫展。

（二）企业提价

虽然提价会引起消费者、经销商和推销人员不满，但是成功的提价可以使企业利润大大增加。引起企业提价的主要原因如下。

（1）很多情况下，企业提价只是为了在成本膨胀的情况下维持已有的利润。通货膨胀，物价上涨，成本费用提高，会迫使许多企业不得不提高价格。

（2）提价的另一个原因是供不应求。当企业的产品不能满足所有的顾客时，可以采取下列定价技术：

① 推迟报价。企业暂时不定最后价格，等到产品制成或交货时规定最后价格。工业建筑或重型设备制造等行业一般采取这种定价策略。

② 在合同上规定调整条款。企业在合同中加上一定时期内（一般到交货时为止）可按某种价格指数调整价格的条款。

③ 产品拆分。企业保持现有价格，减少原有产品的一个或多个构成要素，或者对这些要素单独计价。例如，不再提供免费运输和安装服务。

④ 减少折扣。企业不再提供原有的现金折扣和数量折扣。

营销者应当确定是一次将价格提升到位，还是分几次逐步提高价格。提价时，企业必须考虑政府的相关政策，避免被当成暴利企业。

二、顾客对价格变动的反应

企业经常需要根据不同的情况对价格进行调整。价格的任何调整都可能引起企业的利益相关者的注意。无论提价或是降价，都必然影响购买者、竞争者、经销商和供应商的利益，政府对企业变价也会关心。

顾客对某种产品降价可能这样理解：（1）这种产品的式样老了，将被新型产品代替；（2）这种产品有某些缺陷，销售不畅；（3）企业遇到财务、资金困难，难以继续经营；（4）价格还会下跌；（5）这种产品的质量下降了。

提价通常会影响销售，但是顾客对某种产品提价也可能这样理解：（1）这种产品畅销，不赶快买就买不到了；（2）这种产品很有价值；（3）卖主想尽量取得更多利润。

一般来说，购买者对价值高低不同的产品价格的反应有所不同。购买者对那些价值高、经常购买的产品的价格变动较敏感，而对那些价值低、不经常购买的小产品，则不大注意。此外，购买者虽然关心产品价格变动，但是通常更为关心取得、使用和维修产品的总费用。因此，如果卖主能使顾客相信某种产品取得、使用和维修的总费用较低，那么，他就可以把这种产品的价格定得比竞争者高，获得更多的利润。

三、竞争者对企业变价的反应

企业在考虑改变价格时，不仅要重视购买者的反应，而且必须关注竞争对手的反应。当一个行业企业很少，产品同质性强，购买者颇具辨别力和相关知识时，竞争者的反应就越发重要。

（一）了解竞争者反应的主要途径

企业估计竞争者的可能反应，至少可以通过两种方法：内部资料和统计分析。取得内部情报的方法有些是可接受的，有些近乎刺探。例如，从竞争者那里挖来经理，以获得竞争者决策程序及反应模式等情报；雇用竞争者以前的员工，专门建立一个部门，任务是模仿竞争者的立场、观点、方法思考问题。类似的情报也可由其他渠道，如顾客、金融机构、供应商、代理商等获得。

企业可从以下两方面来估计、预测竞争者对本企业价格变动的可能反应。

（1）假设对手采取老一套的办法对付本企业的价格变动。在这种情况下，竞争对手的反应是能够预测的。

（2）假设对手把本企业每一次价格变动都看作新挑战，并根据当时的利益做出反应。在这种情况下，企业就必须判断当时对手的利益。企业必须调查研究对手的财务状况、近来的销售和产能情况、顾客忠诚情况及企业目标等。如果竞争者的目标是提高市场占有率，就可能随本企业的价格变动而调整价格；如果竞争者的目标是最大利润，就会采取其他对策，如增加广告预算、加强广告促销或者提高产品质量等。总之，在实施价格变动时，必须善于利用企业内部和外部信息来源，观测竞争对手的思路。

实际情况是复杂的，因为竞争者对本企业降价可能有种种理解，如可能认为企业想偷偷侵占市场阵地；也可能认为企业经营不善，力图扩大销售；还可能认为企业想使整个行业价格下降，刺激整个市场需求。

上面假设的是企业只面临一个大的竞争者。如果面对若干个竞争者，就还要顾及每个竞争者的可能反应。如果所有竞争者反应大体相同，就可集中力量分析典型的竞争者，因为其反应可以代表其他竞争者的反应。如果各个竞争者规模、市场占有率及政策等重要因素有所不同，他们的反应也会有所不同，就必须分别对每个竞争者进行分析；如果某些竞争者随本企业价格变动而变价，那么其他竞争者也有可能会这样。

（二）竞争者反应的主要类型

竞争者对调价的反应，主要有以下类型。

（1）相向式反应。你提价，他涨价；你降价，他也降价。这样一致的行为对企业影响不太大，不会导致严重后果。只要企业坚持合理的营销策略，不会失掉市场和减少市场份额。

（2）逆向式反应。你提价，他降价，或维持原价不变；你降价，他提价或维持原价不变。这种相互冲突的行为影响很严重，竞争者的目的也十分清楚，就是乘机争夺市场。对此，企业要进行调查分析，首先摸清竞争者的具体目的，其次估计竞争者的实力，还要了解市场的竞争格局。

（3）交叉式反应。众多竞争者对企业调价反应不一，有相向的也有逆向的，还有不变的，情况错综复杂。企业在不得不进行价格调整时，应注意提高产品质量、加强广告宣传、保持分销渠道畅通等。

四、企业对竞争者变价的反应

（一）不同市场结构下的企业反应

在同质产品市场上，如果竞争者降价，企业必须随之降价，否则顾客就会购买竞争者的产品，而不购买企业的产品；如果某一个企业提价，且提价会使整个行业有利，其他企业也会随之提价，但是如果有一个企业不随之提价，那么最先发动提价的企业和其他企业也不得不取消提价。

在异质产品市场上，企业对竞争者变价的反应有更多的选择余地。因为在这种市场上，顾客选择卖主时不仅考虑产品的价格因素，而且考虑产品的质量、服务、性能、外观、可靠性等多方面的因素。因而在这种产品市场上，顾客对较小的价格差异并不在意。

面对竞争者的变价，企业必须认真调查研究如下问题：

（1）为什么竞争者变价？
（2）竞争者打算暂时变价还是永久变价？
（3）如果对竞争者变价置之不理，将对企业的市场占有率和利润有何影响？
（4）其他企业是否会做出反应？
（5）竞争者和其他企业对本企业的每一个可能的反应又会有什么反应？

（二）市场领导者的反应

市场领导者往往遭到一些小企业的进攻。因为产品甚至可与市场领导者的产品相媲美，所以小企业往往通过进攻性的降价来争夺市场领导者的市场阵地。在这种情况下，市场领导者有以下几种策略可供选择。

（1）维持原来的价格和毛利率。市场领导者认为，如果降价就会减少利润收入，而维持价格不变，尽管对市场占有率有一定的影响，但以后还能恢复市场阵地。当然，维持价格不变的同时，还要改进产品质量、提高服务水平、加强促销沟通等，运用非价格手段来反击。许多企业的市场营销实践证明，采取这种策略比降价和低利经营更划算。

（2）降价。市场领导者之所以采取这种策略，主要是因为：①降价可以使销量和产量增加，从而使成本费用下降；②市场对价格很敏感，不降价就会使市场占有率下降；③市场占有率下降之后，很难恢复。但是，企业降价以后，仍应尽力保持产品质量和服务水平。

（3）提高价格和产品质量。企业在提价的同时致力于提高产品质量或推出某些新品牌，以便与竞争对手争夺市场。

（4）开发低价格产品线。市场领导者可以创立单独的低价格品牌来应对竞争。

（三）企业应对变价需考虑的因素

受到竞争对手进攻的企业必须考虑：

（1）产品在其生命周期中所处的阶段及其在企业产品业务组合中的重要程度；

(2) 竞争者的意图和资源；
(3) 市场对价格和价值的敏感性；
(4) 成本费用随着销量和产量的变化而变化的情况。

面对竞争者的变价，企业不可能花很多时间来分析应采取的对策。事实上，竞争者很可能花了大量的时间来准备变价，而企业又必须在数小时或几天内明确果断地做出明智反应。缩短价格反应决策所需时间的唯一途径，就是预料竞争者可能的价格变动，并预先准备好适当的对策。

本章小结

1. 尽管在现代营销中非价格因素的作用增加了，价格仍然是营销组合中的一个重要因素。价格是营销因素中唯一获得收入的因素，其他因素只产生成本。

2. 影响产品定价的因素主要包括定价目标、产品成本、市场需求、竞争者的产品和价格、政府的政策法规等。在制定产品的价格时，企业需要经过六个步骤：（1）确定定价目标（2）分析需求（3）估计成本（4）分析竞争者（5）选择定价方法（6）确定最终价格。

3. 企业在制定价格时，需要重点考虑的因素是顾客需求、产品成本和竞争因素，由此形成了三大导向六大定价方法：成本加成定价法、目标收益定价法、感知价值定价法、需求差异定价法、现行水准定价法和投标定价法。

4. 企业运用各种定价方法制定出来的价格是一种基本价格，还需要运用各种价格策略进行调整。可采用的价格策略包括新产品定价策略、产品组合定价策略、地理定价策略、心理定价策略、需求差异定价策略和价格折扣与折让策略等。

5. 制定定价战略后，企业经常需要通过发起降价或提价对价格进行调整。企业要对顾客和竞争者对价格变动的反应做出正确的预测。

6. 企业需要预测竞争对手的价格变动并制定相应的反应策略。企业在面对竞争者的价格变化时，必须理解竞争者的意图和变化可能的持续时间。企业采取何种策略通常取决于其产品是否同质。受到低价格竞争对手攻击的市场领导者可以采取如下措施：维持原有的价格和毛利率，降价，提高价格和产品质量，开发低价格产品线。

关键概念

成本加成定价法　目标收益定价法　感知价值定价法　现行水准定价法　需求差异定价法　投标定价法　产品组合定价策略　数量折扣　现金折扣　季节折扣　功能折扣　价格折让　声望定价　招徕定价　撇脂定价策略　渗透定价策略

思考练习题

1. 影响企业定价的因素有哪些？
2. 企业的定价方法具体有哪些？
3. 企业的定价策略有哪些？

4. 企业为什么提价或降价？

5. 美国著名价格理论家乔治·斯蒂格勒曾说："价格已成为经营战的一把利器，可以克敌，也可以伤己。"如何理解这句话的含义？

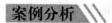案例分析

平板电脑的价格战

"十一"消费旺季即将来临之际，平板电脑的价格战已经炮火猛烈。率先开火的是联想，9月23日，其主打产品乐PadA 1从2 499元的高位跳水至1 000元。调价之猛，不仅让消费者大呼过瘾，更让各大厂家人心惶惶，迫使台电、纽曼等二三线的不少产品降至500元左右。日前，南都记者发现，因为炮火过于猛烈，众多白牌（中小品牌或没有牌子）的平板厂家已逐步退出市场。分析师认为，受到大屏幕智能手机的冲击，平板电脑需求可能会越来越疲软，未来会有更多厂家"出逃"。

平板价格战炮火猛烈

从时间上来看，乔布斯隐退后，苹果的竞争对手似乎就立刻看到机会，借势出击。平板的江湖上，挑战者个个都摆出了一副强势姿态，尤以三星、戴尔、联想、宏碁最为积极，新品不停发布，欲"围剿"苹果，瓜分市场的蛋糕。不过，由于基于Android系统的产品同质化严重，价格成了厂家的唯一武器，一场价格恶战正迅速蔓延。

日前，平板电脑的价格已经低至极限。除了联想外，宏碁、戴尔、三星等一线品牌，普遍已经降至2 000~3 000元。中兴、华为等二线品牌，在2 000元左右，但产品一般带3G功能。台电、纽曼等国产品牌则基本在千元以下。

"联想降价后可能会引发一场雪崩效应，短期内，三星、宏碁等必定会跟进，打压整体售价，深圳大部分中小品牌已几乎没有生存的空间，因为低端平板电脑已处于极微利的状态。"艾媒咨询CEO张毅称。

如果说在数月前，中小平板电脑市场还有些许余温，那么现在深圳已是一个冰冷的世界。龙岗一家厂商的操盘手透露，实际上，最好的时候出货量也没有超过1 000台，而且80%都是销往海外的，国内根本没有什么生存空间。

"做平板电脑的大部分是从山寨手机转型过来的，但转型没成功，反而把之前的本都亏进去了。"

联想降价意在抛售

"联想这次降价幅度空前，给出了非常明显的抛货信号。"张毅对平板市场非常不乐观，苹果"推陈出新"时，iPad降价的幅度不过25%，而联想乐Pad却达到了60%，已不是"处理老款"，这与惠普宣布退出PC市场抛售TouchPad的幅度相当。"一旦厂家意识到市场走软就会大幅降价清仓。"

实际上，苹果的日子也不好过。南都记者从苹果在深圳一家主要代工企业获得的内部数据显示，2011年苹果第四季度iPad下达的生产订单由第三季度的1 750万台，下调至1 290万台。不过，业内人士认为，下调并不一定是因为销量问题，原材料供应不足、减产为

iPad 3 铺路都可能是一定的原因。其实平板电脑的尴尬地位一直都在困扰着厂家。深圳电子行业分析师王斌指出:"对平板电脑的需求在某种意义被苹果放大了。其实,消费者对这种介于电脑与手机的产品,并没有足够的购买动力。同时,智能手机屏幕越来越大,已经可以很好完成平板的功能。"

艾媒咨询最新的数据显示,在2010—2011年中国平板电脑用户上网目的调查中,2011年前三个季度用户花在平板电脑上的时间越来越短。日均使用平板电脑时长小于0.5小时(或基本没有使用)的用户比例从第一季的23.3%上升到第三季的56.6%,而时长在0.5~2小时的用户比例则由39.8%减少为26.1%;日均使用时长超过4小时的用户比例则由第一季度的5.6%降低至第三季度的2.2%,该报告称"用户对平板电脑的使用以及消费趋向理性,狂热感和新鲜感已逐步恢复平静"。

家电厂家反应太慢

9月初,深圳创维一新款M 8平板电脑上市,售价为1 680元。接着9月21日,另一深圳厂商TCL也宣布要进军Pad领域,首次推出两款基于Android系统的平板电脑,其最低售价仅为1 999元。不过,现在看来,这些产品的售价已经不太具备竞争力。张毅认为,传统大型家电企业进入这个领域,从决策、谋划、备货至少要几个月。当初的市场判断可能是正确的,然而,很多人没想到的是平板电脑市场会急转直下。"只能怪大家过于跟风,前两年,苹果成功,国内厂家一窝蜂上,现在看到iPad热卖也跟着去做。然而,厂家们都没有认真地进行市场调研。"(本案例写于2011.9)

分析讨论题

1. 联想平板电脑为何采取降价策略?
2. 联想的降价策略对市场上其他企业有何影响?
3. 家电厂家进入平板市场的产品价格策略是否合适?谈谈你的看法。

市场营销实践

产品定价策略分析。

实践目的

能够根据市场竞争状况和产品具体特点确定产品定价策略。

实践方案

1. 人员:5~10人组成一个小组,以小组为单位完成任务。
2. 时间:与第九章教学时间同步。
3. 内容:以某一具体企业为例,分析它的产品定价策略。
4. 汇报方式:各组以PPT或报告的形式进行展示和讲解。

第十章

分销渠道策略

学习目标

1. 了解分销渠道的含义和作用。
2. 掌握分销渠道设计、管理的主要步骤和决策方式。
3. 理解不同类型的批发商、零售商的作用和经营特点。

引导案例

联想渠道三部曲：从多层级到扁平化

作为中国IT行业的领先者，联想集团的渠道再造经历了三个具有标志性的阶段。20世纪90年代中期，联想实行代理渠道制。在全国范围内，联想拥有几千家分销代理商，从分销商再铺到零售商。由于渠道过长，管理混乱甚至失控，尤其是随着联想产品线的增长，渠道已达不到共享的效率。1998年，联想开始第二阶段渠道模式的重构，引入专卖店的特许经营模式，加速构建直营店，2000年年底，联想专卖店的销售增长超过分销和代理渠道。2004年，受Dell电脑直销模式在中国市场迅速进展的挑战，联想再次进行渠道改造，建立第三阶段的新渠道模式"通路短链+客户营销"，以更短的渠道和强化客户为中心的营销模式赢得竞争优势。

从联想渠道演进的路径可以看出，联想早期以层级较长的分销为主，虽然最大限度地利用了社会资源，但企业对渠道的控制力被削弱，并且增加了产品成本。而第二、三阶段渠道模式以终端为突破口，贴近最终用户，并通过加盟专卖店塑造了品牌形象。

渠道扁平化的好处显而易见，但由于扁平化的路径和方式不同，渠道扁平化也存在一定的风险。中国本土企业渠道扁平化的典型路径有：调整渠道结构使渠道重心下沉、自建渠道和基于互联网技术建立e渠道等。其中自建渠道的风险最大，在增强企业控制力的同时，带来成本的巨大风险，耗费企业大量的资金、人力、物力。因此，自建渠道的扁平化策略，需要企业在收益与成本之间进行权衡。

自建渠道的初衷在于实现渠道扁平化，以增加对渠道的控制，使公司应对市场竞争的响应加快，利于公司多品牌和多品种的市场推进。然而，当自建渠道大幅增加企业成本时，企业只能进行渠道再造，通过基于信息技术的渠道"瘦身"举措，降低通路成本，以提高渠道整体效率。渠道扁平化目标从"渠道控制第一"转向"渠道效率第一"，才能适应市场环境的变化。

渠道扁平化的极端是直销模式。网络直销是基于B2C模式的新型渠道，渠道长度为零。诞生于21世纪的诸多新型企业直接定位于B2C网络营销渠道模式，并构筑为企业独特的核心竞争力，受到投资者热捧，如当当网、卓越网以及近期引人注目的Vancl、京东商城和红孩子等。这些企业的快速发展得益于电子商务市场的迅速增长。据2008年7月31日《21世纪经济报道》数据显示，国内电子商务市场每年以50%以上的速度增长，而2008年B2C模式将增长100%以上，2009年甚至将达到400%的增长速度。（本案例写于2008.3）

第一节 分销渠道的功能与类型

一、分销渠道的含义与功能

（一）分销渠道的含义

在市场营销理论中，有两个与渠道有关的术语经常不加区分地交替使用，这就是市场营销渠道和分销渠道。

市场营销渠道是指配合起来生产、分销和消费某一生产者的产品和服务的所有企业和个人。也就是说，市场营销渠道包括某种产品供产销过程中的所有有关企业和个人，如供应商、生产者、商人中间商、代理中间商、辅助商（如支持分销活动的仓储、运输、金融、广告代理等机构）以及最终消费者或用户等。而分销渠道通常指促使某种产品或服务能顺利地经由市场交换过程，转移给消费者（用户）消费使用的一整套相互依存的组织，其成员包括产品和服务在从生产者向消费者转移过程中，取得这种产品和服务的所有权或帮助所有权转移的所有企业和个人。分销渠道成员包括商人中间商（因为他们取得所有权）和代理中间商（因为他们帮助转移所有权），此外，还包括处于渠道起点和终点的生产者和最终消费者或用户，但不包括供应商、辅助商。分销渠道成员示意如图10-1所示。

（二）分销渠道的功能

(1) 研究，即收集制定计划和进行交换时所需的信息。

(2) 促销，即设计和传播有关商品的信息，鼓励消费者购买。

(3) 接洽，即为生产商寻找、物色潜在买主，并和买主进行沟通。

(4) 谈判，即代表买方或者卖方参加有关价格和其他交易条件的谈判，以促成最终协议的签订,实现产品所有权的转移。

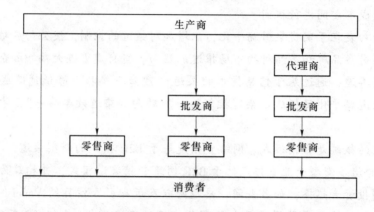

图 10-1 分销渠道成员示意

(5) 订货,即分销渠道成员向制造商进行有购买意图的沟通行为。

(6) 配合,即按照买主的要求调整供应的产品,包括分等、分类和包装等活动。

(7) 物流,即组织产品的运输、储存。

(8) 融资,即收集和分散资金,以负担分销工作所需的部分费用或全部费用。

(9) 风险承担,即承担与从事渠道工作有关的全部风险。

(10) 付款,即买方通过银行或者其他金融机构向销售者支付账款。

(11) 所有权转移,即所有权从一个组织或个人向其他组织或者个人的实际转移。

(12) 服务,即渠道提供的附加服务支持,如信用、交货、安装、修理等。

二、分销渠道的类型

分销渠道可以根据其长度、宽度的变量分为不同的类型。

(一) 分销渠道的长度

分销渠道的长度是指中间机构层次的数目。产品或服务从生产者向消费者或用户的转移过程中,产品每经过一个直接或间接转移所有权的营销机构,就是经过了一个中间层次。从分销渠道的长度来看,可将分销渠道分为直接渠道与间接渠道。

1. 直接渠道

直接渠道也称为零层渠道,指生产企业不通过中间商环节,直接将产品销售给消费者,如图 10-2 所示。直接渠道的主要方式是上门推销、展示会、邮购、电子通信营销、电视直销和制造商自设商店等形式。直接渠道是工业品分销的主要类型,一些大型设备、专用工具及技术复杂需要提供专门服务的产品,都采用直接分销。有些消费品也采用直接渠道,如鲜活商品等。

2. 间接渠道

间接渠道指生产企业通过中间商环节把产品传送到消费者手中,如图 10-3 所示。间接渠道是消费品营销途径的主要类型,大多数消费品从生产者流向最后消费者的过程中都是经过若干中间商转手的。有些生产资料(如单价较低的次要设备、零件、原材料等)也采用间接渠道。间接渠道可以细分为一层渠道、二层渠道和三层渠道,如图 10-4 所示。

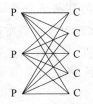

图10-2 直接渠道

P—生产者；C—消费者

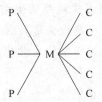

图10-3 间接渠道

P—生产者；C—消费者；M—中间商

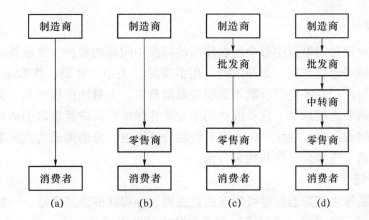

图10-4 从零层渠道到三层渠道

(a) 零层渠道；(b) 一层渠道；(c) 二层渠道；(d) 三层渠道

一层渠道含有一层中间环节，如在消费者市场，通常是零售商；在产业市场，则通常是销售代理商和佣金商。

二层渠道含有两层中间环节，在消费者市场，通常是批发商和零售商；在产业市场，则通常是销售代理商和批发商。

三层渠道含有三层中间环节，以此类推。但较少见更长的渠道。因为渠道越长，生产者控制分销过程和获得市场信息的难度越大，并可能导致流通过程中加价过高。

小链接10-1　　**快速消费品的分销渠道**

快速消费品是指那些使用时效较短、流转速度较快、价值不高、易于消耗，同时消费者分布广、购买频率高、购买持续时间长的产品，多是消费者的生活必需品。包括香皂、牙膏等日化类产品；烟、酒、饮料、小吃等副食类产品。由于购买频率高，消费者对这类产品的认识较多，购买时不需购前比较和反复挑选，属于习惯性购买。

快速消费品的渠道特征是与产品特点和消费者的购买特征密切相关的，由上述分析可对快速消费品的基本渠道特征总结如下。

1. 快速消费品多采用中间商的分销模式。由于快速消费品消费者数量多，分布范围广，故企业不可能像工业品那样采用一对一的渠道建设模式，一般都会用中间商的分销模式。层级较多的渠道对产品的分销能力也较强，但产生渠道冲突的可能性也较大。

2. 快速消费品渠道终端生动化陈列很重要。快速消费品的购买者往往是凭感觉和冲动购买，因此企业在建设渠道时往往伴随着大量形象广告和卖场内的现场演示、促销、折价销售等活动，并通过终端的生动化陈列和堆头使消费者形成强烈的视觉冲击，以促成销售。快速消费品主要是便利性购买，因此分布在居民区，以方便居民购买的零售商（小卖部、便民店等）成为分销快速消费品的主要渠道。

3. 快速消费品一般是多种渠道并存。在快速消费品的营销渠道中呈现出多种模式并存的现象，它既有长渠道又有短而宽的渠道，颇具实力的企业还可以设立直销渠道。

（二）分销渠道的宽度

分销渠道的宽度是指渠道中每个层次使用的同类中间商的数目。企业使用的同类中间商越多，产品的分销渠道就越宽。如一般的日用消费品（毛巾、牙刷、热水瓶等），由多家批发商经销，又有更广泛的零售商，能大面积接触消费者，大量地销售产品。企业使用的同类中间商越少，分销渠道就越窄。它一般适用于专业性强的产品或贵重耐用消费品，每个由一家或少数几家中间商经销，使生产企业容易控制分销渠道。分销渠道的宽度策略通常分为三种，即密集性分销、选择性分销和独家分销。

1. 密集性分销

密集性分销是指生产商通过尽可能多的批发商、零售商推销其产品。一般销售量大的生活日用品（如牙膏、洗衣粉、香皂等）和工业品中的通用机具，适合采用这种宽渠道模式。通常，密集性分销又可分为零售密集性分销和批发密集性分销两类。

2. 选择性分销

选择性分销是指生产商在某一地区仅通过几个精心挑选的、最合适的中间商推销其产品。这样，既可以使产品取得足够的市场覆盖面，又比密集性分销更易控制和节省成本。据美国某工业公司统计，在该公司原来的销售渠道中，有41%的零售商的销售额只占该公司销售总额的7%；后来，他们淘汰了这些效率不高的零售商，一年以后的销售实绩却比原来的销售总额增加了76%；公司的销售费用率也由原来的22.8%下降到11.5%。由此可见，生产商学会有选择地使用中间商，往往会使经济效益得到大幅度的提高。

3. 独家分销

独家分销，即生产商在某一地区仅通过一家中间商推销其产品。双方协商签订的独家分销合同规定：生产商在某个特定市场内，不能再使用其他中间商同时经销其产品；而这家中间商也不能再经销其他竞争者的同类产品。一般有特色的商品，如高档名牌妇女服装、名牌饮料、名牌汽车、名牌电脑、名牌电冰箱以及名牌农业机械、建筑机械等专用设备，常采用这种渠道策略。这样，既有利于提高相关的生产商、中间商和产品的声誉，也有利于进一步提高商业和技术的服务质量，从而给消费者更多的利益。

小链接10-2　　　　　　　立白的渠道深耕

乡镇的化妆品经营店、日化店、中小超市的老板们总算有了上帝的感觉，从配送车辆下来的，除了上游经销商的司机，还多了几张新面孔，后者不仅协助他们把货物搬运到仓库，还帮他们打价格标签,为货架抹灰,甚至在乡村集市日,帮助他们卖货。

28岁的李明就是这些新面孔当中的一个,2005年大学一毕业,他就加入立白,成为立白一个地区市的区域经理,3年中,他所有的工作,都围绕着经销商转。

每个月他都会随着经销商的货车,到各乡镇的日化店,指导后者如何陈列立白的产品,如何利用立白的政策促销。所有的努力目的只有一个,就是让这些日化店的店主们多卖立白的产品,而且能够赚到钱。

这并不是一件简单的事。与跨国日化品牌宝洁相比,立白无法依靠大手笔的广告支持,保持强势品牌的知名度;与老牌纳爱斯相比,立白洗衣粉的价格偏高,在农村市场没有价格优势,要让这些精明的小店主动心,必须另觅出路。

这3年里,李明学会的是"好好贯彻立白的专销商制度、分销商有定价权这两个政策"。

专销商制度,就是不在省会设立分公司,而是让销售人员直接到最有实力的几个县,选定几个专销商,只卖立白的产品。总部投入广告、派出指导人员,到县级单位辅助专销商,避免一个区域内多个经销商之间打价格战,可以保证一级经销商的利润。以县为单位的制度让每个经销商的销售范围很窄,为完成销量,就必须做深做透,因此铺货率较高。让原有的日化经销商们专销立白不能仅凭嘴皮子游说。中国民营企业惯用的招术——亲戚朋友齐上阵派上了用场。第一批专销商大多数是当时企业高层的亲戚朋友,这些人把经销立白当作安家立命的希望,谁都希望公司做大,对每一级市场的操作都尽心尽力。

专销商之外,还要确保作为分销商的日化店店主的利润。这家公司允许分销商享有定价权,在一定范围内,调整价格。在这些分布在各个城镇的日化店里面,一袋进价7块钱的洗衣粉,可以卖8元,也可以卖9.5元。这种在跨国公司看来会影响形象、严令禁止的行为,立白显然并不介意。这一招歪打正着,因为可以自己掌握终端销售价格,分销商颇有销售的热情;而乡村这个封闭系统的信息不对称,让它也没有遭受城市消费者们动辄为之的消费者投诉。

专销商、分销商都有利可图,定价比宝洁产品低、比纳爱斯的雕牌高的立白产品很快进入流通渠道。

第二节 分销渠道设计与管理决策

一、影响分销渠道设计的因素

企业在进行分销渠道决策时,必须对各种影响因素进行认真的分析和研究,才能做出正确的决策。企业进行分销渠道决策时,主要受到下列因素的影响。

(一) 顾客特性

渠道设计深受顾客人数、地理分布、购买频率、平均购买数量以及对不同促销方式的敏感性等因素的影响。当顾客人数多时,生产者倾向于利用每一层次都有许多中间商的长渠道。但购买者人数的重要性又受到地理分布的修正。例如,生产者直接销售给集中于同一地区的500个顾客所花的费用,远比销售给分散在500个地区的500个顾客少。而购买者的购买方式又修正购买者人数及其地理分布。如果顾客经常小批量购买,则需采用较长的分销渠道为其供货。因此,少量而频繁的订货,常使得五金器具、烟草、药品等产品的制造商依赖批发商。同时,这些相同的制造商也可能越过批发商而直接向订货量大且订货次数少的大顾客供货。此外,购买者对不同促销方式的敏感性也会影响渠道选择,例如,越来越多的家具零售商喜欢在产品展销会上选购,从而使得这种渠道迅速发展。

（二）产品特性

一般情况下,产品的体积、重量、单位价值、新颖性、工艺性和非工艺特点以及产品耐用性、经久性都是影响渠道选择的变量。易腐烂的产品为了避免拖延时间及重复处理增加的风险,通常需要直接营销。那些与其价值相比体积较大的产品（如建筑材料、软性材料等）,需要通过生产者到最终用户搬运距离最短、搬运次数最少的渠道来分销。非标准化产品（如顾客订制的机器和专业化商业表格）,通常由企业推销员直接销售,这主要是由于不易找到具有该类知识的中间商。需要安装、维修的产品经常由企业自己或授权独家专售特许商来负责销售和保养。单位价值高的产品则应由企业推销人员而不通过中间商销售。

（三）中间商特性

设计渠道时,还必须考虑执行不同任务的市场营销中间机构的优缺点。例如,由制造商代表与顾客接触,花在每一顾客身上的成本比较低,因为总成本由若干个顾客共同分摊。但制造商代表对顾客所付出的努力不如中间商的推销员。一般来讲,中间商在执行运输、广告、储存及接纳顾客等职能方面,以及在信用条件、退货特权、人员训练和送货频率方面,都有不同的特点和要求。

（四）竞争特性

生产者的渠道设计,还受到竞争者所使用的渠道的影响,因为某些行业的生产者希望在与竞争者相同或相近的经销处与竞争者的产品抗衡。例如,食品生产者就希望其品牌和竞争品牌摆在一起销售。有时,竞争者所使用的分销渠道反倒成为生产者所避免使用的渠道。

（五）企业特性

企业特性在渠道选择中扮演着十分重要的角色,主要体现在:

(1) 总体规模。企业的总体规模决定了其市场范围、较大客户的规模以及与中间商合作的能力。

(2) 财务能力。企业的财务能力决定了哪些市场营销职能可由自己执行,哪些应交给中间商执行。财务薄弱的企业,一般都采用"佣金制"的分销方法,并且尽力利用愿意并且能够吸收部分储存、运输以及融资等成本费用的中间商。

(3) 产品组合。企业的产品组合也会影响其渠道类型。企业产品组合的宽度越大,则与顾客直接交易的能力越大；产品组合的深度越大,则使用独家专售或选择性代理商就越有利；产品组合的关联性越强,则越应使用性质相同或相似的市场营销渠道。

(4) 渠道经验。企业过去的渠道经验也会影响渠道的设计,曾通过某种特定类型的中间商销售产品的企业,会逐渐形成渠道偏好。例如许多直接销售给零售食品店的老式厨房用具制造商,就曾拒绝将控制权交给批发商。

（5）营销政策。现行的市场营销政策也会影响渠道的设计。例如，对最后购买者提供快速交货服务的政策，会影响到生产者对中间商所执行的职能、最终经销商的数目与存货水平以及所采用的运输系统的要求。

（六）环境特性

经济发展状况、社会文化发展、市场竞争结构、科学技术研发以及政府管理等环境因素也影响渠道的设计。当经济萧条时，生产者都希望采用能使消费者以廉价购买其产品。这也意味着使用较短的渠道，并免除那些会提高产品最终售价但并不必要的服务。

二、分销渠道设计

（一）分析顾客需要的服务产出水平

设计渠道的第一步是理解其所选择目标市场的潜在客户需要的服务水平。企业应该充分了解消费者习惯购买的产品及其购买的地点、原因、时间和方式，从而明确渠道应对消费者购买商品提供何种解决方案，即为目标消费者设计的服务供应水平。通常，渠道服务产出水平主要包含：

（1）批量大小。批量大小指市场营销渠道在购买过程中提供给典型客户的单位数量。一般而言，批量越小，由渠道所提供的服务供应水平越高。

（2）等候时间。等候时间是指渠道客户等待收到货物的平均时间。客户总是喜欢快速交货渠道，但快速服务要求一个高的服务水平。

（3）便利程度。便利程度是指客户能够在他所需要的时候方便地获得商品的程度。

（4）产品齐全。一般来说，渠道成员提供的产品花色品种越多，使客户满足需要的机会就越多。

（5）服务支持。服务支持指渠道提供的诸如信贷、交货、安装、修理等附加服务的程度。渠道成员提供的附加服务越多，要求的服务支持越强大。

（二）明确渠道目标与限制

渠道设计问题的中心环节，是确定达到目标市场的最佳途径。每一个生产者都必须在消费者、产品、中间商、竞争者、企业政策和环境等所形成的限制条件下，确定其渠道目标。所谓渠道目标，是企业预期达到的顾客服务水平（何时、何处、如何对目标顾客提供产品和实现服务）以及中间商应执行的职能等。

（三）明确各种渠道备选方案

确定渠道设计的目标和限制因素之后，企业要明确各种可能的渠道设计方案。渠道设计方案一般涉及两个基本问题：一是中间商类型与数目，二是渠道成员的特定任务。

（1）中间商类型与数目。企业要明确能够完成渠道工作的各种中间商的类型，明确如何以有效的方式将特定的产品送达用户市场，决定每个渠道层次使用中间商的数目。

（2）渠道成员的特定任务。在将产品由生产者转移到目标市场的过程中，需要完成运输（将产品运送至目标市场）、广告（通过广告媒介通知并影响购买者）、储存（准备接受订货的货物存储）和接触（寻找购买者并与购买者协商交易条件的推销工作）等主要任务。

（四）评估各种渠道备选方案

企业对以上各种可能的渠道方案进行评价，确定最能够对渠道任务做出相对合理的分配，并满足企业长期目标的方案。评估标准有三个：经济性标准、控制性标准和适应性标准。

1. 经济性标准

在三项评估标准中，经济性标准最为重要。因为企业是追求利润而不是追求渠道的控制性与适应性。假设某企业希望其产品在某一地区取得大批零售商的支持，现有两种方案可供选择：一是向该地区的营业处派出10名销售人员，除了付给他们基本工资外，还采取根据推销成绩付给佣金的鼓励措施；二是利用该地区制造商的销售代理商，该代理商已和零售店建立起密切的联系，并可派出30名推销员，推销员的报酬按佣金制支付。这两种方案可导致不同的销售收入和成本。判别一个方案好坏的标准，不应是其能否导致较高的销售额和较低的成本费用，而是能否取得最大利润。

2. 控制性标准

使用代理商无疑会增加控制上的问题。一个不容忽视的事实是代理商是一个独立的企业，所关心的是自己如何取得最大利润。代理商可能不愿与相邻地区同一委托人的代理商合作，可能只注重访问那些与其推销产品有关的消费者，而忽略对委托人很重要的消费者。因此代理商的推销员可能不去了解与委托人产品相关的技术细节，也很难认真对待委托人的促销数据和相关资料。

3. 适应性标准

在评估各渠道选择方案时，还有一项需要考虑的标准，那就是企业是否具有适应环境变化的能力，即应变力如何，每个渠道方案都会因某些固定期间的承诺而失去弹性。当某一制造商决定利用销售代理商推销产品时，可能要签订5年的合同。在这段时间内，即使采用其他销售方式会更有效，制造商也不得任意取消销售代理商。所以，一个涉及长期承诺的渠道方案，只有在经济性和控制性方面都很适宜的条件下才可以考虑。

三、分销渠道的管理

（一）选择渠道成员

渠道成员选择是否得当直接关系企业的市场营销业绩。选择中间商要广泛收集有关中间商的业务经营、资信、市场范围、服务水平等方面的信息，然后进行比较，确定最恰当的人选。通常，选择中间商必须考虑以下条件。

1. 中间商的目标市场

市场是选择中间商时应考虑的最关键因素。企业首先要考虑，备选中间商的服务对象与企业的潜在目标客户群是否一致。

2. 中间商的产品政策

中间商的产品政策具体体现在其承销的产品种类及其组合情况。企业要考虑中间商产品组合的宽度（即有多少产品线），以及所承销的产品是竞争性产品，还是促销性产品。

3. 中间商的地理区位优势

选择零售商最理想的地理位置是潜在客户流量较大的地点；选择批发商则要考虑是否有

利于产品的批量存储与运输，通常以处于交通枢纽为宜。

4. 中间商的产品知识

对所销售的产品有专门的经验和知识是企业选择中间商的基本条件。根据产品特征选择具有专门经验的中间商有利于企业尽快取得市场销售的增长。

5. 中间商的财务状况及管理水平

中间商的财务状况决定了其能否按时结算，或在预付货款，甚至融资等方面的实力，其销售管理是否高效、规范则决定了中间商的业绩水平。

6. 中间商的促销政策和技术

企业还应考虑中间商是否愿意承担一定的促销费用，以及有没有必要的物质、技术基础和相应的人才。

7. 中间商的合作意愿

中间商的合作意愿是中间商全力以赴地帮助企业销售产品的前提。条件再好、实力再强的中间商，如果没有强烈的合作意愿，就不是企业理想的选择。

8. 中间商的综合服务能力

现代消费越来越重视服务，企业应考虑中间商的综合服务能力。例如，有些产品需要中间商向客户提供售后服务，有些需要在销售中提供技术指导或财务帮助（如赊购或分期付款），有些需要专门的运输、存储设备。中间商所提供的综合服务项目与服务能力应与企业产品销售所需要的服务要求相一致。

（二）激励渠道成员

激励渠道成员是指激发渠道成员的动机，使其产生内在动力，朝着所期望的目标前进的活动过程，目的是调动渠道成员的积极性。实际工作中，激励渠道成员往往出现激励过度或者激励不足的情况。当生产者给予中间商的优惠条件超过取得合作与努力水平所需条件时，就会出现激励过度的情况，其结果是销售量提高而利润下降；当生产者给予中间商的条件过于苛刻以致不能激励中间商努力工作时，则会出现激励不足的情况，其结果是销售量降低、利润减少。所以，生产者必须确定采用何种方式以及花费多少力量来鼓励中间商。

一般来讲，生产者对中间商的基本激励水平应以现有交易关系组合为基础。如果对中间商仍激励不足则可以考虑采取以下措施。

（1）提高中间商可得的毛利率，放宽条件或改变交易关系组合使之更有利于中间商。

（2）刺激中间商使之付出更大努力，如评估中间商的营销能力，迫使他们创造更有效的销售机制，举办中间商销售竞赛，以提高其销售积极性，单独或与经销商联手开展广告与宣传活动，调动中间商的积极性等。

生产者也可以依靠某些权力来赢得中间商的合作。这里所说的权力涉及以下几个方面。

（1）强制力。强制力是指生产者对不合作者的中间商威胁撤回某种资源或中止关系而形成的势力。

（2）奖赏力。奖赏力是指生产者给执行了某种职能的中间商额外付酬而形成的势力。

（3）法定力。法定力是指生产者要求中间商履行双方达成的合同而执行某种职能的势力。

（4）专长力。专长力是指生产者因拥有某种专业知识而对中间商构成的控制力。

（5）感召力。感召力是指中间商对生产者深怀敬意并希望与之长期合作而形成的势力。

(三) 评价渠道成员

生产者除了选择和激励渠道成员外,还必须定期评估他们的绩效。通常的评估指标主要有销售配额的完成情况、平均存货水平、向顾客交货时间、对损坏或遗失商品的处理情况、与企业促销和培训的合作情况等。如果某一渠道成员的绩效过分低于既定标准,需找出主要原因,同时还应考虑可能的补救方法。

1. 契约约束与销售配额

如果一开始生产者与中间商就签订了有关绩效标准与奖惩条件的契约,就可避免种种不愉快。在契约中应明确经销商的责任,如销售强度、平均存货水平、送货时间、次品与遗失品的处理方法、中间商必须提供的顾客服务等。

除了针对中间商绩效责任签订契约外,生产者还应定期发布销售配额,以确定目前的预期绩效。生产者可以在一定时期内列出各中间商的销售额,并依销售额大小排出先后名次。这样可促使后进中间商为了自己的荣誉而奋力上进,也可促使先进的中间商努力保持已有的荣誉,百尺竿头更进一步。

需要注意的是,在排列名次时,不仅要看各中间商销售水平的绝对值,而且要考虑到它们各自面临的各种不同的环境变化,考虑生产者的产品大类在各中间商的全部产品中的相对重要程度。

2. 测量中间商绩效的主要方法

(1) 纵向分析。纵向分析将每一个中间商的销售绩效与上期绩效进行比较,并以整个群体的升降百分比作为评价标准。对低于该群体平均水平的中间商,必须加强评估与激励措施。如对后进中间商的环境因素加以调查,看是否存在客观原因,如当地经济衰退、某些顾客不可避免地失去、主力推销员退休或"跳槽"等,并明确哪些因素可以弥补。

(2) 潜量分析。潜量分析将各中间商的绩效与该地区基于销售潜量分析所设立的配额相比较。在销售期过后,根据中间商的实际销售额与其潜在销售额的比率,将各中间商按先后名次排列。这样,企业的调整与激励措施可以集中用于那些未达既定比率的中间商。

(四) 渠道调整与改进

分销渠道的调整是企业根据分销渠道的适应性、灵活性的要求,在利润的驱使下,或处于不平衡状态,或企业很有把握预测调整分销渠道会带来更大利润时,对中间商或者整个分销系统进行的调整,一般包括增减渠道中间商、增减某一分销渠道、调整整个分销渠道三方面。

1. 增减渠道中间商

企业在做出这种调整决定时,需要作具体分析。如增加或减少某个中间商,将会对公司的利润带来何种影响?一般来说,在某销售区域增加一家批发商,不仅要考虑这样做将有多大的直接收益,如销售量、销售额、利润的增加额,而且还要考虑新增的批发商对其他批发商的销售量、成本与情绪会带来什么影响。

2. 增减某一分销渠道

当制造商在某目标市场只通过增减个别中间商不能解决根本问题时,就要增减某一分销渠道,否则就有失去这一目标市场的危险。例如,某化妆品公司发现其经销商只注意成人市场而忽视儿童市场,引起儿童护肤产品销路不畅,为了促进儿童化妆品市场开发,就可能增加一条新的市场营销渠道。

3. 调整整个分销渠道

调整整个分销渠道是对以往的分销渠道作通盘调整。这类调整是难度最大的,因为要改变企业的整个分销渠道,而不是在原有基础上修修补补。分销渠道的通盘调整,不仅仅是改变渠道,而且会带来其他营销策略的一系列变动。因此,这类调整通常由企业的最高管理层来决策。如汽车制造厂放弃原来的直销模式,而采用代理商来销售产品。

上述调整方法,前一种属于结构调整,它立足于增加或减少原有分销渠道的某些层次。后两种属于功能性调整,它立足于将一条或多条渠道的分销工作在渠道成员中重新分配。企业的分销渠道是否需要调整,调整到什么程度,取决于市场营销渠道的整体分销效率。如果矛盾突出且无法协商解决,一般就应当进行调整。

小链接 10-3　　　　宝洁对分销商的管理

2005 年 6 月,宝洁山东分销商长泰公司、潍坊百货集团被撤换,随即撤换风波波及河南、山西、江苏、浙江等地,宝洁 2005 年最大的渠道地震上演。

早期,宝洁选择的分销商基本是以百货批发为主的传统商业单位;1997 年以后随着市场规模和市场份额的扩大,分销商数量也开始扩大,1999 年开始推出"宝洁分销商计划",对分销商队伍进行整合。

宝洁加强了对零售终端的管理,要求企业销售管理工作以分销商为中心,一切为终端服务,推行"全程助销模式",一位经销商说:"只要你有钱,做宝洁是赚钱的,所有的营销工作宝洁都会帮你做的。"

宝洁公司为了提高分销商的周转率与信息沟通,对分销商进行了信息化武装,从管理系统,到补货系统,宝洁都提供指导和帮助。宝洁还给信用良好的分销商增加信用额度,为分销商配置依维柯,扩大物流配送范围。宝洁对经销商的支持是非常到位的,在这种互惠互利的合作中,宝洁与广大分销商的关系也得到了进一步提升。

然而随着合作的推进,宝洁逐渐表现出其"战略意图",在宝洁全球战略版图中,中国属于新兴市场,宝洁 CEO 雷富礼显然对这个新兴市场寄予厚望,因此宝洁在中国的营销速度明显加快,这也就出现了大面积更换经销商事件。

2005 年年底,宝洁对经销商进一步提出"专营制度",要求经销商必须单独经营宝洁产品,从设置账户、资金运作、办公管理、独立仓库等等进行了全面、细致的硬性规定。

显然对于广大经销商来说,这是个进退两难的抉择,放弃吧,可惜,不放弃吧,手上那么多其他品牌怎么办?经销商通常会经销多个品牌,以满足不同的消费者需求,同时规避风险。宝洁的排他性要求,让经销商有些无法接受。

2004 年的 SK-Ⅱ风波、洗衣粉事件,更是加深了经销商的顾虑,但也正是这些危机事件,促使宝洁要经销商进行专营运作,通过加强对分销的管理,以弥补危机对销售的影响。

四、渠道冲突的管理

(一) 渠道冲突的类型

分销体系是由企业与中间商的合作来维持的,渠道成员之间目标的不一致或渠道成员对经济前景的知觉差异,以及存在利益的冲突,都可能会产生渠道冲突。渠道冲突可能会推动企业与渠道成员关系的发展,但如果这种冲突没有得到很好的控制,很可能会破坏企业与渠道成员的合作,损害渠道利益和企业形象,甚至会导致企业整体分销系统的瓦解。

一般来讲,渠道冲突可分为水平渠道冲突、垂直渠道冲突和多渠道冲突三种类型。

1. 水平渠道冲突

水平渠道冲突指的是同一渠道模式中,同一层次中间商之间的冲突。产生水平冲突的原因大多是生产企业没有对目标市场的中间商数量分管区域做出合理的规划,使中间商为各自的利益互相倾轧。

2. 垂直渠道冲突

垂直渠道冲突指在同一渠道中不同层次企业之间的冲突,这种冲突较之水平渠道冲突更常见。例如,某些批发商可能会抱怨生产企业在价格方面控制太紧,留给自己的利润空间太小,而提供的服务(如广告、推销等)太少;零售商对批发商或生产企业,可能也存在类似的不满。

3. 多渠道冲突

随着顾客细分市场和可利用的渠道不断增加,越来越多的企业采用多渠道营销系统。多渠道冲突的产生是由于生产商同时利用两个或两个以上的分销渠道进入同一个目标市场。当同一个渠道中的某些成员能够拿到较低的价格(基于更大批量的购买)或者以较低的利润率经营时,多重渠道冲突可能尤为激烈。

小链接10-4　　渠道冲突:雅芳的转型之痛

1. 目标差异性

雅芳在中国所实行的经营方式并非纯粹意义上的单层次直销,而更多是倾向于批零店铺的经营模式,因为它没有形成推销员团队,也没有推销员集体激励机制,而且它的主要收入来自专卖店及专柜。即使是彰显雅芳"转型最彻底"的6 000家专卖店中,占95%的店铺也是授权加盟连锁店。

也就是说,雅芳与经销商所形成的是一种相对松散的、以授权加盟为主的"超级组织",其最大特征就是成员之间保持着不同而又相对独立的目标体系。当然,出于对提高效率和节省成本的考虑,雅芳与经销商都有为渠道整体目标贡献自己力量的努力。但是,对于如何达到渠道的整体目标,他们却有各自的主张和要求。雅芳与经销商之间的目标差异性所导致的渠道冲突,最大限度地考验着雅芳高层的营销技能与渠道管理能力。

2. 领域冲突

雅芳的销售收入主要来自商场专柜与专卖店,这两个渠道是雅芳为顾客服务、促进雅芳发展的主力军。然而,直销试点的展开对这些专柜与专卖店造成巨大冲击,它可能使目前分工明确的局面被完全打破。由于销售员可直接到公司拿货，直接销售可以降低各种直接或间接的费用，直销员将具有更多的价格优势。同时，由于雅芳在人力资源管理上一向实行严格的"绩效管理"制度，并推行量化业绩指标，雅芳店铺销售员在转型后可能带走大量的店铺消费者。或许在不久的将来，雅芳产品将完全跳过经销商而通过直销人员销售，专卖店、专柜则可能沦为免费展示雅芳产品、免费退换问题产品的场所。

尽管雅芳方面一再坚称，直销试点的体系将完全独立于目前的专卖店运作体系，无论在试点区还是非试点区，专卖店都将正常运营，但不可否认的是，直销试点已经在各个方面对原有的、界线分明的领域范围造成冲击。

3. 多渠道冲突

目前，消费者可以从不同渠道购买到适合自己的雅芳产品，其中包括商场专柜、专卖店、网上商店，也有一些非正式的渠道如灰色营销渠道等，众多的渠道方便了顾客的消费。当然，在取得直销试点之前，由于专柜与专卖店的贡献最大，雅芳对经销商也就非常倚重，雅芳主要是通过高额的批零利润来保持经销商的忠诚度。然而，直销经营活动需要大批推销人员来彰显其最大的竞争优势，雅芳为了适应新的直销游戏规则，就不得不逐渐减少对经销商的依赖程度，转而重视对推销员的培养，这在经销商们看来有一种"过河拆桥"的味道。

人员推销与传统的经销商形成的多渠道冲突是雅芳在经营模式转型中的一种阵痛，然而却是很难回避的。

另外，随着雅芳直销试点的纵深发展，相信作为直销主要方式之一的网上直销，将会成为雅芳直销帝国蓝图中的重要内容之一。正是网上直销的引入，在筑固雅芳直销帝国的同时，也对现有的渠道（包括人员推销和店铺销售）形成激烈的冲击。前几年雅芳在导入网上商店后，引起众多经销商的强烈抵制就是明显的例证！

由于雅芳在未来几年仍将处于经营模式的转型阶段，而且中国的直销进程也是一个循序渐进的过程，因此，专卖店（专柜）、人员推销、网上直销等在一定时期内都将共存于雅芳的销售网络中，不同的渠道有不同的利益诉求，因此多渠道冲突将很难避免，这是对雅芳的营销技术与管理能力的重大考验。

(二) 渠道冲突的原因

(1) 主要原因是目标不一致，例如，生产商希望通过低价迅速扩大市场，而分销商则总希望销售毛利高的产品以提高短期盈利能力。

(2) 权利和义务不明确也会造成渠道冲突。

(3) 销售区域划分和赊销条款也往往是冲突产生的原因。

(4) 渠道冲突也可能源于对环境的不同看法，例如，生产商十分看好短期经济形势，希望分销商购买更多的产品，但是分销商却对未来持悲观态度。

(5) 如果中间商对生产商依赖性很高，也可能产生渠道冲突。排他性分销商（如汽车经销商）的业务发展与生产商的产品和定价政策之间存在密切关系，这就极有可能导致冲突的发生。

(三) 管理渠道冲突

有些渠道冲突是良性的，他们可能会提高渠道在不断变化的环境中的应变能力，但是大量的冲突对渠道的正常运行具有负面影响，因此生产商面临的挑战不是消除冲突，而是更好地管理冲突。有效管理渠道冲突有三种措施。

（1）制定更高的目标。渠道成员就一些基本的目标达成一致意见，无论该目标是生存、市场份额、高质量还是顾客满意。在渠道面临外界的压力和威胁，如出现更有效的竞争渠道、不利的法律条款和消费者偏好转移时，这种做法通常非常有效。

（2）不同渠道层次上的人员进行职位互换。例如，生产商的渠道部门经理在分销商那里工作一段时间，而分销商的相关经理则进入生产商的分销政策部门工作。这种方法可以帮助渠道参与者能够从他人的角度考虑问题，从而更容易就一些问题达成共识。

（3）通过外交手段、调解、仲裁来解决长期和尖锐的冲突。外交手段是指双方派代表进行谈判以解决冲突。调解则是指在专业和中立的第三方的参与下，重新协商双方的利益分配关系。仲裁是指双方向仲裁人陈述观点，并接受仲裁意见。

五、渠道策略的新发展

（一）通路"直销"

传统意义上的直销是指生产厂家直接将产品销售给消费者，但目前的通路"直销"是指生产厂家或经销商绕过一些中间环节，直接供货给零售终端。直接控制零售终端是厂家提高市场辐射力和控制力的关键所在。可以说，谁拥有终端网络谁就拥有消费者，从而最终拥有市场。企业一方面通过授权严格界定销售区域和范围，另一方面通过公司销售队伍加强对市场终端的服务与控制，既避免了市场价格混乱、窜货现象，又牢牢控制了终端网络，从而赢得市场。

（二）垂直渠道网络

垂直渠道网络，是将厂商由松散的利益关系变为紧密型战略伙伴型关系，由平行关系变为垂直、利益一体化关系，由简单的无序放射状分布变为真正的网络分布，由简单的契约型变为管理型、合作型、公司型。这样，厂商之间就容易达成信息共享、风险共担、利益共享、物流畅通的理想状态，有利于厂商的强力合作。

目前，垂直渠道系统主要有以下三种类型。

（1）公司式垂直渠道系统。公司式垂直渠道系统指由一家企业拥有和管理的若干工厂、批发和零售机构，控制市场营销渠道的若干层次，甚至整个渠道。例如，大生产商通过前向一体化，拥有和统一管理若干生产和商业机构，采取工商一体化经营。又如，大零售商通过后向一体化，拥有和统一管理若干批发机构、生产厂家，综合经营零售、批发、加工、生产等业务。

（2）契约式垂直渠道系统。契约式垂直渠道系统指不同层次的独立企业为了实现其单独经营所不能达到的经济性，而以契约为基础进行统一行动。契约式垂直系统近年来发展迅速，主要有特约经营组织、批发商发起的自愿连锁组织和零售商合作组织三种形式。

（3）管理型垂直系统。通过某个渠道成员的规模和影响力，实现对生产和分销的连续过程的协调和组织。一般情况下，主导品牌的生产商能够获得中间商的支持，实现成功的贸易合作。宝洁、金宝汤（Cambell Soup）等公司就是这样在商品展示、货架空间、促销和价格政策等方面获得分销商的合作的。

(三) 水平渠道系统

企业为了在激烈的竞争中谋求生存和发展,不仅在渠道系统内部采取垂直一体化经营,而且在同一层次的渠道成员之间采取横向联营的方式,共同开发市场营销机会。这些水平渠道系统的建立,往往由于单个企业缺乏开发该市场营销机会所需要的资金、技术、生产设备或市场营销设施,或者无法独自承担巨大的风险,或者期望与其他公司合作带来协同效应。例如,银行与百货公司订立协议,在百货公司内设置储蓄办事处和自动出纳机,从而以较低的成本进行市场扩张;而百货公司则可以借此为其客户提供存取款项的便利。

(四) 多渠道系统

随着市场细分和可供利用的新渠道不断产生,越来越多的企业在激烈的竞争中一改以前只向单一市场使用单一渠道的进入方式,而是采用多种渠道,将相同的产品送达多个细分市场。例如,某电脑公司除了直接向组织用户出售个人电脑外,还通过大众化的电器零售商、电脑专卖商、电话销售、互联网等出售产品。多渠道系统的发展增加了企业的市场覆盖,通过增加能降低向现有客户销售成本的新渠道来有效降低渠道成本,以及提供更适合不同客户要求的渠道。但是,采取多渠道策略的企业必须有效解决和防止渠道冲突和控制问题。

(五) 基于互联网的分销渠道

进入 21 世纪,蓬勃发展的互联网对传统的分销渠道产生了巨大的冲击。新的分销模式不断兴起,比如网上零售、网上采购、在线拍卖、E 物流公司等如雨后春笋般涌现出来,热闹的背后有着其必然的规律——互联网对分销渠道的深刻影响。

1. 互联网对分销渠道的影响

(1) 增加分销渠道。在互联网环境下,分销渠道不再仅仅是实体的,而是虚实相结合的,甚至是完全虚拟的,即所谓的电子分销。在线销售、网上零售、网上拍卖、网上采购、网上配送等新的分销形式使分销渠道多元化,分销渠道由宽变窄、由实变虚、由单向静止变成互动。虚拟渠道的一个主要表现形式就是电子商店,电子商店是电子买卖发生的场所,是传统商店的在线版,代表了网络与商业的融合。与传统商店类似,电子商店为顾客提供最终的买卖成交场所。

(2) 疏通分销渠道。在互联网环境下,由于信息沟通成本低、效率高,分销渠道各环节的信息能充分沟通。信息渠道的畅通也使各环节的主体意识到,只有互相合作,才能使各方面的利益共同达到最大化,因此各分销渠道主体之间的关系逐渐由零和博弈转变成非零和博弈,最终创造了双赢的合作竞争关系。同时,由于虚拟渠道的介入,分销渠道间的竞争加剧,传统的分销渠道主体渐渐意识到原来做法的危险性,这迫使他们放弃原来的各自为政的想法和行为,从单独活动逐步走向合作双赢,最终使渠道越来越畅通。

(3) 细化分销渠道。通过互联网,生产商和中间商可以直接了解消费者的真实消费需求,可以直接向消费者提供产品,可以低成本地向消费者提供定制化服务,与消费者实现互动,即一对一营销。一对一营销的兴起,使分销渠道由粗放型变成集约型,分销渠道的细化是互联网时代一个显著的渠道特征。由于互联网的发展,顾客的个性化需求逐渐得以满足。但是其前提是配送必须低成本、高效率,只有配送跟上来了,一对一营销才能真正实现。互联网对配送的高要求引起了第三方物流的兴起。

（4）整合分销渠道。在互联网时代，由于制造商与消费者之间的沟通更加方便，传统的中间商就显得多余了，不仅在信息沟通方面显得多余，在商品流通方面也显得多余。因此许多厂家开始钟情于直销，他们按照顾客的要求生产，在生产中应用 SCM、CRM、JIT 等先进技术，吸引顾客参与设计，从而使产销结合更加紧密。这种新的生产经营模式，要求分销渠道快捷高效，同时也要求产销不再脱节，但是传统的分销渠道很难满足其要求，所以许多厂家只好自己建分销渠道或委托第三方物流公司，传统的分销渠道于是日益显得多余起来，分销渠道的扁平化也渐渐成为趋势。

（5）降低分销成本。分销成本的降低是互联网带来的最直接的利益，这主要表现在降低交易成本、降低沟通成本和减少流通成本。互联网使分销渠道成本降低的功能越来越受到企业的重视，导入互联网已成了企业重构和再造的一个重要目标，许多走在前面的企业已尝到甜头。

（6）提高分销效率。Dell 公司（戴尔公司）利用互联网，近两年实现了大规模客户化加工。Dell 公司在市场上捕捉每一个、每一种商业机会，在本土不仅产量超过了其他产家，成为市场老大，而且因更好的客户集成，获得了更高的产品利润。没有互联网，靠过去的电话接单，大规模客户化是不可能的。Cisco 公司通过在网上发布技术文件，并为客户提供在网上了解其订单情况的渠道，同时网上交易大大加快了用户反馈的速度，进而无形中提高了用户的忠诚度。

（7）使渠道透明化。传统的分销渠道，对供应商来说，在大多数情况下是不透明的，假如中间阻塞了也不知道问题出在何处，更不知道该从何处下手。但是在互联网时代，通过把互联网系统引入渠道，就可以使渠道透明起来，在互联网平台上，企业可以引进及时管理，动态跟踪产品的流通情况，在产品的运输过程中，通过引入 GPS，实时动态跟踪商品的在途情况，从而为商家的及时供货提供了保障。

2. 互联网时代的分销决策

互联网时代的分销渠道已经不再是独立于企业之外的一种外部增值业务，而是决定成败的企业核心资产。在选择渠道转型的路径时，公正地评价自己的核心资产，合理地调整和配置这些资产是成功的关键。研究表明，分销渠道创造的价值根据行业不同通常要占到商品和服务总价值的 15%~40%，这个数字也表明了通过变革分销渠道来创造新的价值空间和竞争力的潜力，这也是大量的传统公司试图涉足在线直销业的原始驱动力。相应地，渠道分销商在巨大的压力和动力下也会通过创造新的服务价值来扩张自己的生存空间。

传统供应商会因为渠道冲突而放弃自己的互联网战略吗？分销商会因为供应商对在线直销市场的虎视眈眈而终日忧心忡忡吗？这两种假设显然都存在。问题的解决方案来自两个思路：渠道隔离与渠道集成。

（1）渠道隔离。一种商品在两个渠道中同时销售会产生冲突，这时有用的办法就是渠道隔离。在传统零售业的竞争中，大型廉价折扣店和昂贵的百货店形成了两个阵营。但是，双方经营的很大一部分商品是重合的，对供应商而言，这就产生了典型的渠道冲突。这种现象曾经一度给供应商带来顾此失彼的苦恼。解决问题的办法是用对同一种商品制造人为差异来隔离这两个渠道，这个办法对解决传统渠道和在线渠道的冲突依然有很好的作用。对商品制造人为差异,有时是用一些鲜明的标识,有时是专门制造,用花色和规格的细微调整就可以区分开。

(2)渠道集成。解决渠道冲突的最好办法是渠道集成,即把传统渠道和在线渠道完整地结合起来,充分利用在线和离线的优势,共同创造一种全新的经营模式。当然,这种方法要求供应商能够对传统渠道施以足够的控制权,所以操作难度较大。

小链接 10-5　　**慎重决策网络分销渠道**

渠道隔离的失败案例来自玩具巨头 Toys "R" Us(玩具反斗城)的早期经历。为了和在线玩具销售商 etoy.com 竞争,玩具反斗城推出了自己的网上商店,结果不可避免地产生了传统渠道和在线渠道的冲突。由于 Toys "R" Us 要保护基于传统渠道的核心资产,担心对传统渠道造成负面影响,许多玩具不能出现在在线商店的目录中,结果在线商店无法得到畅销玩具品种的供货,使网上商店的许多顾客转而成为竞争对手的顾客。

渠道集成的成功案例则是服装制造商 GAP。GAP 在各地分布着大量的连锁专卖店,同时又开设了网上商店。在不遗余力地宣传网上商店的同时,GAP 在专卖店里搁置了专用电脑,使顾客能便捷地查询店里断档的商品。结果是,GAP 的品牌进一步得到加强,在虚拟空间和现实世界里得到更好的扩展。

渠道集成的另一种成功典范来自日本的 7-11 便利店。7-11 在日本拥有超过 8 000 家连锁店,一些在线销售商和 7-11 结成战略联盟,利用它深处居民区的特点进行商品寄存和二次配送,巧妙地完成了电子商务几乎无法解决的"最后一公里"问题。而同时,领取寄存商品的顾客可以顺便在店里进行采购。

在解决渠道冲突问题上,可能有些传统企业走得更远。采取外包和联盟的战略,渠道集成已经大大突破了企业能够自主控制的边界,这或许是其将在未来占据主导地位的解决方案。

第三节　批发商与零售商

一、批发和批发商

批发是指一切将物品或服务售给为了转卖或者商业用途而购买的组织或个人的活动。批发商是那些主要从事批发业务的公司。

批发商主要有三种类型,即商人批发商、经纪人和代理商、制造商销售办事处。

(一)商人批发商

商人批发商又叫独立批发商,是指自己进货,再批发出售的商业企业,对其经营的产品拥有所有权,是批发商最主要的类型。商人批发商按职能和提供的服务是否完全,可分为两种类型。

1. 完全服务批发商

这类批发商执行批发商的全部职能,他们提供的服务主要有保持存货、雇用固定的销售人员、提供信贷、送货和协助管理等。按其服务范围又可分为：

（1）综合批发商。经营不同行业并不相关的产品，服务范围很广，并为零售商提供综合服务。

（2）专业批发商。其经销的产品是行业专业化的，属于某一行业大类。例如，五金批发商经营五金零售商所需的所有产品。

（3）专用品批发商。其专门经营某条产品线的部分产品。例如，服装行业中的布料批发商。

2. 有限服务批发商

这类批发商为了减少成本费用，降低批发价格，只提供一部分服务。有限服务批发商又可分为：

（1）现购自运批发商。这类批发商只经营一些周转快的食品杂货，主要卖给小型零售商，当时付清货款，既不赊销也不送货，顾客要自备货车去批发商的仓库选购货物，自己把货物运回来，很少使用广告。

小链接10-6　　"现购自运"模式

"现购自运"由全球领先的零售贸易集团德国麦德龙（METRO Group）带入中国。与传统的送货批发相比，现购自运的优势在于较好的性价比、即时获得商品、更长的营业时间。

现购自运制是一种管理模式和经营模式，具有以下几个特点。1. 采用工业大货架销售和存货，商品陈列一目了然，便于自取。2. 拥有极其丰富的鲜货。麦德龙有新鲜蔬菜、新鲜肉类、农产品、日用百货和服装等商品超过两万种。3. 严格的质量控制。每个商品的库存和再订货都有严格的管理。麦德龙专门成立了一个质量监控部门，与各部门直接挂钩，来保证每天供货的质量，尤其是在生鲜方面，麦德龙还特意聘请了许多法国专家来经营。麦德龙的现购自运制起源于商对商领域，为自己拥有的不同类型职业或业务的会员客户提供服务，也就是说现购自运不是为大众消费者提供一般化的商品，而是更专注于为专业客户提供批发服务。这些专业顾客，主要是酒店、餐馆、酒吧、咖啡馆、餐饮店、零售商、服务提供商、自由职业者、大宗客户、政府部门及机构等。

麦德龙于1995年来到中国，并与中国著名的锦江集团合作，建立了锦江麦德龙现购自运有限公司。1996年，麦德龙在上海开设了第一家仓储式商场。凭借会员卡进场；现金购买，不能刷信用卡，但可以使用支票。

麦德龙现购自运模式在中国得到了很好的贯彻和实施，但并不意味着没有变通。麦德龙的会员制客户虽然主要是商家，但也给家庭和个人发会员卡。所购商品虽然是自己带走，但体积较大的商品同样可以提供送货服务。

（2）承销批发商。这类批发商不持有存货，不负责产品的运输，拿到顾客（包括其他批发商、零售商等）的订货单，就向生产者联系，并通知生产者将货物直接运给顾客。所以，承销批发商不需要有仓库和商品库存。

（3）货车批发商。这类批发商从生产者那里把货物装上货车，立即运送给各零售商。

因此，货车批发商不需要有仓库和产品库存。由于货车批发商经营的产品多是易腐和半易腐产品，故而一接到顾客的要货通知就立即送货上门，每天送货数十次。货车批发商主要执行推销员和送货员的职能。

（4）托售批发商。这类批发商在超级市场和其他食品杂货商店设置专销柜台，展销其经营的商品。商品卖出后，零售商才付给货款。这种批发商的经营费用较高，主要经营家用器皿、化妆品、玩具等。

（5）邮购批发商。邮购批发商将产品目录寄给零售商及其他顾客，全部批发业务均采取邮购方式，主要经营食品杂货、小五金等商品，其顾客是边远地区的小零售商等。

（6）农场主合作社。农场主合作社主要是农民组建，负责组织农民到当地市场上销售的批发商。合作社的利润在年终时分配给各农民。

（二）经纪人和代理商

经纪人和代理商是指从事采购或销售或二者兼备，但不取得商品所有权的商业单位。与商人批发商不同的是，经纪人和代理商对其经营的产品没有所有权，所提供的服务比有限服务批发商还少，其主要职能在于促成产品的交易，获得销售佣金。与商人批发商相似的是，他们通常专注于某些产品种类或某些顾客群。经纪人和代理商主要分为以下几种。

1. 商品经纪人

商品经纪人的主要作用是为买卖双方牵线搭桥，协助买卖双方进行谈判。商品经纪人向雇用方收取费用。商品经纪人并不持有存货，也不参与融资和承担风险。

2. 制造代理商

制造代理商也称制造商代表，代表两个或若干个互补的产品线的制造商，分别和每个制造商签订有关定价政策、销售区域、订单处理程序、送货服务和各种保证以及佣金比例等方面的正式书面合同。制造代理商了解每个制造商的产品线，并利用其广泛关系来销售制造商的产品。

3. 销售代理商

销售代理商是在签订合同的基础上，为委托人销售某些特定商品或全部商品的代理商。销售代理商对价格、条款及其他交易条件可全权处理。这种代理商在纺织、木材、某些金属产品、某些食品、服装等行业中十分常见。在这些行业，竞争非常激烈，产品销路对企业生死存亡至关重要。销售代理商与制造代理商一样，也和许多制造商签订长期代理合同，为制造商代销产品。

4. 采购代理商

采购代理商一般与顾客有长期关系，代顾客进行采购，往往负责为其收货、验货、储运，并将货物运交买主。采购代理商消息灵通，可向客户提供有用的市场信息，而且还能以最低价格买到好的货物。

5. 佣金商

佣金商又称佣金行，是指对商品的实体具有控制力并参与商品销售协商的代理商。佣金商通常备有仓库，替委托人储存、保管货物。此外，佣金商还有替委托人发现潜在买主、获得最好价格、分等、再打包、送货、给委托人和购买者以商业信用（即预付货款和赊销）、提供市场信息等职能。佣金商卖出货物后，扣除佣金和其他费用，即将余款汇给委托人。

（三）制造商销售办事处

批发的第三种形式是由买方或卖方自行经营批发业务，而不通过独立的批发商进行。这种批发业务可分为两类。

1. 销售办事处

生产企业往往设立自己的销售分公司或销售办事处，以改进其存货控制、销售和促销业务。

2. 采购办事处

许多零售商在大城市设立采购办事处，这些采购办事处的作用与经纪人或代理商相似，却是买方组织的一个组成部分。

二、零售和零售商

零售是指所有向最终消费者直接销售产品和服务，用于个人及非商业性用途的活动。任何从事这种销售活动的机构，不论是制造商、批发商还是零售商，也不论这些产品和服务是如何销售（经由个人、邮寄、电话或自动售货机）或在何处（在商店、在街上或在消费者家中）销售，都属于'"零售"这一范畴。零售商是那些销售量主要来自零售的商业企业。

商品经济的高度发达，使零售商的变化十分显著。在资本主义国家的商业组织中，以零售商的发展变化较大，其主要特点是种类繁多、网点密布，构成了错综复杂的零售商业体系。我们从三个不同的角度来分析零售商的类型，即商店零售商、无店铺零售商和零售组织。

（一）商店零售商

最主要的零售商店类型有以下几种。

（1）专业商店。专业商店专门经营某一类或几类产品，其经营的产品线较窄，但经营产品的规格品种较为齐全。例如，服装店、体育用品商店、家具店、花店和书店，均属于专业商店。

（2）百货商店。百货商店的特点是：经营产品的范围广泛，种类繁多，规格齐全，一般经营几条产品线。发达国家的大型百货商店，经营的产品品种高达几十万种，并以经营优质、高档时髦产品为主，分类组织与管理，每年的销售总额较大。

（3）超级市场。超级市场是一种规模相当大、成本低、毛利低、薄利多销、采取自动售货、自我服务的经营机构。超级市场于1930年首先出现于美国纽约，超级市场被誉为第二次商业革命（百货公司的出现被誉为第一次商业革命）。初级的超级市场以出售食品为主，兼营少量杂货。近年来，各国的超级市场为了应付竞争，正在向大型化发展，出现了一些巨型超级商店、超级市场、综合商店，经营的商品品种繁多。超级市场经营的多属中低档商品，价格比较便宜。超级市场的商品的包装比较讲究，以替代售货员介绍商品名称、用途、用法及特点，吸引顾客购买。

（4）方便商店。方便商店是设在居民区附近的小型商店，主要销售家庭日常使用的产品，诸如香烟、小百货等，经营的品种范围有限但是营业时间长。

（5）超级商店、联合商店和特级商场。超级商店比传统的超级市场更大，主要销售各种食品和非仪器类日用品，提供各项服务。联合商店的营业面积比超级市场和超级商店更大，呈现一种经营多元化的趋势，主要向医药和处方药领域发展。特级商场比联合商店还要大，综合了超级市场、折扣和仓储零售的经营方针，其花色品种超出了日常用品，包括家具、大型和小型家用器具、服装和其他许多品种，其基本方法是陈列大量的产品，尽量减少商店人员搬运，同时向愿意自行搬运大型家用器具和家具的顾客提供折扣。

（6）折扣商店。折扣商店的毛利低、销售量大，出售的商品以家庭生活用品为主。折扣商店以降低营业费用、薄利多销为目的，其特点是：同一商品标有两种价格，一是牌价，二是折扣价，但商品不会因折扣而质量打折，而是保证品质；采用自动式售货，很少服务；设备简单，店址不选择在闹市区和租金高的地段，但能吸引较远处的顾客。需要注意的是，一般商店的偶尔打折和特卖不能算是折扣商店。折扣商店已经从经营普通商品发展到经营专门产品，折扣方式也在不断改变。

（7）仓储商店。仓储商店是一种不重形式，以大批量、低成本、低售价和微利促销的，服务有限的零售形式。仓储商店以工薪阶层和机关团体为其主要服务对象；通过从厂家直接进货，减少中间环节，降低成本，价格低廉；运用各种手段降低经营成本，如仓库式货架陈设商品，选址在非商业区或居民住宅区，商品以大包装形式供货和销售，不做一般性商业广告；具有先进的计算机管理系统。

（8）摩尔（Mall）。摩尔（Mall）全称 Shopping Mall，意为大型购物中心，音译为"摩尔"。最早起源于 20 世纪 50 年代中期的美国，是美国全面进入小康社会、物质生活丰富时期的产物，也是继百货商店、专业商店、折扣商店、超级市场、联合商场之后，在商业领域兴起的最新业态。摩尔集购物、餐饮、娱乐、休闲、旅游、社交、商务等功能于一体，为消费者提供一站式服务，因此也可以概括为大型综合性购物休闲中心。20 世纪 80 年代以后，因其商品功能逐渐向休闲消费功能转移，这一商业模式很快风靡全球。

和传统的商业模式相比，摩尔有三个显著的特征：一是坐落城市边缘，地价便宜，具有占地面积大、绿地大、停车场大和建筑规模大的特点；二是行业多、店铺多、功能多，集购物、休闲、娱乐、餐饮等于一体，有些摩尔包括两个或更多的大型百货商店，被称为"锚店"，意为这些商店像锚一样固定，支撑起整个商业城；三是购物环境好、档次高，顾客购买力聚合性好。摩尔靠"玩"聚集人气带动购物和餐饮，辐射范围广，所以也有人说摩尔是建立在"汽车轮子上的购物中心"。

（二）无店铺零售商

虽然大多数货物和服务是由商店销售的，但是无店铺零售却比商店零售发展得更快。无店铺零售商主要类型有：

（1）直复市场营销。直复市场营销是使用一种或多种广告媒体宣传商品信息，以使广告信息所到之处迅速产生需求反应并最终达成交易的销售系统。直复市场营销者利用广告介绍产品，顾客可通过写信、打电话等形式订货，订购的货物一般通过邮寄交货，顾客用信用卡付款。直复市场营销者可在广告费用开支的一定范围内，选择可获得最大订货量的传播媒体，目的是迅速实现潜在交换，而不是为了刺激顾客的偏好和树立品牌形象。

（2）直接销售。直接销售也叫直销，主要有挨门挨户推销、逐个办公室推销和举办家庭销售会等形式。推销人员可以直接到顾客家中或办公室里进行销售，也可以邀请几位朋友和邻居到某人家中聚会，在那里展示并销售该公司的产品。

（3）自动售货。使用硬币控制的机器自动售货，是第二次世界大战后出现的一个主要的发展领域。在发达国家，自动售货已经被用在相当多的商品上，包括经常购买的产品（如香烟、软饮料、糖果、报纸和热饮料等）和其他产品。自动售货机被广泛安置在工厂、办公室、大型零售商店、加油站、街道等地方。

（4）购物服务公司。购物服务公司是一种专门为某些特定顾客，诸如学校、医院、工会和政府机关等大型组织的员工提供服务的无店铺零售商。

（三）零售组织

尽管许多零售商店拥有独立的所有权，但是越来越多的商店正在采用某种团体零售形式。零售组织有以下几种。

（1）连锁店。连锁店是在同一个总公司的控制下，统一店名、统一管理、统一经营的商业集团。少则两三家连锁，多则百家以上连锁在一起，联合起来统一经营，集中进货，可获得规模经济效益，但缺点是如果权力过于集中，灵活性和应变能力较差。连锁店可在以下几个方面提高其经济效益：大量进货，充分利用数量折扣和运输费用低的优势；雇用优秀管理人员，在存货控制、定价及促销等方面进行科学的管理；可综合批发和零售的功能；做广告可使各个分店受益；各分店享有某种程度的自由，以适应顾客不同的偏好，有效地应对当地市场的竞争。

（2）自愿连锁商店和零售合作组织。连锁店的竞争压力，引发了独立商店的竞争反应，这些独立商店开始组成两种联盟：自愿连锁商店和零售合作组织。前者是由批发商牵头组成的以统一采购为目的的联合组织；后者是独立零售商按自愿互利原则成立的统一采购组织。这两种组织与连锁店的区别只在于所有权是各自独立的。

（3）消费者合作社。这是由一定地区的消费者自愿投股成立的零售组织，其目的是避免中间商的剥削，保护自己的利益。消费者合作社采用投票方式进行决策，并推选出一些人对合作社进行管理。社员按购货额分红；或低定价只对社员，不对非社员。

（4）特许专卖组织。这是特许专卖权所有者（制造商、批发商或服务企业）与接受者之间，通过契约建立的一种组织，后者通常是独立的零售商，根据约定的条件获得某种特许专卖权。特许专卖权的所有者，通常都是些享有盛誉的著名企业。特许专卖组织的基础一般是独特的产品、服务或者是生产的独特方式、商标、专利或者是特许人已经树立的良好声誉。如美国麦克唐纳汉堡包、肯德基炸鸡的特许专卖店遍及全世界许多国家和地区。

（5）商店集团。这是一种商业上的垄断组织，以集中所有的形式将几种不同的零售商品类别和形式组合在一起，并将其销售、管理功能综合为一整体。商店集团通常采用多角化经营，一个控股公司控制包括各行业的若干商店，如美国的"联合百货商店"等。

第四节　物流策略

一、物流的含义与职能

市场营销不仅意味着发掘并刺激消费者或用户的需求和欲望，而且还意味着适时、适地、适量地提供商品给消费者或用户，从而满足其需求和欲望，为此，要进行商品的仓储和转移，即进行物流管理。企业制定正确的物流决策，对于降低成本费用，增强竞争实力，提供优质服务，促进和便利顾客购买，提高企业效益具有重要的意义。

（一）物流的含义

物流译自英文 Physical Distribution（实体分配），源于美国，20世纪60年代中期为日本所引用，在我国曾一度叫作"商品储运"。所谓物流，是指通过有效地安排商品的仓储、管理和转移，使商品在需要的时间到达需要的地点的经营活动。物流的任务，包括原料及最终产品从起点到最终使用点或消费点的实体移动的规划与执行，并在取得一定利润的前提下，满足顾客的需求。

（二）物流的职能

物流的职能，就是将产品由生产地转移到消费地，从而创造地点效用。物流作为市场营销的一部分，不仅包括产品的运输、保管、装卸、包装，而且包括在开展这些活动的过程中所伴随的信息的传播。物流以企业销售预测为开端，并以此为基础来规划生产水平和存货水平。生产规划指出，采购部门必须预先订购原料，原料经过进厂运输，送达接收区域，存于仓库，再转换为制成品。而成品存货乃是顾客的订单与企业制造活动的连接点。顾客订单使存货水平降低，而制造活动使之上升。产品经过装配线、包装、厂内仓储、装运处理、出厂运输、厂外仓储，最终送到顾客手中。

传统的物流以工厂为出发点，并采取有效措施，将产品送达消费者手中。而从市场营销观点来看，物流规划应先从市场开始考虑，并将所获得的信息反馈到原料的需求来源。企业首先应考虑到目标消费者的位置以及对产品运送便利性的要求。企业还必须知道其竞争者所提供的服务水平，然后设法赶上并超过竞争者。最后，企业要制定一个综合决策，其中包括仓库及工厂位置的选择、存货水平、运送方式，进而向目标顾客提供服务。

二、物流的目标

许多企业都这样陈述其物流管理目标："以最低的成本，将适当的产品在适当的时间运到适当的地方。"可是在实际上没有一个物流系统能同时完成最佳顾客服务和最低分销成本的目标：最佳顾客服务意味着大量的库存、优质的运输工具和多个仓库，这一切都将增加物流管理的成本。

市场物流管理中必须进行权衡，从全局出发制定决策。最基本的起点是研究顾客的需求和竞争对手的提供品。顾客的需求包括：按时交货；供应商乐于满足顾客的紧急需求；细心地处理货物；供应商愿意收回残次品，并且能够迅速提供替换品。

企业必须研究上述服务对顾客的相对重要性，在确定自己的服务标准时必须考虑竞争对手的做法，所提供的服务水平至少要和竞争对手所提供的服务水平相同。当然，大多数企业的目标应该是利润最大化，而不是销售额最大化，因此企业也必须考虑在提供较高水平的服务时所发生的费用。一些企业提供的服务很少，但是售价也很低；另一些则会提供较多的服务，但是会相应收取较高的价格。最后，企业必须向市场做出一定的承诺。例如，一家家电生产商确定了下列服务标准：在收到经销商订单后的7天内，至少要处理95%的订单，而且必须保证99%的送货是正确的；必须在3个小时之内答复经销商对订单情况的询问；保证商品在运输中的受损率不超过1%。

三、物流的规划与管理

每一个特定的物流系统都包括仓库数目、区位、规模、运输政策以及存货政策等构成的一组决策，因此，每一个可能的分销系统都隐含着一套总成本，可用数学公式表示如下：

$$D = T + FW + VW + S$$

式中，D 为物流系统总成本，T 为该系统的总运输成本，FW 为该系统的总固定仓储费用，VW 为该系统的总变动仓储费用，S 为因延迟分销所造成的销售损失的总机会成本。

在选择和设计物流系统时，要对各种系统的总成本加以检验，最后选择成本最小的物流系统。一般来讲，企业有以下几种选择。

1. 单一工厂，单一市场

在众多的制造商中，有些是单一工厂的企业，并且仅在一个市场上进行市场营销活动。这个市场可能是一个小城市，也可能仅限于一个地区。这些单一工厂通常是设在所服务的市场中央，以节省运输费用；但有时又必须设在离市场较远的地方，由此导致的高额运费可通过低廉的土地、劳动力、能源和原材料成本来抵消。从另一个角度看，假如工厂位置已确定，企业为了更好地开展市场营销活动，还需要对其所服务的市场范围进行界定。

2. 单一工厂，多个市场

当一家工厂在几个市场内进行市场营销活动时，企业有好几种物流方案可供选择。例如，在中国东南沿海地区有一家制造厂，起初，在广州、深圳开展经营活动，现拟开拓西北市场，便可从以下四种方案中进行选择。

（1）从东南沿海工厂将产品直接运送至西北地区市场。

（2）运用整车货运方式将产品运送至西北地区仓库。

（3）将制成的零件运送至西北地区装配厂。

（4）在西北地区另建一个制造厂。

3. 多个工厂，多个市场

企业还可通过由多个工厂及仓库所组成的分销系统（而不依靠大规模的工厂）来节省生产成本费用。这些企业面临两个最佳化的任务，一是短期最佳化，即在既定工厂和仓库位置上，制定一系列由工厂到仓库的运输方案，使运输成本最低；二是长期最佳化，即决定设备的数量与区位，使总分销成本最低。根据不少现代企业的管理经验，线性规划技术在短期最佳化方案的制定过程中，具有重要的应用价值。

在评估不同的物流系统时，企业管理人员的重点集中于该系统的经济性与弹性问题。企业管理人员必须慎重对待那些需要大量投资和长期投资于地区性工厂或仓库的方案。这是因为，一个行业的技术及成本可能会发生迅速或突然改变。以啤酒工业为例来说明这一问题：起初，很多酒厂采取设立地区性分厂的方案，以避免直接由单一工厂分送到多个市场所带来的高运送成本，但是，当分厂大量投资后，浓缩啤酒的制造技术（如浓缩橘子汁汽水技术）已经发展得很完善，因此，如果在一个酒厂集中生产浓汁，再分送到各地的装瓶厂，则可使成本大大降低，结果，那些没有实行分厂经营的企业反倒降低了成本。这表明当初采取设立分厂方案时，没有注意到未来技术创新所可能引起的弹性问题。设计物流系统不仅应追求目前的最大节约，而且更应注意未来的最大弹性，为了获得未来弹性可以提高目前的一部分成本。所以，物流系统的设计应考虑到企业的产品及市场营销方案，而不应仅仅考虑生产设备。换言之，诸如企业未来新产品——市场计划、改进产品样式与功能的计划、增加或减少中间商数量的计划等，在设计物流系统时都应考虑在内。此外，还必须考虑到环境因素的发展，特别是通信、交通运输以及自动化等技术。

四、物流决策

在处理市场物流上，企业要注意以下几个问题。首先，市场物流战略要与企业的经营战略一致，而不是脱离开企业经营战略，仅单纯地从成本的角度考虑。其次，物流系统一定是信息密集型的，要为所有的关键方建立电子联系。最后，企业应该将它的物流目标与竞争者的服务标准相匹配或者超过竞争者的服务标准，在规划过程中让所有的相关团队参与，而不是仅仅由物流部门来制定相关决策。

物流管理必须解决四个问题：如何处理订单；商品储存地点应该设在何处；手头应该有多少储备商品；如何运送商品。简而言之，就是解决订单处理、仓储、存货、运输四个问题。

（一）订单处理

多数企业希望缩短从拿到订单到交货再到收款的时间，即"订单—收款循环"。这个循环涉及许多步骤，包括销售人员传送订单、记录订单和检查顾客信誉，制定存货和生产计划，发出订单货品，收到货款。这个循环的时间越长，顾客的满意度和企业的利润就会越低。

在这方面，企业通过信息化手段已经取得了巨大进步。例如，通用电气公司可以通过一个信息系统检查顾客的信用状况，确定所订货物是否有存货以及在哪里存放。系统然后发出运送通知，开出给顾客的账单，更新存货记录，订购新的存货，通知销售代表订单已在处理之中——所有这些都在15秒时间内完成。

（二）仓储

仓储的职能就是帮助生产商减少生产和市场需求之间的不一致。它具有两种形式：一种是储藏室仓储，指储藏能够保证中长期货源稳定所需的产品；另一种是分销式仓储，指从工厂或供应商那里收到产品后尽快将它们发出去。拥有更多的仓储地点意味着能够更快地将产品发送给顾客，但同时也意味着较高的仓储费用，所以企业要根据实际情况重新调整仓储结构。

（三）存货

存货战略是一个重要的物流决策。销售人员总是希望企业备有充足的库存，以便随时满足顾客的订货，但这种做法的成本效益很差。当对顾客的服务水平逐渐增加到100%时，存货成本将以递增的速度增长。在制定决策时，管理层必须确定较高的存货水平和更快的订单完成速度所能够增加的销售额和利润。

制定存货战略包括何时进货和进多少货两个方面。

1. 何时进货

当存货下降时,企业必须知道库存在什么水平时需要发出新的订单,这个库存水平被称为订货(或者重新订货)点。订货点为20,是指当库存的商品减少到20个单位时,就需要重新订货。订货点决策需要权衡脱销造成的风险与存货过量所发生的费用。

2. 进多少货

订货量越大,订货次数就越少。企业应该在订单处理成本和储存成本之间进行权衡。生产商的订单处理成本包括产品的启动成本和营运成本(进行生产时的经营成本)。如果启动成本比较低,生产商就可以经常性地生产该产品,其单位成本会是一个常数而且几乎与营运成本相等。如果启动成本较高,那么生产商应该安排一个较长的生产周期,并且维持较大的库存量,从而降低产品的单位平均成本。

储存成本包括仓库费用、存货占用资金的成本、税收和保险费以及存货破损和变质损失。平均库存量越大,存货储存成本就越高。这意味着,如果营销经理希望企业保持较多的存货,他就应该证明较大的库存量所增加的毛利能够超过因库存量增加而造成的成本。

最佳订货量可以通过观察在不同的订货水平下订单处理成本与存货储存成本之和的情况来决定,如图10-5所示。随着订货量的增加,订货成本将被分摊到更多的产品上,因而单位订单处理成本下降;但是由于产品的平均储存时间变长,因而单位储存成本随着订货量的增加而上升。这两条成本曲线垂直相加,即为总成本曲线。总成本曲线的最低点的横坐标值就是最佳订货量 Q。

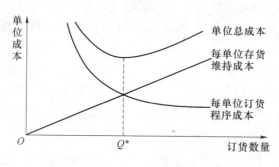

图10-5 最佳订货量计算方式

(四)运输

运输选择会影响产品定价、准时交付率以及商品运达时的状态,而所有这些又会影响顾客的满意度。在将商品运往仓库、经销商和顾客时,企业可以根据速度、运货频率、可信度、能力、可得性、可追踪性和成本等标准从铁路、航空、公路、水路和管道运输几种运输方式中进行选择。

铁路运输具有速度较快、费用较低、受线路影响大、缺乏灵活性、装运等待时间长等特点。适合于大多数批量大、单位价值低的笨重物体的长距离运送。

公路运输具有运输路线和时间安排灵活、能够实现"门对门"供货、装卸费用较少等优点;其缺点是单位能耗大,污染严重,长距离运输成本高。适合于中小批量商品的近距离运输。

第十章 分销渠道策略

空运具有速度快、运费高等特点。一般来讲，体积小、重量轻、价值高和易变质的商品或急需物品适合采用空运。

水运包括远洋运输、近海运输和内河运输，具有运量大、运费低等优点，但是其运输速度慢，受自然环境的影响较大。因此，适用于数量多、体积大、非易腐商品的运送。

管道运输一般适合液体物品的运输，比如天然气和石油等，具有经济、安全和稳定等优点。

除了选择合适的运输方式之外，还要选择合适的运输路线，在具体设计和选择运输路线时，应以总成本（顾客成本和企业成本）最小为原则，即以运程最短、交货最快、耗损最低、库存最小为原则。

本章小结

1. 分销渠道策略是企业所面临的最复杂和最富有挑战性的决策之一。每个渠道系统将创造一种不同的销售和成本水平。一旦选定了某个分销渠道，企业通常就必须在相当长一段时间内依从这条渠道，选定的渠道将极大地影响营销组合的其他部门，并为其他部门所影响。

2. 渠道设计要求确定渠道的各种目标和限制，辨认主要的可供选择的渠道，以及渠道的条件和责任。每一条不同的渠道必须按照经济性、控制性和适应性标准加以评估。

3. 渠道管理要求选择特定的中间商，并且运用成本效益关系组合激励中间商。由于营销环境不断地在变化，必须定期改进渠道。

4. 中间商承担着将产品由制造商转移到消费者的重任。批发商帮助制造商将其产品有效地传送给遍布全国的许多零售商和工业用户。零售商负责包括将商品或服务售给最终消费者供其个人非商业使用这一过程中所发生的一切活动。零售商需要寻找改进专业管理和提高生产力的途径。

5. 市场物流是指首先规划所需的基础设施，然后实施并控制原材料和最终产品从起点到使用点的实体流动，满足顾客的需求并从中获利。

6. 市场物流管理要求建立、整合物流系统，包括建立在信息技术基础上的原材料管理、物流流动系统和实体分配。

7. 在实际中，没有一个物流系统能同时完成最佳顾客服务和最低分销成本的目标：最佳顾客服务意味着大量的库存、优质的运输工具和多个仓库，这一切都将增加物流管理的成本。市场物流管理中必须进行权衡，从全局出发制定决策。

8. 物流管理必须解决四个问题：如何处理订单；商品储存地点应该设在何处；手头应该有多少储备商品；如何运送商品。

关键概念

分销渠道　直接渠道　间接渠道　密集性分销　选择性分销　独家分销　中间商　批发商　零售商　市场物流

思考练习题

1. 分销渠道的宽度策略有哪些？
2. 影响分销渠道选择的因素有哪些？
3. 如何设计和管理分销渠道？
4. 渠道策略有哪些新发展？
5. 商人批发商有哪些类型？
6. 常见的有店铺的零售商有哪几种形式？
7. 渠道冲突有哪些类型？产生渠道冲突的原因有哪些？如何管理渠道冲突？
8. 什么是市场物流？如何选择物流系统？
9. 简述市场物流管理包括哪几个方面。

案例分析

华帝渠道新攻势

2010年，华帝的主营业务销售额突破17亿元，成为厨卫行业增长较快的企业之一。根据中怡康发布的2010年市场调研数据显示，华帝的灶具产品销量稳居行业第一，市场份额超过10%，至此，华帝燃气灶具已经连续18年蝉联第一。此外，华帝燃气热水器、抽油烟机分别进入全国行业三强。华帝股份副总裁刘伟认为，厨卫行业埋藏着无限的可能，他说自己的心中有一幅营销蓝图，将华帝目标直指百亿。

尽管市场蛋糕很大，面对来自国内其他同行的激烈竞争，华帝如何找准自己的核心优势，又将如何营销以抢占市场？

在刘伟看来，华帝优质的产品、服务和整体解决方案是其核心优势。除此以外，华帝历来坚持"利益共同体"理念，倡导"诚信、责任、创新、共赢"，关注利益共同体每一个个体。产品分销主要实行区域独家代理制，因此在全国形成了一张巨大而又相对牢固的分销网络。

在这个基础上，2011年华帝在四川、重庆、河南、山东、江苏等重点市场推出"415"工程，即华帝要在这些省区实现市场占有率第一和零售额15亿元的目标，与此同时，华帝巨大的网络也向农村辐射。2011年年初，华帝股份"深耕渠道之乡镇专卖店计划"出炉，通过新建设和原有分销网点整改，新增2 000家乡镇专卖店。湖南、重庆等地已经开展试点工作，一场"上山下乡"运动如火如荼地开展。

为了进一步强化渠道销售，刘伟计划用未来三年的时间来打造他想象中的华帝终端："我心目中华帝的终端应该跟肯德基的店面一样，消费者在广州看到的华帝跟在西藏看到的华帝，无论是店面的陈设还是导购员的发型、胸牌和微笑，全部都一模一样。"

在布局传统渠道之外，刘伟表示，新兴渠道正在成为家电品牌的新增长点。刘伟说："网购是一个不可阻挡的渠道，也许正是网购协助我们降低两大KA（Key Account）的高门槛成本。淘宝商城、京东商城正在引领B2C的浪潮，向传统的销售渠道发起强有力的冲击。不站在浪尖上，就会被浪拍死。网络销售渠道更适合'80后''90后'消费群体的消费习惯，华帝也谋划着此类新渠道的布局。"他同时表示，华帝在新兴渠道上要完成1亿元的销售额。

在刘伟看来，未来厨卫市场集中程度会越来越高，比拼的将是综合实力和品牌号召力。因此，华帝将在巩固传统优势的基础上，整合一切可利用的资源，不断提升企业的品牌知名度、美誉度和忠诚度。"微博、SNS等新媒体发展很快，我们有专门的职能部门——公共关系部利用这些新兴媒体渠道进行传播，从目前的表现来看，这种及时性的、互动性的传播效果不错。"

分析讨论题
1. 华帝的传统渠道有哪些？有何优缺点？
2. 华帝为什么要重视网购等新兴渠道？你认为华帝应该如何建设网购新渠道？

市场营销实践

认识零售商。

实践目的

了解不同类型的商店零售商的特点，理解零售商在企业营销中的作用。

实践方案

1. 人员：5~10人组成一个小组，以小组为单位完成任务。
2. 时间：与第十章教学时间同步。
3. 内容：实地考察当地多家类型不同的商店零售商，观察其经营特色各有何不同，并分析各自的发展趋势。
4. 汇报方式：各组以PPT或报告的形式进行展示和讲解。

第十一章

促销策略

学习目标

1. 理解促销的内涵和促销组合策略的应用。
2. 掌握各种广告媒体的类型及优缺点。
3. 明确人员推销的形式、对象与策略。
4. 了解销售促进策略和营销公关决策。

导入案例

北京2008年奥运会的整合营销传播

2008年8月,第29届奥运会在北京举行。2008北京奥运会的理念是"绿色奥运、科技奥运、人文奥运"。北京奥运会的整合营销传播包括两个主要方面:体现奥运理念;向全世界展示中国文化和当代中国的发展。北京奥运会的整合营销传播结构如图11-1所示。

1. 北京奥运会的整合营销传播元素

北京奥运会传播元素设计均充分体现了浓厚的中国文化特色与价值,从书法印章到玉璧祥云,这些元素反复出现在与奥运会有关的各种传播过程中,增强了世界对北京奥运的认知。

● 会徽——中国印·舞动的北京

核心元素以"中国印·舞动的北京"印章作为主体表现形式,将中国印章和书法等艺术形式和运动特征结合起来,经艺术手法的夸张变形,巧妙地形成一个向前奔跑、迎接胜利的运动人形。

● 口号——同一个世界,同一个梦想(One World, One Dream)

该口号体现了人文奥运所蕴含的和谐价值观,体现了中国自古以来对人与自然、人与人和谐关系的理想与追求。

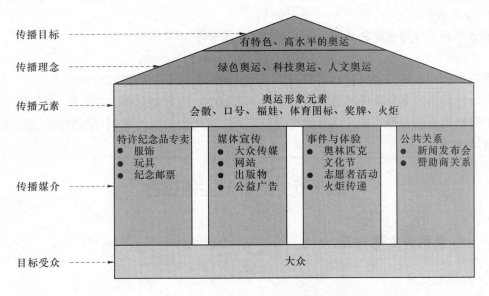

图 11-1　北京奥运会的整合营销传播结构

- 吉祥物——福娃

奥运吉祥物的五个造型融入了中国特色的元素（鱼、大熊猫、藏羚羊、燕子和圣火火炬），并为他们起了一组朗朗上口的中国名字：贝贝、晶晶、欢欢、迎迎、妮妮。将五个名字连起来读，就读出了北京对全世界的盛情邀请：北京欢迎您。

- 金玉奖牌

奥运奖牌镶嵌着取自中国古代龙纹玉璧造型的玉璧，背面镌刻着奥运会徽，完美诠释了中华民族自古以来以"玉"比"德"的价值观。

- 奥运火炬

火炬创意来自中国古代"渊源共生，和谐共融"的祥云图案和纸卷轴，通过红银色彩对比产生醒目的视觉效果。

2. 北京奥运会的整合营销传播媒介

- 特许纪念品专卖

北京奥运会特许纪念品包括印有福娃和会徽标志的服饰、丝绸、印章、玩具、金属制品及鸟巢模型。以北京奥运会为主题的多套邮票、首日封、纪念封、邮册等都将传递到世界各地。

- 媒体宣传

通过大众媒体、互联网、出版物和广告等传播奥运精神和奥运项目。北京奥组委专门建立了北京奥运官方网站。央视以刘翔等大众熟悉的明星为代言人制作并播放了一大批迎奥运公益广告。

- 事件与体验

奥组委设计了一系列大众参与的体验活动，如奥林匹克文化节、奥运志愿者招募选拔、国际中小学生"绿色梦想，彩绘奥运"绘画比赛、全民义务植树、奥运火炬传递、海外服务等志愿活动。

- 公共关系

奥运会公关传播主要包括一系列的新闻发布会和赞助商活动。

促销是企业市场营销组合的重要因素之一，也是企业营销战略的重要组成部分。企业根据产品特性和市场竞争条件等各种影响要素，有目的、有计划地将人员推销、商业广告、公共关系和销售促进等形式进行适当的选择和编配，应用于组织的营销计划中的过程，便是促销组合策略。

第一节 促销与促销组合

一、促销的含义与作用

(一) 促销的含义

促销策略（Promotion Policies）是市场营销组合的基本策略之一。现代市场营销学中，促销是指企业通过人员与非人员的方式，直接或者间接地让消费者了解自己销售的产品与品牌，激发消费者的购买欲望，促使其产生购买行为的手段和行为过程。上述定义中包含了以下几方面的内容。

1. 促销的目的是激发消费者的购买欲望

消费者的购买行为很大程度上受到购买欲望支配，而购买欲望又与外界的引导和刺激密不可分。要激发消费者的购买欲望，企业必须通过信息沟通和传播，传达产品和品牌代表的含义，影响或转变消费者的态度，使其对本企业的产品和品牌产生兴趣和偏爱，进而产生购买行为。

2. 促销的本质是企业和消费者间的信息沟通

在促销的信息沟通过程中，企业是信息的"发出者"，消费者是信息的"接收者"，信息的传播媒介是传播媒体。企业通过传播媒体向消费者展示产品的特征和性能，解释产品和品牌代表的含义，以达到塑造品牌资产和推动销售的目的；而通过信息反馈，消费者的反应和建议也能及时传递给企业，企业以此作为改进营销计划和实施方案的参考和依据。

3. 促销的方式是人员和非人员的形式

人员促销方式是指企业通过派出销售人员与消费者面对面接触的方式，介绍产品、建立联系、说服购买；而非人员促销方式是企业通过一定的媒介传递品牌或产品的信息，促使消费者产生购买欲望，采取购买行为的一系列活动，包括广告、销售促进和公共关系等。促销活动过程中，企业通常会有目的、有计划地将人员推销、商业广告、公共关系和销售促进等促销形式配合起来综合运用，以达到有效促销的目的。

(二) 促销的作用

1. 激发顾客需求

消费者的需求不仅具有复杂性和多样性，同时具有可诱导性。促销活动的开展可以向消费者展示本企业商品和服务的特征和用途，解释企业形象，建立品牌资产。由于促销方式的多样性，企业可以借用大众媒体将产品与品牌、消费者、体验与感受联系在一起，树立品牌形象，引发消费者共鸣，进而激发消费者的购买欲望。

2. 影响用户决策

一般而言，用户的购买决策会受到销售人员、产品本身、产品价格和购买时间等要素影响。促销的目的是改变影响用户购买决策的各种要素，从而激发消费者的购买行为。如通过人员推销的方式，对潜在消费者进行面对面的、互动式的产品说明与展示，就价格进行洽谈与磋商，对购买时间与条件进行说明与讨论，对顾客异议进行答复与处理。这种方式针对性强，买卖双方交流方便而及时，促成交易效果明显。

3. 传递产品信息

在现代市场经济社会里，一方面，企业通过方便多样的传播媒介向消费者提供产品的样式与价格、包装的款式与颜色、销售人员的态度与行为等，帮助消费者采取购买决策；另一方面，经营者也希望通过消费者的信息反馈来改进生产，改善经营管理，扩大产品销路。正是通过这种信息传递的双向性，拉近了消费者与企业之间的距离，增进了二者之间的联系与感情。

4. 提高企业形象

企业的形象和声誉是企业的无形资产，是其生存与发展的核心要素，直接影响到产品的销售和企业成败。从塑造品牌资产和推动销售的角度来讲，促销并非唯一要素，但是是十分重要的要素。每一次和消费者的近距离接触都会增强或者削减企业形象，而促销活动的终极目的就是要使顾客在接受产品的前提下，树立企业形象，稳定市场占有率，增强企业竞争能力。

二、促销组合策略

（一）促销组合策略的概念

为达到与消费者良好沟通的效果，企业根据产品特性和市场竞争条件等影响要素，有目的、有计划地将人员推销、商业广告、公共关系和销售促进等形式进行适当的选择和编配，形成完整的销售系统，即促销组合。不同企业促销组合策略选择的侧重点不同，如雅芳主要进行人员销售，而雅诗兰黛则主要运用广告。促销工具有多种类型，示例如表 11-1 所示。

表 11-1 促销工具示例

广告类工具	销售促进类工具	公共关系类工具	人员推销类工具
影视广告	抽奖	报刊稿件	对组织推销
广播广告	竞赛与游戏	演讲	对个人推销
户外广告	赠品	研讨会	展销会
海报和传单	样品	慈善捐款	销售会议
包装广告	赠券	出版物	
店堂陈列广告	折扣	年度报告	
小册子	展销会	游说	
		企业刊物	
		事件	

（二）促销组合策略的类型

1. 推式策略

推式策略主要是指利用人员推销手段，将产品推销给中间商，再由中间商推向最终用户。推式策略强调推销人员在分销渠道各个环节的推销活动，重点在于向客户介绍产品的特性，展示产品能够给客户带来的利益，激发客户的购买欲望，使其产生购买行为。按照这种方式，产品从分销渠道的上游流向下游，逐层向前推进。推式策略的运作流程如图 11-2 所示。

图 11-2 推式策略的运作流程

2. 拉式策略

拉式策略是指企业以非人员促销的方式，如广告宣传、公共关系和销售促进等直接激发消费者的购买欲望，促使消费者向零售商购买产品，而零售商会要求批发商进货，批发商也会向企业求购产品。这种方式，可拉动下游中间商对上游供货商的进货需求，从而达到最终满足消费者购买的目的。拉式策略的运作流程如图 11-3 所示。

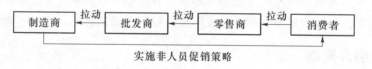

图 11-3 拉式策略的运作流程

（三）制定促销组合策略应考虑的因素

企业到底应该怎样选择促销组合才能达到既经济又有效的效果呢？在设计营销组合时必须考虑产品类型、市场条件、产品生命周期等要素。

1. 产品特性

由于产品的性质和特征不同，消费者的购买动机不同，不同类型的产品会选择不同的促销组合。以消费品市场和工业品市场为例，工业品购买频率低，客户集中，且技术先进，结构复杂，其售前、售中和售后都需要由专业人员全程服务，进行产品的示范操作和讲解，因此，对于工业品而言宜采用人员推销形式；与此对应，消费品销售面广泛，客户分散，且产品本身结构简单，使用操作便利，可采用广告推销形式。

2. 市场类型

市场规模不同，客户集中度不同，促销组合手段也应不同。一般而言，地理范围小、客户集中度较高或者客户较少的市场应该以人员推销为主；地理范围较大（如全国市场或者国际市场）、消费对象相对分散且人数较多的市场、适宜采用广告宣传或者销售促进。

3. 产品生命周期

产品生命周期不同阶段，企业销售目标不同，采用的促销方式也应不同。在产品导入期，新产品上市，消费者对其认知程度较低，此时企业的营销目标在于提高产品知名度，诱导消费者使用并激励经销商进货，因而采用广告宣传和公共关系宣传效果较好；在成长期，消费者逐渐接受新产品，此时促销的重点转移到建立品牌忠诚度，扩大产品销量上，促销方式仍以广告宣传为主，同时采用人员推销的方式拓宽销售渠道，维系客户关系；在成熟期，为维持市场占有率，与竞争对手抗衡，企业必须利用广告，辅以销售促进，设法吸引消费者，巩固和坚定对本企业产品和品牌的信心；在衰退期，由于消费者偏好已经形成，企业应将促销费用降到最低限度，仅作提示性广告和销售促进即可，尽可能维持更多的销量。

当然，广告在建立品牌知名度和企业形象、培养消费者品牌忠诚度等方面有着不可替代的作用，人员推销在与经销商之间建立合作关系和维系客户方面也会做出重要贡献，所以选择促销组合策略的标准不仅仅局限于以上几方面，促销方式的特点、促销预算的分配、营销渠道战略的不同都会影响促销组合方式的选择。企业必须根据促销组合方式的特点，综合考虑各种影响要素，以达到良好的促销效果。

小链接11-1　营销创造《捉妖记》票房新纪录

2015年7月，中国内地电影单月票房54.9亿元，刷新了中国电影市场的月度票房纪录，同时意味着这个暑期档的电影竞争异常惨烈。电影是一门艺术，而营销是一种手段，过去简单的"海报+售票窗"的模式显然已不适用于目前的市场环境，那些令人记忆犹新、轻松过亿的电影，很大一批都是新生代跨界导演的作品，而他们依靠的是粉丝经济和互联网营销等。截至9月，利用多手段营销的《捉妖记》票房突破了24亿，超过《速度与激情7》，成为中国电影市场的票房冠军。

互联网平台成为电影营销的"主阵地"。腾讯视频的多档自制节目都配合做了视频推广，以最核心、最重磅的硬广资源全面铺陈推荐《捉妖记》。其次是通过微信、微博上的"大V"发布与电影相关的评论。在网络社交媒体中，信息接收者与传递者所面临的信息更加迅速与碎片化，只需要意见领袖稍加引导，就会形成热议的舆论。除此以外，《大圣归来》的众筹也正是借助互联网平台实现营销有效转化的一次有效尝试，而在此之前，阿里巴巴、百度、腾讯等互联网公司也都推出了电影众筹项目。

与此同时，电商在电影营销的作用中也越来越强，淘宝、京东、微信电影、格瓦拉等电商也推出优惠方式参与售票。在市场理念和操作层面，互联网还会为中国电影带来更多机遇。

第二节　广告

一、广告概述

（一）广告的概念

广告一词源于拉丁语，有注意、诱导、传播之意。汉语的广告就是广而告之，即广泛地告知公众某事的宣传活动。

市场营销学中探讨的广告（Advertising），是广告发起人以促进销售为目的，付出一定的费用，通过大众媒体，传播品牌、理念、商品或劳务等有关信息的宣传活动。因此，无论是建立品牌知名度还是对产品进行宣传，广告都是具有成本效益的传播方法，即广告是需付费并进行效果评价的宣传方式；另外，广告是借助大众媒体进行信息推介的，取代了销售人员和潜在顾客进行单独洽谈的形式，属于非人员的沟通形式。

（二）广告的要素

1. 广告主体

所谓广告主体，即广告传播者，包括两个方面。

（1）广告主。广告主是广告活动的发布者。自行或者委托他人设计、制作、发布广告，都属于《中华人民共和国广告法》所称广告主的范围。

（2）广告公司。广告公司是广告业务的经营者，是专门从事广告代理、策划、设计、制作等业务的企业。广告商在广告活动中扮演的是代理人的角色。

2. 广告信息

广告信息是指广告所要传递的主要内容，也称广告物，包括商品信息、劳务信息、观念信息等。商品和劳务是构成经济市场活动的物质基础。对于广告信息的选择，需遵循以下原则：首先，广告信息的选择要适合广告消息的格式；其次，选择广告信息要使用适合这些信息传播的渠道；最后，从广告受众的角度考虑对广告信息的选择问题。

3. 广告媒体

广告媒体就是向公众传播广告信息的物质载体，有时也称广告媒介。广告媒体作为传播信息的中介物，具体形式多样，传统的"四大广告媒体"为报纸、杂志、广播、电视。在广告行业中，电视媒体和电台媒体称为电波媒体，报纸和杂志媒体称为平面媒体。在网络时代的信息媒体更加多样化，各种新的广告媒体层出不穷。

4. 广告受众

广告受众是广告信息所要传达到的对象及目的，受众是广告信息传播活动取得成功的决定要素，只有当受众将广告信息译码转化成对他们有意义的信息时，传播才真正开始。

5. 广告费用

广告费用是企业开展广告活动所需的各项开支，包括广告调研费、广告设计费、广告制作费、媒体发布会费用等。为了降低成本，获得最大经济效益，企业在进行广告活动时要编制广告预算，有计划地进行广告活动，以节约广告开支。

（三）广告类型

广告的分类很多，按照性质划分，可以分为商业广告、社会广告、文化广告、政治广告和公益广告；按照宣传范围划分，可以分为国际广告、全国性广告、区域性广告、地方性广告和行业广告；按照艺术形式划分，可以分为图片广告、表演广告、演说广告。而最具代表性的分类方式是按照广告的表达方式划分，分为报道式广告、诉求式广告、提醒式广告、比较式广告。

1. 报道式广告

报道式广告是指如实介绍产品的性质、用途和价格等信息，目的是让消费者了解产品，刺激其初级需求。因此，报道式广告一般应用于新产品上市初期，目的在于开拓市场。报道式广告的主要任务是针对已经具有了一些商品知识和购买经验的消费者，向其介绍新观念、新用途、新服务，形成对商品的全新认识。

2. 诉求式广告

诉求式广告有理性诉求广告和感性诉求广告之分。理性诉求广告定位于消费者的理性动机。企业真实、准确地传达产品的实际情况，而消费者经判断推理后得出理智的购买决策。理性诉求广告说理性强，有理论、有依据，以具有说服力的事实加强诉求对象的认知，引导诉求对象进行分析判断。感性诉求广告根植于公众的情感之中，一改理性诉求广告的硬性手法，通过柔和的语言、自然流畅的风格不断触动人们的情感，从而引发消费者的情感共鸣，使其在动情之中接受广告，产生购买欲望。

3. 比较式广告

比较式广告也称对比广告或者竞争性广告。在产品的成长期或者成熟期，企业一般采用此种形式作为产品广告宣传的主要手段，目的是为特定品牌确定选择性的需求，建立品牌偏好。目前市场上很多产品特别是竞争激烈的产品，都选取这种广告形式，比如通过两个或者多个品牌的对比，突出自己的优势或者差异性，使消费者认知本产品并指名购买。但是，企业在使用此类广告时一定要确保该产品确实具有突出优势，否则便会有过分贬低其他生产经营者的商品和服务之嫌。

4. 提醒式广告

提醒式广告大多适用于进入成熟期的企业产品，广告目的不再是让消费者对产品进行报道或说服购买，而是使顾客对某品牌或者产品保持一定的记忆程度，尽可能地维护原有的市场阵地，引导消费者形成稳固的、长期的习惯。提醒式广告用意在于提醒消费者最近可能需要这种产品，提醒他们去哪里可以购买得到，并使消费者在更换品牌的时候记住这些产品，保持着对此类产品的好感和偏爱。

（四）广告的作用

1. 传播信息，引导消费

企业可以通过广告，将新产品的用途、成分、功能等相关信息传递给顾客，顾客可以根据自己的需要选择合适的产品。而当今社会，产品种类繁多，产品更新换代速度加快，广告能使新产品、新样式、新的消费意识迅速流行，形成时尚，建立新的消费模式。

2. 促进竞争，开拓市场

大规模的商业广告是企业一项重要的竞争策略，它可以让消费者了解该产品的存在、购买地点、购买方式等，实际上就是提高商品的知名度，增强品牌市场竞争力和市场占有率。产品对消费者形成吸引力后，企业开拓市场就容易多了。

3. 树立形象，建立联系

广告在传递产品信息的同时，也在一定程度上扩大了品牌的影响，建立起了企业整体形象。品牌赢得了消费者的好感，产品的销路也会好得多。

二、广告媒体

广告媒体是企业向公众发布广告的信息载体，是传播信息的重要条件和物质手段。传统的"四大广告媒体"由广播、电视、报纸和杂志组成，随着科技的发展，广告媒体的种类越来越多。企业必须选择最具成本效益的媒体传递信息，因为媒体的特征决定着信息的曝光率、频次和影响力。

（一）广告媒体类型与特征

企业应该了解主要媒体在到达率、频次和影响力等方面的能力，主要媒体的类型和优缺点各有不同（见表 11-2）。

表 11-2 主要媒体的类型和优缺点

媒体	优点	局限性
电视	拥有率高；诉诸视觉和听觉，声情并茂，吸引力强；到达率高	成本较高；曝光时间短；干扰多；观众选择性差
报纸	市场覆盖率大，传播范围和对象较明确；可造成较高记忆强度	保存性差；质量低；注意力易分散
广播	成本低；传播迅速、及时、广泛	曝光时间短；收听率低；吸引性差
杂志	地理分布和人口分布可选择性强；信息传达具体详尽；保存期长；可信度高	发行量小；无法保证版面
手机	使用者较多，已发展成为"第五媒体"	成本较高
户外广告	灵活多变；成本较低，竞争较少	受众选择性差，主要面对流动的受众
网络	成本较低；高选择性；互动性强；形式多样	缺乏权威性，可信度低；受上网条件限制

小链接 11-2　手机媒体，开创媒体新时代

中国信息业实现跨越式发展，互联网信息时代手机影响力赶超广电媒体。从 2000 年到 2006 年 10 月底，移动电话用户由 8 500 万户增加到 4.49 亿户，年均增长 40%，居世界第一位。手机媒体，是以手机为视听终端、手机上网为平台的个性化信息传播载体，是以分众为传播目标、以定向为传播效果、以互动为传播应用的大众传播媒介，被公认为继报刊、广播、电视、互联网之后的"第五媒体"。手机报、手机广播、手机电视等手机媒体的问世，成为人们现代生活中一道新的风景线，多种宽带无线技术并存将是必由之路。手机媒体的基本特征是数字化，最大的优势是携带和使用方便。手机媒体作为网络媒体的延伸，具有网络媒体互动性强、信息获取快、传播快、更新快、跨地域传播等特性。手机媒体的受众资源极其丰富。

（二）广告媒体选择应注意的因素

1. 产品性质

不同的媒体在演示、形象化、可信度和色彩等方面的表现力不同，而不同的产品具有不

同的使用价值和宣传侧重点，媒体的选择只有同产品性质相匹配，才能达到良好的广告宣传效果。如果是需要表现外观和质感的大众消费品，应该采用电视、互联网等可视效果好的媒体进行宣传；如果是技术先进、结构复杂、价值较高的专业产品，应该采用专业性的杂志或者目录邮寄方式；如果仅仅是一般的告知性的广告，可以采用广播或报纸进行宣传。

2. 目标受众的媒体偏好

选择广告媒体，还应考虑目标受众接触媒体的习惯，一般而言，选用目标受众最常接触的媒体进行广告宣传是最有效的方法。例如，对于青少年而言，电视、互联网和广播是最有效的广告媒体；对于家庭主妇而言，电视或者商店和超市里的橱窗展示是有效的媒体；而对于上班族而言，互联网和专业性的杂志为最有效的广告媒体。

3. 信息性质

由于信息本身只是一种抽象的符号，所以必须借助媒体才能将信息表现出来。根据信息传载性和时效性的特征，不同的信息也应该选用不同的媒体载体。如果是大规模的促销活动，应该借助电视、广播或者报纸；如果是包含大量技术数据的信息，则需要专业的杂志或者互联网。

4. 广告成本

各媒体的收费标准不同，即使是同一媒体，也会因传播范围和影响力的大小而有不同。媒体费用可以划分为绝对媒体费用和相对媒体费用，绝对媒体费用是指使用媒体的费用总额。"四大广告媒体"中，电视的媒体费用最高，其次是杂志、广播和报纸。相对媒体费用是指接触每千人的平均成本和收视点成本，所以尽管电视宣传的绝对费用高，但是因为其宣传范围广，可能相对费用却很低。企业应慎重考虑媒体成本和媒体效果之间的关系，以达到广告投入的效益最大化。

三、广告的设计原则及内容

（一）广告设计的原则

1. 真实性

真实性原则是广告设计的本质、首要原则和根本原则。我国广告法规定："广告应该真实合法。""广告不得含有虚假的内容，不得欺骗和误导消费者。""广告主、广告经营者、广告发布者从事广告活动，应该遵守法律、行政法规，遵循公平、诚实信用的原则。"由此可见，广告的真实性原则是广告设计的根本准则。广告的真实性原则体现在广告宣传的内容要真实，必须与宣传的产品和服务相一致，不能虚夸，更不能伪造虚构；广告的宣传手法和艺术处理手段要真实，不能歪曲夸大或矫揉造作。广告应给消费者展示产品最真实、最客观的一面，表现的感情也应该是真情实感，通过这样的方式引起消费者共鸣，最终实现预期的目的。

2. 关联性

广告设计必须遵循广告本身和产品服务的统一性和关联性，具体表现在广告设计必须与宣传目的相关联、与产品相关联、与宣传行为相关联。比如：广告应达到怎样的宣传目的？广告的目标受众是怎样的？广告的内容怎样与产品和服务实现统一？应该选取怎样的媒体传播信息？取悦受众的关键点在哪里？只有针对消费者的需求有的放矢，才能更具说服力和诱惑力。

3. 形象性

每一个广告策划文案、每一个广告作品，都不仅是在单纯宣传产品本身，也是企业对品牌和形象的长期投资。特别是在工业不断发展的当今社会，产品同质性越来越高，若要在差异性极小的产品竞争中获得优势，品牌和形象的辅助性作用十分重要。消费者总是将产品品质和企业形象进行联想，广告设计只有注重品牌和形象的塑造，充分发挥形象的感染力与冲击力，才能使产品销售立于不败之地。

4. 创新性

广告设计中的创新性是指广告设计过程中综合运用图案、文字、语言、色彩、音乐等要素，塑造鲜明的品牌个性，让本企业的品牌从众多竞争者中脱颖而出，增强广告吸引力。广告设计的创新性原则要求广告具有超凡脱俗的表现力，突破传统风格，标新立异，体现品牌个性和差异化设计策略。只有当品牌有鲜明的个性时，消费者才会对品牌有更高的期望度和认知度，才能产生强烈的购买欲望。

（二）广告的设计内容

1. 广告主题的确定

广告主题是要表达的重点和中心思想，是广告创意的主要素材，只有主题鲜明、诉求突出，才能算得上是优秀的广告设计作品。一般而言，广告主题的设定应遵循广告主题和广告诉求的统一性、诉求焦点的稳定性、易于受众理解的通俗性和给受众留下深刻印象的独特性的原则。为了实现良好的广告效果，留给受众深刻的印象，广告主题的确定可以依据以下三个要素：一是从产品本身的优点和企业独特的形象确定广告主题；二是在分析消费者心理需求的基础上确定广告主题；三是从其他市场要素中，如渠道建设和促销方式等方面确定广告主题。无论广告主题如何确定，其涉及的核心问题仍旧是市场，只有建立在市场调查和科学的分析基础上，才能实现良好的广告促销效果。

2. 广告创意的执行

广告创意是介于广告策划和广告表现制作之间的艺术构思活动，即根据广告主题，经过精心的思考和策划，运用艺术手手段，把所掌握的材料进行创造性的组合，以塑造一个意象的过程。简而言之，广告创意是广告主题意念的意象化。广告创意关注创意过程，即提出与众不同的活动方案、拟订出奇制胜的措施的思维过程，创意的结果往往是某种点子、主意。

3. 广告创作的手段

广告创作是对广告中设计的文字、图像和声音进行构思组合，目的在于有效地展示和传达广告内容，便于受众理解和接受。广告创作手段极为丰富，有根据广告创意向公众传达产品或服务信息的广告文案，有通过绘画、色彩和布局装饰显示广告主题的图像符号，也有传递直接信息和间接信息的声音要素。

4. 广告效果的测定

广告效果是指企业通过媒体传播广告后，广告目的的实现程度、目标受众的消费影响，是广告信息在传播过程中引起的直接或间接变化的总和。具体的测定方法有广告销售效果的测定和广告本身效果的测定。广告销售效果的测定涉及广告的投放对于企业的品牌提升和产品销量增加幅度的影响，以便于企业根据测评结果调整促销策略或者广告策略。企业主选择广告就是希望通过媒体将自己的产品推荐给社会大众，从而达到刺激消费、增加企业利润的目的。所以,广告是否将信息传递给了目标受众并确实产生了刺激消费的效果,是评价广告效果的重要指标。常见的销售效果评定方法主要包括历史资料分析法和实验设计分析法。广告的本身效果是指广告对目标消费者引起的心理效应,包括对产品信息和品牌的注意、兴趣、记忆、理解和动机,等等。

小链接11-3　　现代广告代理制

现代广告代理制,就是广告主委托广告公司实施广告宣传计划,广告媒体通过广告公司承揽广告发布业务,广告公司居于中间为广告主和广告媒体实现双向、全面代理业务的一种制度安排。具体来说,在广告业的三位一体——广告主、广告公司和广告媒体中,广告公司占据中间位置,是广告主与广告媒体连接的桥梁,一头是需要做广告的客户,另一头是能提供广告手段的媒体单位。广告公司实质上实行双重代理:一是代理广告主开展广告宣传工作,即从事市场调研、拟定广告计划、设计制作广告、选择媒体安排刊播、提供信息反馈或效果测定;二是代理广告媒体,寻求客户,销售版面,扩展广告的业务量,增加媒体单位的广告收入。

第三节　人员推销

一、人员推销的概念与特点

(一) 概念

人员推销(Personal Selling)是指企业派出销售人员与潜在客户进行一对一的交谈,在满足客户利益或需要的前提下,主动运用各种推销技巧,向其传递产品或劳务的信息,使客户接受并购买相关产品或劳务的活动过程。人员推销包括三个主要要素:推销人员、推销对象和推销品。推销人员是指直接从事商品、服务推销工作的人员,是营销一线的员工;推销对象是接受推销人员推销的主体,包括生产者、中间商和消费者三种身份的顾客;推销品也称推销客体,包括商品、服务和观念等。人员推销是一种古老而传统的销售方式,因为有独特的优点,所以在现代促销手段中仍有不可替代的作用。

(二) 特点

1. 推销对象的针对性

人员推销是在特定市场环境下有针对性地向目标顾客传递信息并说服顾客购买的活动过程。因此,推销员的任何一次推销活动都是针对特定对象而进行的,他们针对目标消费者的特定需要,采取不同的推销策略,进行推销洽谈,促使消费者购买。

2. 信息传递的双向性

与商业广告等促销方式不同,推销员在与潜在客户接触的过程中,除了将企业和产品的相关信息传递给最终用户,和用户进行直接接触,还可以通过调查了解用户对产品的看法与要求，将相关信息直接反馈回来。这种双向的信息沟通可以使企业直接地了解产品的市场接受程度，为企业的营销决策提供依据。

3. 推销目的的双重性

如上所述，由于信息传递的双向性，推销人员的推销目的一方面是推销商品，另一方面是进行市场调研。推销人员进行推销时，还应该定期或者不定期提交市场调查报告，建立企业的营销信息系统。只有源源不断地从推销对象那里获取大量的信息，才有可能建立客户档案，进行营销信息系统原始资料的收集。

4. 推销过程的灵活性

由于人员推销采用人与人直接面谈的方式，所以推销员的推销活动更加机动灵活。作为一名推销员，应该具有根据推销对象的特点而使用恰当的推销策略和推销技术的能力。

二、人员推销的程序、方式与策略

（一）人员推销的程序

1. 寻找顾客

寻找潜在顾客是人员推销程序的第一步。潜在顾客是指对产品有需要并且有购买能力和购买决定权的人。推销人员应该建立潜在顾客信息档案，加以分类，再对这些潜在客户进行资格审查，确定哪些客户为重点发展客户，哪些客户值得推销人员花时间和精力拜访，这样才能提高推销工作的效率。

2. 接近顾客

接近顾客是推销人员正式接触顾客的第一个步骤，也是推销洽谈的前奏。接近顾客是指推销人员为保证洽谈工作的顺利展开而与顾客进行第一次正式接触的过程，通过接近，推销人员应达到以下目的：缩短和顾客空间上的距离，拉近和顾客之间的感情，让顾客慢慢关注和接受推销品，认同推销行为。

3. 推销洽谈

和顾客进行正式接触后，下一步就进入推销洽谈过程。推销洽谈也称推销面谈，是买卖双方为了实现商品交易，就各种交易条件进行协商沟通，最终达成一致，实现推销成交的过程。推销洽谈的目的是推销成交，手段是说服，方式是传递信息。为了让顾客接受并喜爱本企业的产品，推销人员需要借助思维、语言、文字、体态来进行信息交流，沟通思想。

4. 顾客异议处理

在与顾客接洽的过程中，推销人员总会遇到来自顾客的各种压力和阻力，影响推销活动的顺利开展，称为顾客异议。顾客异议主要表现为需求异议、价格异议、产品异议、货源异议、财力异议、权力异议、推销人员异议、购买时间异议等。推销人员应该通过策略手段妥善处理这些反对意见，消除顾客疑虑，提高顾客的满意度，增强顾客的购买意向。

5. 推销成交

推销成交是整个推销过程的高潮，是推销工作的终极目标。推销过程其他阶段的活动都是在为推销成交做准备，因此，推销成交是推销过程最重要、最关键的阶段。所谓推销成交，是指推销人员抓住成交时机，说服顾客接受推销建议，立即购买产品的行为过程。在这个过程中，推销人员应该有效解读顾客的成交信号，了解达成交易的条件和障碍，及时处理顾客异议,并采用技巧和策略启发顾客做出购买决策。

6. 售后服务与顾客维系

推销活动由寻找顾客开始,到推销成交结束。但是为了与顾客建立起长期的合作关系,推销人员还必须做好成交后的善后工作,包括售后服务、顾客维系等。成交结束后,企业能否履行合同、兑现承诺,能否通过一系列的方法挽留住现有顾客,是顾客关系长期建立的关键。

(二)人员推销的方式

1. 上门推销

上门推销是最常见的一种人员推销形式,推销人员携带样品、说明书或者订单走访顾客,推销产品。这种推销方式可以最大限度地方便顾客,在家门口即享受到针对性强的服务,故广为顾客接受并认可,是一种传统的推销形式。

2. 柜台推销

柜台推销也称门市推销,是企业在适当的地点设立固定的门市,推销人员在门市里面接待顾客、推销产品的行为。门市里面产品品种齐全,而且安全无损,所以在一定程度上能满足顾客多方面的需求。那些零星的小商品、贵重物品或者容易损坏的商品宜采用此种方式进行推销。

3. 会议推销

会议推销是指利用各种会议向与会人员宣传和介绍产品,开展推销活动的行为。一般来说,各种订货会、展览会、交易会等均属于会议推销。此种推销形式顾客针对性强,推销集中,可以同时面向多个客户共同展开推销,成交额较大,交易效果良好。

(三)人员推销的模式

推销模式是指根据推销活动的特点及对顾客购买活动各阶段的心理演变应采取的策略,归纳出的一套程序化的标准推销方式。推销模式的产生使推销有了可以依据的理论、步骤与方法,促进了推销效率的提高。推销模式来自推销实践,具有很强的可操作性,是现代推销理论的重要组成部分。人员推销模式的种类有很多,下面主要介绍应用最广泛的三种,即爱达(AIDA)模式、迪伯达(DIPADA)模式和埃德帕(IDEPA)模式。

1. 爱达(AIDA)模式

爱达推销模式是欧洲著名推销专家海因兹·姆·戈德曼在其《推销技巧——如何赢得顾客》一书中拓展完善的。"爱达"是四个英文单词的首字母也是这四个字母连在一起的译音,代表了爱达模式的四个步骤:A 为 Attention,即唤起注意;I 为 Interest,即诱导兴趣;D 为 Desire,即激发欲望;最后一个字母 A 为 Action,即促成交易。爱达模式适用于柜台推销,适用于一些易于携带的生活用品和办公用品的推销,也适用于新推销员以及针对陌生对象的推销。

2. 迪伯达(DIPADA)模式

迪伯达模式是戈德曼总结出的另外一套推销模式,被誉为"现代推销法则"。"迪伯达"是六个英文单词首字母连在一起的译音,这六个英文单词是 Definition(定义)、Identification(识别)、Proof(证实)、Acceptance(接受)、Desire(欲望)、Action(行动),它们共同组成了迪伯达模式的六个推销步骤。迪伯达推销模式认为,在推销过程中,推销人员必须准确地定义（Definition）并指出顾客有哪些需要和愿望（Identification），有效地把顾客需要与要推销的产品结合起来，证实（Proof）推销产品符合顾客的需要和愿望，促使顾客接受（Accept）所推销的产品，刺激顾客的购买欲望（Desire），促使顾客采取购买行动（Action）。该模式适合生产资料市场产品的推销，适用于对老顾客和有组织的购买顾客进行推销，适用于保险、技术服务、咨询服务、信息情报、劳务市场上无形产品的推销以及开展无形交易。

3. 埃德帕（IDEPA）模式

埃德帕模式是迪伯达模式的简化形式，"埃德帕"是五个英文单词首字母连在一起的译音，五个单词分别是 Identification（识别）、Demonstration（示范）、Elimination（淘汰）、Proof（证实）、Acceptance（接受）。埃德帕模式没有发现和明白顾客需要这个环节，它适用于有着明显购买愿意与购买目标的顾客，特别适合客户主动上门选购的零售商品的销售。该模式也多用于向熟悉的中间商推销。

三、人员推销的组织管理

（一）推销人员的组织结构

1. 产品结构式

产品结构式是指按产品分类组织推销人员的方式，即企业派专人负责某一产品或某一类产品的推销活动。这种结构方式适合有许多种不同的产品在同一市场上销售的大企业，对于类似企业而言，按产品性质分别制定推销方案对于营销活动顺利展开更有利。产品结构式的主要优点是：有利于销售业务专业化和高质化，一旦市场出现问题，产品销售经理能迅速做出反应；缺点是由于推销经理各自为政，有可能忽视企业全局性的战略。

2. 顾客结构式

顾客结构式是指将顾客进行有效分类，企业派专人负责专门顾客的所有推销业务，也称为市场结构式。这种结构适合产品种类不多、顾客较稳定的批量订购的企业，如食品加工企业按零售商店和餐馆等细分市场组织销售。这种结构法最大的优点就是有针对性地根据客户要求来进行推销活动，能够起到稳定市场的作用；缺点是如果顾客市场间距离较远，容易产生额外的销售费用。

3. 区域结构式

区域结构式是按照产品的销售区域组织销售，某一位推销人员专门负责某一特定区域的产品销售工作。这种结构法适合产品品种单一、顾客较为集中、销售区域差异化明显的企业。区域结构法的优点在于一定程度上能够节省销售费用，便于推销人员掌握这一区域的客户情况和市场状态；不足之处在于只适合产品品种单一的企业，应用范围较窄。

在实践中，企业很少只使用上述某一种方法，大多数企业将以上几种方法综合起来应用，如产品顾客混合式、产品区域混合式、顾客区域混合式等。

（二）推销人员的甄选

1. 推销人员数量的确定

推销人员的数量与销售额密切相关，一般而言，推销人员的增加会使企业的销售额增加,但是销售额却不是与推销人员的数量成正比例增加,因为随着推销人员数量的增加,推销人员的费用也会增加。合理确定推销人员的数量,对于提高企业经营效率有重要的意义。确定推销人员的数量一般可以采用工作负荷量法和边际利润法两种方法。

(1) 工作负荷量法。工作负荷量法是指根据推销人员完成的工作量来确定推销人员数量的方法。其应用步骤是:

首先,确定总工作量。将所有顾客按照A、B、C分类,确定每一类顾客每年需要访问的次数,加总得出企业每年应该进行的总访问次数。

其次,确定每位推销人员的年工作负荷。根据不同顾客的分布情况、推销人员每访问一位顾客所花费的时间等要素,确定每位推销员的年平均访问次数。

最后,确定推销人员的数量。将总工作量除以每位推销人员的年工作负荷,即得出推销人员的数量。公式表示如下:

$S = ($第i类顾客的数量$\times$第i类顾客每年需要访问的次数$) \div$每位推销人员每年平均访问次数

(2) 边际利润法。边际利润法是根据推销人员创造的边际利润来决定推销人员数量的一种方法。只要增加一位推销人员后的边际利润大于零,就可以增加该推销人员的数量。

2. 选择推销人员的标准

(1) 心理素质。作为一名出色的推销人员,必须具备良好的心理素质。这里的心理素质是指抵抗挫折的能力。心理素质好的推销人员即使遇到困难和失败,也能保持情绪的稳定,继续以饱满的精神状态面对外部环境的压力。推销员是最易遭受挫折的职业,客户的冷漠、拒绝、挖苦、讽刺,工作业绩的不佳,业务开拓的失败,都有可能打击推销员的信心,甚至迫使其退出推销行业。所以,良好的心理素质,乐观、热情、积极的人生态度和个性是推销员必不可少的能力标准。

(2) 业务素质。广博的知识是推销员做好推销工作的必要条件。一般而言,推销员需要以下三类知识储备。

产品基础知识。产品基础知识除了产品的特征、性能、使用、维修、定价、付款条件等内容,还包括企业的历史与现状、经营方针和政策、服务方式和交易条件等。除了了解本企业和本产品,推销人员还应了解竞争产品和品牌的生产能力、经营状况、产品特征等信息。

心理学知识。由于推销人员直接与客户打交道,所以客户的需要、购买心理和购买行为都是推销人员研究的重点。知晓心理学知识,适时地察觉客户心理变化和要求,及时调整推销策略和手段,是对推销人员的更高要求。

社会知识。由于推销员面对的是形形色色的客户,为了与客户有共同语言,适应各类人群的话题,推销员还应具备丰富多样的社会知识,如天文、地理、文学、哲学、时事新闻热点,美术、音乐等。

(3) 身体素质。推销工作十分辛苦,只有具备了健康的体魄和吃苦耐劳的精神,才能够很好地胜任推销工作,适应各种恶劣的推销条件,完成推销工作。

(三) 推销人员的培训

由于推销员需要具备良好的身体素质、业务素质与心理素质,所以对于新进企业的推销人员,他们必须在进行适当培训后才能上岗。培训人员的方式很多,一般而言企业会采取以下三种方式。

一是课堂讲授。一般是通过举办短期培训班的形式，由企业出面，组织企业内部管理人员、资深推销员或者外聘专家、教授，讲授推销基础理论和专业知识，介绍推销方法和技巧。二是模拟培训。具体做法是，由接受培训的人员扮演推销人员向由专家教授或有经验的推销员扮演的顾客进行推销，模拟推销实景；或由接受培训的人员分析推销实例。三是实践培训。当选的推销人员直接上岗，通过老员工与新员工的传、帮、带，逐渐熟悉业务，成为合格的推销人员。

（四）推销人员的报酬和考核

推销人员的工作具有很大的独立性、流动性和自主性，因此对于推销人员的报酬和考核，一定要体现综合性与多元性。

一般而言，推销人员报酬的确定可以采用固定工资加销售分成的方式。固定工资是指无论销售人员业绩如何，企业都按照固定工资标准支付报酬；销售分成是指从销售额中提取一定比例作为推销人员的报酬。在实际操作中，销售分成标准、比例的合理确定对于报酬制度的制定尤为重要。

为了加强对推销人员的管理，企业还要对营销人员的工作业绩进行全面科学的考核。考核营销人员的方式主要分为考评资料收集和考评标准建立两个阶段。考评资料收集是指为了全面评价销售人员工作业绩，企业从推销人员的销售报告、企业销售记录、顾客评价和企业内部员工评价四个来源收集被考评推销员的基础信息。考评资料收集后，再通过建立科学而合理的考评标准，对推销人员的业绩进行更加细致公正的评价。这些评价指标包括访问率、平均订单数目、销售成本及费用率、新顾客数目等。

小链接 11-4　　世界上最伟大的推销员——乔·吉拉德

乔·吉拉德是世界上最伟大的销售员，连续 12 年荣登世界吉尼斯世界纪录大全世界销售第一的宝座，乔·吉拉德创造了 5 项吉尼斯世界汽车零售纪录：

平均每天销售 6 辆车；

最多一天销售 18 辆车；

一个月最多销售 174 辆车；

一年最多销售 1 425 辆车；

在 15 年的销售生涯中总共销售了 13 001 辆车。

他所保持的世界汽车销售纪录：连续 12 年平均每天销售 6 辆车，至今无人能破。

第四节　销售促进策略

一、销售促进的概念和特点

（一）销售促进的概念

销售促进又称营业推广，是企业采用多种短期的奖励工具，鼓励消费者试用，或者鼓励客户更多更快地做出购买决定,采取购买行为的促销方式。销售促进包括消费者销售促进(样品、优惠券、现金返还、奖品、顾客试用、顾客回馈)和中间商销售促进(购买折扣、免费赠品、展览会和研讨会)。

(二)销售促进的特点

1. 灵活多样,适应性强

销售促进是一种短期的促销工具,促销方式多种多样,所以销售促进适应性强,可用于完成不同的销售目标。如企业可采用样品赠送方式来吸引消费者进行新品试用,采用现金返还方式鼓励忠诚度高的消费者持续购买,利用优惠券或者降价方式增加不经常使用者的购买频率。因此,销售促进在品牌相似度很高的市场上能够达到在短期内提高销售量的效果,但却不会持久地增加品牌的市场份额。

2. 属于辅助型的促销方式

与人员推销、营销公关不同,销售促进属于辅助型的促销方式,虽然能在短期内提高销量,但是不能在长时期内增加产品的市场份额和市场竞争力。因此,销售促进一般不单独使用,需要搭配其他几种促销方式一并进行。有证据显示,忠诚的品牌购买者不会因为销售促进方式而改变自己的购买模式。市场份额较小的竞争者往往会采用销售促进方式,因为他们无法匹敌市场份额较大的竞争者所支出的巨额广告预算,只有销售促进能争取到上架机会或消费者试用机会。

3. 有贬低产品之嫌

销售促进若频繁使用,会使消费者认为产品的质量和价格有问题,企业在抛售产品,有贬低产品之嫌。因此,企业在开展销售促进时,必须注意使用时机和方式。

二、销售促进的形式

销售促进的形式多样(见表11-3)。

表11-3 销售促进的主要形式

主要形式	具体做法
赠送样品	向消费者提供一定数量的免费产品或者服务
现金返还	消费者在购买活动结束之后将购买凭证交给商家,商家根据不同的标准将一定的购买款项返还给消费者
优惠券	商家印发一定数量的优惠券,持有优惠券的消费者可以根据优惠券上标明的价格,低于原价购买产品
奖品	当以特定的价格和数量购买某产品时,商家提供某种奖品作为奖励
免费试用	邀请顾客免费试用某种产品,期望顾客在使用后会购买该产品
顾客回馈	以现金或者消费点数给予顾客奖励
展览会或研讨会	企业一年举行几次业务会议或展销会,邀请中间商参加,会议的目的在于介绍产品知识并进行现场演示操作
促销竞赛	通过组织消费者竞赛、经销商竞赛、销售人员竞赛达到促销的目的

三、销售促进的主要决策

在运用销售促进方式时,企业必须建立目标、选择工具、制定方案、预试方案、实施并控制方案,最后评价结果。

(一)建立目标

销售促进的目标来源于产品营销目标。对于消费品而言,销售促进的目的包括吸引消费者试用、奖励忠诚顾客、吸引竞争品牌的消费者、鼓励不经常使用者增加购买频率;对于中间商而言,销售促进的目的包括促使中间商保持较高的存货水平,鼓励中间商更多地经营本企业的产品,赢得新的零售网点和机会。

(二)选择工具

主要的销售促进形式如表 11-3 所示,不同的企业可以根据不同的销售促进形式选择具体的促销工具。餐饮店主要采用印发优惠券的方式,化妆品专卖店经常采用免费试用和顾客回馈的方式,汽车专卖店采用现金折扣和奖品方式鼓励消费者购买,而家居卖场采用的是顾客回馈或者抽奖的方式。

(三)制定方案

在运用销售促销工具时,企业必须事先设定使用的规模,即进行成本效益分析。如奖励规模设定为 10 万元,那么销售额扩大而带来的利润增加超过 10 万元,则促销规模还可扩大;否则便得不偿失。设定完使用规模后,企业还需设定参与销售促进活动者的条件、销售促进的时间、促销工具的选择、促销时机的确定和促销总预算。

(四)预试方案

虽然大多数促销方案有以往经验作为依据,但是营销人员在运行促销方案之前仍然要对方案预试,考察选择的促销工具是否最合适、使用的规模是否最优等。

(五)实施和控制方案

一旦促销方案确定,营销人员就可以根据方案具体执行,并在执行过程中根据实际情况随时上报企业决策机构,以便于促销方案的调整和完善。

(六)评价结果

促销方案的评价指标必须与促销方案制定目标相对应。一般而言,无论促销目标为何,销售促进的最佳状态是吸引竞争对手的顾客转投自己。

小链接 11-5　　　　华为 watch 2 促销

2017 年 3 月 24 日,华为于上海东方体育中心举办"人像摄影大师"主题发布会,具有优秀的外观设计、4G 独立通话、专业运动指导和移动支付的全能智能穿戴新品——华为 watch 2 迎来国内首秀。普创天信作为 watch 2 的核心国包商,启动多项措施,为 watch 2 的顺利销售保驾护航。从 3 月份开始,普创天信开始对全国合作伙伴的终端营销人员进行销售方面的培训,打响华为 watch 2 全国营销战役的第一枪;3 月 10 日,华为 watch 2 预售开启,普创天信精心制作了 H5，利用微信公众号、朋友圈、新闻媒体等方式进行助力；3月24日，华为 watch 2 正式开售，普创天信赞助的亲子马拉松活动于3月25日开幕，标志着华为 watch 2 全国推广正式启动。在之后的运营中，普创天信还规划了一系列的节假日促销、线下进社区等形式多样的营销活动。

第五节　营销公关

一、营销公关的含义及任务

（一）营销公关和公共关系

20世纪80年代，美国西北大学的托马斯·哈里斯教授第一次提出了营销公共关系（Marketing Public Relations，MPR，简称营销公关）理论。营销公关用于直接支持公司或产品的宣传和形象的建设，是营销活动和公共关系相结合的产物。

公共关系（Public Relations，PR）是指企业在从事市场活动中时，需要处理好自身与相关公众（如顾客、经销商、供应商等）的关系，促使信息在组织和公众之间进行双向传播，以便促进产品销售，树立企业形象，在组织和公众之间建立一种和谐关系的过程。

营销公关是从市场营销学的角度谈公共关系，是广义公共关系的一部分，是公共关系理论的创新。营销公关作为一种经营理念和经营方式，与公共关系既有联系，又有侧重。

在发达国家，营销公关不仅在理论方面有较快的发展，在营销实践方面也更加广泛和成熟。很多企业充分利用了营销公关信息传播和品牌传播权威、公正的特点，多角度地提升企业品牌价值。这些活动主要包括赞助活动，举办以营销为目标的公关活动，参与公共服务，举办记者招待会，公众事务运作和企业广告等。

（二）营销公关的主要任务

营销公关为市场营销人员开辟了一种新视野和新领域，成为企业市场营销活动不可缺少的工具和手段，具有五个方面的十分重要的作用。

1. 支持新产品推出

企业可以通过营销公共关系活动在新产品上市之前营造一个良好的市场氛围，帮助公众了解、认知新品的功能、特征和用法等，让公众多角度了解产品和品牌的相关信息，由此对潜在消费者产生吸引力，诱导消费者形成购买动机。

2. 帮助成熟产品重新定位

当企业成熟产品市场动力缺乏时，营销公关还能帮助老产品重新定位。例如老牌的"万宝路"香烟，在其原有的女性香烟市场定位产品销路不佳的情况下，改变市场定位，以美国西部牛仔的粗犷形象重新推向市场，大获成功。

3. 培养对产品的兴趣

随着大众广告的影响力逐渐减弱，营销者更多地通过营销公关来传递产品信息，培养目标受众对产品的兴趣，建立品牌知名度。最常见的手法是企业通过赞助文化、娱乐和体育项目，将广告宣传和营销公关技巧结合起来，达到宣传产品和企业的目的。

4. 处理危机事件

危机事件是能够对企业的形象和声誉造成严重影响的事件，一般具有突发性、紧急性、非常规型、破坏性等特征。这就要求企业通过组织、制定和实施一系列的营销公关措施和应对策略来有效规避、处理这些危机事件，从而获得公众的谅解和接纳。

5. 树立形象，广结良缘

企业通过营销公关在公众面前树立良好的声誉和形象。好的声誉和形象的建立不仅要靠过硬的产品和合理的价格，更要靠企业的公关传播，即通过各种媒介手段为目标公众介绍产品，宣传品牌，形成企业和目标公众的相互信赖关系。

小链接 11-6　　　　　　超级女声

2005年，蒙牛乳业携手湖南卫视、上海天娱传媒联合推出了"蒙牛酸酸乳超级女声"大型电视选秀活动。选秀活动综合运用电视、报刊、互联网、手机等大众传媒，吸引不同年龄层、不同职业的观众，赢得了社会的极大关注，也使得"超级女声"成为最有轰动效应的商业娱乐传播活动和营销活动。

"超级女声"始于2004年，2005年、2006年连续两年创造了上亿人观看、千万人投票、百万人参与的纪录。据统计，仅2005年，"超级女声"全国的报名人数达到15万人，每周热心观众超过2 000万，观众总数目达4亿人次；其中前三名选手的观众手机支持短信量超过800万条，百度贴吧相关帖子数3 245 100篇。"超级女声"的成功有两个主要因素：一是洞察和击中了目标消费群体"超女一族"；二是多方联盟的价值网络聚焦促成了整合的大众传播效应。

借此娱乐盛宴，2005年蒙牛酸酸乳的销售额从7亿元疯狂增长至25亿元；湖南卫视获得突破性收视率和广告收益，该活动决赛时每15秒的广告费高达11.25万元；天娱传媒凭借超女红遍全国，成为知名度较高的娱乐传媒机构；而参与超女活动的手机短信运营商、互联网网站、娱乐公司和广告商纷纷大获其利。

二、营销公关的主要决策

（一）建立营销公关目标

营销公关的最终目标是借用营销工具将传播的信息到达目标受众，与目标受众建立良好关系。具体而言，营销公关能起到建立品牌和产品的知晓度，通过权威性的媒体报道树立可信性，刺激销售队伍和经销商的乐观情绪，降低促销成本等作用。因此，在设计营销公关活动之前，首先应该确定本次公关方案的主要目标和次要目标、短期目标和长期目标，以此作为评价公关方案的标准。

（二）选择公关信息和载体

营销公关人员需要辨识或开发出与产品相关的有吸引力的卖点，来作为信息宣传的主题或者吸引媒体报道的亮点。如玉兰油香氛沐浴乳营销公关活动就向目标受众传达"呵护自己的肌肤也是宠爱自己的一种表现，玉兰油活肤香氛沐浴乳能帮助今日女性通过对自己的宠爱获得由内而外的美丽"，这样的主题信息通过媒体见面会、消费者沐浴活动、电台访问节目等手段传播了出去，推动了产品热销。

（三）确定公关活动方式

营销公关的主要活动方式有多种类型（见表 11-4）。

表 11-4 营销公关的主要活动方式

主要形式	具体做法
出版物	公司依靠发行某种出版物达到影响目标市场的目的，这些出版物包括小册子、年度报告、实事通信、杂志和视听材料
事件	企业可安排一些特殊事件吸引媒体和目标群体的注意，如新闻发布会、研讨会、展览会、周年纪念等
新闻	企业可策划与产品、企业和员工相关的有利新闻，吸引新闻界注意。这些新闻策划方式主要有开幕典礼、新品发布会等
演说	企业相关管理人员在特定的情境或者适合的场所发表演说也能起到增强企业形象的目的
公共服务活动	企业可以通过赞助一些公益事业建立声誉
赞助	企业可通过赞助体育、娱乐、文化活动达到提高知名度的目的
标志媒介	为了增强产品或者品牌识别度，公司可通过一些手段将自己的形象可视化，如口号、标识、网站、建筑物等

（四）执行计划并评估效果

营销公关的评价标准很难制定，因为它通常与其他销售工具同时使用。最直接的标准是本次公关活动在媒体中展露的次数，间接的标准是本次促销活动过后目标受众对产品的认知和态度方面的转变。

本章小结

1. 促销是企业市场营销组合的重要因素之一，也是企业营销战略的重要组成部分。

2. 促销是指企业通过人员与非人员的方式，直接或者间接地让消费者了解自己销售的产品与品牌，激发消费者的购买欲望，促使其产生购买行为的手段和行为过程。

3. 广告是广告发起人以促进销售为目的，付出一定的费用，通过大众媒体，传播品牌、理念、商品或劳务等有关信息的宣传活动。

4. 人员推销是指企业派出销售人员与潜在客户进行一对一的交谈，在满足客户利益或需要的前提下，主动运用各种推销技巧，向其传递产品或劳务的信息，使客户接受并购买相关产品或劳务的活动过程。

5. 销售促进是企业采用多种短期的奖励工具，鼓励消费者试用，或者鼓励客户更多更快地做出购买决定，采取购买行为的促销方式。

6. 营销公关用于直接支持公司或产品的宣传和形象的建设，是营销活动和公共关系相结合的产物。

关键概念

促销　广告　促销组合　人员推销　销售促进　营销公关　推式策略　拉式策略

思考练习题

1. 促销与促销组合的含义是什么？促销组合策略有哪几种类型？
2. 广告媒体有哪些类型？其选择过程应注意哪些要素？
3. 人员推销的程序有哪些？
4. 简单介绍销售促进的主要工具和具体做法。
5. 什么是营销公关？

案例分析

可口可乐迷你装：小瓶大策略

2012年，一款全新包装的300 ml可口可乐迷你装闪亮上市。可口可乐这款小包装产品的推出，绝非更换包装这么简单，其背后有着更深层次的市场考量和竞争战略。

迷你装的全方位战略剖析

1. 产品创新的必然要求

尽管近年来可口可乐公司不断尝试产品创新，但可口可乐仍旧是饮品类的重中之重。由于配方不能大幅修改，可口可乐的产品创新要更多从形式产品与附加产品来着手。

2. 消费者认知的有效扭转

消费者对可口可乐太过熟悉，也有些审美疲劳，仅仅依靠常规推销和销售促进模式很难对消费者形成刺激，另外，碳酸饮料有损健康的报道也不时见诸各大媒体，面对各种不利局面，可口可乐需要新元素刷新自己的形象。

3. 竞争对手的强大压力

2011年11月，百事中国与康师傅启动了股权置换——百事中国将其在中国24家瓶装厂的所有股权置换成康师傅5%的股权，百事可乐产品在中国由康师傅负责运营。百事可乐可以借助康师傅庞大的销售通路下沉到三、四线城市，而这正是可口可乐的短板。

多元化立体促销

1. 电视广告：争夺"制空权"

可口可乐本次整合营销的主角仍是电视广告，为了配合迷你装，可口可乐拍摄了时达30秒，名为《征途篇》的广告。可口可乐迷你装代言人选择的是游泳项目的"潜力股"——孙杨。片中，孙杨始终带着可口可乐迷你装参加全国训练和比赛，直至伦敦奥运会场。全片洋溢着孙杨的阳光帅气和活力激情，迷你装随时出现在他的上衣口袋和裤子口袋里，恰如其分地体现了其"随身随你行"的产品理念。

2. 跨界营销：携手宝马MINI

迷你装新品发布会有一个焦点，那就是可口可乐携手宝马，推出了为迷你装量身打造的"CocaCola×MINI"改装车——可口可乐迷你快乐能量车。通过该车，宝马所崇尚的"自在、灵动"的品牌精神和迷你装"自在、轻便"的特征完美契合,为人们带来了双重快乐与惊喜。

3. 网络传播:锁定年轻消费者

可口可乐的核心目标消费人群是年轻群体,他们最喜爱的媒体是互联网。可口可乐除推出常规的"网络 Banner"广告和网络视频外,还进行了关键词推广,只要在百度搜索"可口可乐""孙杨""迷你装"等关键词,新包装的文字和视频会立即映入消费者眼帘。

4. 地面跟进:终端推广

新产品的运作,终端推广不可忽视。为了形成新的消费风潮,可口可乐采取了多样化的策略。如在长沙,可口可乐与本地颇有影响力的城市生活杂志《晨报周刊》合作,凡在2012年3月21日购买该杂志的读者均可获得可口可乐迷你装一瓶。该杂志读者以18~35岁的年轻人为主,这些人注重生活品质和消费品位,堪称这个城市的意见领袖。可口可乐本次赠饮活动意在通过他们去影响更多的人。

从创新式的产品形式,到前瞻性的代言人选择,再到系统的整合营销传播,可口可乐的小瓶里"装着"不少深思熟虑的大策略。

分析讨论题

1. 可口可乐迷你装采用了什么样的品牌信息传播方式?
2. 这些促销方式的应用对你有何启发?

市场营销实践

促销方案设计——以某海洋主题公园为例。

实践目的

通过本章的学习,能够为产品或服务选择合适的促销策略,并制定促销组合实施方案。

实践方案

1. 人员:5~10人组成一个小组,以小组为单位完成任务。
2. 时间:与第十一章教学时间同步
3. 内容:主题公园是现代旅游业一种新的形式,通过选择自然资源和人文资源的一个或者多个主题,采用现代化的科学技术和多层次空间活动的设置方式,集娱乐内容、休闲要素和服务接待设施于一体。主题公园市场导向明显,如想在同类休闲娱乐场所中脱颖而出,必须发挥自身的优势与特色,注重市场与营销。请为某一海洋主题公园在暑假期间进行一次促销活动设计。
4. 汇报方式:各组以PPT或报告的形式进行展示和讲解。

第十二章

国际市场营销

学习目标

1. 了解企业进行国际市场营销的动因和面临的风险。
2. 掌握分析和选择国际市场的方法。
3. 掌握各种国际市场进入方式及其特征与适用条件。
4. 理解和掌握国际市场营销组合策略。

引导案例

华为的国际化

华为公司成立于1987年,从交换机起家的华为,抓住了国内电信市场高速成长的机会,发展迅速。但至20世纪90年代中期,国内电信设备市场的竞争趋向白热化,利润下降。1996年,华为明确提出了全球化战略,要做成一个国际化的公司。

经过多年的努力,华为已经初步成长为一个全球化公司。在海外设立了22个地区部、100多个分支机构,可以更加贴近客户,倾听客户需求并快速响应。

华为在美国、印度、瑞典、俄罗斯及中国等地设立了17个研究所,每个研发中心的研究侧重点及方向不同。华为采用国际化的全球同步研发体系,聚集全球的技术、经验和人才来进行产品研究开发,新产品一上市,技术就与全球同步。

华为还在全球设立了36个培训中心,为当地培养技术人员,并大力推行员工的本地化。全球范围内的本地化经营,不仅加深了华为对当地市场的了解,也为所在国家和地区的社会经济发展做出了贡献。

华为产品与解决方案已经应用于全球100多个国家和地区,除了英国、法国、德国、西班牙和荷兰等欧洲国家,在日本和美国市场也相继取得新的规模突破。华为同众多世界领先的运营商建立了伙伴关系，服务全球超过10亿用户，国际市场已成为华为销售的主要来源。

到2011年华为依然持续增长并巩固市场占有率，国内销售收入达655.7亿元，同比增长5.5%，海外销售收入达1384亿元，同比增长14.9%。海外收入为国内收入的2倍多，按照收入规模计算，华为是全球第二大电信设备商。

当今世界经济全球化的趋势不可阻挡，企业营销的市场已趋向于"无边界"。越来越多的企业不仅进行国内市场营销，更把目光投到了广阔的国际市场上，纷纷进入国际市场，开展国际市场营销活动，以期寻求更大的生存与发展机会。

第一节 国际市场营销概述

一、国际市场营销的概念

国际市场营销学者菲利普·凯特奥拉（Philip R. Cateora）认为："国际市场营销是指对商品和劳务流入一个以上国家的消费者或用户手中的过程进行计划、定价、促销和引导以便获取利润的活动。"

二、国际市场营销与国内市场营销

由定义可知，国内市场营销和国际市场营销的唯一差别在于，国际市场营销活动是在一个以上国家进行的。"在一个以上国家"，表面上看差别很小，却导致了国际市场营销活动的复杂性和多样性。营销的概念、过程和原则具有普遍性，无论是在美国还是在丹麦从事经营活动，营销者的任务都是一样的，企业的目标在于通过促销、定价和分销有市场的产品获取利润。

那么，国内市场营销和国际市场营销的区别到底在哪里呢？答案不在于营销概念的不同，而在于实施营销计划的环境不同。在国际市场上开展营销活动，相比国内市场营销来说难度更大，要求更高。国际市场营销具有三个突出特点。

（一）营销环境更为复杂

由于各国特定的社会文化、政治法律和技术经济环境不同，国际市场营销的复杂性远远大于国内不同地区的市场营销。社会文化不同表现在语言障碍、文化差异、风俗习惯不同、社会制度不同、宗教信仰不同等，给国际营销带来市场调查不易、了解贸易对手困难、交易双方沟通障碍、交易接洽不便等诸多困难；政治法律不同表现在政治体制、海关制度及有关贸易法规不同等，给国际市场营销带来障碍；技术经济环境不同表现在居民收入水平不同、经济发展水平不同、经济体制不同等，对国际市场营销也产生极大的影响。

（二）竞争更为激烈

进入国际市场的企业都是各国实力强大的企业，参与的国际竞争比国内市场的竞争更为激烈，也更为残酷。除了国内市场竞争的常规参与者外，政府、政党、有关团体也往往介入营销活动中。政治力量的介入，使国际市场的竞争更加微妙，竞争的激烈程度也比国内市场更高。对于发展中国家的企业来说,参与国际竞争必然要承受巨大的竞争压力。

(三)风险更大

环境的复杂性和竞争的激烈性必然给国际市场营销过程带来许多不确定因素,使之比国内营销在信用风险、汇兑风险、运输风险、政治风险、商业风险等方面风险性更大。

三、国际市场营销与国际贸易

国际市场营销与国际贸易都是以获取利润为目的的跨越国界的经济活动,但两者之间也有较大的区别。

(一)二者的业务范围不同

国际贸易由世界各国的对外贸易构成,而每一个国家的对外贸易又都有进口贸易和出口贸易,因此国际贸易包括购进和售出两个主要方面。而国际市场营销则主要是销售方面,即通过了解国际市场需求,向国际市场销售适销对路的产品或劳务,从而获得收益。

(二)二者商品的交换主体不同

国际贸易是各国相互之间的商品和劳务的交换,主体是国家,政府是国际贸易的组织者。而国际市场营销则是企业的产品和劳务等内容与国际市场需求不断适应的过程,卖主是企业,买主则可能是国家,也可能是这个国家的企业或个人,还可能是本企业的海外子公司或附属机构。国际市场营销一般是站在企业的立场上,由企业组织实施的。

(三)二者商品流通的方式不同

国际贸易的商品流通方式是跨越国界,其参加交换的产品或劳务必须是从一国转移到另一国。国际营销的商品流通方式则多样化,产品既可以跨越国界,也可能不跨越国界而通过在国外直接投资建立工厂进行生产和销售,在这种情况下,企业的产品并未发生跨国界交换,但企业所进行的市场营销活动则是跨国界的异国型营销或多国型营销。

(四)二者的作业流程不同

国际市场营销要涉及整个市场营销过程与企业发展战略等问题,并包含对国际营销的管理。国际贸易虽然也涉及几种市场营销功能,如产品购销、产品定价、实体分配等,但它往往未涉及国际营销管理。

(五)二者评估经营效益的信息来源不同

评估国际市场营销活动效益的信息来源主要是企业的账户及有关经营记录;评估国际贸易效益的信息来源主要是一个国家的国际收支平衡表。

四、国际市场营销的发展阶段

当企业决定走向国际后,就必须在对市场潜力和企业能力的大量研究和分析基础上决定参与市场的程度和准备承担的义务。一般来说,下述五个阶段可以描述一家企业的国际市场营销参与程度。

(一)非直接对外营销阶段

在这个阶段,企业并不积极地培植国外客户,然而,该公司的产品可能会销到国外市场,可能是销售给贸易公司或其他找上门来的国外客户。或者,产品通过国内的批发商或分销商，在生产商并未明确鼓励甚至并不知晓的情况下，销到国外市场。随着互联网的发展，有些国外购买者会通过企业的网页了解到企业的产品而主动购买。

（二）非经常性对外营销阶段

生产水平和需求的变化所产生的暂时过剩会导致非经常性的海外营销。由于这种过剩是暂时的，因此，只是在有货的时候才对外销售，很少甚至没有打算不断地维持国外市场。当国内需求增加，吸纳了过剩产品时，就会撤回对外销售活动。在此阶段，企业组织结构和产品线很少变化甚至没有变化。如今属于此类的企业很少，因为世界各地的客户越来越倾向于寻求长期业务合作。

（三）有规律的对外营销阶段

在此阶段，企业拥有持久的可以用于生产在国外市场销售的产品的能力。企业可以雇用国外的中间商或国内的海外业务中间商，或者在重要的外国市场，拥有自己的销售力量或销售公司。这些企业的生产和经营中心在于满足国内市场的需求，但是，随着海外需求的增加，须加强针对外国市场的生产能力，并调整产品以满足国外市场的不同需要。海外利润不再被视为对正常国内利润的补充，企业依赖对外销售额和利润实现企业目标。

（四）国际市场营销阶段

在此阶段，企业全面参与国际市场营销活动。企业在全球范围内寻求市场，有计划地将产品销往许多国家市场。这时不仅需要国际市场营销，而且需要在境外生产货物。此时的企业已成为跨国的或国际的营销企业。

小链接 12-1　　飞达仕公司的国际市场营销

室内空调机生产厂家飞达仕公司的经历是企业开始从事国际业务的典型例子。飞达仕公司是美国最大的空调机生产商，但在国内市场面临着一些制约因素。销售量虽然稳步增长，但是由于空调机（该公司的唯一产品）销售是季节性的，故有时国内销售额甚至不能弥补固定成本。此外，美国市场业已成熟，大多数顾客只买替换机件。而对手——惠而浦和松下，都是难以战胜的。飞达仕意识到成长的唯一出路就是到国外去发展。

飞达仕认为亚洲气候炎热，中产阶级不断壮大，这是很好的市场营销机会，其中中国、印度和印度尼西亚前景最好。飞达仕选中了中国，因为中国5年里室内空调机的销售量从50万台增长到400万台，而且仅占北京、上海和广东这样的城市家庭的12%。公司看好中国具有极好的增长潜力。经过仔细研究，飞达仕与一家也在寻求合作伙伴的中国小型空调机公司建立了一家合资企业——飞达仕新乐有限公司。公司在中国市场上开发出了与中国市场相适应的新产品，并深受消费者欢迎。公司将逐步向亚洲其他市场销售其产品，甚至考虑把为中国市场开发的新产品返销到美国。随着飞达仕扩展到其他市场以及开展其他的国际业务，它逐渐演变成一个国际公司或跨国公司。

（五）全球营销阶段

在全球营销阶段，最深刻的变化是公司的市场导向及其相应的计划活动。在这一阶段，公司将包括国内市场在内的世界，视为一个市场。市场细分决策不再关注国界。决定市场细分的因素是收入水平、使用方式或其他一些常常超越国家和地区的因素。通常,当公司一半以上的销售收入来自国外时,国际市场营销向全球营销的转化进程加快,整个企业的经营,包括组织机构、资金来源、生产、营销等都从全球角度出发。

全球营销中企业的国际经营业务说明,随着市场全球化,世界经济相互依赖,越来越多的来自发达国家和发展中国家的企业加入竞争行列,争夺世界市场,竞争日趋激烈。人们经常使用全球公司和全球营销这两个术语,来描述处于这一阶段的公司的经营范围和营销管理导向。

五、企业国际市场营销的主要决策

企业不管规模大小,在进行国际市场营销管理时都必须做出一系列的决策,企业国际营销的基本决策如图 12 - 1 所示。

图 12 - 1　企业国际市场营销的基本决策

在本节我们主要对第一个决策进行介绍——企业决定是否进入国际市场,这主要是分析企业进入国际市场的驱动力和风险,在此基础上进行权衡利弊。其他决策在后续几节依次介绍。

(一) 企业进入国际市场的动因

1. 寻求市场机会

世界各国的企业之所以纷纷向国际市场扩张,从根本上说,是为了寻求新的市场机会,对于那些在品牌和产品等方面已经拥有相当优势的企业来说更是如此。例如,海尔在国内市场的优势为其在海外市场获得竞争优势奠定了基础。一个国家的市场容量毕竟是有限的,而国际市场提供了规模巨大、多种层次的需求。因而,进入国际市场,能够使企业得到各种新的市场机会,国际营销者可以通过市场细分发现潜在的市场,调整产品定位,以满足海外市场的不同需要,赢得国际消费者的认可,从而获取比国内市场更高的利润机会。

2. 获取来自全球的投资回报

随着新产品开发成本的骤增和产品市场生命周期的缩短,现代企业面临着如何获取投资回报的巨大压力。而将产品销往多国市场,可以使企业的新技术、新产品开发投资在全球市场得到更高、更快的回报。特别是对于许多高新技术产品来说,几乎没有一个单独的市场能够支持巨额的研发投入,可以说,新技术、新产品开发涉及的投资规模越大,企业开展国际营销的动力就越强。更为重要的是,营销全球化能够延长产品的生命周期,一个在国内市场已经进入成熟期甚至衰退期的产品,在某些海外市场可能刚刚进入导入期或成长期,将这些产品推入这些市场,将有效地延长产品的生命周期,这样企业可以依赖国外市场实现更高的投资回报。

3. 对外国竞争者的反攻

企业的国内市场受到全球公司的优质或低价产品的攻击,所以要对外国竞争者展开反攻。

4. 追求规模经济效益

通过进入国际市场,在不同的国家寻求更多的消费者,可以扩大对企业产品的需求量,使企业扩大生产规模，获得规模效益。

5. 减少只依靠单一市场而带来的风险

企业走向国际化，在不同的市场从事市场营销活动，可以在降低交易成本、维持和提高市场占有率、保证资源供应方面表现出更大的灵活性，从而可以分散在单一市场上的经营风险。

6. 企业的顾客在国外并要求国际服务

如果企业的目标顾客在该企业所在国之外的国家，并且需要企业提供相应的服务，为了能够更好地满足国外顾客的需求，企业就需要开展国际营销活动。

（二）企业进入国际市场需权衡的风险

（1）企业可能并不了解国外消费者的偏好，无法提供具有竞争性吸引力的产品。
（2）企业可能不了解其他国家的企业文化，或者不知道如何有效地与当地人打交道。
（3）企业可能低估外国政府的管制，招致难以预料的损失。
（4）企业可能缺少具有国际经验的管理人才。
（5）其他国家可能修订商业方面的法律，贬值本国货币，或者遭受政治变革，征用国外公司的财产。

权衡企业的优势和风险后，许多企业往往放弃进入国际市场，而有些企业却为了某方面的动机而进入国际市场。

第二节 国际市场营销环境

国际市场营销并不是国内市场营销的简单延伸，它所面临的环境更复杂。而且对于复杂的国际环境，企业更多的是去适应，否则就会影响其发展，甚至使其无法生存。国际市场营销环境是企业进行国际市场营销的基本前提，企业只有认真分析、把握国际营销环境的状况及其影响，才能够发现国际营销中的机会与威胁，从而顺利地进行国际市场营销。

一、国际市场营销的经济环境

每一个企业都在特定的经济环境下生存发展，进入国际市场的企业在确定目标市场和制定营销决策时，首先要考虑的因素就是所进入国的经济环境，具体包括所进入国的经济体制、经济发展水平、经济特征、科技水平、外汇管理等。

（一）经济体制

目前世界各国的经济体制各不相同，主要有以私有制为主体的经济体制和以公有制为主体的经济体制，此外还有介于两者之间的一些混合的经济体制。经济体制不同，企业面对的市场环境就不同，所以一个企业在进入目标国开展营销活动时必须了解该国的经济体制。

（二）经济发展水平

认识一国经济处于何种发展水平，是企业确定目标市场的前提。世界各国的经济发展水平大致可分为原始农业型、原料输出型、工业发展型和工业发达型四大类。

1. 原始农业型经济

该类型国家主要从事农业生产，基本属于自给自足的自然经济，进出口能力都很小，因此，这类国家的市场吸引力较小。

2. 原料输出型经济

该类型国家拥有某些丰富的天然资源，而生产力发展水平并不高。他们的大部分收入依靠资源出口，国民收入水平也比较高。这些国家的进口能力也很强，为了使本国经济向多样化发展，他们大量进口机器、设备、运输工具等，同时对工业制成品、高档生活用品需求也很大。

3. 工业发展型经济

该类型国家的国民生产总值增长较快，制造业的地位越来越重要，被称为新兴工业国家，如巴西、新加坡等。这些国家对先进的机械设备和钢材等方面的需求较大，对工业制成品的需求相对减少。由于人均收入水平的提高和出口的扩大，这类国家市场潜力比较大。

4. 工业发达型经济

该类型国家已经实现工业现代化，拥有先进的生产技术和大规模生产的能力。因此，这类国家的工业制成品出口量相当大，进口能力也很强。这类国家是引人注目的庞大市场，他们几乎进口各种各样的商品，无论是消费者个人，还是企业和社会机构，购买力都很强。

（三）经济特征

在研究一国的经济环境时，还应分析该国经济中影响企业营销决策的经济特征。这些经济特征包括五个方面。

1. 人口

人口是国际营销企业最感兴趣的因素之一。人口直接形成市场，并决定市场规模及市场潜力。从国际市场营销的角度来说，人口因素包括总人口、人口密度、年龄结构、人口自然增长率等指标。

2. 收入

对于企业来说，一个国家人口收入的多少决定着该国市场购买力的大小。而真正体现一国市场自由购买力的是个人可支配收入，个人可支配收入直接影响一个国家的生活消费水平、消费结构及消费方式，是衡量一国消费品市场规模，确定进入商品的数量、结构、销售价格的重要依据。

3. 基础设施

基础设施主要包括交通运输条件、能源供应、通信设施以及商业和金融的基础设施等方面。一般来说，一国的基础设施越发达、越完善，企业在该国从事营销活动也就越顺利。因此，国际营销人员在进入不同的目标市场国时，必须对其基础设施状况加以研究和分析。

4. 自然条件

自然条件包括各种自然因素，如气候、地形、自然资源等，这些自然条件对市场营销活动都会产生直接或间接的影响，并且自然资源的差异还会影响到一国的经济和购买力水平。所以国际市场营销者必须对目标国的自然条件加以研究与分析，以寻找机会。

5. 城市化程度

由于世界各国的经济发展水平不同，城市化程度也有很大的差别。由于城乡居民在经济、文化上等方面存在巨大差异，其在生活方式、消费观念、消费行为、消费结构上有很大的不同。企业在开展国际市场营销活动时要注意这种城乡差别。

(四)科技水平

企业在开展国际市场营销时,要正确认识和分析东道国的科技发展水平,以增强市场营销决策的针对性和适应性。科技水平高的发达国家,其产业结构也正在进行重大调整,集中发展技术密集型产业,而技术性不强的产品往往需要大量进口,这就为发展中国家提供了机会。相对而言,发展中国家往往由于科技水平不高,迫切需要进口先进的技术设备。了解国际上的技术进步状况,有利于不同的国家发挥本国企业的技术优势。

(五)外汇管理

外汇汇率是一个国家对另一个国家货币的价格,是由一国政府根据该国供求关系和当时的经济状况决定的,外汇汇率直接影响商品在国际市场上的竞争能力,所以企业要了解一国的外汇汇率及外汇管理。如果一个国家货币对另一个国家货币的比率定得太低,那么该国必须为进口支付更多的本国货币,对一些依赖进口原料和生产零件的国家会造成很大的困难。反过来,如果货币升值,通常也会给出口国带来困难,因为这使出口国的商品在进口国市场上的价格上升,从而直接影响商品在国际市场上的竞争能力。所以,一个国家的外汇汇率及外汇管理对企业国际市场营销影响极大。

二、国际市场营销的政治法律环境

(一)政治环境

当今世界各个主权国家的政治法律制度各不相同,企业的营销业务活动虽然属于经济活动,但要受到所在国的政治法律的影响和制约。分析一国的政治环境可以从四点着手。

1. 政府类型、执政党及其纲领

了解政府类型、执政党及其纲领对于国际营销人员来说非常必要,因为这些都涉及对外商的态度及贸易政策的制定。

2. 政治稳定性

政治稳定包括政治政策稳定和政治局势稳定,政治不稳定便构成企业的政治风险。任何国家的政治政策都是变化的,不过,变化的频率、速度、幅度各不相同,如果企业能通过调研,正确预测有关政策的变化趋向,则有利于及时调整营销策略。因而企业进行国际营销时一定要着重考察目标市场国政治的稳定性,认真考察政权更迭的频率,政策的连续性,种族、宗教、文化的冲突,以及暴力恐怖活动、示威事件的多寡等多方面因素,尽可能求稳、避险、应变。

3. 政治风险

政治风险是指由于东道国的政治环境突然或逐渐发生变化,外国企业或投资者在经营管理上处于劣势或有遭受经济损失的可能性。政治风险的存在使企业经营面临巨大的不确定性,进而对企业的长期盈利和价值产生不利影响。与其他风险相比,政治风险具有涉及范围广、损失金额大、表现形式多样和准确预测困难的特点。正是由于政治风险的特殊性,其对跨国公司海外经营的意义重大。因此开展国际营销的企业应该对东道国的政治风险及其评估与管理给予充分的重视。政治风险的主要形式包括国有化、征用、没收、本国化、外汇管制、进口限制、税收管制、价格管制、劳动力限制、对利润汇回的限制、关税和非关税壁垒等。

4. 国际关系

国际市场营销企业在东道国经营过程中，必然会与其他国家发生业务往来，特别是与企业所在母国，有着千丝万缕的关系。因此，东道国与母国之间、东道国与其他国家之间的国际关系状况，也必然会影响国际市场营销活动。

（二）法律环境

法律代表一个国家书面的或正式的政治意愿。在这种意义上，一个国家的政治与法律制度是密切相关的。国际市场营销的法律环境是由企业本国法律（国内法律）、国际法律和东道国法律组合而成的。这些法律规定了企业竞争和经营等行为的具体规则，是企业必须掌握和适应的环境因素。尤其是东道国的法律环境，对企业的营销组合决策具有重要影响，企业在制定产品、价格、渠道、促销策略时都必须符合东道国法律的要求。

小链接 12-2　　　　　　　　睡衣风波

1997年，美国和加拿大之间围绕"古巴睡衣"问题发生了一场政治纷争，而夹在两者之间的是一家百货业的跨国公司——沃尔玛公司。当时争执的激烈程度可以从报纸新闻的标题中见得一斑："沃尔玛违反禁令出售古巴睡衣""将古巴睡衣从加拿大货架撤下：沃尔玛公司引起纷争""古巴泥潭：沃尔玛公司因撤下睡衣而焦头烂额""睡衣赌局：加拿大与美国在风险莫测的睡衣游戏上押下外交赌注""加拿大调查沃尔玛撤下古巴睡衣事件""沃尔玛公司将古巴睡衣放回货架"。

这一争端是由美国对古巴的禁运引起的。美国禁止其公司与古巴进行贸易往来，但在加拿大的美国公司是否也应执行禁运呢？当时沃尔玛加拿大分公司采购了一批古巴生产的睡衣，因为那样做违反了美赫尔姆斯—伯顿法。这一法律禁止美国的子公司与国外的古巴通商。而加拿大则是因为美国法律对其主权的侵犯而恼怒，他们认为加拿大人有权决定是否购买古巴生产的睡衣。这样，沃尔玛公司便成了美加两国对外政策冲突的牺牲品。沃尔玛在加拿大的公司如果继续销售那些睡衣，会因违反美国法律而被处以100万美元的罚款，甚至身陷囹圄。反之如果按其母公司的要求只是将加拿大商店中的睡衣撤回，按照加拿大法律，会被处以120万美元的罚款。这一事件说明了法律环境与国际市场营销的一个现实问题，那就是任何公司在别的国家经营时，不仅要受母国法律的制约，而且要受到东道国法律的制约。2003年，美国政府最终与沃尔玛达成协议，睡衣风波终于平息。

三、国际市场营销的文化环境

每一个国家都有自己独特的文化，文化环境的差异是造成各国消费者购买心理和购买行为差异的主要因素。因此，国际营销者很有必要研究东道国的文化环境，并在整个营销计划中充分考虑文化的差异性，因地制宜，制定出具有文化针对性的营销方案。

（一）语言和教育

语言和教育是构成一国文化环境的首要因素。语言是人类交流沟通的载体，熟悉东道国的语言可以使营销者准确表达和传递自己企业及其产品和劳务信息，实现营销目标。而教育水平的差异常常意味着消费者成熟程度的差异，了解一国的教育程度，对产品设计、广告媒体选择等多项营销决策具有重要的参考价值。

（二）宗教信仰和社会组织

宗教信仰和社会组织也是构成文化环境的重要因素。宗教信仰对人的价值观、审美观、生活方式等有着深刻的影响；不同的教义、宗教节日、禁忌等对信徒的消费观念和消费需求产生巨大的影响与约束，在宗教色彩浓重的地区，撇开宗教因素的营销将寸步难行。社会组织在这里主要是指家庭和社会群体。家庭规模与市场需求具有错综复杂的关系，社会群体则是企业细分目标市场的重要依据。社会群体主要是指家庭以外的社会组织形式，包括年龄群体、性别群体和共同利益群体。年轻人与年长者由于在价值观念、生活方式等方面有显著差异而分属于不同的子市场；男性与女性在生理、心理上的差异也决定了对许多产品的不同需求，此外妇女社会地位也影响着其对购买的决策作用。至于共同利益群体，如消费者协会、行业协会、劳工组织、政党等，在现代社会的消费潮流中也常扮演着举足轻重的角色。

（三）价值观和美学观念

作为文化环境的构成要素，价值观和美学观念对市场营销活动的影响是十分广泛的。处于不同国家、不同民族和不同宗教背景下的人，在审美观和价值观念上往往有很大差异，而审美观念和价值观念又影响着人们对商品的需求特征和评价标准等，所以，注意分析各国人民在审美观和价值观方面的差异也是十分必要的。在设计产品、包装和广告时，都要注意进口国对图案、颜色、造型等方面的好恶，要特别注意那些有特定意义的色彩和图案，例如，紫色在东方国家是一种高贵的色彩，而在拉美国家却与死亡相联系。如果注意适应进口国家的审美观，就会收到很好的营销效果。价值观是人们对事物的态度和评估标准，决定着消费者的行为与心理，进而影响企业的营销组合决策。例如，法国人认为周末就是休息和陪家人的时间，所以周末不工作，很多商店周末不营业。而中国人一向崇尚勤劳，有的商店一年四季都不休息。

（四）民风民俗

民风民俗对消费者的消费观念、消费方式也起着决定性的作用。一个社会、一个民族传统的风俗习惯影响着其消费嗜好、消费方式。对图案、颜色、花卉、动物、食品等的偏好常常制约着对产品的选择，由此在不同国家销售产品、设计品种及其图案、选择促销工具等都要充分考虑该国特殊的风俗习惯，中国人认为菊高洁，意大利人却认为它是不祥之兆；欧美人喜食奶酪，其品种可达上千种，但拿到中国销售，许多中国人会对其绝大多数品种不甚习惯。凡此种种，皆是风俗习惯使然，因此，国际营销企业在不同国家销售产品、设计品牌、广告促销时，都要充分考虑该国特殊的风俗习惯。

这些因素构成了一国的社会文化环境，从事跨国营销的企业必须努力了解和适应目标国的文化环境，只有这样才能使国际市场营销活动顺利开展，取得国际市场营销的成功。

第三节　国际目标市场选择

当企业决定要进入国际市场进行国际市场营销时，必须做出进入哪些国际市场的决策。首先,在国际市场上,并非所有的市场机会都具有同等吸引力,或者说并不是每一个细分市场都是企业应该进入和能够进入的。其次,满足国际市场的顾客需求是企业国际营销活动的关键,然而,世界上的国家和地区数目众多,各个国家和地区消费者的需求差异很大。任何一个企业不管实力有多强都不可能去面对整个市场,不可能完全满足所有消费者的所有需求,只能按照一定的标准、一定的步骤对众多的国家和地区进行划分,并在此基础上对各个细分市场进行深入调研与评价,从中筛选出能有效满足消费者需求的细分市场作为目标市场。

一、国际市场细分

国际市场是一个庞大的、多变的市场,各国环境各具特点,但也存在着一些相似的因素。为了便于辨别属于本企业的市场,进而拓展国际市场,企业必须对国际市场进行细分,即企业根据各国顾客的不同需求和不同购买行为,将其划分为不同的购买者群。

(一)国际市场细分的概念

国际市场细分是市场细分概念在国际市场营销中的应用。它是指企业根据顾客的特性,按照一定的细分标准,把整个国际市场细分为若干个需求不同的子市场。其中任何一个子市场内的消费者都具有相同或相似的需求特征,企业可以在这些子市场中选择一个或多个作为国际目标市场。这一过程在市场营销学中被称为国际市场细分。它是企业确定国际目标市场和制定国际市场营销策略的必要前提。

(二)国际市场细分的标准

市场细分首先要选择细分的标准。市场细分的标准就是消费者对某一产品需求特征上的各种异质特征,按一定的分类方法明确地标列出来,作为市场细分的判别标准。

国际市场细分具有两个层次的含义,即宏观细分与微观细分。

(1)宏观细分决定在世界市场上应选择哪个国家或地区作为拟进入的市场。它是指企业根据影响各国市场需求的宏观因素,将国际市场细分为若干个宏观环境相近、市场总体需求相类似的子市场的过程。其标准主要有地理因素、经济因素、文化因素。其中地理因素是宏观细分最常用的标准。

(2)微观细分类似于国内市场细分,即当企业决定进入某一海外市场后,它会发现当地市场顾客需求仍有差异,须进一步将该市场细分成若干子市场,以期选择其中一个或几个子市场为目标市场。国际市场微观细分标准大体上分为两类:一类是消费品市场的细分标准,主要包括地理因素、人口因素、心理因素和行为因素四种;另一类是工业品市场的细分标准,主要包括用户性质、用户规模、用户要求、产品的最终用途、用户的地理位置等。前一类大多带有个人消费行为的特征,因而也称为个人市场的细分标准;后一类带有团体消费行为的特征,因而也称为团体市场的细分标准。

(三)国际市场细分的步骤

(1)确定市场营销的范围,即首先确定企业要进入哪一个行业、生产什么产品。在确定市场范围时,一要考虑企业自身的能力,二要考虑消费者的需求。

(2)选择细分标准,即将市场中所有可能的需求都列出来,然后将所有市场共同的需求因素排除掉,将留下的不同需求因素进行分析比较,最后选择一个或几个具有某种特点的不同需求因素作为细分标准。

(3) 进行市场细分，即根据选择的细分标准将整个国际市场进行粗略划分。

(4) 评价细分市场，即对细分后的市场进行评价，看其是否符合可衡量性、可盈利性、可占据性、可操作性和稳定性等市场细分的原则。若不符合或不全部符合，就要增减或调整市场细分标准，然后重新按新的细分标准将整个国际市场细分为若干个子市场。

(5) 描述细分市场，即描绘出企业要进入的细分市场概要，使企业营销决策层甚至基层营销人员对要进入的细分市场有一个较为深刻的感性认识，从而能更有针对性地开展营销活动。

二、国际目标市场选择

国际市场细分是企业选择国际目标市场的重要前提和基础。企业在进行国际市场细分后，要从若干个细分市场中选择一个或多个细分市场作为自己的国际目标市场。选择国际目标市场的总体标准是要能充分地利用企业的资源满足该子市场上消费者的需求，从而使企业获利。国际目标市场的选择依据有五个方面。

（一）市场规模

市场规模是企业选择国际目标市场最基本的标准之一。考察市场规模，一是要看人口，二是要看收入水平。从世界现状来看，工业发达国家的人口占世界总人口的1/6，进口额却占世界进口额的2/3，市场规模大。

（二）市场增长速度

有的市场尽管现有规模不大，但潜力很大，未来市场的增长速度快，创造某些条件便会产生一个巨大的市场。这种市场是选择目标市场绝对不能错过的，否则就会错失未来可观的营销收益。

（三）交易成本

市场交易所发生的费用，直接关系到产品成本和利润。在不同市场中，每项交易所发生的运费、调查费、保险费、税收、劳动力成本以及广告宣传费用是远远不同的，国际营销企业往往选择交易成本较低的市场作为目标市场。

（四）竞争优势

国际市场的竞争优势是保证企业在国际营销过程中制胜的重要基础。企业必须不断提升自己的核心竞争力，寻找、明确并有效地向目标市场凸显自己的竞争优势。相对而言，企业应选择自己具有明显竞争优势的目标市场。

（五）风险程度

国际市场营销是跨国界的营销活动，市场风险是十分突出的问题。自然灾害、意外事故、战争、政局不稳、两国关系恶化以及原料供求变化、货币贬值、通货膨胀等，都会导致合同废除、货物丢失、交货延误、贸易歧视，甚至没收财产，因而原则上说，目标市场应选择风险较小的市场。当然高收益往往伴随高风险，企业要视具体情况而定，具体问题具体分析。

第四节　进入国际市场的方式

企业通过国际市场环境分析对目标市场国的状况有了较充分的了解，然后根据一定的标准进行市场细分，确定企业要进入的目标市场之后，还要确定以什么方式进入国际市场。国际市场进入方式的选择是企业最关键的国际市场战略决策之一，它将直接影响企业进入国际市场以后的经营活动以及一定数量资源的投入，选择得当会使企业在国际市场上的经营活动顺利进行；而一旦选择不当，就会给企业造成损失。因此，企业营销人员选择进入国际市场方式时，必须认真考虑每一种进入方式的优缺点，选择最佳的进入方式。企业有四种进入外国市场的方式可供选择：出口、合同协议、对外投资和国际战略联盟。每一种方式还可根据是否有权益要求而进一步加以细分。权益的大小影响风险、投资回报和控制权。比如，间接出口不需要权益投资，因而风险小，投资回报率低，控制程度也低。而国外直接投资的权益最大，风险也最大。虽然风险最大，但投资回报的潜力和对活动的控制程度也最大。

一、出口

出口是企业进入国际市场的最初级也是最普遍的方式，可以分为间接出口和直接出口两种方式。

（一）间接出口

间接出口是指企业通过本国的中间商或委托国内的代理机构来实现产品出口的一种方式。

（1）生产企业把产品卖给外贸公司，产品所有权由生产企业转向外贸企业，由外贸企业将产品销往国际市场。

（2）生产企业委托外贸公司代理出口产品，产品所有权未转移，外贸公司是生产企业的代理商。

（3）生产企业委托本国其他企业在国外的销售机构代销自己的产品，合作开拓国际市场。

间接出口的投资和风险较低，企业可集中精力生产，不必为外销渠道分心。但是，间接出口的缺点也是明显的，过于依赖中间商，对国际市场的了解较少，无法积累相关的国际市场营销经验和技术，不利于企业的进一步发展。

此外，随着互联网的发展，企业通过互联网进入国际市场已经成为一种重要的方式。不管是小企业还是大公司，都不能忽视互联网这种重要的市场进入媒介。

小链接12-3　**国际互联网营销**

互联网作为一种进入国外市场的方式，正变得越来越重要。起初，网络营销集中在国内销售上，可是，从外国顾客那里获得订单的公司的数量出乎意料地多，结果产生了国际互联网营销概念。Picture Phone Direct公司是一个电视电话会议设备的邮购商，公司在互联网上发布商品目录,原本是想做美国东北部的生意,出乎意料的是,该公司销售人员受到了来自以色列、葡萄牙和德国的订单。

戴尔公司也借助互联网向国外销售,它已开始通过互联网的虚拟仓库向马来西亚、中国、新西兰、新加坡及其他亚洲国家销售计算机,这种销售模式在欧洲也得到了应用。

(二) 直接出口

直接出口指生产企业自行承担一切出口业务。企业产品如果有外商前来洽谈购买,或企业生产规模很大并且出口额也很大时,往往采取直接出口的方式。直接出口的主要做法有:

(1) 直接向外国用户提供产品;
(2) 直接接受外国政府或厂商定货;
(3) 根据外商要求定做销往国外的产品;
(4) 参与国际招投标活动,中标后按合同生产销往国外的产品;
(5) 委托国外代理商代理经营业务;
(6) 在国外建立自己的销售机构。

相对于间接出口,直接出口具有以下优点:企业直接接触国际市场,迅速获取更多的信息来进行有效的市场营销决策;可以积累许多国际营销方面的经验,并能提高企业对国际市场营销活动的控制能力,有利于企业在国际市场上的长期发展。

但是直接出口同样也有一定的局限性,它对企业的国际营销能力要求较高,企业还要承担一些经营风险,并且要增加较多的费用开支,占用大量的资金。因此,进行直接出口的企业必须具备相当的实力和较大的国际市场规模,否则将得不偿失。

二、合同协议

合同协议是与国外企业长期的、非权益的联系。合同协议通常涉及技术、生产流程、商标、技能的转让,一句话,合同协议是知识的转让而不是权益的转让。合同协议包括许可证协议、特许经营、合约管理等方式。

(一) 许可证协议

许可证协议是指企业作为许可方与东道国企业(被许可方)签订合同,允许东道国企业在一定时期、区域内使用其所独有的专利、商标和技术诀窍等,以此来获得技术转让费或其他形式的报酬。许可证协议的核心是无形资产使用权的转移。

许可证协议是一种不需要大量资金支出就可以在国外建立立足点的方法。对于中小企业来说,许可证协议确实是一种很好的战略。电视节目制作、播出和医药行业通常在国外市场运用许可证协议方式。这种方式的风险和麻烦比直接投资要小,是一种在国外市场利用知识产权获利的合法方式,可以有下面几种形式:许可使用生产流程、商标名称或准许经销进口产品。

许可证可以是严格控制的或权力下放的。如果受证人具备必要的能力和条件,许可协议是一种不需要大量资金和人员投入即可求得发展的捷径。但是只用许可证协议来开展国外业务的企业不多,更多的是把它看作对出口和国外生产的补充,而不是进入国外市场的唯一方式。当企业资金匮乏，或进入限制排除了其他进入方式，或东道国对国外所有权很敏感，或有必要保护专利和商标时，最能体现许可证协议的优越性。

许可证协议的风险包括选错合作伙伴、出现质量或其他生产问题、支付问题、合同履行问题和失去营销控制。

（二）特许经营

特许经营是指企业作为特许人（或称特许母公司）将其工业产权（专利、专有技术、商号、商标等）的使用权连同经营管理的经验和方法一起特许给国外目标市场上的某个独立的个人或企业（或称特许经营人、特许子公司）使用。特许经营人有权在特许人的名义下，按照规定的程序、规则从事经营活动，特许经营人向特许人支付经营提成费和其他补偿，而特许人则对特许经营人的经营活动给予实际的、连续性的帮助和支持。特许经营是许可证贸易的一种特殊方式，更强调对许可方整个经营活动过程的控制。

特许经营的优点是：特许方不需要太多的资源支出便可快速进入国际市场，最大限度地扩大特许企业的影响力，并获得可观的收益；而且它对被特许方的经营具有一定的控制权，与投资进入方式相比较，政治风险相对较小，实施程序较为简单，还可将激烈的竞争关系转化为利益分享的伙伴关系。缺点是特许经营方式有一些行业的限制，特许人的工业产权必须有较大的吸引力；特许方的收益水平不如直接投资，对被特许方经营的控制权不如投资。

（三）合约管理

合约管理是指企业以合同的形式承担另一企业的部分或全部管理任务，以提取管理费、一部分利润或以某一特定价格购买该公司的股票作为报酬。该种方式的优点是：企业仅投入管理资源这种无形资产，而不发生现金流动，风险较小；还可以通过在管理活动中取得的成效来扩大自身的影响，为未来的营销活动提供机会。这一方式的进入风险虽然很低，但由于所获得的收入少，也不能永久地获得在输入方市场中的地位，所以这一方式很少单独使用，常常与合资企业等其他方式一起使用。

三、对外投资

随着经济全球化和各国经济开放的发展，越来越多的企业选择以对外投资的方式进入国际市场。对外投资又可分为两种基本形式：合资经营和独资经营。

（一）合资经营

合资经营是指本企业与目标国的企业联合投资，共同经营，共同分享股权和管理权，共担风险。合资经营方式可以是外国公司收购当地的部分股权，或当地公司购买外国公司在当地的股权；也可以双方共同出资建立一个新的企业，共享资源，共担风险，按比例分配利润。

利用合资进入方式的优点主要有：与独资相比，投入的资金和其他资源相对较少；由于与东道国企业合资经营，政治风险较小，并能享受较多的优惠；可以利用国外合资伙伴熟悉该国政治法律、社会文化及经济状况的优势，比较容易取得当地资源并打开当地市场。但这种方式也存在弊端：一是由于股权以及管理权分散，合作双方在投资决策、市场营销和财务控制等方面容易发生争端，有碍于进行跨国经营的公司执行全球统一协调战略；二是合资企业难以保护双方的技术秘密和商业秘密，拥有先进技术或营销技巧的国际营销者的无形资产有可能无偿地流失到合作伙伴手里，将其培养成未来的竞争对手。

（二）独资经营

独资经营是指企业独自到目标国家投资建厂，开展营销活动。独资经营的标准不一定是100%的公司所有权，主要是拥有完全的管理权与控制权，一般只需拥有90%左右的产权。独资经营的方式可以是单纯的装配，也可以是复杂的制造活动。其组建方式可以是购买当地公司，也可以是直接建新厂。

同合资进入相比，独资进入的好处是：企业可以完全控制整个管理和销售，经营利润完全归自己支配；可以保护国际营销企业的技术秘密和商业秘密，根据市场变化趋势调整营销策略，从而保持在东道国市场上的竞争力，建立自己的营销优势。不足之处主要表现在：投入的资金和资源较多，可能遇到较大的政治与经济风险；与当地市场沟通难度较大，不易得到当地政府及合作者的支持。

四、国际战略联盟

国际战略联盟是两家或两家以上企业为了相互需要、分担风险并实现共同目标而建立的一种合作关系。在过去的几十年中，国际战略联盟作为全球营销管理的竞争战略的重要性不断增加。国际战略联盟被看作弥补劣势、增强竞争优势的方式。

建立国际战略联盟的动机主要包括：迅速开拓新市场，获得新技术，提高生产效率，降低营销成本，谋求战略性竞争策略，寻求额外的资金来源。

国际战略联盟意味着：有一个共同的目标；一方的劣势可由另一方的优势弥补；单独实现目标将成本太高、时间太长或风险太大；把各自的优势联合起来，能做成本来无法做成的事情。总之，国际战略联盟是一种旨在实现共同目标且双方都能获利的合作关系。

小链接12-4　　三家公司联盟生产烤鸡肉串

伊藤忠商社（日本）、泰森食品（美国）和Provemex（墨西哥）是一个有多重目标的国际战略联盟，该联盟生产日式烤鸡肉串，出口到日本和其他亚洲国家。每个公司都有自身的目的，且都对联盟有贡献。伊藤忠商社的目的是寻求一个廉价的成品供应商，因为该产品是劳动密集型产品，日本的劳动力成本已变得越来越高，因而在日本国内生产该产品缺乏竞争力。伊藤忠商社的贡献主要在于其遍布日本和亚洲的分销系统和市场。泰森食品出口部分多余鸡腿给亚洲，并获悉伊藤忠商社想扩充供应基地，但泰森食品也面临劳动力成本高的问题。Provemex的目的是从鸡的饲养和宰杀向国际市场上有高附加价值的产品拓展，Provemex的贡献是提供廉价的劳动力。

三家各具优势的公司建立了一个成功的联盟，在联盟中，三方都有贡献也都获益。

以上四种方式是企业可以选择的进入国际市场的方式，在进行选择时企业必须考虑所面临的各种因素，具体包括目标国家的市场因素、目标国家的环境因素、目标国家的生产因素、国内因素、企业产品因素、企业资源及投入因素六个方面。企业应对这些因素进行综合分析，全盘考虑，做出正确的决策。

第五节 国际市场营销策略

企业进入国际市场开展营销活动，必须先在综合分析各项因素的基础上确定自己的营销组合策略。与在国内市场一样，企业开展跨国营销活动所使用的营销组合也包括产品策略、价格策略、渠道策略和促销策略。也就是说，企业在国际市场上必须根据国际市场的需求特点和竞争特点，把适当的产品，按适当的价格，通过适当的分销渠道，运用适当的促销手段送达国外消费者和用户手中，满足他们的需求，从而实现企业的营销目标。

一、产品策略

产品策略是国际营销组合中最基础的策略，其他策略都要在此策略的基础上确定。国际产品策略的核心问题是企业向所选定的国际目标市场提供什么样的产品，这对于国际市场营销来说是非常重要的。

（一）产品直接延伸策略

这是指企业将产品不加改动地直接延伸到国际市场的策略。当企业所决定进入的国家与地区与本国地理位置上比较接近，用户消费习惯和消费水平与本国相似时，或者是地理位置虽远，但市场需求与本国相近时，企业可以采取产品直接延伸策略。

该种策略可以使企业获得规模效益，把生产成本和营销费用控制在比较低的水平上，同时在国际市场上以同样的产品、同样的包装、同样的广告形成巨大的宣传综合效应，壮大企业声势。但是，使用产品直接延伸策略也可能由于产品的一致性而降低对不同国家的差异性需求的满足程度，使产品不能适应国际市场的需求。

（二）产品适应策略

这是指企业对原有产品进行适当改变以适应国际市场不同需求的策略。当目标同消费者的需求与爱好、购买力及其他方面与企业原所在国有差异时，企业就必须对原有产品进行适应性的调整后再推向国际市场。产品的更改调整可能涉及产品的成分、加工方法、功能、质量和服务等，也可能仅仅是规格型号、包装和商标等，这种产品适应有时甚至是强制性的，如有些是当地法律法规或文化要求必须具备或必须回避的某些产品特征。

产品适应策略可以有效地增强产品对不同国际目标市场的适应性，从而更好地满足不同国家购买者的需求，扩大企业的产品销量，增加企业收入。缺点是增加更改费用，提高产品成本。

（三）产品创新策略

在国际市场营销中，产品创新包括两种方式，一种方式是企业开发全新的产品满足另一国市场或全球某个消费者细分群体的需求；另一种方式是可以专为海外市场进行现有产品的重大改革。在新技术革命的推动和市场竞争的压力下，全球市场的产品更新换代速度加快，要求国际市场营销企业不断开发新产品，以满足全球市场不断变化的消费需求。当然与产品直接延伸和产品适应相比，产品创新不仅要求更多资金投入，而且风险也更大，因而要求进行有效的信息传播，推广新产品，以加快新产品扩散的速度，扩大新产品扩散的范围。

小链接12-5　　　　　　　　肯德基的"新花样"

1987年肯德基进入北京，当时肯德基只有8种产品，大多是从美国引进的传统产品。但是25年后，肯德基的常规产品已经有50多种，其中很多产品是为中国消费者开发的，像老北京鸡肉卷、四季鲜蔬、粥、安心油条等。为了更广泛地占据中国市场，肯德基继续在中国传统食品的快餐化上发力。

春和四月天，这位肯德基上校又将传统的中国美食——油条，玩出了新花样。

油条还能怎么不一样？2010年4月19日，肯德基全国餐厅推出全新产品——霜糖油条。2008年上市的安心油条，消费者如果觉得与传统的味道还比较相似的话，霜糖油条绝对是在向传统致敬的基础上，大胆创新突破。一根根金黄色的油条披上了一层雪白的糖霜，油条绵密的口感中融入霜糖的丝丝微甜，香软适口，回味无穷。这款霜糖油条与安心油条都将全天售卖，让大家随时乐享！

霜糖油条一上市，就吸引了不少消费者。"从'醇豆浆'回归传统，到'霜糖油条'给传统加一点创意，肯德基一直都立足中国，融入生活，中为西用。"肯德基有关负责人表示。

二、价格策略

（一）影响国际市场营销定价的因素

国际市场环境比国内市场更为复杂，国际市场营销中的定价策略也变得非常复杂，因为国际定价受多种因素的影响，而且这些因素本身又往往是不确定的。这些因素包括需求、成本、竞争、产品特性、分销渠道、消费心理、通货膨胀、汇率、政府干预、国际协定等。

（二）国际市场营销的定价策略

国际市场营销定价策略是指企业在营销活动中，根据自身条件变化及所处的国际市场环境的具体情况，运用价格策略来获取竞争中的优势地位的一种手段。

1. 统一定价策略

企业可以针对所有市场制定统一价格。这种方式简便易行，但难以适应国际市场需求差异和竞争变化。

2. 多元定价策略

企业可以针对每个市场制定基于市场的价格。这种定价策略的原则是完全根据每个市场的需求和竞争情况去制定相应的价格，具有针对性和灵活性。

3. 基于成本定价策略

企业可以针对每个市场制定基于成本的价格。基于成本定价的企业必须确定采用完全成本定价法还是变动成本定价法。采用变动成本定价法的企业只考虑出口产品的边际成本，能在国外市场上推出最有竞争力的价格，但是由于他们以低于国内市场净价的价格在国外销售产品,很可能会受到倾销的指控。完全成本定价法适合变动成本高而固定成本相对较小的企业。

4. 国际转移定价策略

国际转移定价策略是国际市场营销中的重要的定价策略。国际转移定价又称调拨价格,是指跨国公司内部母公司与子公司或各子公司之间进行内部产品与服务交易时所采用的价格。转移定价是根据跨国公司全球经营战略目标和整体利润最大化的原则,由跨国公司高层管理人员人为确定的价格。转移定价所采取的价格通常不受市场供求关系的影响,是跨国公司达到各种营销目标的有效工具。许多跨国企业都把转移定价作为国际市场营销的重要定价策略。

跨国公司制定转移价格的原因是多方面的,其总的目标是实现全球利益最大化,具体目标是减轻税务负担,包括减轻所得税,减轻关税,转移资金,避免风险,增强竞争力。

三、渠道策略

产品从制造商那里生产出来,到流入目标市场国的最终消费者或用户手中,往往要经过多次转移,既有产品实体的转移,也有所有权、信息、资金、服务等的转移。这些转移必须通过分销渠道,也就是各种不同类型的中间商或分支机构来完成。分销渠道的选择不仅直接影响到产品是否能够有效地满足目标市场的需求,而且在很大程度上影响到国际企业其他营销策略的运用及营销目标的实现程度。

所谓国际市场分销渠道,是指产品从一个国家的生产者转移到国外最终消费者或用户的过程中所经过的各种通道和市场组织的总称。国际市场分销渠道不仅包括母国的分销渠道,还包括目标国的分销渠道,是由所有参与企业国际市场营销的各类中介机构和组织构成的。国际企业管理分销渠道主要是为了实现两个目标:一是将产品有效地从生产国转移到产品销售国市场;二是参加销售国的市场竞争以实现产品的销售和获取利润。所以,企业的国际市场分销渠道要经过本国的国内分销渠道、由本国进入进口国的分销渠道、进口国的分销渠道三个环节。

(一)选择中间商之前的注意事项

国际营销者必须对市场特点了如指掌,必须在选择中间商之前制定好经营方针。在开始选择之前,必须注意四个事项。

(1)确定特定的国内或跨国目标市场;
(2)以销售量、市场份额和利润要求的形式明确营销目标;
(3)明确用于开发国际分销体系的财力和人力的投入;
(4)确定控制程度、渠道长度、销售条款和渠道所有权。

一旦以上诸事项得到落实,就可以选择中间商,构筑最佳营销渠道。企业必须把商品送到顾客手中,必须选择是自己全权负责分销还是把部分或者全部分销任务交给中间商。分销渠道因为市场大小、竞争和可供选择的分销中间商的不同而各异。

(二)分销决策的关键因素

(1)中间商所起的作用及其效果;

(2)服务的成本;
(3)有多少中间商可供选择;
(4)制造商对中间商行为的控制程度。

(三)渠道战略目标

一般认为渠道战略本身具有6个战略目标,可以用6个C来描述:成本(Cost)、资本(Capital)、控制(Control)、覆盖面(Coverage)、特点(Character)和连续性(Continuity)。

在制定总体分销渠道战略过程中,必须考虑每一个"C",只有这样,才能建立符合企业长期渠道方针的经济、有效的分销机构。值得注意的是,由于各种分销渠道互有长短,许多企业都采用复合型或混合型的分销渠道。

(四)分销渠道建立

建立国际分销渠道的实际过程往往并非易事,许多企业因为不能建立满意的分销渠道而导致开拓国际市场的进程受阻。分销渠道建立过程包括:

(1)寻找中间商;
(2)选择中间商;
(3)激励中间商;
(4)终止与中间商的关系;
(5)控制中间商;
(6)借助互联网进行分销。

四、促销策略

国际市场促销是指企业在国际市场上应用各种沟通方式和手段向顾客传递产品或服务及企业信息,实现双向沟通,使顾客对企业及其产品或服务产生兴趣、好感与信任,进而做出购买决策的活动。

在国际市场营销中,企业的市场覆盖范围广泛,服务对象的构成复杂,既有经济收入的差距,又有不同社会文化背景带来的心理、观念和思想意识方面的不同,因而选择适宜的促销沟通方式是非常重要的。国内市场促销中有关人员推销、公共关系、营业推广、广告宣传的策略,很多同样适用于国际市场促销。但是由于国际市场营销环境的复杂性,国际市场促销策略的运用比国内市场要复杂得多。

(一)人员推销

国际市场人员推销是指国际企业向目标市场国派出推销人员或委托、聘用当地或第三国的推销人员,面对面地与顾客或潜在顾客接触、洽谈,并说服其购买本企业产品的促销活动。从事推销的人员常常被称为推销员或销售代表。人员推销是最早的促销方式,尽管古老但十分有效,在国际市场营销中,发挥着重要作用,始终是企业拓展国际市场不可缺少的手段。然而国际市场营销中使用人员促销往往面临费用高、培训难等问题,因此在使用这一促销手段时须尽力招聘有潜力的优秀人才,严格培训并施以有效的激励措施。

1. 营销人员来源

(1)企业的外销人员,其优势是易于与企业沟通,忠诚度高;

（2）母公司所在国移居国外的人员，其优势是懂得两国的语言和文字；

（3）所在国当地人员，其优势是在当地有一定的社会关系，且熟悉目标市场的政治经济和社会文化。

2. 营销人员的基本素质要求

对于在本国工作的营销人员，企业往往只要求具备有效的推销人员应具有的素质。而各企业对国际营销人员的要求差别很大，但有些基本素质仍然是必须具备的。对本国外派人员和第三国人员来说，要具备以下的素质：（1）成熟；（2）稳定的情绪；（3）知识面丰富，精通外语；（4）积极乐观的态度；（5）很强的适应能力；（6）精力充沛，喜欢旅行。

3. 营销人员培训

对营销人员的培训应集中在适应性和技能性两个方面。一是要使营销人员熟悉当地的社会、政治、经济、法律，特别是要适应当地的文化，包括价值观、审美观、生活方式、宗教信仰、商业习惯等；二是要使营销人员熟悉营销的技能和技巧，提高市场营销的能力。

4. 营销人员激励

除对营销人员进行精神激励外，在物质激励上采用以下激励方式：一是固定薪金加奖励；二是佣金制；三是固定薪金与佣金混合制。

（二）公共关系

国际公共关系就是一个组织以国际公众利益为出发点，通过有效的管理和沟通，在国际公众中树立良好的形象和信誉，以赢得组织内外相关公众的理解、信任、支持和合作。在当今的国际促销中，公共关系发挥着越来越重要的作用，这是因为当今的国际市场商品繁多，消费者目不暇接；国际市场竞争激烈，供应商比比皆是；营销环节多，交易复杂。在这样复杂的环境中从事市场营销活动，如果没有公共关系的配合与支持，就没有良好的企业形象，很难占领市场和扩大销售。另外，公共关系也是冲破贸易保护主义、进入外国市场的有效手段。

在国际市场营销中，公共关系应特别重视以下工作。

（1）与当地政府保持良好关系，争取当地政府的支持和帮助；

（2）利用有关传媒正面宣传企业经营活动和社会活动，树立良好的企业形象；

（3）建立多条意见沟通渠道收集各阶层公众对企业的意见，及时消除相互间的误解和矛盾。

小链接12—6　麦当劳的公关活动

麦当劳围绕赞助2000年悉尼奥林匹克运动会实施了规模巨大的国际整合营销沟通活动，包括以奥林匹克为主题的食品促销、包装、店内标志、电视和印刷品广告、与超级体育明星如美国篮球运动员格兰特·希尔网上聊天。除了针对世界各地2.7万家快餐店4 300万顾客的促销，还开展了针对运动员的促销。作为官方的饭店合作伙伴，麦当劳在悉尼经营7家快餐店，其中有两家位于奥运村。在历时三周的奥运会期间，为运动员、官员、教练员、记者和观众提供了近150万个汉堡。麦当劳后来继续成为雅典奥运会和北京奥运会的官方赞助商，以此来塑造良好的企业国际形象。

(三) 广告

国际市场广告是企业为了配合国际营销活动，以支付国际广告费用的形式，向国外消费者传播企业、产品与服务等信息的一种常用的促销活动。目的是通过广告促使出口产品迅速进入国际市场，实现企业的经营目标。

国际市场广告策略主要包括国际市场广告形式策略、国际市场广告内容策略和国际市场广告媒体策略。在营销组合的所有因素中，有关广告的决策最容易受不同国家市场之间文化差异的影响。消费者的反应受其文化、情感、价值观、态度、信仰和理解力的制约。因为广告的功能是用消费者的需求、欲望、渴望来诠释产品和服务，所以广告要想成功，情感诉求、象征符号、说服方法以及其他广告特点必须和文化规范一致。把国际广告活动与各个市场文化的独特性结合起来是国际或全球营销者所面临的挑战。无论在何地，国际广告的基本框架和概念本质上是相同的，开展的步骤也是相似的。

(1) 开展营销研究；
(2) 确定沟通目标；
(3) 为所选择的细分市场开发最有效的信息；
(4) 选择有效的媒体；
(5) 编制预算；
(6) 实施；
(7) 对照目标评估广告活动的有效性。

在国际市场上进行广告活动，有诸多限制因素，需要国际营销企业认真分析，以便择善而行。广告限制因素一般有法律限制、生产和成本限制、媒体限制和观众限制等。在开展广告活动时要遵守目标国的法律法规，根据媒体的不同特点并结合目标国消费者的价值观、审美观和宗教信仰，来进行广告的设计与传播，使广告真正切合当地消费者的需求动机及文化背景。

(四) 销售促进

国际市场销售促进是指在国际目标市场上，为了有效刺激顾客的购买欲望、改进零售商或中间商工作的有效性和加强相互之间的合作而开展的营销活动。店内演示、发送样品、赠购物券、送小礼物、搭卖商品、竞赛、抽奖以及销售点展示，都是促销手段，目的在于对整个促销组合中的广告和人员推销起到补充作用。

促进销售是针对顾客或零售商的短期行为，为的是达到具体的目标，如诱导消费者试用或当场购买，把顾客引进商店，进行销售点展示，鼓励商店进货，配合和加强广告和人员推销活动。

销售促进见效快，可以在短期内刺激销售额，但是必须在适宜的条件下，以恰当的方式进行。因此，在国际市场开展销售促进活动时，国际企业应注意了解和掌握在目标国行之有效的销售促进方式，尤其要注意当地政府的法律限制、经销商的合作态度与促销能力、市场竞争的程度及竞争对手的反应、收入水平的不同、人文环境的差异等因素。

本章小结

1. 国际市场营销是国内市场营销的延伸和扩展，是跨越国界进行的所有市场营销活动，国际市场营销与国内市场营销、国际贸易都有较大的区别。

2. 国际营销环境是企业进行国际市场营销的基本前提，企业只有认真分析、把握国际营销环境的状况及其影响，才能够发现国际营销中的机会与威胁，从而顺利地进行国际营销。

3. 国际市场是一个庞大的、多变的市场，各国环境各具特点，但也存在着一些相似的因素。为了便于辨别属于本企业的市场，进而拓展国际市场，企业必须对国际市场进行细分，从若干个细分市场中选择一个或多个细分市场，作为自己的国际目标市场。

4. 国际目标市场确定后，要分析和研究企业、产品、市场、竞争对手等因素，根据企业的整体营销目标制定国际市场营销战略，选择确定进入国际市场的方式，并在此基础上制定适当的营销组合策略，来开展国际营销活动，实现企业的国际营销目标。

关键概念

国际市场营销　合资经营　独资经营　直接出口　间接出口　合约管理　国际战略联盟　许可证协议　特许经营　国际转移定价

思考练习题

1. 简述国际市场营销与国际贸易、国内市场营销的区别。
2. 国际市场营销的发展阶段有哪些？
3. 企业进入国际市场的动因有哪些？
4. 企业进入国际市场需权衡的风险有哪些？
5. 国际目标市场选择的依据有哪些？
6. 如何分析国际营销环境？
7. 国际市场的产品策略有哪些？
8. 国际市场的定价策略有哪些？
9. 如何制定渠道策略？
10. 在国际市场上运用促销策略要注意哪些问题？

案例分析

日清食品公司进军美国食品市场

日本一家食品产销企业集团——日清食品公司，该公司通过市场调查制定了相适应的产品营销策略，全力以赴地向美国食品市场大举挺进。

日清食品公司从美国人在食用方便面时总是"把汤喝光而将面条剩下"的偏好中，灵敏地捕捉到方便面制作工艺求变求新的着力点，一改方便面"面多汤少"的传统制作工艺，研制生产了"汤多面少"的美式方便面，并将其副名更改为"远胜于汤"，从而使"杯面"迅速成为美国消费者人见人爱的"快餐汤"。

由于美国人"爱用杯不爱用碗"，于是日清食品公司别出心裁地把方便面命名为"杯面"，并给它起了一个地地道道的美国式副名——"装在杯子里的热牛奶"，期望方便面能像牛奶一样，成为美国人难以割舍的快餐食品。他们根据美国人"爱喝口味很重的浓汤"的独特口感，不仅在面条制作上精益求精，而且在汤味佐料上力调众口，使方便面成为"既能吃又能喝"的二合一方便食品。

他们为了满足美国人以叉子用餐的习惯，将适合筷子夹食的长面条加工成短面条，为美国人提供饮食之便，并从美国人爱吃硬面条的饮食习惯出发，一改方便面适合东方人口味的柔软特性，精心加工出稍硬又有劲道的美式方便面，以便吃起来更有嚼劲。

针对美国人热衷于减肥运动的生理需求和心理需求，日清食品公司巧妙地把自己生产的方便面定位于"最佳减肥食品"，在声势浩大的公关宣传中，刻意渲染方便面"高蛋白、低热量、去脂肪、减肥胖、价格廉、易食用"等食疗功效。针对美国人好面子、重仪表的特点，精心制作出"每天一包方便面，轻轻松松把肥减""瘦身最佳绿色天然食品，非方便面莫属"等极具煽情色彩的广告语，挑起美国人的购买欲望，获得了"四两拨千斤"的营销奇效。

以此产品营销策略，日清食品公司果敢挑战美国人的饮食习惯和就餐需求。他们以"投其所好"为一切业务工作的出发点，不仅出奇制胜地突破了"众口难调"的产品瓶颈，而且轻而易举地打入了美国快餐食品市场，开创出了一片新天地。

分析讨论题

1. 日清食品公司在进入美国市场时采用的产品营销策略有何特点？
2. 从日清食品公司成功进入美国食品市场的案例中我们可以得到什么启示？

市场营销实践

认识与体验国际市场营销。

实践目的

掌握国际市场营销策略与方法。

实践方案

1. 人员：5~10人组成一个小组，以小组为单位完成任务。
2. 时间：与第十二章教学时间同步。
3. 内容：以某一开展国际市场营销的企业为例，分析其国际市场营销策略。
4. 汇报方式：各组以PPT或报告的形式进行展示和讲解。

第十三章

市场营销计划、组织、执行与控制

学习目标

1. 了解市场营销计划的概念、内容。
2. 掌握市场营销组织的形式及设置原则。
3. 明确市场营销执行与控制的内容与过程。

引导案例

"惊喜你自己"玉兰油非专柜促销

2001年9月21日至2002年1月27日的周末,宝洁公司在设有玉兰油专柜的商场内进行店内促销,目的是向消费者传递玉兰油换新包装的信息,让玉兰油时尚、专业、高档的形象深入人心,并通过买赠活动吸引更多的消费者。

为了最大限度地利用资源并达到最好的推广效果,公司选择了商场内人流量最大的时间段——周五(18:00—20:00)、周六(11:30—20:30)和周日(11:30—20:30)。

玉兰油属于中高档化妆品,消费对象为18至50岁的职业女性,销售区域主要是城市,本次活动就选择在华东、华南、西南区一些经济较发达的城市进行。

明确的组织及职责分工是促销活动稳定有序进行的前提。"惊喜你自己"玉兰油非专柜促销活动有着精简的组织构架与明确的职责分工。另外完善的活动方式和严格的项目监控也是成功的关键。

本次活动选取滋养霜、营养霜、洁面乳等六种产品做促销推介,买足98元玉兰油产品的顾客,凭电脑小票可获赠价值68元的伊泰莲娜项链。活动以POP广告、形象促销专用台、宣传手册和促销小姐统一黑色的OLAY服装为形式,以玉兰油高档、时尚的形象为表现主题。本次促销活动配备了严格完善的监控体系,主要有区管及督导的日常巡店,报表体系,奖励计划,有效的项目监控体系有利于保证促销的质量。

通过市场营销组织缜密的策划准备与有力的贯彻执行,"惊喜你自己"玉兰油非专柜促销活动最终取得了令人满意的效果,玉兰油的全新形象也深植于消费者心中。

市场营销管理就是企业为了促进与目标顾客交换而对市场营销活动进行组织、计划、实施和控制,以确保已制定的市场营销战略和各项策略实现的过程。市场营销管理的内容主要有市场营销计划、市场营销组织和市场营销控制,且三方面有着密切的联系。市场营销管理必须依托于一定的机构或部门——市场营销组织进行。因此,企业必须组建效率高、适应性好的营销组织形式,并分析营销部门与其他部门之间的关系,从而使企业的营销活动朝着有利的方向发展,以确保企业营销目标的实现。

第一节 市场营销计划的制定

市场营销计划是指在研究目前市场营销状况,分析企业所面临的主要机会与威胁、优势与劣势以及存在问题的基础上,对财务目标与市场营销目标、市场营销战略、市场营销行动方案以及预计损益表的确定和控制。企业要想提高市场营销效能,必须学会如何制定和执行正确的市场营销计划。

一、制定市场营销计划的原则

(一) 充分体现企业的市场发展战略

市场营销计划是落实市场营销战略的具体化、程序化和科学化的运行方案,是指导、协调市场营销活动的主要依据。制定市场营销计划,不论是长期的,还是中期、短期的,都要紧紧围绕企业的市场发展战略。为此,企业必须把握住两点要素。

(1) 市场营销计划应始终与企业的发展战略方向保持一致。例如,企业发展战略中把建立跨行业、跨地区、跨国界的企业集团作为发展目标,那么,市场营销计划就应当根据这一战略方向来制定,并在长期和中短期计划中不同程度地贯彻落实这一战略意图。

(2) 市场营销计划制定过程中,应把战略目标具体落实到短期、中期和长期的计划中,并通过具体量化的指标和实现方法、实施程序来体现。如在长期计划中,确定目标期实现多少个片区市场、占有多少市场份额,同时,对扩展目标市场的次序,采用的分销、促销方式等做出明确的计划。又如年度计划拟定出当年计划扩展的目标市场,并定出量化指标(如占领区域的覆盖率、销售额和增长百分比等)。如果技术上可能,还应将年度计划任务进一步分解到每一季度中加以落实。

(二) 遵循市场规律,循序渐进

在制定市场营销计划时,首先应对企业面临的市场进行认真的调研。这是制定计划过程的第一阶段,也是基础的或准备的阶段。在进入第二阶段即制定计划阶段后,还需要循序渐进地开展如下工作。

1. 充分了解并掌握企业自身的实际情况

这是制定计划的另一个重要依据。计划的任务就是要对企业内部资源作充分考虑,使之

更适合外部变化的环境。

2. 群策群力，多方聚焦

市场营销计划作为企业未来一个时期的工作指南，涉及各个部门，而且一旦确定并颁布，就要求整个各个部门齐心协力地去实施、完成。因而，市场营销计划的制定不只是营销部门的事情，应当广泛听取各部门的意见，吸收采纳其合理和正确的意见与建议。市场营销计划在草拟成文之后，还需反复征询各方意见，以便真正切入企业实际，更准确地反映市场运行规律。

3. 由远及近，先长后短

市场营销计划分为长期、中期和短期计划。在制定计划时既不能将之混合，亦不能割裂开来，更不能次序颠倒。具体而言，在制定计划时，避免采用长期、中期、短期计划混在一起的"一揽子"计划，因为那样的计划内容表述势必含糊不清，任务、目标与方法等重要方面都不明确、具体，在执行、实施上也不便操作，在检查、考核计划完成情况时更会出现困难。因此，各期计划必须分开、分别制定，制定时要考虑它们之间的有机联系。中期、短期计划要贯彻长期计划精神，分担长期计划的任务目标，短期计划要贯彻落实中期计划的任务目标，从而做到方向一致、相互支持，且各有侧重及特色。一般而言，计划时间越短，就越应具体。在制定的顺序上，应首先着眼于长期计划，其次为中期计划，最后才是短期计划。

（三）抓住关键，明确表述

市场营销计划并非工作流程或企业备忘录，不可能也不应该太详尽，而应抓住企业营销中的关键性问题。如企业产品如何定位，定位的品种、产量、质量指标和销售量、利润完成额，市场占有率以及新产品开发、销售促进、市场拓展等关键或重大事项应作为计划的主要内容，其他一般性管理和日常事务性问题不必列入计划，以免主次难辨，轻重不分。同时，在计划中，对诸项重大问题应当进行具体而明确的规定或要求，避免用模糊的语言进行表述。为此，目标任务应采用定量化的标准予以界定和表述，如到××年实现销售××万元；生产（或销售）××品种××单位数量，实现利润××万元等。对不能或不宜量化的目标任务，也应用文字简明而准确地予以表达，避免使执行者产生误解，或出现解释分歧，给今后计划的履行、衡量和检查带来困难。

（四）切实可行，并根据环境的变化及时调整

没有可行性的市场营销计划是注定要失败的。要使市场营销计划具有较高的可行性，在计划制定时就应特别注意遵循市场规律，实事求是，把计划建立在科学、合理预测的基础上。为此企业必须置身于市场营销环境之中，充分分析机会和竞争优势，而不是只按自己的主观愿望行事。

市场营销计划一旦制定并颁行，一般应相对稳定，不能朝令夕改。但是，市场是不断变化的，而企业的战略要随着市场环境的变化而变化。在计划实施过程中，当企业外部环境发生未预料的变化时，应对计划进行相应调整，这也是保证计划能够切实可行的最重要保证。当然应该注意的是，调整和修改计划不能过多，也不能太随意或太草率。

二、市场营销计划的内容

市场营销计划包括几个部分，各部分的详细程度可能因企业要求的不同而不同。大多数市场营销计划主要包括以下内容：计划概要、市场营销现状、机会与问题分析、营销目标确定、确定营销战略、形成行动方案、预算、控制。

（一）计划概要

计划概要是对本计划的主要市场营销目标做简短的概述，目的是让上一级的管理人员或有关人员能够很快了解、掌握计划的核心内容。

（二）市场营销现状

这一部分负责提供与企业所面临的宏观环境和市场环境（市场、产品、竞争、分销）相关的营销计划背景资料，并对这些背景资料逐一进行剖析。

1. 市场情况

市场情况即关于企业所服务的市场的基本状况，包括市场的规模与增长，过去几年的销售总量与销售总额，不同地区或细分市场的销售量与销售额，顾客的需求情况。

2. 产品情况

产品情况即过去几年中各主要产品的销售、价格及利润等资料。

3. 竞争状况

竞争状况是主要的竞争者以及他们的规模、目标市场、市场占有率、产品质量、市场营销策略以及任何有助于了解他们的意图和行为的资料。

4. 分销状况

分销状况提供各种系列产品在各个分销渠道和各种渠道地位的变化。这种变化不仅包括分销商和经销商能力的变化，也应包括激励他们时所需的价格和交易条件的变化。

5. 宏观环境

宏观环境主要阐述影响该产品市场营销的宏观环境因素，即人口、经济、技术、政治与法律、社会文化的趋向及其对企业营销的影响。

（三）机会与问题分析

机会与问题分析主要是SWOT分析，SWOT中，S为Strength（优势）的缩写，W为Weekness（劣势）的缩写，O为Opportunity（机会）的缩写，T为Threat（威胁）的缩写。以描述市场营销现状的资料为基础，找出企业面临的主要机会与威胁、优势与劣势及主要问题。

1. 机会与威胁分析

对来自外部可以左右企业发展的因素进行分析，找出企业所面临的主要机会与威胁。应把机会与威胁分出轻重缓急，使更重要、更迫切的机会与威胁能受到特别关注。

2. 优势与劣势分析

对来自企业内部的资源状况进行分析，找出企业的优势与劣势。通过对企业自身优势与劣势的分析和比较，更客观地找准在市场中的位置，制定更有效的决策，实现企业的营销目标。

3. 主要问题分析

用机会与威胁、优势与劣势分析的结果来确定在计划中必须强调的主要问题,对这些问题的决策将会影响目标的制定、策略和战术的运用。

(四) 营销目标确定

计划人员明确问题的所在以后,在企业战略思想的指导下,必须确定财务目标和营销目标,用以制定随后行动的方案。营销目标应该具有一定的标准。首先,每一个目标应该有一个既明确又能测量的形式,并且有一个应该完成的规定限期。其次,各个目标应该具有内部统一性。再次,各类目标应该有层次性,如果可能,目标应该从高到低非常清楚地排列。最后,这些目标是可以达到的,但是又具有足够的挑战性,能激发员工的最大努力。

(五) 确定营销战略

营销目标说明企业欲向何处发展,营销战略则说明如何达到营销目标。营销目标可以通过多种方法实现。例如,以增加10%的销售收入作为目标,可以用提高全部单位产品的平均价格来获得,也可以用增加总的销售量来获得。

市场营销战略主要包括目标市场选择,产品定位,产品、价格、分销渠道及促销策略等。在市场营销战略制定的过程中,市场营销部门要与其他有关部门进行沟通、合作,以确保战略能够实施。

(六) 形成行动方案

行动方案描述用以实现企业营销目标的主要营销活动,即进一步从做什么、什么时候做、谁去做、将花费多少以及达到什么要求等方面,来考虑市场营销战略实施过程中涉及的所有内容。

(七) 预算

行动方案可使有关管理人员汇编一个支持该方案的预算,此预算基本为一项预计的盈亏报表。在收入栏,列出预计的销售量和实际平均价格。在支出栏,列出分成细目的生产和实体分配的成本以及各种市场营销的费用。收入与支出之差就是预计利润,上级管理部门将审查这个预算并加以批准或修改。一旦批准后,此预算便成为制定计划和安排材料采购、生产进度、劳工招聘和市场营销作业的基础。

(八) 控制

市场营销计划的最后一部分为控制,用来监控整个计划的进程。通常,目标和预算都是按月或按季度来制定的,这样上级管理部门就能检查各个阶段的成果并发现未能达到目标的部门。这些落后部门须解释未能达标的原因和他们完成计划所要采取的行动。有些市场营销计划的控制部分还包括意外应急计划。意外应急计划简要列出可能发生的不利情况、管理部门采取的预防措施和必须准备的善后措施。

第二节 市场营销组织

管理的实质在于使人们为了共同的目标而有效地合作,因而,管理离不开组织。企业市场营销管理同样离不开特定的组织结构,这个组织结构的构成和运行程序必须根据目标、市场环境、企业的资源来设计,对组织成员在实现目标中的工作分工和协作关系做出正式、规范的安排,并随着它们的变化做出相应的调整,以保证组织结构与特定的情境条件相一致。合理的组织有利于市场营销人员的协调和合作。因此,设计一个有效的市场营销管理组织,就成为市场营销管理的基础。

一、市场营销组织的概念

"组织"就人而言,是指按一定的宗旨和系统建立的集体。所谓市场营销组织,是指企业内部涉及市场营销活动的各个职位及其结构,是为了实现企业的目标,制定和实施市场营销计划的职能部门。在不同的企业,市场营销组织往往有不同的称谓;在许多企业,市场营销组织也常常不只是一个机构或科室。

(1) 并非所有的市场营销活动都发生在同一组织岗位。其实,企业的市场营销活动需要企业内部不同组织岗位合作才能完成。例如,在拥有很多产品线的大公司中,每个产品经理下面都有一支销售队伍,而运输则由一位生产经理集中管辖。不仅如此,有些活动甚至还发生在不同的国家或地区。但它们属于市场营销组织,因为它们都是市场营销活动。同时,即使企业在组织结构中正式设有市场营销部门,企业的所有市场营销活动也不是全部由该部门来完成的。

(2) 不同企业对其市场营销活动的划分也是不同的。这与企业所处的行业和面对的市场密切相关。例如,信贷对某个企业来说是市场营销活动,对另一个企业而言则可能是会计活动。因此,市场营销组织的范围是难以明确界定的。有时,市场营销组织也被理解为各个市场营销职位中人的集合。因为企业的各项活动是由人来承担的,所以,对企业而言,人的管理比组织结构的设计更为重要。判断市场营销组织的好坏主要是看人的素质的高低,而不单单是看组织结构的设计是否合格。这就要求市场营销经理既能有效地制定市场营销计划和战略,又能使下级正确地贯彻执行这些计划和战略。

二、市场营销组织的演变

现代企业的市场营销部门是随着营销观念的发展,长期演变而形成的产物,其发展过程可划分为五个阶段。

(一) 简单销售部门

20 世纪 30 年代以前,西方企业以生产观念作为指导思想,其内部的市场营销组织大都属于这种形式。一般说来,每个企业几乎都是由财务、生产、推销和会计四大基本职能部门构成的——财务部门管理资金筹措,生产部门管理产品制造,推销部门管理产品销售,会计部门管理往来账务、成本计算。此时,推销部门通常由一个副总经理负责,管理推销人员,促使他们销售更多的产品;由于推销的需要,副总经理也要兼管若干市场调研和广告促销工作。推销部门的任务是销售生产部门生产出来的产品。产品的生产、库存管理等,完全由生产部门决定,推销部门对产品的种类、规格、数量等问题,几乎没有发言权。一个简单的销售部门如图 13-1 所示。

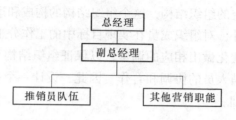

图 13-1　简单的销售部门

（二）销售部门兼有营销功能

20 世纪 30 年代以后，市场竞争日趋激烈，大多数企业开始以推销观念为指导思想，需要经常进行市场调研、广告和其他促销活动。这时主管销售的副总经理就需要聘请一些专家来执行这些功能，副总经理除了继续领导推销员队伍外，还可以聘请一名营销主任，负责其他营销职能的规划与管理，如图 13-2 所示。

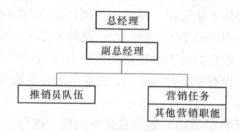

图 13-2　销售部门兼有营销

（三）独立的营销部门

随着企业业务的进一步扩大，原来作为辅助性职能的营销工作，诸如营销调研、新产品开发、广告和销售促进、顾客服务等的重要性日益增加，营销成为一个相对独立的职能部门。作为营销主管的营销副总经理，同负责推销工作的推销副总经理一样，直接由总经理领导，推销和营销成为平行的职能部门。在具体的工作上，两个部门要密切配合。独立的营销部门如图 13-3 所示。

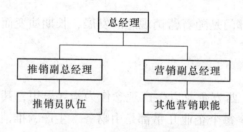

图 13-3　独立的营销部门

（四）现代营销部门

虽然销售部门和营销部门的工作目标应是各有明确分工的，但是这种并列的组织结构使他们之间出现了新的矛盾。销售部门往往以短期目标为导向，致力于完成当年的销售任务，因而不愿意使销售队伍在营销组合中的重要性有所降低；而营销部门一般以长期目标为导向，致力于安排能满足顾客长期需求的合适产品和营销策略，因而营销部门往往要求得到更多的预算。营销经理的任务是确定市场机会,制定营销战略和计划,营销人员的职能是执行这些计划。营销人员依赖于营销调研,努力确定和了解细分市场,花费时间在计划上,从长计议,目标是产品利润与获得市场份额。而销售人员则依赖于实际经验,努力了解每位购买者,花费时间在面对面的推销上,从短期利益考虑问题,并努力完成销售定额。这种矛盾实际上是经营思想上销售观念和营销观念的矛盾。常见的解决办法就是由营销副总经理统一领导销售部门和营销部门。现代营销部门如图13-4所示。

图13-4 现代营销部门

(五)现代营销企业

一个企业即使已设立了现代营销部门,也并不一定就是按现代营销观念办事的现代营销企业。现代营销企业取决于企业所有的管理人员,甚至每一位员工对待营销职能的态度。只有所有的管理人员和每一位员工都认识到,企业一切部门和每一个人的工作都是"为顾客服务","营销"不仅是一个职能、一个部门的称谓,而且是一个企业的经营哲学,这个企业才算一个"以顾客为中心"的现代营销企业。

三、市场营销部门的组织形式

现代企业的市场营销部门,有各种各样组织形式。所有的市场营销组织都必须与营销功能、地理地域、产品和顾客市场相适应,市场营销部门的组织形式有六种。

(一)职能型组织

职能型组织是最常见、最普通的市场营销部门组织形式,按营销功能设置,由各种营销职能专家组成,他们分别对营销副总经理负责,营销副总经理负责协调他们的活动。这种组织里有五种专家:营销管理经理、广告与促销经理、销售经理、营销调研经理和新产品经理。此外,还可以根据需要增加其他专家,如顾客服务经理、营销规划经理和实体分配经理。职能型组织形式如图13-5所示。

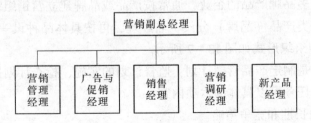

图13-5 职能型组织形式

职能型组织的主要优点是:管理层次少,组织协调方便,易于管理。比较适合产品品种少或销售地区集中的企业。但随着企业产品品种的增多和市场的扩大,这种组织形式的不足之处就显露出来了。第一，由于没有人对某个产品或某个市场负完全责任，因而所制定的营销规划中可能遗漏不被职能专家重视的产品或市场。第二，各职能专家为了争取更多的预算和更重要的地位，使营销副总经理经常面临如何协调的难题。

(二) 地区型组织

业务涉及全国甚至更大范围的企业，可以按照地理区域安排和组织其市场销售力量。这类企业除了设置职能部门经理外，还可按照地理区域范围大小，分层次地设置地理区域性经理，层层负责。地区型组织形式如图13-6所示。

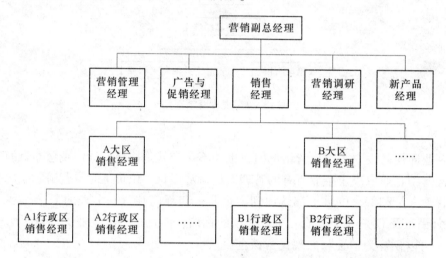

图 13-6 地区型组织形式

在地区型组织中，所有营销职能由营销副总经理统一领导，地区经理将掌握一切关于该地区市场环境的情报，为在该地区打开企业产品销路制定长期、短期计划，并负责贯彻实行。随着销售地区扩大，每一地区经理下还可以分出新层次。这种组织形式的优点是构成一个分布全国的销售网络（如果企业产品的销售地区扩大到国外，则覆盖全球的销售网络可依此类推），而且销售网络自上而下逐步扩大，使较高层面主管人员有更多的时间管理其直接下属，使形成的网络在管理上较为严密和有效。划分地区层次时，必须既有利于扩大产品销售，又有利于企业的统一管理。

(三) 产品（品牌）管理型组织

生产多种类型或多品牌产品的企业，通常按产品或品牌建立营销组织。通常在一名产品经理的领导下，按每类产品（品牌）分设一名经理，再按具体品种设一名经理，分层管理。产品（品牌）管理型组织形式如图13-7所示。

产品经理的任务是制定产品营销计划，监督计划的实施，检查计划执行的结果，并纠正实施中的偏差。这个任务可以具体为六项内容。

(1) 制定产品的长期和竞争策略。
(2) 制定年度营销计划并进行销售预测。
(3) 与广告代理商和商品经销商共同草拟广告文稿、广告纲要和广告活动。
(4) 激发销售人员和经销商对产品的兴趣并给予支持。

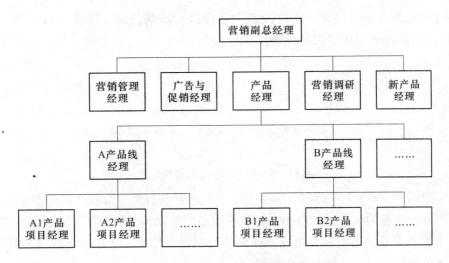

图 13-7 产品（品牌）管理型组织形式

（5）收集有关产品的性能、顾客与经销商的态度以及新的问题与机会等情报。

（6）提出产品改进意见，以迎合经常变化的市场需求。

（四）市场管理型组织

很多企业将一条产品线出售给不同类型的市场。例如，一家钢铁公司可以将钢材出售给铁路、建筑、机械制造、家具、公用事业等多种行业的用户。这时可以采用市场管理型组织。市场管理型组织形式与产品（品牌）管理型组织形式相似，如图 13-8 所示。由一个市场经理管理若干个细分市场经理。市场经理的职责除产品经理的职责外，还包括市场拓展、顾客服务、不同市场独具特色的营销战略与策略的制定等。

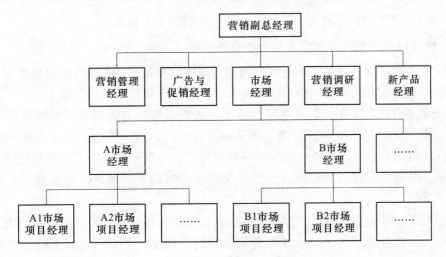

图 13-8 市场管理型组织形式

（五）产品—市场型组织

生产多种产品并向多个市场销售产品的企业，既不适合采用产品（品牌）管理型组织形式，也不适合采用市场管理型组织形式。这时，最合适的选择只能是把产品管理型和市场管理型两种组织形式结合起来，同时设置产品经理和市场经理，形成一种矩阵组织形式，图13-9所示为产品—市场型组织形式。

		市场经理			
		市场1	市场2	市场3	市场4
	产品1				
产品经理	产品2				
	产品3				

图13-9 产品—市场型组织形式

在这一组织中，产品经理负责产品的销售利润和销售计划，寻找产品的更多用途；市场经理则负责开发现有的和潜在的市场，着眼于市场的长期需求，而不是推销某种具体产品。这种组织主要用于多元化经营的企业。存在的问题是费用高、矛盾多、权责界限不清。例如，销售队伍是按产品还是按市场来组织？

绝大多数企业认为，只有相当重要的产品和市场才需要同时设置产品经理和市场经理。也有的企业认为，管理费用高的潜在矛盾并不可怕，只要这种组织形式能够带来效益，并远远超过需要为它付出的成本。

四、市场营销组织的设置原则

(一) 整体协调和主导性原则

(1) 设置的市场营销组织有利于企业与外部环境，尤其是与市场、顾客之间关系的协调。

(2) 设置的营销机构与企业的其他机构相互协调。

(3) 市场营销组织内部的人员结构、职位层次设置相互协调。

(二) 精简以及适当的管理跨度与管理层级原则

精简用于组织建设，就是要避免机构臃肿，提高组织效率。最佳的机构是既能完成工作任务，组织形式又最为简单的机构，这就涉及管理跨度与管理层级的问题。

管理跨度又称管理宽度和管理幅度，指领导者能够有效地直接指挥的部门或员工的数量，这是一个"横向"的概念。管理层级又称管理梯度，指一个组织属下等级的数目，这是一个纵向的概念。在管理职能、范围不变的条件下，一般来说，管理跨度与管理层级互为反比的关系，管理的跨度越大，级次越少，组织结构越扁平；反之，跨度越小则管理层级越多。

通常情况下，管理层级过多，容易造成信息失真与传递速度过慢，可能影响决策的及时性和正确性；管理跨度过大，超出领导者能够管辖的限度，又会造成整个机构内部的不协调、不平衡。因此，必须选择合适的管理跨度和管理层级。

(三) 有效性原则

市场营销机构要根据有效性原则，达到工作的高效率，必须具备三个基本条件。

(1) 市场营销部门要有与完成自身任务相一致的权力。

(2) 市场营销部门要有畅通的内外部信息渠道。

(3) 善于用人，各司其职。

第三节　市场营销执行与控制

一、市场营销执行

市场营销执行是指企业将市场营销战略和市场营销计划转化为行为和任务，以实现市场营销战略目标的过程。市场营销战略和市场营销计划涉及的是"营销什么"和"为什么营销"的问题，市场营销执行涉及的则是"谁去执行""什么时间""什么地点"和"怎样进行"的问题。市场营销执行是一个艰巨而复杂的过程。研究表明，战略目标之所以未能实现，可能是由于战略本身有问题，也可能是由于正确的战略没有得到有效执行。

小链接 13-1　　　　　营销执行力案例

某家电制造有限责任公司曾发生过这样一起管理"事故"，三号车间有一台机器出了故障，经过技术科的工作人员检查，发现原来是一个配套的螺丝掉了，怎么也找不到，于是只好去重新购买。可是根据公司的内部规定，必须先由技术工作人员填写采购申请，然后由上级审批，之后再经过采购部部长签字审批，才能够由采购员去采购。

可是，市内好几家五金商店都没有那种螺丝，采购员又跑了几家著名的商场，也没有买到。

几天很快就过去了，采购员还在寻找那种螺丝，可是工厂却因为机器不能够运转而停产。于是，公司的其他领导者不得不介入此事，认真打听事故的前因后果，并且想方设法地寻找修复的方法。

在这种"全民总动员"的情况下，技术科才拿出机器生产商的电话号码。采购员打电话问生产商哪里才有这种螺丝卖，对方却告诉他："你们那个城市就有我们的分公司呀，你去那里看看，肯定会有的。"

后面打电话去分公司，半个小时后，那家分公司就派人送货来了，问题就此解决。可是之前寻找这种螺丝，就用了一个星期，而这一个星期公司已经损失了上百万元。

很快，工厂又恢复了正常的生产经营。在当月的总结大会上，采购部部长将这件事情又重新提了出来，他说："在这次事故中，我们很容易就能够看出，公司某些员工的责任心不强。从技术部提交采购申请，再经过各级审批，到最后采购员采购，这一切都没有错误，都符合公司要求，可是结果却造成这么大的损失，问题在哪里呢？竟然是因为技术科的工作人员没有写上机器生产商的联系方式，而其他各部门在工厂停工的状态下竟然也没有人过问。"

（一）市场营销执行能力

为了有效地执行市场营销计划，企业需要具备以下几种保障。

1. 制度保障

(1) 基础性管理制度。

基础性管理制度包括绩效考核制度和部门协作制度。

绩效考核制度。将营销计划要达到的目标，与营销人员的绩效考核联系起来，由此来规范营销人员的行为，使营销人员围绕营销目标开展工作，使营销计划落到实处。比如营销计划要开展深度分销，可以制定一个铺货率的考核要求，使营销人员的工作重点放到提高铺货率上来。

部门协作制度。围绕营销计划的重点，解决好各部门之间的协作关系，在部门之间确立合同关系，明确责权利，另外也可以采取项目小组的形式开展工作，提高营销计划的运作效率。比如营销计划中的新产品开发业务，关系着企业的持续竞争力提升，其参与的部门涉及市场、生产、技术、供应等，要提高新产品开发的速度和效率，一方面要确立市场部在新产品开发过程中的领导关系，另一方面又可以通过责任书的确认，使其他部门都能按照要求完成新产品开发各环节的工作。

(2) 职能性管理制度。

职能性管理制度的重点是提高营销计划实施效率的管理制度，如营销推广管理制度、区域管理制度、渠道管理制度、销售业务管理制度等，这些制度一方面是为销售人员提供了开展工作的规范，另一方面则是为衡量销售人员的工作成效提供了标准，另外，管理制度还影响着销售人员的思想意识和行为模式，其根本点都是围绕着营销计划的有效执行而进行的。

2. 权限保障

(1) 权限保障是对各部门业务职能的落实。营销计划的有效执行在很大程度上取决于各部门能否充分发挥各自的职能。营销计划在实施时，一定要赋予各职能部门相应的权限，否则会影响到营销计划执行的效率。

(2) 总部和分部之间的权限分配。总部对营销计划应该强化专业方面的权限，而分部对执行营销计划则应该加强针对性方面的权限，使营销计划在执行过程中得到很好的整体配合。

(3) 营销计划各项业务活动的权限分配。这是对营销计划中的业务内容进行合理分配，使各个职能部门都能找到相对应的工作内容，主要解决业务活动开展过程中的决策权限问题，比如新产品研发由哪个部门领导和推动，销售计划由哪个部门分析、整合和落实等。

3. 流程保障

(1) 围绕营销计划的关键业务内容优化运作流程。营销关键业务流程的优化甚至重组，对营销计划的有效实施有着重要的作用，往往一份营销计划是好的，但在实际运作过程中，由于业务流程的运作不合理，营销计划实施的效率低下，直接影响到营销目标的实现。

(2) 通过重组业务流程调整部门结构。在一些关键性的业务流程中，如产品研发流程、营销推广流程、营销计划流程、订单处理流程等，其运作效率的高低，反映着整个组织结构和部门职能是否合理，因此要真正做到业务流程重组后企业能够高效运转，就要根据业务流程的要求，从组织和职能上加以保障，确保业务流程能为企业带来根本性的利益。

4. 资源保障

(1) 为达成营销目标，必须配备的各种资源。营销计划的制定是一回事，而在执行中对计划的资源保障又是一回事，虽然营销计划中包含了费用预算，但往往有些项目所分配到的资源并不能保障计划的实现,而且有的企业在面对销量下滑的状况时,往往无法按计划进行,而把费用倾斜到能立即提升销量的项目上,比如渠道返利促销,但这只是一种短期行为,并不会对企业的长期发展带来根本的帮助。

(2) 对关键项目的资源保障。比如有的企业在营销计划中准备开发大型超市和卖场,但是在开发费用上却没有相应的分配,如进场费、条码费、陈列费、堆头费、促销费等,只能使终端的开发工作举步维艰;又如有的企业在营销计划中准备实施深度分销,但在区域市场只派驻了少量的人员(如一省一人或数人),根本无法做到深度分销,只能采用依靠经销商的粗放经营模式。因此在营销计划实施中,一定要通过制度对关键项目进行确定,并与绩效考核结合起来,通过政策来加以保障,使营销目标能够得以顺利实现。

(二) 市场营销执行过程

市场营销执行过程包括相互联系的五个方面的内容。

1. 制定行动方案

为了有效地执行市场营销战略和市场营销计划,市场营销部门以及有关人员必须制定详细的行动方案。这个方案必须明确执行市场营销战略和市场营销计划的关键性决策和任务,并将这些决策和任务的责任具体落实到小组或者个人。另外,行动方案还应包含具体的时间表。

2. 建立组织结构

在市场营销执行过程中,组织结构起着决定性的作用。领导部门将执行的任务分配给具体的部门和个人,规定明确的职权界限和信息沟通渠道,协调企业内部的各项决策和行动。组织结构的建立必须与市场营销战略和市场营销计划相适应,必须与企业本身的特点、市场营销环境相适应。

3. 制定规章制度

为了保证执行顺利,必须设计相应的规章制度。在这些规章制度中,必须明确有关的各个环节、岗位,各有关人员的责、权、利,衡量、奖惩的条件及各种要求。

4. 开发人力资源

市场营销执行最终要由企业内部的工作人员来完成,所以人力资源的开发至关重要。这涉及人员的考核、选拔、安置、培训和激励等问题。在考核、选拔营销管理人员时,要确定是从企业内部调用还是从企业外部招聘;在安置人员时,要注意按照他们的能力和专长安排适当的工作,做到人尽其才;为了激励员工的积极性,必须建立完善的工资、福利和奖励制度。

5. 协调各种关系

为了有效实施市场营销战略和市场营销计划,行动方案、组织结构、规章制度等必须协调一致,相互配合。

二、市场营销控制

市场营销组织的工作和任务是规划、实施和控制市场营销活动。在执行市场营销计划的过程中,难免会遇到各种意外事件,所以要不断地对市场营销活动进行监督、评价,控制其发展动向。

所谓市场营销控制，是指市场营销管理者对市场营销组织的实际运行是否符合预定的目标进行测定，如果不一致或没有完成计划，就要找出原因，并采取适当措施和正确行动，来保证市场营销计划完成，确保组织目标实现的过程。

(一) 年度计划控制

任何企业都要制定年度计划，然而，年度计划的执行能否取得理想的成效，还需要看控制工作进行得如何。所谓年度计划控制，是指企业在本年度内采取控制步骤，检查实际绩效与计划之间是否有偏差，并采取改进措施，以确保市场营销计划的实现。

许多企业每年都会制定相当周密的计划，但执行的结果却往往与之有一定的差距。事实上，计划的结果不仅取决于计划制定得是否正确，还有赖于计划执行与控制的效率，做好控制工作也是一项极其重要的任务。年度计划控制的主要目的在于：促使年度计划产生连续不断的推动力；其结果可以作为年终绩效评估的依据；发现企业潜在问题并及时予以妥善解决；高层管理人员借此有效地监督各部门的工作。

1. 实施步骤

年度计划控制包括四个主要步骤。

(1) 制定标准，即确定本年度各个季度（或月）的目标，如销售目标、利润目标等；

(2) 绩效测量，即将实际成果与预期成果相比较；

(3) 因果分析，即研究发生偏差的原因；

(4) 改正行动，即采取最佳的改正措施，努力使成果与计划相一致。

2. 绩效工具

年度计划控制是由企业高层管理人员负责的，旨在检查年度计划目标是否实现。企业经理人员可运用五种绩效工具以核对年度计划目标的实现程度，即销售分析、市场占有率分析、市场营销费用率分析、财务分析、顾客态度追踪。

(1) 销售分析。销售分析就是衡量并评估实际销售额与计划销售额之间的差距，可采用销售差距分析和地区销售量分析。

① 销售差距分析主要用来衡量造成销售差距的不同因素的影响程度。例如，某家企业在年度计划中规定，某种产品第一季度售出 4 000 件，单价 1 元，总销售额 4 000 元。季末实际售出 3 000 件，售价降为 0.80 元，总销售额为 2 400 元，比计划销售额少 40%，差距为 1 600 元。显然，实际销售额未达预期，既有售价下降方面的原因，也有销量减少的原因。但是，二者各自对总销售额的影响程度又是多少呢？计算如下：

$$售价下降的差距 = (S_p - A_p)A_q = (1 - 0.8) \times 3\,000 = 600(元)$$

$$售价下降的影响 = 600 \div 1\,600 = 37.5\%$$

$$销量减少的差距 = (S_q - A_q)S_p$$
$$= (4\,000 - 3\,000) \times 1 = 1\,000(元)$$

$$销量减少的影响 = 1\,000 \div 1\,600 = 62.5\%$$

式中，S_p 为计划售价，A_p 为实际售价，S_q 为计划销售量，A_q 为实际销售量。

由此可见，没有完成计划销售量，是造成差距的主要原因。因此，需要进一步深入分析销售量减少的原因。

② 地区销售量分析用来衡量导致销售差距的具体产品和地区。例如，某企业在 A、B、

C三个地区的计划销售量,分别为1 500件、500件和2 000件,共4 000件。但是,各地实际完成的销售量分别为1 400件、525件和1 075件,与计划的差距为-6.67%、+5%和-46.25%。显然,引起差距的主要原因在于C地区销售量大幅度减少。因此,有必要进一步查明原因,加强该地区的市场营销管理。

(2)市场占有率分析。销售分析一般不反映企业在市场竞争中的地位。因此,还要分析市场占有率,揭示企业同竞争者之间的相对关系。例如,一家企业的销售额增长,可能是它的市场营销绩效较竞争者有所提高,也可能是因为整个宏观经济环境改善,而这家企业和对手之间的相对关系并无变化。企业需要密切注意市场占有率的变化情况。在正常情况下,市场占有率上升表示市场营销绩效提高,在市场竞争中处于优势。反之,说明在竞争中失利。造成市场占有率波动的原因很多,要从实际出发具体分析。一般来说,有四种不同的度量方法。

① 全部市场占有率。以企业的销售额占全行业销售额的百分比来表示。使用这种测量方法必须做两项决策:一是要以单位销售量或以销售额来表示市场占有率;二是正确认定行业范围,即明确本行业所应包括的产品、市场等。

② 可达市场占有率。以其销售额占企业所服务市场的百分比来表示。可达市场既指企业产品最适合的市场,也指企业市场营销努力开拓的市场。企业可能有近100%的可达市场占有率,却只有相对较小百分比的全部市场占有率。

③ 相对市场占有率(相对于三个最大竞争者)。以企业销售额对最大的三个竞争者的销售额总和的百分比来表示。如某企业有30%的市场占有率,其最大的三个竞争者的市场占有率分别为20%、10%、10%,则该企业的相对市场占有率是30/40=75%。一般情况下,相对市场占有率高于33%即被认为是强势的。

④ 相对市场占有率(相对于市场领先竞争者)。以企业销售额相对于市场领先竞争者销售额的百分比来表示。相对市场占有率超过100%,表明该企业是市场领先者;相对市场占有率等于100%,表明企业与市场领先竞争者同为市场领导者;相对市场占有率的增加表明企业正接近市场领先竞争者。

了解企业市场占有率之后,尚需正确解释市场占有率变动的原因。市场占有率下降,可能出于战略上的考虑。有时候,企业调整经营战略、市场营销战略,主动减少不能盈利的产品,使得总销售额下降,影响到市场占有率。如果企业的利润有所增加,市场占有率下降就是可以接受的。

市场占有率下降,也可能是由于新竞争者进入市场。通常,新的竞争者加入本行业的竞争,会引起其他企业的市场占有率在一定程度上有所下降。

外界环境因素对参与竞争的各个企业的影响方式和程度往往不同,产生不一样的影响力。例如原材料价格上涨,会对同一行业的各个企业都产生影响,但不一定所有企业都受到同样的影响。有些企业推出创新的产品设计,在市场上争取到较多的客户,市场占有率反而上升。

分析市场占有率,要同时考虑市场机会。市场机会大的企业,市场占有率一般应高于市场机会小的竞争者,否则其效率就有问题。

(3)市场营销费用率分析。计划控制要确保企业在达到销售计划指标时,市场营销费用没有超支。因此,需要对各项费用率加以分析,并控制在一定限度。如果费用率变化不大,在预计范围内,可以不采取任何措施;如果变化幅度过大,上升速度过快,接近或超出上限,就必须采取有效措施。

若发现市场营销实绩与年度计划指标差距太大,就要采取相应措施:或是调整市场营销计划指标,使之更切合实际;或是调整市场营销战略、策略和战术,以利于计划指标的实现。如果指标和战略、策略、战术都没有问题,就要在计划的实施过程中查找原因。

(4) 财务分析。市场营销管理人员应就不同的费用对销售额的比率和其他的比率进行全面的财务分析,以决定企业如何以及在何处开展活动,获得盈利。尤其是利用财务分析来判别影响企业资本净值收益率的各种因素。

(5) 顾客态度追踪。年度计划控制所采用的上述衡量标准大多是以财务分析和数量分析为特征的,即基本上是定量分析。定量分析虽然重要但并不充分,因为他们没有对市场营销的发展变化进行定性分析和描述。为此,企业需要建立一套系统来追踪其顾客、经销商以及其他市场营销系统参与者的态度。如果发现顾客对本企业和产品的态度发生了变化,企业管理者就能较早地采取行动,争取主动。

(二) 盈利能力控制

除了年度计划控制之外,企业还需要运用盈利能力控制来测定不同产品、不同销售地区、不同顾客群、不同分销渠道和不同订货规模的盈利能力。通过盈利能力控制所获取的信息帮助企业决策者制定市场营销组合决策。

1. 市场营销成本

市场营销成本是指与市场营销活动有关的各项费用支出,直接影响企业的利润。市场营销成本由以下项目构成。

(1) 直接推销费用,包括直销人员的工资、奖金、差旅费、培训费、交际费等。

(2) 促销费用,包括广告媒体成本、产品说明书印刷费用、赠奖费用、展览会费用、促销人员工资等。

(3) 仓储费用,包括租金、维护费、折旧费、保险费、包装费、存货成本等。

(4) 运输费用,包括托运费用等。如果企业自己有运输工具,则要计算折旧费、维护费、燃料费、牌照费、保险费、司机工资等。

(5) 其他营销费用,包括市场营销管理人员工资、办公费用等。

上述成本连同企业的生产成本构成企业的总成本,直接影响到企业的经济效益。

2. 盈利能力的考察指标

取得利润是任何企业的重要目标之一。企业盈利能力历来为市场营销管理人员所重视,因而盈利能力控制在市场营销管理中占有十分重要的地位。对盈利能力的考察指标主要有四种。

(1) 销售利润率。一般来说,企业将销售利润率作为评估企业获利能力的主要指标之一。销售利润率是指利润与销售额之间的比率,其计算公式是:

$$销售利润率 = 本期利润/销售额 \times 100\%$$

但是,由于同一行业各个企业间的负债比率往往大不相同,而对销售利润率的评价又常需通过与同行业平均水平来进行对比,所以,在评估企业获利能力时最好能将利息支出加上税后利润，大体消除由于举债经营而支付的利息对利润水平产生的影响。因此，其计算公式可调整为：

$$销售利润率 = 税后息前利润/产品销售收入净额 \times 100\%$$

（2）资产收益率。这是指企业所制造的总利润与企业全部资产的比率。其计算公式是：

$$资产收益率 = 本期利润/资产平均总额 \times 100\%$$

与销售利润率一样，为了在同行业间有可比性，资产收益率可以用如下公式计算：

$$资产收益率 = 税后息前利润/资产平均总额 \times 100\%$$

其分母之所以用资产平均总额，是因为年初和年末余额相差很大，如果仅用年末余额作为总额，显然不合理。

（3）净资产收益率。这是指税后利润与净资产的比率。净资产是总资产减去负债总额后的净值，净资产收益率是衡量企业偿债后的剩余资产的收益率。其计算公式是：

$$净资产收益率 = 税后利润/净资产平均余额 \times 100\%$$

其分子之所以不包含利息支出，是因为净资产已不包括负债。

（4）资产管理效率。可以通过以下指标来分析资产管理效率。

① 资产周转率。资产周转率是产品销售收入净额与资产平均占用额的比率。其计算公式如下：

$$资产周转率 = 产品销售收入净额/资产平均占用额$$

该指标可以用来衡量企业全部投资的利用效率，资产周转率高，投资的利用效率高。

② 存货周转率。存货周转率是指产品销售成本与存货（指产品）平均余额之比。其计算公式如下：

$$存货周转率 = 产品销售成本/存货平均余额$$

该指标说明某一时期内存货周转的次数，从而考核存货的流动性。存货平均余额一般取年初和年末余额的平均数。一般来说，存货周转率越高，存货水准越低，周转越快，资金使用效率越高。

资产管理效率与获利能力密切相关。资产管理效率高，获利能力相应也较高，这可以从资产收益率与资产周转率及销售利润的关系上表现出来。资产收益率实际上是资产周转率和销售利润率的乘积，其计算公式如下：

$$资产收益率 = (产品销售收入净额/资产平均占用额) \times (税后息前利润/产品销售收入净额) \times 100\%$$
$$= 资产周转率 \times 销售利润率$$

（三）效率控制

1. 销售人员效率

企业的各地区的销售经理要记录本地区内销售人员效率的主要指标。

（1）每个销售人员每天平均的销售访问次数。

（2）每次的平均访问时间。

（3）每次销售访问的平均收益。

（4）每次销售访问的平均成本。

（5）每次销售访问的招待成本。

（6）每次销售访问预订购的百分比。

（7）每个期间增加的新顾客数。
（8）每个期间流失的顾客数。
（9）销售成本与总销售额的百分比。

企业可以从以上分析中，发现一些非常重要的问题，例如，销售代表每天的访问次数是否太少；每次访问所花时间是否太多；是否在招待上花费太多；每次访问是否签订了足够多的订单；是否增加了足够的新顾客，并且保留住原有的顾客。当企业开始正视销售人员的效率提高工作后，会取得很多实质性的进展。

2. 广告效率

企业至少应该做好广告效果的相关统计。

（1）每一媒体类型、每一媒体工具接触每千名购买者所花费的广告成本。
（2）顾客对每一媒体工具注意、联想和阅读的百分比。
（3）顾客对广告内容和效果的意见。
（4）顾客在广告前后对产品态度的衡量。
（5）顾客受广告刺激而引起的询问次数。

企业高层管理者可以采取若干步骤来提高广告效率，包括进行更加有效的产品定位；确定广告目标；利用电脑来指导广告媒体的选择；寻找较佳的媒体以及进行广告后效果测定等。

3. 营业推广效率

为了提高营业推广的效率，企业管理者应该对每一营业推广的成本和对销售的影响做记录和统计。

（1）由于优惠而销售的百分比。
（2）每一销售额的陈列成本。
（3）赠券回收的百分比。
（4）因示范而引起询问的次数。

企业还应观察不同营业推广手段的效果，并使用最有效果的促销手段。

4. 分销效率

分销效率主要是对企业存货水准、仓库位置及运输方式进行分析和改进，以达到最佳配置并寻找最佳运输方式和途径。

效率控制的目的在于提高人员推销、广告、营业推广和分销等市场营销活动的效率，市场营销者必须注重若干关键比率，这些比率表明上述市场营销组合执行的有效性，可据此提出改进措施。

（四）战略控制

市场营销环境变化很快，往往会使企业制定的目标、战略、方案失去作用，因此，在企业市场营销战略实施过程中必然会出现战略控制问题。战略控制是指市场营销管理者采取一系列行动，使实际市场营销工作与原计划尽可能一致，在控制中通过不断评审和信息反馈，对战略不断修正。战略控制的主要工具如下。

1. 营销效益考核

企业的营销效益可以从营销导向的五种主要属性上反映出来，这五种属性是顾客哲学、整合营销组织、足够的营销信息、战略导向和工作效率。营销效益考核可以这五种属性为基础，设计营销效益等级考核表，由营销经理和有关部门经理填写，然后将得分相加，得到考核结果。

2. 道德与社会责任考核

企业在市场营销活动中不能仅考虑自身的利益，还要考虑遵守社会道德准则和承担社会责任，主要包括营销责任、营销交易过程中各当事人的权利与责任、营销组合和营销调研方面的责任、组织关系方面的责任。

本章小结

1. 市场营销计划是关于具体品种、品牌如何进行市场营销的安排和要求，是指导、协调市场营销活动的主要依据。市场营销计划主要包括计划概要、市场营销现状、机会与问题分析、营销目标确定、确定营销战略、形成行动方案、预算、控制等内容。

2. 市场营销组织是为实现企业的目标，制定和实施营销计划的职能部门。企业营销组织设置一般应遵循整体协调和主导性原则、精简以及适当的管理跨度与管理层级原则、有效性原则。

3. 市场营销控制通过对营销活动经常性的监督、评估，包括年度计划控制、盈利能力控制、效率控制和战略控制，把握其发展方向。

关键概念

市场营销计划　市场营销组织　市场营销控制　市场营销执行

思考练习题

1. 市场营销计划主要有哪些内容？
2. 企业的市场营销组织大体经历了哪几种典型形式？
3. 职能型组织的主要特点是什么？
4. 年度计划控制包括哪些内容？
5. 企业如何进行盈利能力控制？

案例分析

野马车奔驰 40 年

福特汽车公司是世界上最大的汽车企业之一，由亨利·福特先生创立于 1903 年，福特汽车公司始终坚持"以消费者为工作的中心"的经营理念，提供比竞争对手更好的产品和服务，并致力于成为全球领先的以消费者为导向的公司。2000 年，福特汽车在世界各地已经拥有 35 万名员工，在 30 多个国家设有福特汽车制造装配企业，共同创造了 1 700 亿美元的营业总收入，6 大洲、200 多个国家销售各种轿车、卡车和商用车 740 万辆。

福特汽车公司旗下拥有众多的汽车知名品牌：福特（Ford）、林肯（Lincoln）、水星（Mercury）、美洲豹（Jaguar）、马自达（Mazda）、沃尔沃（Volvo）和陆虎（Land Rover）。这些都是人们耳熟能详的品牌，这些汽车品牌自身也和公司的名称一样，蕴含着巨大的无形价值，根据国际著名品牌咨询公司Interbrand的调查，"福特"品牌价值为364亿美元，位居汽车品牌价值榜首，名列全球所有品牌第七。1999年，《财富》杂志将亨利·福特评为"二十一世纪商业巨人"，以此表彰他和福特汽车公司对人类工业发展所做出的杰出贡献。福特汽车公司推出过很多经典的车型，而在营销上最成功的为"野马"。

"野马"汽车是福特汽车公司在1964年推出的新产品，当时购买"野马"车的人打破了美国的历史纪录，在不到一年的时间里，"野马"汽车风靡整个美国，取得了轰动一时的成功；投产不到两年，便生产出第一百万辆"野马"汽车，两年内为福特公司创造了11亿美元的纯利润。"野马"汽车受到市场的青睐是与当时加盟福特公司的著名营销大师李·艾柯卡周密独到的营销策划密不可分的。艾柯卡曾经说过："天下没有倒闭的企业，只有经营不善的企业。""野马"的巨大成功不仅验证了这句话，瞩目的销售业绩也为他赢得了"野马之父"的称号。

1962年，艾柯卡就任福特公司的分部总经理，开始策划生产一种受欢迎的新型汽车。在前期的市场调查上，艾柯卡做好预备功课，调查范围遍及了美国及欧洲，寻找现有车型上的不足加以改进。当时的情况是，美国年纪比较大的买主，已经不再满足于经济实惠的车型，而是追求式样新颖的豪华车。而"二战"后的生育高峰时期出生的小孩已经长大，在20世纪60年代，美国20~24岁的人增至总人口的50%以上，年轻人向来是汽车消费的主要力量，因此在新车型的设计上就要样式新颖、性能好、自重轻，最重要的是价格优惠。因此在新车问世前，艾柯卡邀请底特律地区的54对夫妇到汽车厂做客，并请他们对新车发表意见。他们中既有收入颇高的人，亦有中下水平收入的人。当54对夫妇对新车发表完感想后，负责策划的人员发现，白领阶层的夫妇非常满意"野马"，而蓝领工人则认为新车虽好但买不起。于是，艾柯卡请他们估计新车价格，大部分人均认为至少要一万美元。当艾柯卡告诉他们，"野马"的实际售价为2 500美元时，大家都惊呆了，他们根本没想到令人如此心仪的车，竟会如此便宜。在早期设计阶段，新车被命名为猎鹰特号，后来又被命名美洲豹、雷鸟II型等，艾柯卡认为不理想，于是委托广告公司代理人去底特律公共图书馆去查阅，从A到Z列出成千种动物名，最后筛选出一个——"野马"，由于美国人对"二战"中野马式战斗机的名字印象极为深刻，用"野马"作为新型车的名字，适合美国人放荡不羁的个性，既能使消费者立即联想到汽车的速度和性能，也有"海阔凭鱼跃，天高任鸟飞"的味道。艾柯卡对消费者需求的精准理解，对"野马"车的准确定位，使"野马"一上市就受到消费者的热切追捧，成为市场的香饽饽，将竞争对手远远地抛在了身后。

对于"野马"车市场营销的整个过程，艾柯卡在每个环节上都下足功夫，在分阶段营销上，艾柯卡更是全情投入、创意不断，他细致周密地设计了一套宣传策划方案，六个步骤的营销活动使"野马"车的知名度在短时间里迅速提升。

（1）邀请各大报纸的编辑到迪尔伯恩，并借给每人一辆"野马"车，组织他们参加从纽约到迪尔伯恩的"野马"车大赛，同时邀请一百名新闻记者亲临现场采访。从表面看，这是一次赛车活动，实际上是一次告知性的广告宣传。此项活动引起了许多新闻媒体的广泛关注，并纷纷报道"野马"车大赛近况，从而大大提高了该车的知名度和透明度。

(2) "野马"车上市的第一天,全美两千六百家报纸上用整版刊登了"野马"车在奔驰的图片,数家电台做广告,广告使用了所谓的"蒙娜·丽莎"手法:一辆白色"野马"车在奔驰的画面,上面只有一行简单的字——"真想不到",副题是:售价 2 368 美元。由于公关经理的努力,新车照片同时出现在《时代》和《新闻周刊》封面上,关于这两大杂志的惊人宣传效果,艾柯卡后来回忆说:"《时代》和《新闻周刊》就使我们多卖出 10 万辆!"此举大大地提高了"野马"车的知名度。

(3) 自"野马"车上市开始,各大电视台每天不断播放"野马"车广告。广告内容是:一个渴望成为赛车手或喷气式飞机驾驶员的年轻人,正驾驶着一辆华贵、时尚、动感十足的"野马"车飞驰。选择电视做宣传,旨在扩大广告宣传的覆盖面,进一步提高产品的知名度。

(4) 在最显眼的停车场,竖起巨幅路牌广告,上书"野马栏",以引起消费者的注意,扩大"野马"的曝光率。

(5) 在美国各地最繁忙的 15 个机场和 200 家度假饭店展览"野马"车,以实物广告形式,激发人们的购买欲。

(6) 同时,福特公司向全国的小汽车用户直接寄发几百万封推销信,既达到了促销的目的,也表示了公司对顾客的诚挚爱心和为顾客服务的态度和决心。此外,公司大量上市"野马"墨镜、钥匙链、帽子、"野马"玩具车,甚至在面包铺的橱窗里贴上广告:"我们的烤饼卖得像'野马'一样快。"

从产品的目标市场的定位到产品自身的设计,从"野马"这个名称的选取,到最后的促销环节的别出心裁,"野马"车做得丝丝入扣,在铺天盖地、排山倒海的宣传攻势后,仅一周内,"野马"车便享誉全美。"野马"车上市的第一天,大量的消费者涌到福特经销店,原计划销售指标为年销量七千五百辆,后剧增至二十万辆。年终结算统计,"野马"车在一年内竟销售了三十六万辆,创纯利十一亿美元。1964 年的圣诞节期间,美国因"野马"而如痴如狂的家长们还给孩子买了 93 000 辆"野马"脚踏童车。最让福特激动不已的是,那些急切地等待领取自己的头一份驾照的消费者,希望自己的车与众不同,"野马"可以满足这一要求。"野马"车营销的规模和声势已经成为营销的经典案例,时至今日,仍有一大批的"野马"迷对此津津乐道,并且专门成立俱乐部,相互交流"野马"车的性能和各自与"野马"车相关的轶事,"野马"车到 1966 年 3 月共售出了一百万辆。

第一辆"野马"车注册的车主名叫斯坦利·塔克(Stanley Tucker),是一位 19 岁就开始在天上飞的客机飞行员。经销店老板原本不想卖出这辆"野马"车,想把车多留在店里一段时间,但塔克在看到这辆"野马"车的第二天,就带着支票来了,店老板只好将第一辆"野马"车卖给了塔克机长。对于塔克买下"野马"后最初几年的情况,《野马月刊》中曾引述过斯坦利·塔克说的一段话:"很长时间在纽芬兰只有我这一辆'野马',真是让人春风得意。人们好几次将我逼到路旁,问这问那,比如这辆车是什么牌子、哪儿出的、性能怎样、价钱多少等。拥有和驾驶这部汽车给我带来了无穷的乐趣。进入车里犹如进入飞机驾驶舱,我觉得和开飞机差不多。"

分析讨论题

1. 你怎样理解艾柯卡所说的"天下没有倒闭的企业,只有经营不善的企业"?

2. 你认为为什么"野马"车能够在短短的时间内创造如此好的销售成绩？
3. 你认为"'野马'车奔驰四十年"的"秘诀"在哪里？

市场营销实践

认知与体验：市场营销组织结构设计。

实践目的

培养学生的组织结构设计的能力；培养团队精神，加强学生组织、协调及领导能力。

实践方案

1. 人员：5~10人组成一个小组，以小组为单位完成任务。
2. 时间：与第十三章教学时间同步。
3. 内容：以小组为单位，根据组织结构设计的相关知识，在小组讨论的基础上，为某一组织设计市场营销组织结构。要求拟出设计依据，划出组织结构图并拟出岗位职责。
4. 汇报方式：各组以PPT或报告的形式进行展示和讲解。

主要参考书目及文献

[1] [美]菲利普·凯特奥拉,玛丽·吉利,约翰·格勒厄姆. 国际市场营销学[M]. 周祖城,赵银得,张璘,译. 北京:机械工业出版社,2009.

[2] [美]菲利普·科特勒,[美]凯文·莱恩·凯勒. 营销管理(第15版)[M]. 何佳讯,于洪彦,牛永革,等,译. 上海:格致出版社,2016.

[3] [美]菲利普·科特勒,[美]加里·阿姆斯特朗. 市场营销原理与实践(第16版)[M]. 楼尊,译. 北京:中国人民大学出版社,2015.

[4] [美]菲利普·科特勒. 营销管理——分析、计划、执行和控制[M]. 梅汝和,梅清豪,译. 上海:上海人民出版社,2000.

[5] [美]菲利普·科特勒,[美]凯文·莱恩·凯勒. 营销管理(第13版·中国版)[M]. 卢泰宏,高辉,译. 北京:中国人民大学出版社. 2009.

[6] 卢泰宏. 解读中国营销[M]. 北京:中国社会科学出版社,2004.

[7] 陈启杰. 绿色市场营销学[M]. 北京:中国财政经济出版社,2004.

[8] 王方华. 文化营销[M]. 太原:山西经济出版社,1998.

[9] 杨坚红,易开刚. 绿色营销[M]. 北京:中国物资出版社,2002.

[10] 陈阳. 市场营销学(第2版)[M]. 北京:北京大学出版社,2012.

[11] 何永祺,张传忠,蔡新春. 市场营销学(第3版)[M]. 大连:东北财经大学出版社,2008.

[12] 高微. 现代市场营销调查与预测[M]. 北京:首都经济贸易大学出版社,2011.

[13] 马连福. 现代市场调查与预测[M]. 北京:首都经济贸易大学出版社,2009.

[14] 刘丽兰. 市场调查与预测[M]. 北京:经济管理出版社,2006.

[15] 孙丽英. 市场营销调查与预测[M]. 北京:北京理工大学出版社,2012.

[16] 岑咏霆. 市场调查技术[M]. 北京:高等教育出版社,2000.

[17] 车礼. 市场调查与预测[M]. 武汉:武汉大学出版社,2005.

[18] 冯丽云. 现代市场调查与预测[M]. 北京:经济管理出版社,2003.

[19] 魏炳麒. 市场调查与预测[M]. 大连:东北财经大学出版社,2005.

[20] 王秀村,王月辉. 市场营销管理(第4版)[M]. 北京:北京理工大学出版社,2009.

[21] 吴健安. 市场营销学(第4版)[M]. 北京:高等教育出版社,2011.

[22] 吴健安. 市场营销学(第3版)[M]. 北京:高等教育出版社,2007.

[23] 王旭,吴健安. 市场营销学(第五版)学习指南与练习[M]. 北京:高等教育出版社,2015.

[24] 郭国庆. 市场营销学通论[M]. 北京:中国人民大学出版社,2003.

[25] 郭国庆.市场营销学通论(第4版)[M].北京:中国人民大学出版社,2009.
[26] 郭国庆.市场营销学(第5版)[M].北京:中国人民大学出版社,2015.
[27] 郭国庆.市场营销学通论(第6版)[M].北京:中国人民大学出版社,2014.
[28] 兰苓.现代市场营销学[M].北京:首都经济贸易大学出版社,2003.
[29] 张静中,曾峰,高杰.国际市场营销学[M].北京:清华大学出版社,2007.
[30] 甘碧群.国际市场营销学[M].北京:高等教育出版社,2005.
[31] 徐剑明.国际营销实务与案例[M].北京:机械工业出版社,2004.
[32] 寇小萱,王永萍.国际市场营销学[M].北京:首都经济贸易大学出版社,2001.
[33] 杨勇.市场营销:理论、案例与实训[M].北京:中国人民大学出版社,2006.
[34] 纪宝成.市场营销学教程[M].北京:中国人民大学出版社,2002.
[35] 韩德昌.市场营销基础(第2版)[M].北京:中国财政经济出版社,2005.
[36] 刘春英.现代市场营销学[M].济南:山东科学技术出版社,2007.
[37] 郑屹立.市场营销[M].北京:北京理工大学出版社,2011.
[38] 路娟.市场营销理论与实训[M].北京:北京大学出版社,2011.
[39] 孙国亮.市场营销学案例教程[M].北京:北京交通大学出版社,2010.
[40] 王文华.市场营销学[M].北京:中国物资出版社,2010.
[41] 陈启杰.市场调研与预测[M].上海:上海财经大学出版社,2011.
[42] 胡翮.营销理论与实务[M].北京:北京理工大学出版社,2009.
[43] 巩象忠.当前我国企业文化营销对策分析[J].中国商贸,2011(21):31-33.
[44] 王静.绿色价格定价策略[J].价格与市场,2003(9).25-27.
[45] 李建平.浅议产品市场营销组合理论的发展演变[J].机械管理开发,2006(2):131-135.
[46] 李先国.分销渠道管理[M].北京:清华大学出版社,2007.
[47] [美]罗伯特·肖,[美]戴维·梅里克.第15课:你的营销有回报吗[M].朱立,张晓琳,等,译.北京:中国市场出版社,2008.
[48] 王茁,顾洁.美国故事中国启示——新环境下企业竞争力[M].北京:清华大学出版社,2007.
[49] 欧洲工商管理学院.锻造营销大师[M].梁春满,等,译.北京:中国社会科学出版社,2004.